Mona Delahooke

Neurociencia para padres

Cómo interpretar el comportamiento infantil

Claves para educar niños alegres, serenos y resilientes

Traducción del inglés de Silvia Alemany

Este libro contiene consejos e informaciones sobre los cuidados de la salud. Su uso debería ser complementario en lugar de sustitutivo del consejo que pueda darte el médico o cualquier otro profesional experimentado del ámbito sanitario. Si sabes, o sospechas, que tu hijo o tú tenéis problemas de salud, mi consejo es que vayas a ver primero al médico antes de embarcarte en un programa o un tratamiento médico cualesquiera. Nos hemos esforzado mucho para asegurarnos de que la información contenida en este libro hasta la fecha de su publicación sea exacta. El editor y la autora no se hacen responsables de las consecuencias médicas que puedan derivarse de la aplicación de los métodos que en este libro se proponen.

Toda la información de identificación, incluidos los nombres y otros detalles, se han cambiado para proteger la privacidad de los individuos. Cualquier similitud con personas o familias reales es una coincidencia.

Publicado por acuerdo con Harper Wave, un sello de HarperCollins Publishers.

Título original: BRAIN-BODY PARENTING

© 2022 by Mona Delahooke Consulting, LLC.

© 2022 by Editorial Kairós, S.A.
www.editorialkairos.com

© **Traducción del inglés al castellano de:** Silvia Alemany

Revisión: Amelia Padilla
Fotocomposición: Moelmo, S.C.P. 08012 Barcelona
Diseño cubierta: Katrien Van Steen
Imagen cubierta: Olga Yatremska
Impresión y encuadernación: Ulzama digital

Primera edición: Febrero 2023
Tercera edición: Octubre 2023
ISBN: 978-84-1121-129-1
Depósito legal: B 23.473-2022

Todos los derechos reservados. Cualquier forma de reproducción, distribución, comunicación pública o transformación de esta obra solo puede ser realizada con la autorización de sus titulares, salvo excepción prevista por la ley. Diríjase a CEDRO (Centro Español de Derechos Reprográficos, www.cedro.org) si necesita algún fragmento de esta obra.

Este libro ha sido impreso con papel que proviene de fuentes respetuosas con la sociedad y el medio ambiente y cuenta con los requisitos necesarios para ser considerado un «libro amigo de los bosques».

*Para mi madre, Clara, cuyo amor
constituyó los cimientos de mi propio ser*

Sumario

Introducción. Personalizar nuestra tarea como padres ... 9

**PRIMERA PARTE: ENTENDAMOS LA CRIANZA
DE LOS HIJOS VINCULANDO CEREBRO Y CUERPO** ... 27

1. Comprender la fisiología de tu hijo o de tu hija es importante 29
2. La neurocepción y el afán de sentirse a salvo y querido. 57
3. Las tres vías y su evaluación: entender bien el funcionamiento del cerebro y el cuerpo puede ayudarnos a reaccionar mejor con nuestros hijos. . 95

SEGUNDA PARTE: LAS SOLUCIONES 145

4. Cultivar la capacidad de los niños de autorregularse 147
5. Cuidar de uno mismo 195

6. Hacer que los sentidos cobren sentido:
   las emociones surgen de nuestra experiencia
   corporal del mundo......................... 243
7. El primer año 293
8. Las rabietas hacen al niño 331
9. Los niños en edad preescolar: flexibilidad
   y creación de una gran caja de herramientas 381
10. Florecer 437

Agradecimientos 457
Glosario 463
Notas 465
Bibliografía 485
Índice. 503

Introducción
Personalizar nuestra tarea como padres

En el momento en que oí hablar a Janine por teléfono, adiviné que estaba mal.

Janine había perdido la paciencia con su hijo de cuatro años, Julian. Lo que empezó siendo un viaje rutinario a unos grandes almacenes acabó saliéndose de madre y terminó culminando en una catástrofe total en el aparcamiento del Target de su barrio. Janine estaba enfadada y, por si fuera poco, muy avergonzada.

A la mañana siguiente, sentada en el sofá de mi despacho, Janine seguía con los nervios a flor de piel mientras me explicaba el incidente. Janine no era una novata que está tratando con chiquillos por primera vez. Llevaba trabajando de profesora de segundo de primaria desde hacía una década antes de convertirse en madre, y había demostrado ser tan hábil en el aula que había ganado varios premios de enseñanza. En cuanto a Julian, podemos decir que había sido un niño precoz que empezó a caminar a los once meses, y que, antes de cumplir el primer año, ya pronunciaba sus primeras palabras. De todos modos, le resultaba muy difícil controlar sus emociones y seguir las instrucciones que le daban. A pesar de todos los incentivos que le ofrecía su madre si se portaba bien, para Julian representaba un gran esfuerzo tener que obedecer.

Ese día en particular, mientras ambos guardaban su turno en la cola de la caja, Julian, de repente, cogió una chocolatina del expositor.

—¡Deja eso donde estaba, por favor! —le rogó Janine.

Julian se negó, y Janine instintivamente adoptó la actitud que tan bien le había funcionado para manejar los alborotos en su aula: en primer lugar, intentó distraer a su hijo, y, luego, cuando vio que no lo conseguía, le dijo que, si no renunciaba a esa chocolatina, no le daría la pegatina de premio que tenía por costumbre colocarle cada día en su cartulina de comportamiento. Janine hizo todo lo que pudo por mostrarse coherente y aparentar tranquilidad. Pero ese día en concreto, cuantas más cosas decía, más desafiante se mostraba el pequeño.

Al final, Julian se puso a chillar y lanzó la chocolatina, que fue a estrellarse en la cara de la cajera.

—¡Julian! —gritó Janine—. ¡Te estás portando muy mal!

Janine se disculpó inmediatamente con la cajera, dejó el carrito de la compra en su lugar y se llevó a su hijo, que por entonces ya berreaba, al aparcamiento. Al llegar a su automóvil, metió como pudo a Julian en su sillita... y se echó a llorar.

—No sé qué me dio. Fue como si me hubiera convertido en otra persona —me contó Janine al día siguiente—. ¡Qué culpable me siento!

Le había dicho a su hijo que se había portado muy mal, cuando, en realidad, si acaso podía decir algo de él, era justo todo lo contrario. Cuando el niño estaba tranquilo, era cariñoso, amable y educado.

¿Por qué los esfuerzos de Janine no habían logrado calmar a su hijo? ¿Por qué todo había pasado tan deprisa y había salido tan mal? ¿Podría haber actuado de otra manera? Casi todas las personas que crían o cuidan niños han vivido momentos como el que vivió Janine aquel día. Durante las más de tres décadas que llevo trabajando de psicóloga infantil, he conocido a muchísimos padres como ella: son personas cariñosas, compasivas, reflexivas, ansiosas por ver los progresos y los esfuerzos de sus hijos; y, sin embargo, de repente se preguntan en qué se han equivocado. Siempre estoy oyendo la misma cantinela: «*¡Pero si hacemos todo lo que los libros de paternidad dicen que hay que hacer! ¿Qué es lo que ha fallado?*».

Estos padres se hacen las mismas preguntas que muchos madres y padres de muy diversas generaciones se han ido haciendo a lo largo de los años, preguntas que quizá tú también te estés planteando: ¿por qué mi hija se niega a colaborar o a escucharme?, ¿por qué la conducta de mi hijo es tan impredecible?, ¿por qué es tan quisquilloso con las comidas?, ¿por qué mi niña no puede dormir de un tirón toda la noche?, ¿cómo podemos establecer límites?, ¿cómo puedo saber si espero demasiado de mi hijo... o demasiado poco? Y luego viene esa pregunta, quizá la más importante, que es la que Janine me planteó esa misma mañana, la pregunta que llevo oyendo de boca de muchos padres desde hace muchísimos años: ¿por qué sigo perdiendo los papeles con mi hijo cuando puedo hacerlo bien?

Del mismo modo que comparten estas preguntas y preocupaciones, la mayoría de padres además comparten un mismo deseo, que tienen profundamente arraigado: criar a unos niños que crezcan bien y se conviertan en unas personas capaces de resistir, de estar seguras de sí mismas, de ser felices e independientes. Pero ¿cómo puede lograrse algo así? ¿Cuáles son los consejos que deberías seguir para criar bien a tus hijos? Los padres de hoy en día viven bajo el bombardeo constante de distintos consejos que proceden de una gran diversidad de enfoques, desde los que dan los *influencers* de las redes sociales hasta los de los vecinos bienintencionados (o sentenciosos), pasando por los de los profesionales de la enseñanza, los que se plantean en algunas TED Talks, o los que hemos encontrado buscando en Google. Hoy en día puedes elegir entre la crianza consciente, la crianza basada en la construcción de vínculos, la crianza en libertad y la que se inspira en filosofías muy variopintas. ¿Cuál es la mejor? ¿Cuál es la solución perfecta para enfrentarnos a las conductas desafiantes? ¿Será darse un tiempo muerto? ¿Será mejor razonar? ¿Conviene no prestar atención? ¿Contamos hasta tres? ¿Quién da más, señores?

Sin duda, todos los padres quieren lo mejor para sus hijos, pero muchos de los que vienen a mi consulta están confundidos, cosa muy comprensible, y también perplejos ante este asunto. Como tienen tanto donde elegir, ¿qué corriente será la más fiable? En los más de treinta años que llevo trabajando con niños y con sus familiares, he llegado a darme cuenta de que no existe un único enfoque que pueda adaptarse a todos sin excepción para criar bien a nuestros hijos. Lo más importante no son las reglas, sino el niño o la niña en cuestión. *Lo que es fundamental no es entender las directrices que te dé alguien en concreto, sino entender la manera en que nuestra actuación como padres recae en nuestros hijos.* Cuando hayamos entendido mejor el modo en que el niño o la niña captan las interacciones y las circunstancias que están viviendo, podremos encontrar respuestas más personalizadas y más eficaces a las preguntas más habituales que los padres nos plantean sobre la crianza de sus hijos.

El problema es que nos centramos demasiado en las conductas del niño en lugar de centrarnos en el niño en concreto. Nos preocupa más solucionar los problemas en lugar de cultivar las relaciones y construir lazos.

En este libro te explicaré cómo dejar de centrarte en las conductas para pasar a centrarte en lo que subyace a esas conductas, a redirigir el esfuerzo que haces para entender la perspectiva del padre o de la madre y a centrarte más en tu hijo. Mi objetivo es ayudarte a adaptar la tarea que tienes como padre o como madre a las necesidades individuales que plantean tus hijos y, al mismo tiempo, a establecer una conexión con ellos que les ayude a ser más resistentes.

Resumiendo: la crianza de tus hijos no se basa en una teoría o en un enfoque hipotéticos. Tiene más que ver contigo y con tu hijo. Este libro te servirá para que pases de gestionar las conductas a usarlas como si fueran claves que te ayuden a comprender la realidad interior de tu hijo o de tu hija: sus experiencias sensoriales, sus sentimientos y sus emociones.

La mayoría de los libros que tratan sobre la crianza de los hijos proponen que reaccionemos de manera descendente a las conductas de los niños; es decir, que nos dirijamos al cerebro de los niños hablando y razonando con ellos, incentivándolos, recompensándolos o advirtiéndoles de las consecuencias que van a tener sus actos. Estos enfoques, en general, obligan a los padres a optar entre dos opciones: razonar con el niño o imponerle un castigo. A pesar de que ambos puntos de vista reconocen que el niño tiene una capacidad cognitiva (de pensamiento), no pueden dar cuenta de todo el sistema nervioso del pequeño; en otras palabras, de la conexión cerebro y cuerpo. Al fin y al cabo, el sistema nervioso recorre todo el cuerpo y envía información al cerebro. Este libro considera que tienen la misma importancia tanto el cuerpo como el cerebro para comprender al niño. Y te enseñará a criar a tu hijo no solo a través de la psicología, sino también de la biología.

Es importante decir por delante que el enfoque que verás en estas páginas no solo está basado en mis propios pensamientos u observaciones. Se fundamenta también en los últimos hallazgos de la neurociencia; y, además, es el resultado de mi propia experiencia, como psicóloga clínica y como madre.

Tras licenciarme en Psicología, lo que había aprendido era a centrarme en saber reconocer y diagnosticar si había algún problema, en poner etiquetas a los síntomas psicológicos. Sin embargo, cuando tuve a mi propio hijo descubrí que los enfoques descendentes que me habían enseñado en la facultad, los métodos que apelaban a llamar la atención de la mente del niño o de la niña en cuestión, no siempre funcionaban. Al menos, a mí no me sirvieron para descubrir cómo ayudar a mi propio bebé, que lloraba sin cesar, durante horas y horas, ni a convencer a mi angustiada hija de diez años de que sí, que ella podría arreglárselas muy bien el día que fuera a dormir a casa de una amiga. Por eso, cuando yo ya llevaba una década ejerciendo de psicóloga, dejé de pasar visita y me dediqué a buscar otras alternativas que dieran respuesta a los desafíos que los padres me planteaban y a los que yo misma tenía que enfrentarme como madre. Y lo que descubrí cambió profundamente mi manera de ejercer y de considerar la crianza de los hijos.

Decidí empezar desde el principio. Mi formación tradicional no profundizaba demasiado en el desarrollo infantil y en las maneras que existían de criar a los bebés, por eso decidí matricularme en dos programas de formación centrados en la salud mental infantil. Pasé tres años trabajando en entornos hospitalarios, clínicos y preescolares, estudiando bebés y niños pequeños. Esa experiencia me abrió los ojos a la influencia determinante que ejercen en nosotros los primeros años de crecimiento.

Aprendí también que *las diferencias individuales que presenta el cuerpo de cada niño* influyen en su desarrollo y en la manera en que sus padres y los adultos interactúan con ellos. Trabajar con equipos multidisciplinarios, en los que se incluían pediatras, logopedas, terapeutas físicos, terapeutas ocupacionales, educadores, psicólogos y, sobre todo, padres, me hizo aprender que la interpretación corporal que hace un bebé del mundo externo influye mucho en su desarrollo y en sus relaciones más tempranas.

Mi formación tradicional como psicóloga se había centrado en los enfoques descendentes que tomaban como punto de partida el cerebro de los niños. Ahora bien, la única manera que tienen los más pequeños de comunicarse es con el cuerpo. Comprender las experiencias ascendentes (o corporales) que preceden al desarrollo del pensamiento y a la formación de conceptos en el niño me enseñó a comprender mejor todos los estadios del desarrollo infantil.

Seguí investigando y aprendiendo, y tuve la inmensa fortuna de poder estudiar con dos pioneros del desarrollo infantil más temprano: el doctor Stanley Greenspan, psiquiatra, y la doctora Serena Wieder, psicóloga, cuyo modelo clínico fue uno de los primeros en incorporar el cerebro y el cuerpo en las intervenciones tempranas. Estos especialistas empezaron defendiendo la premisa de que es esencial ayudar primero al niño a tranquilizarse (a regular su cuerpo) antes de que la charla, el razonamiento o los incentivos puedan obrar su efecto.

Cabe destacar, por encima de todo, que basaron su modelo en la idea de que la única manera en que los humanos pueden llegar a regular bien su cuerpo es manteniendo unas relaciones armoniosas, cariñosas y seguras. Eso explicaba la razón de que fallaran tanto los enfoques descendentes que aprendí mientras estudiaba psicología. En mi formación se había obviado el papel esencial de retroalimentación que desempeña el cuerpo y la profunda influencia que esta ejerce en las relaciones, y cómo estas, a su vez, influyen en la conducta de los niños. Alrededor de la misma época (estoy hablando de la década de 1990), los científicos estaban aprendiendo muchas cosas nuevas sobre el cerebro humano, y lo hacían a un ritmo tan vertiginoso que este período llegó a ser conocido dentro de los círculos científicos como «la década del cerebro».

Debido a todo eso, lo que finalmente resultó fue que lo que yo estaba aprendiendo sobre lo centrales que llegaban a ser las relaciones consiguió ganarse el apoyo y la validación de un campo emergente: la neurociencia relacional. El doctor Dan Siegel, psiquiatra, fundó el campo de la neurobiología interpersonal, que estudia la influencia que las experiencias interpersonales tienen en el desarrollo del cerebro. Y el doctor Bruce Perry, otro psiquiatra, ideó el modelo neurosecuencial de terapia (MNT), que era un reflejo de lo que el doctor Greenspan y la doctora Wieder me habían enseñado sobre la manera en que las relaciones logran que nuestro cuerpo esté más calmado y regulado, algo esencial en nuestra capacidad de aprender y de crecer. La doctora Connie Lillas, que es enfermera, terapeuta familiar y de parejas, y además es investigadora, colaboró en el fomento del Marco Neurorrelacional, el MNR, que subraya de un modo parecido la importancia central que tienen las relaciones en el desarrollo del cerebro. En estos últimos tiempos me he dedicado más a estudiar la obra de la doctora Lisa Feldman Barrett, una neurocientífica cuya teoría de la emoción construida pone de relieve el impacto que tienen las señales del cuerpo interno en nuestras emociones y nuestros sentimientos básicos.

Fue un neurocientífico, el doctor Stephen Porges, quien, con su transgresora obra, fue el máximo responsable del cambio radical que hice como profesional y como madre. Su teoría polivagal, presentada por vez primera en 1994, ofrecía una elegante explicación, partiendo de la evolución humana, del cómo y el porqué los humanos reaccionan ante las diversas circunstancias de la vida. La obra del doctor Porges aportó una nueva perspectiva desde la cual podíamos interpretar la manera en que el sistema nervioso autónomo (la gran autopista de información que conecta el cerebro con el cuerpo) influía en la fisiología, las emociones y las conductas humanas.

La obra del doctor Porges aportó una base teórica a la neurociencia que permitía aunar cuerpo y cerebro para poder comprender mejor la conducta de los niños. La teoría polivagal exponía con un razonamiento científico todo aquello que yo había aprendido sobre la importancia fundamental que tienen las relaciones amorosas y armoniosas que van personalizadas en función de las diferencias individuales y del sistema nervioso de cada niño o niña. Sentí un gran alivio cuando descubrí la existencia de este enfoque, que se posicionaba como radicalmente opuesto a la educación que yo había recibido sobre cuáles eran las maneras más adecuadas de gestionar la conducta. Lo que aprendí de estos científicos y terapeutas fue lo que conformó el mensaje central de este libro: la regulación del cuerpo físico del niño fomenta las relaciones sanas y las interacciones amorosas y, a su vez, conforma la infraestructura que al final le permitirá al niño usar el razonamiento, los conceptos y el pensamiento para gestionar con flexibilidad los desafíos que comporta la vida. Gracias a esta comprensión de la comunicación biunívoca que se da entre cerebro y cuerpo, cambié la manera de ejercer la psicología: dejé de centrarme en intentar eliminar las conductas alborotadoras en los niños y pasé a interpretarlas como el modo en que el cuerpo del niño trata de comunicar sus necesidades.

Di testimonio de este cambio en mi libro, que fue traducido al castellano en 2021 y titulado *Más allá de la conducta*. En mi obra reclamo que haya un cambio en la manera que tenemos de reaccionar ante las conductas rebeldes de los niños y expongo otra manera diferente de darles nuestro apoyo. Ese libro les tocó la fibra a muchas personas, y, según me han contado, padres, maestros, profesionales de la salud mental y terapeutas de todo el mundo que secundaban esta misma reclamación pidieron que hubiera un cambio de paradigma en la educación y la psicología. Ese consenso coincidió con el auge del movimiento de la neurodiversidad y su proclama de honrar y respetar las diferencias individuales en lugar de considerarlas patológicas y de etiquetarlas como unos trastornos que requieren curación. El nuevo paradigma por el que yo abogaba reconocía que el ingrediente central y sagrado en el desarrollo de todos los niños es la relación que el niño o la niña tienen con su padre y su madre.

En este apasionante momento, *el vínculo cerebro y cuerpo en la crianza de tus hijos* se basa en esas lecciones, y además aporta una reflexión significativa: la conexión cerebro-cuerpo establece una nueva base para entender las conductas de los niños, y nos conduce a un nuevo mapa territorial que nos permita ser unos padres capaces de criar a unos niños alegres y resistentes.

Lo que encontrarás en este libro no es una guía definitiva de los estudios y las teorías de la neurociencia, sino, más bien, lo que he adaptado de esta ciencia emergente para poder aplicarlo a la vida real como psicóloga y madre. Estos capítulos contienen mi propia interpretación de esta ciencia con un objetivo práctico. Con este fin, mis descripciones solo se limitan a rascar la superficie de la complejidad que tiene esta ciencia emergente, y me he tomado grandes libertades simplificando conceptos para hacerlos accesibles a todos. Al final de este libro, encontrarás un glosario que incluye algunos de estos conceptos más significativos.

La ciencia no debería limitar su presencia a los laboratorios y a las revistas de medicina. Deberíamos meterla en la cocina y en la sala de estar, en esos lugares donde pueda disminuir el sufrimiento, mejorar las relaciones y guiar las decisiones que, como padres, debemos tomar cada día. (Si te interesa, te animo a que leas las fuentes originales que cito en la bibliografía y en las notas finales).

Basándome en la neurociencia, en lugar de centrarme en ayudar a los padres a cambiar la conducta de los hijos, empecé a trabajar con padres e hijos a la vez, a ayudar a los padres a comprender a sus hijos (y a sí mismos) de una manera más holística, empezando por dar más valor a la conexión cerebro-cuerpo que observamos en cada niño en particular.

Cuando admitimos que el cerebro de un niño no actúa solo, aislado del cuerpo, surge un nuevo abanico de posibilidades a la hora de criarlo. Comprender la conexión cerebro-cuerpo que subyace en todas las conductas nos proporciona un nuevo mapa del territorio capaz de guiar nuestras decisiones como padres, un mapa que está hecho a la medida de cada niño. Durante más de dos décadas, esta idea me ha servido para ayudar a los padres a entender y a solucionar los dilemas más habituales que les plantea el papel que desempeñan.

En lugar de establecer un diagnóstico psicológico, lo que buscamos es entender esa fisiología del niño que está determinando ciertas conductas. En lugar de buscar sus carencias, escucharemos las señales que nos envía su cuerpo para detectar las pistas que nos da. Ver las conductas, las actitudes y los actos de tus hijos a través del prisma de su sistema nervioso te servirá para personalizar tu papel de padre o madre, y te proporcionará un mapa del territorio para poder tomar decisiones parentales relevantes.

Eso es precisamente lo que empecé a hacer con Janine, la madre de Julian, el día que vino enfadada consigo misma, irritada porque nada había podido calmar a su hijo (y tampoco a ella, por cierto) después de la gran pelea que los dos habían tenido en Target. No era culpa de ella que su formación como maestra no le hubiera enseñado la influencia que el estrés puede llegar a tener en el sistema nervioso. Y tampoco se le podía achacar toda la culpa porque el pediatra de Julian atribuyera el problema que tenía el niño para gestionar sus frustraciones al «fuerte carácter» de la criatura, y que animara a la madre a recurrir a los castigos para terminar con esas «malas» conductas y poder así enseñar a su hijo a ser más dócil. Lo cierto es que todavía hoy en día muchos de mis colegas especializados en salud mental y en el campo de la enseñanza siguen recomendando el uso de unos enfoques parecidos.

Lo que estuve discutiendo con Janine fue que su hijo no estaba intentando sacarla de quicio con toda la intención, ni que evitara colaborar con ella a posta: lo que el niño estaba haciendo era reaccionar al estrés. La respuesta a estas situaciones no es castigar al niño ni ofrecerle incentivos, sino personalizar la manera de criarlo para ayudarlo a que logre calmar su sistema nervioso y así la criatura pueda funcionar, comprometerse y aprender. Estos son los principios del enfoque con el que trabajamos Janine y yo: un enfoque que fuera compasivo, holístico y eficaz a la vez. Y este es precisamente el enfoque que voy a compartir contigo en este libro.

En las páginas siguientes aprenderemos conceptos clave para que puedas personalizar la manera que tienes de criar a tus hijos, y además aprender:

- A usar el comportamiento de tu hijo como esa pista que te permite conocer la plataforma única de tu hijo (que es el término simplificado que utilizo para referirme a la conexión cuerpo-cerebro).
- A saber que el concepto de neurocepción, el término acuñado por el doctor Porges para denominar lo que yo llamo «el sistema de detección de la seguridad del cuerpo», nos ayuda a comprender las experiencias subjetivas del niño.
- A discernir cuándo un comportamiento dado surge de una intención caprichosa o de una presión psicológica (basada en el cuerpo).
- A comprender que la conexión padre e hijo, si es compartida, puede ayudar al niño a desarrollar su capacidad de autorregulación.
- A ver la importancia que tiene para los padres saber cuidarse, y comprender que la presencia tranquilizadora de un adulto puede ayudar al niño a sentirse más tranquilo y seguro fisiológicamente.
- A comprender que la interocepción (las sensaciones que provienen del interior de nuestro cuerpo) puede contribuir a guiar tus interacciones y ayudar a tu hijo a ser más consciente y más participativo a la hora de comunicar sus sentimientos y emociones.
- A aplicar bien el conocimiento que tenemos de la plataforma y de todos estos conceptos para contribuir a fomentar la resiliencia y a dar con las decisiones y los retos más comu-

nes a que se enfrentan los padres desde la infancia hasta la más temprana adolescencia de sus hijos.

Aligerar, en lugar de sobrecargar, la tarea de criar a un hijo

Seguro que piensas: *«Sí, vale, muy bien, pero... ¡menudo esfuerzo!»*. Antes de seguir adelante, déjame asegurarte que mi objetivo no es añadir más peso a la carga que ya sobrellevas como padre o madre, sino más bien aliviarla. Lo que no deseo es añadir más estrés, presión y ansiedad, ni más trabajo, por supuesto. Al contrario. Este libro no pretende convertirte en una especie de superpadre o supermadre. He trabajado con centenares de progenitores, y lo que he visto en ellos es que tanto los padres como las madres hacen todo lo que pueden con la información de que disponen. Yo puedo servirte para aportar más luz a todo lo que puedas averiguar observando a tu hijo de una manera distinta. Nadie conoce a tu hijo tan bien como tú, y las herramientas y los puntos de vista que encontrarás explicitados en este libro tienen el objetivo de ayudarte a cultivar la relación que tienes con tu hijo con naturalidad y de una manera maravillosa. Nuestro propósito no es cambiar a tu hijo, sino ayudarte a personalizar tu relación con él de tal manera que termines basándola en el profundo respeto que inspiran el cerebro y el cuerpo de tu hijo, únicos como tales y siempre cambiantes.

Para finalizar, debo decir que cometería una gran negligencia si no reconociera la importancia que tiene honrar tus propios valores como padre o madre, que vienen influidos por tu entorno único y tus experiencias vitales. A mí me criaron en Estados Unidos unos padres que procedían de dos continentes distintos. Como hija mayor, e integrante de la primera generación estadounidense de mi familia, yo soy el producto de los legados de mis padres; y los valores y las tradiciones que me inculcaron fueron el reflejo de sus respectivas culturas. Tanto si tu hijo es un bebé como si ya ha cumplido unos añitos, tanto si tienes un hijo como si tienes muchos, espero que la información que encuentres en este libro te dé fuerzas para ir adquiriendo mayor confianza en ti mismo mientras contemplas a tu hijo a través de una lente de gran alcance. No es fácil ser padre, y por eso he incluido en este libro mensajes muy importantes sobre cómo practicar la autocompasión y saber cuidar de uno mismo durante el viaje.

La clave para comprender lo que subyace a las conductas de hijos y padres es valorar no solo el cerebro, sino también el cuerpo. Ser consciente de esta realidad me cambió como madre y como psicóloga, y cuando empecé a compartir mis conocimientos con las familias a las que trato, sus vidas también se transformaron. Espero que este libro te ayude a aligerar tus preocupaciones y a mostrarte más alegre como padre o madre, que te lleve a no darle tantas vueltas a las cosas, a no juzgarte tanto a ti mismo y a no estresarte por las decisiones que has de tomar como progenitor sin dejar de cultivar la resiliencia en tu hijo y fomentar una conexión que os dure toda la vida.

PRIMERA PARTE

ENTENDAMOS LA CRIANZA DE LOS HIJOS VINCULANDO CEREBRO Y CUERPO

1. Comprender la fisiología de tu hijo o de tu hija es importante

> Somos nosotros quienes cuidamos del sistema nervioso de otra persona, y también los que cuidamos de nuestro sistema propio.[1]
>
> Lisa Feldman Barrett

Cuando Leanda y Ross llegaron a mi consulta, vinieron desesperados en busca de consejo para su hija Jade. Me parecieron unas personas muy buen amuebladas para ser padres, sin lugar a dudas. Leanda era enfermera de pediatría y Ross, director de instituto. Los dos habían profundizado bastante en el estudio del desarrollo infantil y habían leído muchos libros sobre la crianza de los hijos. Los primeros años de Maria, su hija mayor, transcurrieron con bastante tranquilidad para ambos; y Jade también había sido una niña feliz y equilibrada desde muy temprana edad.

Sin embargo, llegó el momento de ir al jardín de infancia. Jade, desde los primeros días, les montaba una escenita todos los días. Cada mañana, cuando su padre intentaba dejarla en la escuela, Jade le imploraba que no se marchara y gritaba con tanta potencia de voz que, al final, tenía que intervenir la maestra y arrancar físicamente a la niña de los brazos de su padre.

Cuanto más tiempo duraba ese forcejeo diario, más preocupados y perplejos se quedaban los padres de Jade. ¿Los forcejeos de la niña eran señal de que tenía un problema grave? ¿Conseguiría superarlo? ¿Debían continuar siguiendo el consejo de los maestros, que les decían que dejaran a Jade en el jardín de infancia y se marcharan a toda prisa a pesar de las protestas de la niña (asegurándoles que aquello era una fase, algo muy habitual en las guarderías)? ¿Podría seguirse alguna otra estrategia que fuera más adecuada? Lo que tenía más perplejos a Ross y a Leanda era la pregunta siguiente: ¿por qué su manera de criar a los hijos, que tan bien les había funcionado con su hija mayor, fallaba tanto con Jade?

Cuando conocí a esta pareja, esta batalla diaria duraba desde hacía cuatro meses, a pesar de que criaban a sus hijas prestándoles mucha atención, mostrándose abiertos a la comunicación y siguiendo todos los consejos que habían recopilado de varios libros que trataban sobre la crianza de los hijos. Leanda y Ross tenían muchísimas ganas de ver crecer a su hija, pero vivían con mucha tensión y estaban tan desorientados que no sabían lo que hacer. ¿Cómo podían ayudar a Jade para que creciera como una niña sana?

La orientación que les daban los maestros concordaba con los consejos más comunes que suelen darse sobre la crianza de los hijos: fijarse más en el comportamiento que en el niño o la niña en cuestión. La mayor parte de los métodos que existen sobre la crianza de los hijos no se centran en el niño como un todo, sino en las conductas que este manifiesta (y en la manera en que los padres deberían reaccionar ante ciertas clases de conductas). Y proponen reaccionar ante las conductas con actitudes que vayan directas al cerebro del niño: razonando, pidiendo, incentivando, recompensando, o advirtiendo sobre las consecuencias.

Estos métodos reactivos tienen dos defectos inherentes. En primer lugar, ofrecen respuestas idénticas para todos que no están basadas en tu hijo en particular, sino en la versión genérica de lo que es un niño. Y, en segundo lugar, dan por supuesto que el niño se está comportando de una manera determinada intencionadamente (que, en todo momento, tiene el control, o bien, si se esfuerza lo bastante, puede llegar a controlarse a sí mismo).

Este consejo en concreto a menudo viene inspirado por una filosofía en particular: sé positivo (céntrate en animar al pequeño), o dale todo tu apoyo sin que parezca que dejas de ser fuerte (autoritario), o bien deja que tu hijo se equivoque (no le atosigues), o no proyectes tus propios problemas en tu hijo (sé más consciente), o reflexiona sobre las experiencias actuales sin juzgarlas (adquiere una mayor conciencia), o enseña a tu hija a aprender a hablar de sus sentimientos (enséñale lo que son las emociones). Todos estos conceptos pueden ser útiles, pero no logran dar una explicación sobre cuáles son los rasgos únicos y distintivos de tu hijo, o cuáles son sus necesidades en un momento dado. En otras palabras, por muy bueno que en teoría sea tu consejo, poco importará si el niño o la niña no se muestran receptivos a aprender lo que se les enseña.

Por si fuera poco, existe esa idea tan común, y tan equivocada, sobre el control deliberado o intencional que los niños ejercen sobre su propio comportamiento. No hace mucho vi un vídeo en línea en el que se afirmaba que era posible explicar la manera de evitar que los niños pequeños tuvieran rabietas. Había alcanzado más de un millón de visitas en YouTube. Solo que había un problema, claro: contrariamente a lo que defiende la creencia popular, los niños pequeños, en general, no hacen rabietas a propósito. Más bien al contrario: las rabietas, a cualquier edad, son la señal que nos indica que la conexión cerebro-cuerpo va sobrecargada, se encuentra sometida a un reto, o tiene una gran vulnerabilidad.

Situar la conducta en su contexto

Cuando los padres-educadores y los profesionales bienintencionados insinúan que los niños montan pataletas de manera intencional, lo que están dejando entrever es que han malentendido fundamentalmente que los seres humanos más pequeños son capaces de ejercer control sobre sus impulsos, sus emociones y su conducta. Mi objetivo en este libro es dar un mayor contexto a la idea explicando el funcionamiento del sistema nervioso de los seres humanos: ayudarte, como padre o madre que eres, a comprender la manera en que los niños desarrollan el autocontrol y la flexibilidad emocional, y lo que tú puedes hacer para propiciar este crecimiento en función de la constitución única de tu hijo y de su huella genética básica.

Lo que más popularidad ha alcanzado de todo lo que he llegado a colgar en las redes sociales ha sido una sola frase, que es lo que suelo decirles a los padres que tienen niños pequeños que se irritan con facilidad: *«Si la capacidad de controlar las emociones y las conductas no se desarrolla plenamente hasta llegada la juventud, ¿por qué les pedimos a los niños en edad preescolar que sean capaces de hacer algo así y los castigamos cuando no lo consiguen?»*. Estas palabras, que pronuncié mientras contemplaba el dibujo de un sol que había pintado un niño con lápices de cera, las leyeron más de dos millones de personas. ¿Por qué les hizo tanta mella esta afirmación? Quizá porque esta verdad tan simple nos quita parte de culpa y nos libera de las autocríticas que tanto acosan a los padres. (De hecho, la capacidad de controlar nuestras emociones y conductas no es un peldaño más en nuestro desarrollo, sino un proceso sin fin al que van dando forma el cerebro y el cuerpo cuando estos se comunican entre sí, manteniéndonos a salvo[2] y prediciendo constantemente lo que va a suceder).[3]

A la mayoría no nos han enseñado nada sobre el contexto de las conductas infantiles; lo que nos han enseñado es lo que tenemos que hacer para gestionar esas conductas. Ahora bien, lo que se baraja aquí es mucho más importante, y tiene que ver con las razones por las que los seres humanos actuamos como lo hacemos. Piensa en las conductas como si fueran la punta de un iceberg, que es ese 10% más o menos que asoma sobre la superficie del mar. ¡Qué duda cabe que un iceberg tiene un tamaño mucho mayor! Oculto bajo la superficie está el fragmento de mayor tamaño, invisible a la vista, pero mucho más relevante. Cuando solo reaccionamos a la conducta que se despliega ante nuestros ojos, estamos soslayando esta parte oculta, ignorando la valiosa información que podría ayudarnos a entender el porqué de esa conducta, las jugosas pistas que nos llevarían a determinar lo que desencadena tal conducta. Como cultura, somos un pueblo extremadamente moralista en relación con la conducta, sobre todo con la de nuestros hijos. Y ahora, gracias a los descubrimientos de la neurociencia, podemos contar una nueva y emocionante historia sobre las conductas, los sentimientos y las emociones, y sobre todo aquello que los impulsa.

No importa la conducta, porque están pasando muchas más cosas de las que ven nuestros ojos. El cerebro y el cuerpo están constantemente hablando entre sí:[4] ¡Los cerebros no existen por sí solos! Los niños raramente se portan mal si no tienen una buena razón, o sencillamente para hacerles la vida imposible a sus padres (aunque muchas veces eso sea lo que parece). Las conductas de nuestros hijos son la señal externa que nos están dando de su mundo interno, las indicaciones que nos dan de la parte sumergida del iceberg. Deberíamos valorar las conductas por lo que estas nos dicen sobre el cuerpo y el cerebro de los niños. *En lugar de intentar eliminar los comportamientos, deberíamos esmerarnos en comprenderlos por la abundante información que aportan sobre las experiencias del mundo que está viviendo nuestro hijo.*

No importa la cantidad de veces que intentes razonar, recompensar u ofrecer incentivos, porque no vas a poder coaccionar, ni siquiera enseñar, a un niño para que tenga control de algo de lo que, en realidad, es incapaz. ¿Qué es lo que podemos hacer? Pues en lugar de intentar corregir o eliminar una conducta preocupante, intentemos comprender las pistas que esa misma conducta nos está dando sobre la experiencia que tu hijo tiene del mundo.

La plataforma

En concreto, las conductas nos ofrecen pistas sobre el estado del sistema nervioso autónomo del niño o de la niña, el único sistema de comunicación biunívoco que existe entre el cuerpo y el cerebro.[5] *La conexión cerebro-cuerpo, nuestro sistema nervioso, hace las funciones de una plataforma neurológica que influye en la conducta humana.*[6] El cuerpo y el cerebro del pequeño están vinculados entre sí en un bucle de constante retroalimentación que recorre el sistema. Por eso es incorrecto considerar el pensamiento o las expresiones emocionales del niño o de la niña separados del estado de su cuerpo. El estado de nuestro cuerpo influye en nuestra manera de sentir, de actuar y de pensar. A partir de ahora, me referiré a este complejo y extraordinario sistema con el nombre de «plataforma».

Porque jamás somos un solo cuerpo o un cerebro; siempre somos las dos cosas.

Todos nosotros reaccionamos ante el mundo, a cada momento, desde un continuo que va de lo receptivo a lo defensivo.[7] Cuando vivimos los desafíos con miedo o como una amenaza, nos ponemos en modo defensivo. Cuando nos sentimos seguros, estamos en modo receptivo.[8] En mi dilatada experiencia trabajando con niños, puedo dar fe de que lo que influye en el nivel de receptividad del pequeño es el estado en que se encuentre su sistema nervioso autónomo,[9] lo que llamamos la plataforma. Una plataforma sólida genera buenas conductas y, además, potencia la capacidad que tiene el niño de ser flexible, de pensar y de tomar decisiones. Una plataforma vulnerable, en cambio, hace que aumente en él la cautela, el miedo y la actitud defensiva. Cuando la plataforma del niño o de la niña es vulnerable, asistimos a un despliegue de esas conductas que confunden tanto y representan un desafío enorme para los padres: negarse a ponerse los calcetines o a tomar alimentos de color verde, abofetear a uno de los hermanos, o lanzar el mando del televisor por los aires cuando llega la hora de apagarlo. Estas conductas parecen ser el reflejo de las que tendría un niño contrariado, poco colaborador o maleducado. En el extremo opuesto se situarían esas otras ocasiones en que los niños echan un vistazo alrededor y luego desconectan, haciendo como que nos ignoran. Lo que cabe destacar en estas lí-

Comprender la fisiología de tu hijo o de tu hija es importante

neas, y que iré desarrollando en los capítulos siguientes, es que las conductas que parecen defensivas en realidad pueden ser protectoras.

Otra muestra de vulnerabilidad en el niño o en la niña es la hipervigilancia, que puede revelarse en forma de extrema docilidad, señal quizá de que la criatura se preocupa demasiado por complacer a los demás. A pesar de que esta conducta suele recompensarse, también puede estar indicándonos que el pequeño tiene una plataforma vulnerable. Los niños con plataformas vulnerables muestran una inclinación a permanecer en alerta, a estar preocupados, a ser desagradables, a gritar, a llorar, a tener rabietas, a salir corriendo, a atacar o incluso a cerrarse en banda. Los seres humanos no siempre podemos controlar intencionadamente nuestra conducta; y, por esa misma razón, los niños no eligen necesaria y conscientemente su conducta. Al contrario, muchas de sus reacciones y conductas les sirven para protegerlos de la profunda sensación subconsciente de sentirse incómodos y amenazados.

Lee esta reflexión, porque tiene miga: podemos entender el nivel de solidez o vulnerabilidad de un niño o de una niña fijándonos en lo que denominamos su alostasis,[10] que es el proceso que nos permite conservar una estabilidad corporal. Pero... ¡tampoco vayas a creer ahora que te pediré que memorices algo tan científico! La neurocientífica e investigadora Lisa Feldman Barrett cuenta con una expresión en concreto para definir este equilibrio continuo entre la energía y los recursos: el presupuesto corporal.[11] Así como un presupuesto financiero detalla los movimientos contables, nos cuenta la doctora, los cuerpos dan detalle de «recursos internos como puedan ser el agua, la sal y la glucosa, tanto cuando los obtienes como cuando los pierdes».[12] Aunque no siempre seamos conscientes del presupuesto metabólico de nuestro cuerpo, todo lo que experimentamos, incluidos los sentimientos y las acciones, pasa a formar parte de los ingresos o las retiradas de efectivo registradas en nuestro presupuesto corporal.[13] Un abrazo, una noche de descanso, salir a jugar con los amigos y comer bien son cosas que pertenecen a los ingresos. Pero luego tenemos las retiradas de efectivo, que son cosas como saltarnos las comidas, olvidarnos de beber una cantidad suficiente de líquido, vernos privados de sueño, o vivir aislados o ignorados.

En las páginas siguientes, y a lo largo de este libro, usaré este término tan útil acuñado por la doctora Barrett, «el presupuesto corporal», para que nos ayude a tomar esas grandes, y no tan grandes, decisiones que afectan a la crianza de nuestros hijos. Personalizaremos estas elecciones basándonos en el presupuesto corporal de nuestro hijo o de nuestra hija, además de basarnos en el nuestro propio.

Los padres viven en un perpetuo dilema: cuando un niño tiene que enfrentarse a un problema en particular, ¿deberíamos animarlo a que lo solucione por sí mismo, o resulta más apropiado hacerle algún ingreso en su presupuesto corporal interaccionando con él como padres de tal manera que eso le sirva de apoyo y le demuestre nuestro cariño?

La plataforma del niño refleja su presupuesto corporal y nos ayuda a tomar estas decisiones. En los capítulos siguientes, aprenderemos a no perder de vista las conductas y las señales que nuestro hijo o nuestra hija nos envían, y que nos sirven para descubrir los recursos que el niño tiene a su alcance en ese preciso instante y en su conjunto. Y eso lo lograremos si conseguimos saber lo que nuestro hijo o nuestra hija nos están diciendo a través de las señales verbales que emiten y, sobre todo, de las no verbales.

Esta es la idea fundamental que me hace tanta ilusión compartir con vosotros: las mejores decisiones que podemos tomar como padres no se centran sencillamente en las conductas o en los pensamientos de nuestros hijos, sino más bien *en su cuerpo y en la manera única que cada criatura tiene de procesar, interpretar y experimentar continuamente su mundo.*

Por eso, nuestra estrategia como padres no debería comenzar eliminando ciertas conductas. Al contrario, deberíamos trabajar más para reforzar la plataforma de nuestro hijo o nuestra hija (y la nuestra propia). Deberíamos empezar planteándonos preguntas esenciales sobre cómo personalizar nuestro enfoque en un momento dado: ¿Qué está comunicándome esta conducta de mi hija para hacerme saber lo que necesita de mí en este momento? ¿Necesita mi hija mis palabras, necesita que le hable? ¿Necesita mi hija un abrazo o un hombro sobre el que llorar? ¿Necesitan mis niños que les marque unos límites y les recuerde las consecuencias que puede tener su comportamiento? ¿O bien necesita mi niña algo más básico para reforzar todavía más su plataforma? ¿Necesita mi pequeño un enfoque de pensamiento descendente (razonar con él), o más bien un enfoque corporal ascendente, que implicaría reforzar en primer lugar su plataforma? ¿O es posible que lo que necesite sea más bien un enfoque híbrido que incluya ambas cosas?

Cada pequeño y cada situación son únicos de por sí. La mayoría de los programas destinados a la crianza de los hijos fracasan al plantear estas preguntas, que son esenciales. Para que un niño use la información que queremos transmitirle, necesita tener una plataforma sólida. Y no construiremos una plataforma sólida incentivando o ignorando determinadas conductas, castigando o avergonzando a los niños; ni siquiera hablando con ellos. Lo lograremos estando presentes, cultivando esa relación de confianza que procede de nuestra amorosa y coherente presencia, adaptada y personalizada a las necesidades individuales de nuestros hijos, sin perder de vista que nuestro trabajo como padres es ayudar al niño o a la niña a crecer con una flexibilidad y una resiliencia cada vez mayores. Con nuestra presencia como piedra angular, podremos transmitirle al niño lo que queremos de él, y ayudarlo a amoldarse y a tolerar las experiencias nuevas a medida que vaya siendo más autosuficiente.

Es una manera completamente distinta de considerar los desafíos más comunes a los que se enfrentan los padres: aquello que consideramos un desafío en el orden conductual y emocional a menudo suele ser una reacción adaptativa e inconsciente al mundo interior del niño. Es el modo en que el cuerpo del niño reacciona ante unos cambios que requieren de un ajuste o de una reacción;[14] en otras palabras, es su respuesta al estrés. Si pensamos en el estrés como en ese ajuste natural que nuestro cuerpo realiza ante los cambios, podremos valorar los desafíos conductuales en función de lo que estos nos están diciendo sobre el modo en que el cuerpo y el cerebro de nuestro hijo están gestionando lo que le pedimos. *Y lo que veremos, sin lugar a dudas, será un presupuesto corporal agotado que está dirigiendo esas malas conductas, que en realidad no son malas, sino protectoras, aunque desde el subconsciente.*

Esa realidad a menudo suele permanecer oculta a los ojos de los adultos durante toda la vida del niño (y aparece enmascarada porque nos enfadamos al ver determinadas conductas); y eso sucede hasta que los adultos empiezan a preguntarse *por qué la niña o el niño están haciendo eso, y cómo ese comportamiento que muestran en particular les sirve para manejar la situación.* Con esta nueva manera de pensar las cosas, valoramos la conducta de los niños como la prueba que nos habla del poder de adaptación que tiene el ser humano.[15] Lo que resulta muy útil es dejar de categorizar las conductas como buenas o malas. Las conductas son adaptativas, y, para los padres, una fuente de información increíblemente útil.

Las conductas nos ofrecen pistas muy valiosas sobre el estado de la plataforma del niño y sobre lo que este necesita de nosotros. Cuando cambiemos nuestra manera de pensar, podremos ver que estamos errando el tiro si nos centramos en eliminar una conducta en lugar de preguntarnos lo que esta misma conducta nos está diciendo acerca de su plataforma. En lugar de decirle a un niño quejumbroso que deje de lamentarse, podríamos considerar que sus quejidos lastimeros son la señal de que el niño necesita nuestro consuelo para sentirse tranquilo. Decirle a una niña que se siente bien erguida a la mesa del comedor no servirá de nada si ella siente la necesidad de moverse para gestionar su estrés. Si un niño tiene miedo de algo que no implica ninguna amenaza, como ir a clase de fútbol u oír el ruido que emite un juguete en concreto, de nada servirá decirle sencillamente: «No debes tener miedo de eso». Lo que debemos hacer es prestar atención a lo que ese miedo nos está revelando. *La conducta del niño nos ofrece pistas sobre lo que le está sucediendo interiormente: ese es el momento perfecto para detenernos a reflexionar sobre lo que le está sucediendo en un nivel más profundo.* Cuando hayamos comprendido el modo en que el cuerpo y el cerebro de nuestro hijo, o nuestra hija, gestionan los grandes y los pequeños desafíos a que se enfrentan, podremos ayudarlos a usar esas nuevas experiencias para crecer sin que se sientan abrumados por ellas.

La plataforma como ese mapa del territorio que nos conduce al desafío perfecto

Queremos ver crecer a nuestros hijos con cada nueva habilidad que adquieran, tanto si se trata de mamar bien, de tragar los primeros bocados de comida sólida, de dar los primeros pasos, de ir el primer día a la escuela, o de vivir su primera experiencia en un campamento de verano. Ayudamos a los niños a tolerar estas nuevas experiencias y situaciones buscando el equilibrio. Necesitamos asegurarnos de que cuenten con un desafío que les baste para poder desarrollar nuevas fortalezas, pero sin que tengan que verse abrumados por lo que les estamos pidiendo. Y, para conseguirlo, necesitamos descubrir lo que hemos convenido en denominar «el desafío perfecto».[16] Por mi parte, yo lo llamo sencillamente «la zona de desafío»,[17] ese lugar en que nuestros hijos adquieren nuevas fortalezas (porque así es como uno crece), aprenden cosas nuevas y alcanzan su potencial contando con el apoyo justo y necesario. ¿Cómo podemos detectar dónde se encuentra esta zona? Pues siguiendo las numerosas señales que el cuerpo del niño nos envía.

Un niño con un presupuesto corporal agotado normalmente trabaja fuera de su zona de desafío. Es importante definir dónde se encuentra esta zona en cada uno de los niños, porque estos no podrán desarrollar su resiliencia si sus plataformas se ven abrumadas constantemente, o si cuentan con demasiado apoyo por parte de unos adultos que siempre están encima de ellos protegiéndolos de unos desafíos que son sanos. A lo largo de este libro te iré dando ideas y ejemplos para que determines cuál es la mejor zona de desafío para tu hija o tu hijo en función de las circunstancias. Y por eso te plantearé las siguientes preguntas:

- ¿Qué hago cuando mi hijo pequeño (o no tan pequeño) me monta una rabieta?
- ¿Cómo gestionamos la rivalidad entre los hermanos?
- ¿Cómo podemos conseguir que la niña duerma seguido toda la noche?
- ¿Qué hacemos si nuestro hijo no nos obedece o nos desafía?
- ¿Qué hacemos si nuestra hija tiene problemas con los profesores o con sus compañeros?
- ¿Cómo sabemos si el límite que hemos fijado es demasiado estricto o demasiado permisivo?

Cuando descubramos la zona de desafío de una niña o de un niño en concreto, obtendremos las respuestas a estas preguntas y a otras muchas más, y encontraremos la confianza que necesitamos para tomar decisiones personalizadas acerca de la crianza de nuestros hijos en función de la plataforma de cada criatura. Además, trabajar dentro de la zona de desafío de un niño o de una niña implica poder fomentar su tolerancia a la frustración,[18] la capacidad que tiene la criatura de trabajar en su frustración en lugar de rendirse o de sentirse abatida. Una niña con tolerancia a la frustración[19] puede posponer su gratificación y esperar hasta que le llegue lo que desea manteniéndose tranquila si se encuentra con obstáculos.

Como madre o padre, desempeñas un papel fundamental en la formación y el refuerzo de la plataforma de tu hijo o de tu hija. Esta realidad no tiene por qué sumarse al estrés que tú ya sientes como progenitor. Como veremos, nunca es demasiado tarde para reforzar la plataforma. Cada interacción que tengas con tu hijo puede fomentar la receptividad y la resiliencia del niño. *La ventana para ayudar a crecer a nuestro hijo siempre está abierta.* Y no estamos obligados a hacerlo a la perfección. Por suerte, contamos con un gran margen de error; porque en realidad es un proceso de aprendizaje. Lo que importa no es que lo hagamos todo perfecto como padres que somos. ¡Tarea imposible! No, lo que deberíamos hacer es reconocer cuándo nos hemos equivocado, arreglar las cosas y aprender de la experiencia. Si actuamos así, tanto nosotros como nuestros hijos terminaremos siendo más fuertes.

Cuanto más comprendamos lo interconectado que está el cuerpo con el cerebro, más cuenta nos daremos de que el estado del sistema nervioso de nuestro hijo debería ser el factor prioritario que fundamente las decisiones parentales del momento presente. Cualquier enfoque sobre la crianza de los hijos necesita tener en cuenta tres factores cruciales: 1) cuál es el estado de la plataforma de tu hijo y de la tuya propia (que abarca desde la solidez a la vulnerabilidad); 2) las capacidades evolutivas de tu hijo o hija, y 3) las cualidades únicas de la criatura, o, mejor dicho, las diferencias individuales que influyen en la manera en que los niños procesan la información a través de los sentidos y desde el interior de su cuerpo. A lo largo de este libro usaremos estos tres conceptos para explorar las diversas maneras de personalizar la crianza de tus propios hijos de acuerdo con las necesidades en concreto que te planteen. Eso mismo fue lo que aprendieron a hacer Leanda y Ross cuando su hija Jade se mostraba tan reacia a ir al jardín de infancia.

Comprender la plataforma de la niña fue lo que la salvó

Al ver que Jade insistía una y otra vez en que su padre no la dejara en el jardín de infancia, sus progenitores supusieron de entrada que la lucha diaria de la niña era un reflejo del esfuerzo consciente y obstinado que la criatura estaba haciendo para no ir a la escuela. Yo no me atreví a tanto. Tras hablar con la maestra de Jade, supe que prácticamente todos los días la niña se mostraba triste y silenciosa, pero que, al cabo de una hora, por lo general, solía juntarse con una amiga suya en la cocinita de juguete que había en el aula. Riendo con su amiguita y preparando almuerzos de mentirijilla para los compañeros de clase, Jade se transformaba en una niña completamente distinta, según refirió su maestra.

Eso fue lo que vi yo tras pasar un buen rato observándola en el aula. Estaba claro que a Jade le encantaban ciertos aspectos de la escuela, pero que todo eso le estaba pasando factura. Cuando se revolvía, intentaba escapar corriendo, se agarraba a su padre o se ponía a chillar, Jade estaba enviando la señal que indicaba que dejarla en clase representaba un coste muy elevado para su presupuesto corporal. La mayoría de las veces no existen suficientes halagos ni estímulos (como poner pegatinas en las cartulinas de comportamiento u ofrecer alguna que otra compensación) para aliviar esta clase de situaciones. Lo que sí puede servir, en cambio, es comprender el funcionamiento de la plataforma de la niña en una situación determinada.

Tras pasar varias sesiones observando largo y tendido a Jade y escuchando hablar a sus padres, les propuse que interpretaran que sus actos no reflejaban que quisiera zafarse de la escuela, sino que más bien eran *unas señales de su sistema nervioso que, con toda valentía, estaba intentando gestionar el estrés que su cuerpo acusaba*. Les expliqué que no debíamos limitarnos a cambiar su comportamiento, sino que además debíamos ayudarla situándonos en el mismo nivel donde se originaba ese comportamiento, y, de esta manera, reforzaríamos su plataforma cerebro-cuerpo. Es decir, la ayudaríamos a abandonar ese lugar defensivo y vulnerable en que se había situado para trasladarse a otro más sólido y receptivo. El cese de esas conductas sería la señal que nos indicaría que habíamos contribuido a fortalecer su plataforma.

Nos reunimos con la maestra de Jade y esbozamos un plan personalizado que se ajustara a las experiencias que estaba viviendo la niña. El primer paso debían darlo las maestras de Jade, y consistía en no obligarla a que se soltara de su padre todas las mañanas arrancándola de sus brazos. Lo que debía hacerse era todo lo contrario: debíamos transformar la rutina diaria y cambiar la mano dura por el guante de seda. En lugar de que el padre se despidiera de Jade dentro del círculo destinado a recibir a los niños, entre el caos que se formaba justo cuando empezaban a aglomerarse los alumnos, Ross empezó llevándola al jardín de infancia quince minutos antes para despedirse de ella en un lugar más tranquilo, justo a la salida del aula. Al ver a la niña, la maestra se arrodillaba y le daba los buenos días con una voz cálida y prosódica. Luego se quedaba charlando con el padre unos minutos para que su plataforma fuera entrando en calor, y, por último, dejaba que fuera la misma niña quien le anunciara que ya estaba preparada para despedirse de su padre y entrara en el aula para ayudarla a preparar la jornada. La maestra siguió las pistas que le iba dando su alumna, respetando y mostrándose atenta al estado de su plataforma. Jade tardó apenas una semana en dejar de rogarle a su padre que no se despidiera de ella en el jardín de infancia, señal de que se sentía preparada para entrar por sí misma.

Tras poner en práctica este nuevo plan durante tres semanas (en el que no se incluía ni una sola mención a los incentivos ni a las consecuencias), Jade le dijo a su padre por iniciativa propia que estaba lista para volver a incorporarse al círculo habitual donde se recibía al alumnado todas las mañanas. ¿Por qué habían cambiado tanto las cosas? Porque en lugar de limitarnos a ofrecerle una recompensa a la niña si no se alteraba, nos dimos cuenta de que lo primero que había que hacer era reforzar su plataforma.

Comprender la importancia de reforzar la plataforma de la niña les sirvió a sus padres para saber lo que había que hacer si se daban otras circunstancias parecidas. Por ejemplo, a Jade le encantaba bailar, pero cuando le llegó el momento de probar con una clase de danza en el centro cívico de su barrio, se quedó helada al entrar en la sala, y le rogó a su madre que se quedara con ella. Con el objetivo de apoyarla, la madre de Jade probó todas esas técnicas tan conocidas que usamos para ayudar a los niños a que superen sus miedos: animarla a ponerle un nombre a su emoción, hablar con ella de ese miedo y de cómo combatirlo con pensamientos relajantes y, por supuesto, recordarle que mamá estaba justo al otro lado de la puerta. A decir verdad, estas herramientas son viables una vez que la fisiología del niño o de la niña se ha calmado lo suficiente para que cuerpo y cerebro lleguen a conectar entre sí, pero, tal y como había sucedido con el tema de dejar a la niña en el jardín de infancia, Jade sencillamente no había alcanzado ese punto todavía.

¿Cuál era el problema? Habían usado un planteamiento descendente para un problema que debía resolverse de manera ascendente, y lo habían hecho demasiado pronto. ¿Cuál era la solución? ¡Centrarse en la plataforma! Dado que a los padres no les estaba permitido entrar en el aula donde se impartía la clase de danza, sino que tenían que esperar en una sala contigua, la madre de Jade decidió informar a su profesora de lo que le había funcionado en la escuela. La profesora de danza decidió reunirse con Jade justo antes de empezar la clase y confiarle la tarea de ser su ayudante especial. Solo fueron precisos unos minutos de conexión (que la niña percibió como un ingreso considerable en su presupuesto corporal) para que Jade terminara entrando en clase cogida de la mano de la maestra y sin la compañía de su madre. Este contacto tan sencillo, de tú a tú, sirvió para estimular la plataforma de Jade, y eso fue lo que le permitió participar y disfrutar de la experiencia.

¡Qué duda cabe que cada niño es un mundo! Sin embargo, comprender el sistema nervioso de un niño o de una niña nos revela la manera en que la criatura acusa nuestras interacciones y entiende lo que le estamos pidiendo. Y ser capaces de interpretar la necesidad que tienen una niña o un niño de contar cuanto antes con un apoyo emocional termina por permitirles ser capaces de tener amistades, de sobresalir en la escuela y de volverse independientes y resistentes, de ser capaces, en suma, de gestionar los inconvenientes que trae la vida. Todo eso lleva su tiempo, e influye mucho el modo en que las relaciones de la vida del niño recaen en su propia biología. Cuando empecemos a valorar la plataforma de la niña o del niño, antes de pedirle que obedezca y haga lo que se le pide, estaremos abriendo nuevos horizontes a lo que representa la crianza de los hijos.

¡Ojo! ¿No estaremos mimándolo?

Los padres que están acostumbrados a adoptar unos métodos más tradicionales en la crianza de los hijos se preguntarán si el enfoque cerebro-cuerpo no será otra manera distinta de mimar a su hijo o de criarlo de una manera permisiva. ¿Qué es esto de personalizar la crianza de tu hijo? ¿Significa tener que bajar el listón o allanarle el camino para facilitarle las cosas? ¿Los padres no deberían tener ciertas expectativas?

Estas preguntas son muy relevantes. Es importante entender que el objetivo no es allanarle el camino a nuestro hijo para que actúe sin tener en cuenta las consecuencias de su comportamiento, o impedir que salga de su zona de confort. De hecho, nuestro objetivo es más bien todo lo contrario. La mayoría de los padres quieren brindarle apoyo a su hijo para que, en un futuro, sea un individuo resistente e independiente. Cuando permites que el sistema nervioso del niño sirva de mapa del territorio, sabes mejor cuándo es más apropiado retroceder y calmar al niño, cuándo es mejor cambiar de planes para que la criatura se sienta segura, o cuándo es preferible dejar que el niño o la niña se esfuercen por sí mismos para superar un determinado reto. Los seres humanos no desarrollamos nuevas habilidades sin experimentar un cierto grado de tensión o incluso de incomodidad. *La clave radica en que el apoyo tiene que estar confeccionado a medida para el niño y sus circunstancias*. De otro modo, tal como demuestra la experiencia de Jade, los enfoques basados sencillamente en intentar cambiar las conductas de tu hijo fracasarán o incluso acabarán mal.

Los padres también tienen plataformas

No hace falta decir que todos tenemos un sistema nervioso; y los adultos, también. Las plataformas de nuestros hijos influyen en nosotros, y las nuestras los afectan mucho. Como descubriremos más adelante, nuestras plataformas tienen una gran importancia cuando hablamos de criar a los hijos. (En el capítulo 5 describiré cómo podemos enriquecernos y hacer ingresos en nuestros presupuestos corporales para equilibrar las constantes retiradas de efectivo que debemos hacer por el hecho de ser padres). Quizá muchos no tuvimos unos padres que reforzaran nuestro sistema nervioso prestando atención a nuestras necesidades emocionales y, en lugar de eso, se dedicaran a juzgar nuestros comportamientos y emociones.

Muchos recordaremos que nuestros padres nos decían cosas como: «¡No llores... que no hay para tanto!», o bien: «¡La cantidad de niños que están peor que tú...!», o incluso: «Vamos, vamos... ¡Pero si esto no da miedo!». Esos mensaje bienintencionados llevaban implícitos un mensaje inintencionado: ignorar las señales de nuestro cuerpo y nuestra sensación de desazón, y no tener en cuenta los estados emocionales que subyacían a nuestros comportamientos. Incluso ahora, nuestra cultura sobre la crianza y la educación de los hijos en general no valora el sentido más profundo que tienen las emociones y los comportamientos negativos, y lo que estos son capaces de decirnos sobre el estrés que una persona está sintiendo en su cuerpo. Con el tiempo, ignorar e infravalorar estas reacciones humanas tan previsibles frente al estrés puede provocarnos enfermedades debido a la carga alostática,[20] o, lo que es lo mismo, las consecuencias de vivir con estrés durante mucho tiempo. Y aquí me estoy refiriendo a las inflamaciones, la hipertensión arterial o las enfermedades coronarias, los trastornos alimentarios, la ansiedad o la depresión. Las generaciones anteriores hicieron todo lo que pudieron con la información que tenían a su alcance. Ahora, sin embargo, sabemos más cosas sobre el estrés y sobre cómo se manifiesta en el cuerpo humano. *Cuando consideremos el cuerpo y el cerebro de una manera más integradora, la salud de nuestros hijos y de nosotros mismos saldrá beneficiada.*

Conservo muchos recuerdos dolorosos de los tiempos en que criaba a mis hijas que fueron producto de mi propia plataforma, a veces muy débil. Hay uno en particular que destaca por encima de todos. Un día había ido a recoger a mis hijas a la escuela tras haber tenido un día de lo más estresante en la consulta. No me había dado cuenta de lo mucho que el estrés había deteriorado mi propia plataforma. Cuando llegué al colegio, mi niña de cuatro años decidió que no quería subir al coche y se emperró en quedarse allí mismo a jugar con una amiga. Tras mantener con ella unos minutos de conversación para contarle las razones por las cuales teníamos que marcharnos en ese preciso momento, mi plataforma se quebró. De repente, perdí el control de mis emociones, agarré a mi hija y le grité a pleno pulmón. En ese mismo instante levanté los ojos y vi a una conocida que me miraba estupefacta. (¡Todavía recuerdo la expresión de su cara! Y eso que han pasado muchos años...). Me senté en el coche sintiendo punzadas en el estómago. Pero... ¿qué diantre había hecho? Mis hijas, ya instaladas en el asiento trasero, guardaban silencio. Les había dado un susto de muerte, y yo me sentía tan arrepentida... y tan avergonzada... *¿Pero qué clase de madre, una psicóloga, nada más y nada menos, se dedica a aterrorizar a sus propios hijos?*, pensé yo.

Más tarde, cuando ya anochecía, les pedí disculpas e intenté que me contaran lo que habían sentido y lo que recordaban de lo ocurrido. Se mostraron muy comprensivas conmigo, pero no quisieron hablar del tema. Al día siguiente, fui a un taller de arte que hay cerca de mi consulta, donde a veces me dejo caer para pintar cerámica, actividad que me resulta muy relajante. Ese día decoré un posavasos cuadrado y escribí en él tres palabras: «Manipúlese con precaución», y a continuación le añadí los nombres de mis hijas. Sentada en el taller, me prometí a mí misma que nunca más volvería a perder los papeles de esa manera con mis hijas. Y por muchos años que hayan pasado, todavía conservo ese posavasos en mi mesilla de noche, como un recordatorio visual de mi vulnerabilidad y de mis intenciones. Es un *souvenir* que sigue recordándome que trate a mis hijas, y a mí misma, con amor y compasión.

Es cierto que estas dos fuerzas poderosas, el amor y la compasión, se encuentran en el centro neurálgico de esta manera de enfocar la crianza de los hijos. *Cambiar y dejar de fijarnos en las conductas para intentar entender de dónde provienen y por qué se desencadenan significa dar un vuelco y dejar de gestionar lo que hacen nuestros hijos para pasar a comprenderlos en toda su profundidad.* Podemos ser abiertos y criar a nuestros hijos apelando a la reflexión y a la curiosidad, y así seremos capaces de observarnos a nosotros mismos y a nuestros hijos de una manera distinta. *Podemos dejar de dedicarnos a apagar fuegos y reaccionar ante los problemas y detenernos a cuestionarnos lo que nos está diciendo el comportamiento de nuestros hijos sobre su cuerpo y su cerebro.*

Un cambio revolucionario en el enfoque de la crianza de los hijos: de las conductas a los sistemas nerviosos

Por decirlo en pocas palabras: necesitamos cambiar y dejar de centrarnos en los comportamientos de nuestros hijos para dedicarnos a criar sus sistemas nerviosos... y también a cuidar de los nuestros. Necesitamos cultivar la fisiología y la psicología de los niños (las plataformas) prestando atención a sus presupuestos corporales y a lo que está provocando las conductas que observamos. *Como psicóloga, yo ya no trabajo centrada en las conductas. Trabajo dando prioridad al sistema nervioso y observando el origen subyacente de todo desafío.*

Cuando tenemos en cuenta la manera en que los seres humanos evolucionan, que es de una manera ascendente, todo un nuevo horizonte de herramientas, destinadas a criar a los hijos de una manera positiva y basadas en la consideración de lo que es la mente y el cuerpo, se abre ante nosotros. Creamos unas plataformas fuertes a partir del modo en que cultivamos la naturaleza de nuestro hijo o de nuestra hija[21] y mientras tratamos de coordinar la manera en que criamos a los niños con las cambiantes necesidades de la criatura con la que hemos sido bendecidos para criarla. Asimismo aprenderemos a encontrar respuestas personalizadas a los desafíos que se nos plantean como padres.

El factor más importante para reforzar la plataforma neuronal de un niño o de una niña es la comprensión de los mecanismos por los que los seres humanos aprenden a sentirse seguros en su propia piel y en el mundo exterior. Para comprender este razonamiento, en el capítulo 2 veremos que el sistema nervioso detecta si una situación es segura o peligrosa, si nos resulta cómoda o representa una amenaza para nosotros, fenómeno al que llamaremos neurocepción.

> UN CONSEJO PARA FORJAR LA RESILIENCIA: las conductas de los niños (y también las nuestras) son un reflejo externo de los complejos mecanismos de conexión que existen entre el cerebro y el cuerpo, de su plataforma. Cuando empecemos por plantearnos lo que nos dice su conducta sobre el estado de su plataforma, obtendremos la primera señal que nos diga por dónde hemos de empezar a forjar su resiliencia.

2. La neurocepción y el afán de sentirse a salvo y querido

> Antes de ser capaces de efectuar cambios duraderos en su conducta, los niños necesitan sentirse seguros y amados.[22]
>
> Bruce Perry

Poco tiempo después de que Lester y Heather se mudaran desde la otra punta del país, su hijo, de ocho años, empezó a tener problemas para dormir. Randy estaba muy ilusionado con la idea de tener un dormitorio propio, porque así ya no tendría que compartir la habitación con su hermana pequeña, como solía hacer. Incluso había elegido el color de la pintura de las paredes y seleccionado un edredón con el estampado de un superhéroe para su cama. Sin embargo, tan pronto se hubieron instalado, Randy empezó a deambular en mitad de la noche y a plantarse frente a la puerta del dormitorio de sus padres.

Por otro lado, empezó a obsesionarse inexplicablemente con la limpieza de los suelos, y pasaba la aspiradora por la alfombra cuando veía que a su hermana le caían migas... o sencillamente porque le apetecía. Al principio, sus padres encontraron divertida esta nueva costumbre de ir limpiando por ahí, pero cuando el niño empezó a desarrollar otra costumbre adquirida (y pasaba las horas organizando, a modo de ritual, los juguetes de su hermana), se pusieron en contacto conmigo para pedirme ayuda.

Los padres de Randy habían intentado hablar del tema con el niño para animarlo a que expresara sus sentimientos y así poder sacar algo en claro de esos miedos que le venían en mitad de la noche. Le pusieron una lamparita nocturna en su cuarto, e intentaron convencerlo de que se quedara en la cama prometiéndole que al día siguiente irían a tomar yogur helado, pero ni siquiera eso dio resultado. Al cabo de unos meses, su niño, que tan feliz había sido en el pasado, se había convertido en una criatura insegura y tenía todo el aspecto de estar involucionando en su proceso madurativo.

A veces, las herramientas que usamos habitualmente para criar a nuestros hijos (el razonamiento, la fijación de límites o la estimulación) no son suficientes. Y eso suele pasar porque lo que gobierna las conductas de los niños es una necesidad tan profunda que va más allá de la percepción consciente: el impulso humano tan básico que todos tenemos de sentirnos a salvo en este mundo. Es cierto que, desde el mismo momento en que nacemos, los seres humanos vamos en busca de la seguridad,[23] y que esta búsqueda ya viene programada en nuestra fisiología básica.

Como hemos visto, cuando una niña tiene una plataforma sólida, se muestra más propensa a cooperar y más capaz de reaccionar ante un amplio abanico de peticiones. Pero si la plataforma de una criatura es vulnerable, el abanico de lo que es capaz de gestionar se reduce, y a veces se estrecha tanto que podría terminar sintiéndose agobiada por tener que cumplir la tarea más simple. Eso explicaría lo que le sucedió a Randy. Después de que la familia se mudara, parecía haberse vuelto más dependiente de sus padres y menos capaz de disfrutar de ciertas cosas, como, por ejemplo, tener un dormitorio para él solo, contar con la oportunidad de hacer nuevos amigos o explorar su nuevo barrio.

Tranquilicé a Lester y a Heather diciéndoles que había muy buenas razones que explicaban el comportamiento observado en su hijo, y que trabajaríamos juntos para encontrar respuestas. La plataforma de cada criatura viene determinada por la experiencia única que esta tiene del mundo, y no es inusual tener que plantearse determinados desafíos, sobre todo cuando nos enfrentamos a cambios significativos en nuestras vidas. Estos obstáculos temporales nos dan la oportunidad de comprender mejor a los niños y de averiguar qué es lo que se puede hacer para que se sientan más a salvo. Al final, este conocimiento nos permitirá ayudar a nuestros hijos a que se ajusten mejor a las exigencias que les plantee la vida.

Sintiéndose seguros, los niños pueden trabajar a pleno rendimiento sus emergentes funciones ejecutivas.[24] (Piensa en todo aquello que los ejecutivos de éxito necesitan para conseguir hacer negocios: estar centrados, enfrentarse a los desafíos, tener autodisciplina y saber adaptarse con flexibilidad a unas circunstancias cambiantes). No es de extrañar que queramos que nuestros hijos desarrollen estas habilidades esenciales para que, en un futuro, sean independientes y tengan éxito. Sin embargo, es importante recordar que los niños trabajan estas capacidades durante años... e incluso décadas. Durante la infancia y la juventud, los chicos y las chicas desarrollan y refuerzan la capacidad de controlar sus emociones y comportamientos, de pensar y planificar, así como de adaptarse a los cambios y a las circunstancias. No es infrecuente que, ante desafíos como el que representa cambiar de residencia familiar, aparezcan reveses temporales. Como les expliqué a Lester y a Heather, las conductas de su hijo probablemente cobrarían sentido para ellos cuando consideraran el modo en que los niños se adaptan a los desafíos y al estrés.

Como ya vimos en el capítulo 1, el cerebro constantemente se hace con el control de nuestro presupuesto corporal[25] para asegurarse de que conservemos el equilibrio, o, por decirlo en términos científicos, para conservar la alostasis.[26] No tenemos que recurrir a nuestra voluntad para que nos lata el corazón, para que nuestros pulmones tomen aire y lo expulsen, o para que nuestro tracto digestivo procese los alimentos. Nuestro sistema nervioso[27] lo consigue controlando constantemente la información que procede del entorno y de los órganos internos, y realizando los ajustes necesarios para mantenernos sanos y salvos.

Nuestros cuerpos van equipados con un sistema de vigilancia excelente[28] que determina si nos mostraremos receptivos o a la defensiva, si cooperaremos u opondremos alguna resistencia. Comprender eso nos sirve para personalizar el enfoque que apliquemos a las reacciones de nuestro hijo o nuestra hija. Si hacemos caso omiso de este planteamiento, podríamos llegar a exigir más a los niños de lo que estos son capaces de ofrecer.

Para empezar, debemos comprender la manera en que los seres humanos integran y entienden el mundo. Una vez que hayamos entendido la manera en que un niño reacciona ante una determinada situación, podemos intentar reforzar su plataforma (dándole un abrazo, o agachándonos, por ejemplo), o bien insistir en que atienda nuestra petición o se muestre a la altura de nuestras expectativas; de esta manera, lo animaremos a que acepte el desafío de una manera más independiente. Y eso nos servirá también para aclarar la siguiente cuestión: ¿estoy exigiéndole demasiado a mi hijo en este momento? Para saber cómo responder a esta pregunta, necesitamos comprender el funcionamiento del sistema de detección de amenazas y de seguridad del cerebro y el cuerpo.

La detección de la seguridad

La neurocepción, la interocepción y el sistema de detección de la seguridad

En lo más profundo de nuestro sistema nervioso, situado al margen de la consciencia, los seres humanos cuentan con un procesamiento innato capaz de detectar lo que es seguro de lo que constituye una amenaza.[29] Este sentido oculto fue lo que consiguió mantener con vida a nuestros antepasados (a los que sobrevivieron, claro) durante miles de años, y lo que les permitió, por ejemplo, huir instintivamente de un animal salvaje o de un fuego que se aproximaba, y escaparse de todo eso con eficacia y rapidez.

El doctor Porges acuñó un nombre para referirse a esta capacidad que poseemos de detectar las amenazas y la seguridad: la neurocepción.[30] Este término describe la manera en que nuestro sistema nervioso está supervisando constantemente el entorno exterior (lo que existe fuera de nuestro cuerpo), el entorno interior (lo que está dentro de él) y las relaciones que mantenemos con los demás para asegurarnos de que estamos a salvo y poner instintivamente el cuerpo en acción si este detecta que no es así. La neurocepción describe la forma en que nuestro cerebro, de una manera automática y subconsciente,[31] interpreta las sensaciones y las juzga como seguras o inseguras. Aunque las señales sensoriales que desencadenan la neurocepción se encuentren fuera de la conciencia, en general somos conscientes del impacto de la neurocepción por medio de nuestras sensaciones corporales (por ejemplo, vemos que aumenta la frecuencia cardíaca o los latidos del corazón). Estas sensaciones surgen a partir de otro proceso llamado interocepción,[32] que consigue que las señales alojadas en lo más profundo de nuestro cuerpo nos den la alerta para decirnos cómo nos sentimos por dentro. A eso se le llama consciencia interoceptiva. En fin... palabras complicadas. Lo sé. Si nunca habías oído hablar de la neurocepción y de la interocepción, tranquila, que no pasa nada... Deja que te explique de una manera muy sencilla lo que significan, porque eso te servirá para comprender las reacciones que tienen tu hijo o tu hija (y las tuyas propias) ante las experiencias de la vida de una manera completamente distinta.

¿Cómo funciona la neurocepción? La neurocientífica Lisa Feldman Barrett explica que nuestro cerebro básicamente es una máquina de predicciones que va a la velocidad del rayo.[33] Sin que seamos conscientes, las distintas partes de nuestro cerebro conversan entre sí, y evalúan sin cesar el alud de sensaciones entrantes para compararlo con todas nuestras experiencias pasadas y enseñarle al cuerpo lo que tiene que hacer a continuación. «Tu cerebro siempre está prediciendo, y su misión más importante es predecir las necesidades energéticas del cuerpo para que puedas seguir vivo y encontrarte bien»,[34] dice Barrett. Eso es lo que sucede cuando oyes el sonido de un coche que se acerca a ti peligrosamente y, antes de que te des cuenta, tu cuerpo ya se ha apartado de su trayectoria de un salto. Tú no planeaste conscientemente la acción, sino que tu cerebro lo hizo por ti, para protegerte. El gran salto que diste quedó registrado en tu presupuesto corporal como una retirada de efectivo, pero quizá sirvió para salvarte la vida.

Comprender la manera que tiene el cerebro de interpretar la información procedente del interior y del exterior del cuerpo es fundamental para entender las emociones y las conductas de los niños, así como las nuestras propias, y para ayudarnos a percibir el grado de receptividad y accesibilidad que tienen los pequeños. Nos proporciona, además, una base neurocientífica para sustentar la idea de que la seguridad y la confianza son decisivas en el desarrollo humano. *Y, por si fuera poco, nos ayuda a los padres a entender la manera en que una niña percibe el mundo, y a adaptar nuestras interacciones con ella basándonos en esa información.*

Piensa en la neurocepción como si fuera un programa de ordenador que siempre está funcionando, ejecutándose en segundo plano, diseñado para incitarnos a actuar (o interactuar) y para mantenernos a salvo. Usaré los términos «sistema de detección de la seguridad» y «sistema de seguridad» y los iré alternando con otro término más científico, que es el de «la neurocepción». El trabajo de nuestro sistema de detección de la seguridad, que es a jornada completa, consiste en determinar si las sensaciones que experimentamos en el interior del cuerpo, en el entorno o en otras personas representan una seguridad o una amenaza para nosotros, y, en caso de detectar una amenaza, le dice al cuerpo lo que tiene que hacer[35] con una rapidez y eficacia absolutas.

¿Y cómo lo consigue? Supervisamos e interpretamos el mundo a través de los sistemas sensoriales: lo que sentimos, vemos, oímos, olemos, saboreamos y tocamos, entre otras cosas. Captamos el mundo, incluidas las sensaciones internas (como los dolores que padecemos o las punzadas de hambre, a través de la interocepción), el entorno inmediato (como, por ejemplo, los ruidos o los aromas), las señales que emiten los demás (su aspecto o su manera de hablarnos), bajo la supervisión de nuestro sistema de detección de la seguridad, de nuestra neurocepción. En el capítulo 6 explicaremos con detalle el modo en que tu hijo o tu hija integran la información sensorial, porque comprender eso es clave para entender sus emociones y su conducta. Por ahora, de momento, lo que cuenta es que lo que tú percibes como un desafío quizá no sea lo mismo que tu hijo percibe como un desafío o una amenaza. *Y eso es debido a las diferencias individuales, a la influencia de nuestras experiencias pasadas, a la genética, la constitución y la extensa variedad de la experiencia humana.*

La neurocepción es única en cada persona. Todos y cada uno de nosotros experimentamos las sensaciones internas y externas a través de nuestro sistema individual de retroalimentación cuerpo-cerebro. Hay quien se toma un paracetamol cuando, a las primeras de cambio, nota que le viene dolor de cabeza y se angustia porque no sabe, de entrada, si irá a peor o se le pasará. También hay quien ni siquiera se inmuta ante el mismo nivel de dolor. Una persona puede vivir una circunstancia en concreto como dolorosa o intensa, o tener una sensación intensa de dolor, mientras que otra es capaz de tolerar todo eso con mayor facilidad.

El mismo razonamiento puede aplicarse a los niños pequeños, y eso explicaría por qué un niño puede negarse a ver una determinada película (porque su sistema de detección de la seguridad interpreta el volumen alto como algo desagradable, terrorífico o amenazador), mientras que otro pide que le pongamos esa misma película una y otra vez (porque su sistema de seguridad considera esos mismos sonidos divertidos y seguros). En otras palabras, es la percepción de la seguridad misma, y no la circunstancia objetiva, lo que determina si nos sentimos seguros o no, y lo que determina también los comportamientos que se derivan del sistema subconsciente de vigilancia de nuestro cuerpo.[36]

Los padres a menudo me dicen que las conductas conflictivas que muestran su hija o su hijo parecen surgir de la nada. Sin embargo, el concepto mismo de neurocepción ya es una prueba palpable de la inexactitud del comentario. Los niños siempre están reaccionando, aunque la reacción sea invisible a los ojos de sus padres... e incluso a los de los niños mismos. La neurocepción explica el trasfondo de la reacción negativa o positiva que un niño o una niña muestra ante los sucesos de la vida, sean estos importantes o no, y demuestra que las conductas raramente surgen de la nada, por así decirlo.

Por ejemplo, pongamos por caso que tu hija pequeña oye el sonido de un helicóptero lejano, que eso queda registrado en su cuerpo como algo desagradable y se echa a llorar (neurocepción de la amenaza). Tú no has detectado el ruido y te sientes desorientada porque no entiendes la razón por la que la niña se ha echado a llorar. Al final, oyes el helicóptero y, entonces, te das cuenta de que ese ruido es lo que ha alterado a tu hija. Consuelas a la niña y, al hacerlo, su cuerpo va integrando toda la seguridad que le aportas, hasta que al cabo de un rato vuelve a echarse a correr sonriendo de nuevo y completamente recuperada (neurocepción de la seguridad).

Comprender la neurocepción es útil para responder a muchas preguntas acerca de la crianza de los hijos que surgen sobre la marcha. Cuando nos hagamos esta pregunta esencial: *¿La niña o el niño perciben que están seguros desde su sistema nervioso?*, la respuesta nos aportará un mapa del territorio listo para usar en ese preciso momento. Veremos que a menudo la criatura no es capaz de responder a esta pregunta con palabras, pero nosotros sí somos capaces de ver las señales de angustia que transmite su cuerpo, como la reacción de aquella niña pequeña ante el ruido de un helicóptero. Empezaremos por considerar las señales de amenaza que la niña pueda estar experimentando, las fuentes de donde provienen y, posteriormente, las razones por las cuales esa criatura en cuestión se siente vulnerable.

Tranquilicé a Heather y a Lester diciéndoles que las conductas aparentemente extrañas de su hijo Randy (el hecho de que no se durmiera por sí mismo y de que limpiara de una manera obsesiva) eran la señal de que su sistema de seguridad estaba haciendo su trabajo, que detectaba la amenaza y lo guiaba para que reaccionara de una manera que le ayudara a sentirse más seguro. Nuestro trabajo fue ayudarlo a transmutar esa sensación de incomodidad, guiada por su subconsciente, y convertirla en una percepción,[37] algo que él fuera capaz de gestionar y de lo que pudiera hablar conscientemente. De esta manera, pudimos ayudar a Randy a expandir su caja de herramientas para gestionar el estrés proporcionándole una manera de ayudarse a sí mismo a sentirse bien que no fuera recurriendo a la limpieza y al orden. *Y, lo que es más importante, pudimos ayudarlo a desarrollar y a valorar la necesidad de apoyo que expresaba su cuerpo, a aprender a verbalizar su incomodidad y a conectar con sus padres de una manera más directa durante los momentos de tensión, que es la herramienta más valiosa con que podamos llegar a contar.*

Cada uno de nosotros tiene su propia percepción de la seguridad y de las amenazas, porque cada uno de nosotros tiene una experiencia única del mundo a partir del momento en que nace, e incluso en el interior del mismo útero. Una de mis hijas, por ejemplo, nació prematuramente y reaccionaba ante el mundo con tanta irritabilidad que era como si el entorno hubiera representado para ella una amenaza desde los primeros días de su existencia. Sus sistemas orgánicos sencillamente no estaban preparados para las luces, los sonidos, los olores y los movimientos con que se encontró al salir del útero. Por eso, de recién nacida, su sistema de seguridad detectaba como amenazas unas experiencias tan normales y corrientes como puedan ser encender una luz, o incluso la enérgica manera que tengo de hablar con ella. Se ponía nerviosa en seguida, porque su cerebro y su cuerpo no estaban preparados para gestionar los estímulos entrantes de su entorno o, en ocasiones, la actitud de sus ansiosos y complacientes padres. A su cuerpo le resultaba difícil ajustarse a las experiencias, y mi esposo y yo tuvimos que esperar lo nuestro hasta llegar a descubrir que, sin darnos cuenta, habíamos estado sacándola de quicio con tanta euforia, moviéndola de aquí para allá, emitiendo toda clase de sonidos y sometiéndola a una gran cantidad de estímulos físicos con demasiada rapidez. *Pensábamos que estábamos haciendo ingresos en su organismo cuando, de la manera más inconsciente, lo que en realidad estábamos haciendo era... ¡retirar efectivo de su propia cuenta!* No teníamos ni idea de que, a través de nuestras bienintencionadas interacciones, lo que estábamos haciendo era perturbar su sistema nervioso.

Mi hija presentaba una reactividad sensorial exagerada, o, por decirlo de otra manera, mostraba unas reacciones desproporcionadas ante unas sensaciones que eran puramente cotidianas. Su sistema de seguridad solía detectar amenazas aun cuando objetivamente pudiera considerarse que estaba sana y salva. Como resultado, la niña mostraba reacciones exageradas ante situaciones aparentemente inocuas, como, por ejemplo, cuando la cambiábamos de lugar, le cantábamos o le hablábamos con un tono de voz demasiado alto o con demasiada rapidez, o cuando nos acercábamos demasiado a ella. En esa época, unos años antes de que yo integrara las reacciones y las necesidades corporales al ejercicio de mi profesión, que es la psicología, era incapaz de comprender que el sonido de mi propia voz pudiera generar angustia en el cuerpecillo de mi hija.

¿Por qué el sistema nervioso de una criatura detectaría una amenaza que no existía cuando la niña estaba físicamente a salvo? Por muy diversas y variadas razones. Los factores genéticos o constitucionales pueden predisponer a una niña a tener una sensibilidad que la haga reaccionar con exageración a las experiencias sensoriales. Las experiencias del pasado[38] influyen en los niños y les sirven para predecir lo que sucederá en unas circunstancias futuras que les resulten parecidas. Eso fue lo que le sucedió a mi bebé prematuro. Sus reacciones se basaban tanto en su genética como en los primeros recuerdos subconscientes de los tratamientos médicos a que la sometieron, que desempeñaron un papel decisivo en su manera de interpretar las sensaciones y en el modo en que su cuerpo intentaba protegerla: un tributo a los instintos de supervivencia del cuerpo.[39] A veces, las experiencias tempranas, como unos tratamientos médicos invasivos o dolorosos, un estrés excesivo en el entorno del niño o de la niña, o incluso las pérdidas o las separaciones, pueden provocar que el cerebro de la criatura prediga un peligro o una amenaza con más asiduidad de la que debería, y que eso genere estrés en su organismo. *Y, en ocasiones, tan solo es la manera en que tu hijo o tu hija integran la información y reaccionan ante ella.*

Como explicitaremos con más detalle en el capítulo 6, todos los seres humanos presentamos reacciones únicas a la información sensorial y a la que procede del interior de nuestro cuerpo, como, por ejemplo, una mayor actividad cardíaca o sentir punzadas en el estómago porque tenemos hambre, así como debido a las circunstancias o los cambios que se producen fuera de nosotros, como vivir cerca de una autovía muy transitada, mudarse de casa o perder a un ser querido.

Todos hemos vivido la experiencia de llevar a nuestro pequeño al pediatra y, tan pronto como entramos en la consulta, ver que se echa a llorar, azuzado por el recuerdo de las inyecciones de las vacunas. Nuestras experiencias más tempranas conforman recuerdos corporales subconscientes que pueden salir a la luz por peculiaridades del entorno que le recuerdan al sistema nervioso alguna cosa que el sistema de detección de seguridad inicialmente había codificado como amenazadora.[40] No siempre podemos proteger a los niños de todas estas experiencias, pero podemos interpretar sus reacciones como pistas que nos den la entrada para brindarles todo nuestro apoyo emocional.

Sin duda alguna, el sistema de detección de seguridad funciona de la misma manera para los adultos. Cuando mis hijas eran pequeñas, y yo iba extremadamente cansada y actuaba bajo presión, casi siempre perdía la paciencia ante las cosas más insignificantes. El equilibrio de mi presupuesto corporal estaba bajo mínimos a causa de las constantes retiradas de efectivo que tenía que sacar de él como madre de tres hijas que soy, y como profesional de la psicología. Si salíamos tarde de casa por la mañana, o estábamos en un lugar público y me preocupaba que alguna de mis niñas pequeñas se alejara de mí distraída, me ponía a dar órdenes a grito pelado. Cuando mi presupuesto corporal estaba en números rojos, solía decir cosas que luego lamentaba, y proyectaba mi propia falta de recursos interiores en mis hijas diciéndoles cosas como: «¡Date prisa! ¡Pero qué lenta eres! ¡Siempre llegamos tarde por tu culpa!». (Mensaje oculto: «Deja ya de holgazanear»). Al agotamiento que sentía se le añadía la vergüenza de tener que llegar tarde, que solo me atañía a mí, por cierto, y entonces la emprendía con mis hijas. La falta de sueño, el estrés causado por mi trabajo, por hacer varias cosas a la vez y tener que gestionar sus vidas y la mía propia, a menudo me convertían en una mamá autoritaria y controladora, muy distinta de la persona que era con ellas cuando mi sistema nervioso se sentía seguro y a salvo. (En esos tiempos todavía no había conectado las expresiones «sistema nervioso» y «crianza de los hijos» de tal manera que, juntas, tuvieran sentido).

Me sentía mal por el modo en que estaba criando a mis hijas y, pasado el calentón del momento, me cuestionaba por qué me sentía tan abatida. No era porque no adorara a mis niñas. Lo que sucedía era que ignoraba la factura que esa vida tan ajetreada que llevaba me estaba pasando. Nunca había oído hablar de la alostasis ni del presupuesto corporal, pero ahí estaba la prueba: en general, pierdo la paciencia con mis hijas cuando voy falta de sueño, mal alimentada o no tengo tiempo para estar a solas y poder recuperarme y recargar pilas.

La lectura de la detección del sistema de seguridad determina la solidez de la plataforma

La lectura continuada de nuestros entornos interior y exterior conmina al cuerpo a comprometerse a realizar actividades que nos hagan volver a sentir a salvo. Si el sistema de seguridad de un niño o de una niña detecta una amenaza, probablemente veamos en ellos comportamientos que son consecuencia de esa lectura. La niña podría negarse o resistirse a hacer una actividad en concreto, o mostrar dificultades para adaptarse a una determinada situación, como le ocurrió a Randy cuando su familia se mudó. Tareas que antes el niño dominaba, como dormir solo, de repente se habían codificado en clave de desagradables o amenazadoras. Ahí es cuando los padres pueden llegar a sentir que, en lo que concierne a las reacciones de sus hijos, actúan como si «estuvieran pisando cáscaras de huevo». Cuando el sistema nervioso de un niño o de una niña se esfuerza en preservar su presupuesto corporal, es cuando vemos lo que podríamos interpretar como conductas negativas: los niños no cooperan, se muestran muy controladores, montan escenitas o se quejan. Estas conductas pueden agravarse y provocar reacciones aún más graves: gritos, golpes, salir corriendo o tirar objetos por los aires.

Probablemente, lo que en estos casos se deja entrever es que el estrés puede debilitar la plataforma. Ahora bien, la presión en sí misma no es mala. De hecho, si no hay presión, el crecimiento se estanca, porque el aprendizaje y el crecimiento exigen la aparición de cambios. Recordemos que, en el capítulo anterior, dijimos que el estrés implica que el cuerpo y el cerebro reaccionan ante los desafíos y los cambios que plantea la vida. Necesitamos estar bajo una cierta presión para que el cerebro se dé cuenta de que existe alguna novedad a la que hemos de prestar atención.[41] Es así como aprendemos cosas nuevas.

El estrés que resulta predecible y moderado, que está bajo control,[42] conduce a la resiliencia. Imagínate el aula de un jardín de infancia, donde el más leve estrés a que se ven sometidos los niños por verse alejados de sus padres se mezcla con la novedad de aprender cosas nuevas y hacer amigos. Este hecho se ubica en la zona de desafío de la mayoría de los niños, y a lo largo de toda su experiencia educativa siguen aprendiendo gracias a esta presión tolerable, moderada y predecible, gracias a este estrés bueno. Ser capaces de enfrentarnos al paso del tiempo y hacerlo sin agobios es lo que nos hace resistentes.

El estrés tolerable y predecible es lo que ayuda a madurar a los niños y a lograr que desarrollen nuevas fortalezas. Pero cuando el estrés es impredecible, grave y prolongado,[43] se convierte en una amenaza a su capacidad de resiliencia, y los niños, o los adultos si se da el caso, empiezan a sufrir las consecuencias de la activación crónica de su reacción ante el estrés.

Si cuidamos bien de nuestros cuerpos y de nuestras mentes, estaremos fortaleciendo nuestra salud física y mental. Pero si tu estrés (o el de tu hijo) se desencadena con demasiada frecuencia, si es demasiado intenso, o dura demasiado, el presupuesto corporal puede entrar en números rojos.[44] Cuando el estrés se va acumulando día tras día, y año tras año, el impacto acumulativo (conocido como la carga alostática)[45] puede resultar dañino. La factura física va adquiriendo más valor a medida que pasa el tiempo, y puede influir en la capacidad de contraer enfermedades estrechamente vinculadas al estrés,[46] como pueden ser la hipertensión arterial, las enfermedades coronarias, la obesidad, la diabetes del tipo 2, la depresión, la ansiedad y otras enfermedades que suelen predominar en la madurez. En los capítulos siguientes veremos algunas maneras que tienen los padres de realizar ingresos en los presupuestos corporales, tanto de sus niños como de los suyos propios, para estar bien compensados. Pero lo más importante para todo ser humano que desee conservar su presupuesto corporal es dormir bien.[47] Dormir sienta las bases para poder gestionar bien la vida en todos los niveles, y a cualquier edad.[48]

Los niños que se ven enfrentados a graves desafíos que tienen que ver con su comportamiento o sus emociones durante mucho tiempo pueden llegar a necesitar ayuda para gestionar la carga de estrés. Es raro que un solo incidente aislado le provoque angustia a un niño. Por lo general, suele ser una combinación de factores que están situados por debajo de la punta del iceberg: las experiencias que haya vivido el niño durante los últimos días, la falta de sueño, la sensación de sentirse mal físicamente y el desgaste de energía que haya podido experimentar en situaciones que desconocemos. *Las conductas que vemos representan la carga que representa la acumulación de estrés en el niño o en nosotros mismos.*

El sistema de detección de la seguridad nos ayuda a entender por qué una misma experiencia puede provocarle un buen día un ataque a tu hijo y, al siguiente, ser capaz de manejarla. La diferencia estriba en la manera en que esta experiencia se ajuste a él, y en lo equilibrado que esté su presupuesto corporal en función de la acumulación de experiencias que está integrando sin cesar tildándolas de seguras o de amenazadoras.

La percepción de la amenaza y de la seguridad es única en cada uno de nosotros. La misma experiencia que para uno resulta estresante o amenazadora puede resultar segura para otra persona. Cada uno de nosotros reaccionamos ante el mundo a nuestro estilo, en función de innumerables factores, incluidos la manera en que integramos la información que obtenemos del mundo a través de los sentidos, la totalidad de nuestras experiencias pasadas y el estado de nuestro presupuesto corporal. Por eso es tan importante personalizar la manera en que, como padres, gestionamos las reacciones únicas de nuestro hijo. Para ilustrar que la percepción de la seguridad, tanto para los padres como para los hijos, es única, examinaremos primero la manera tan distinta en que dos familias se enfrentaron a situaciones que para ellas representaban todo un reto; y luego volveremos a retomar la historia de Randy y del apoyo que su familia le prestó tras haberse mudado al otro extremo del país.

Dos niños y dos familias con experiencias distintas

Parker

Durante los primeros meses de vida de Parker, los médicos le descubrieron una enfermedad cardíaca que, con el tiempo, precisaría de una intervención quirúrgica para corregirla. Cuando el niño tenía tres años, el pediatra propuso a sus padres que se reunieran conmigo para hablar de la manera en que podíamos preparar emocionalmente a Parker (y a sí mismos) y poder afrontar las operaciones. En nuestra primera reunión, sin estar el hijo presente, los padres me explicaron que el diagnóstico les había puesto el mundo del revés. Pero también me contaron que su familia era muy fuerte, y que tenían fe en una tradición que les permitía abrazar la convicción de que un poder más elevado era el que estaba guiando el viaje por el mundo de la salud de Parker.

Este problema les habría provocado estrés, o incluso generado un trauma, a muchos padres, pero, sin embargo, los progenitores de Parker no vivieron la experiencia de esa manera. A decir verdad, tuvieron miedo y se sintieron atónitos, pero también dispusieron de la ventaja de poder contar con muchas opciones en las que apoyarse, desde la familia hasta los amigos, pasando por los médicos, la fe y el propio cónyuge. Parecía como si hubieran encontrado el modo de volverse más fuertes (y de que su hijo fuera más fuerte) para transitar por ese período de cirugía y recuperación. En los vídeos caseros que grabaron de Parker, y que luego me enseñaron, lo que vi fue a un niño pequeño muy entusiasta que jugaba con sus complacientes padres en el jardín trasero. Después de eso nos reunimos unas cuantas veces, no muchas, la verdad, para comentar cómo debían hablar con Parker del tema de la cirugía.

Tres meses después de que la intervención culminara con éxito, los padres de Parker me trajeron al niño a la consulta. Feliz, contento, y muy bien conectado, Parker preguntó a sus padres si podían ir con él a ver el cuarto de jugar que tengo en la consulta, y luego, sonriendo, sacó un objeto del bolso de su madre. Era un álbum a todo color de fotografías que llevaba grabado en la cubierta las palabras *El heroico viaje de Parker*. El niño me mostró muy feliz las fotos que le habían tomado en el hospital, en las que aparecía vestido con una bata de tela estampada que representaba a sus superhéroes favoritos. Parker iba volviendo las páginas con aparente orgullo mientras me mostraba las fotos y me contaba sus recuerdos, e involucraba en su conversación a su madre y a mí. El niño recordaba con toda claridad la cirugía a la que se había sometido como si hubiera vivido una aventura, en lugar de haber pasado por una experiencia traumática. Sus padres no habían considerado el problema como si fuera una amenaza imposible de gestionar, y por eso no era de sorprender que su hijo tampoco lo hiciera.

Por decirlo alto y claro, los padres de Parker no habían pasado por una etapa de negación. Aquel acontecimiento había sido estresante, y la familia no había pasado por alto la gravedad del asunto. Parker vivió muchos momentos de miedo y de angustia, pero sus padres siempre estuvieron con él, ayudándolo a gestionar esas emociones tan intensas ejemplificando ante él lo que es la seguridad (sonrisas, abrazos y palabras de consuelo), hecho que le sirvió para salir adelante. Ese apoyo le permitió modular sus reacciones, e interpretar que el problema que estaba pasando podía gestionarse. La prueba de ello se encontraba en la apariencia desinhibida del niño, y en el álbum de fotografías que el chiquillo sostenía con orgullo. Sus padres, que contaban con un sólido sistema de apoyo, vivieron lo que habría resultado algo traumático para muchas familias como una situación tolerable, y como una experiencia de esas que fortalecen el carácter, tanto el de su hijo como el suyo propio. Les comuniqué que habían cumplimentado con éxito todas las casillas y que habían conseguido la máxima puntuación en resiliencia.

Rana

Otro caso del que quería hablar es el de Rana, una niña que tuvo que enfrentarse a un problema de salud. Cuando Rana tenía dos años, Greta, su madre, le vio un bulto en la ingle un día que la estaba bañando. El sistema de seguridad de la madre detectó una amenaza, y a la mujer se le revolvió el estómago. Al cabo de unos segundos, según me contaría más tarde Greta, le vino a la mente el diagnóstico más siniestro que cupiera imaginar: cáncer.

Pero la cuestión, tal y como resultó al final, fue que Rana no tenía un problema grave de salud. Los médicos le diagnosticaron una hernia inguinal, que fácilmente podía corregirse con cirugía ambulatoria. El cirujano infantil envió a la familia a mi consulta porque se quedó preocupado tras observar la angustia emocional que embargó a la madre durante la visita preoperatoria de Rana, y porque en su informe decía que la madre se había desmayado durante una extracción rutinaria de sangre de la niña. A pesar de que los datos aportados por los profesionales sanitarios no presentaban ningún motivo de alarma, sino más bien todo lo contrario, los sensores de seguridad de esta madre registraron la dolencia de la niña como si estuviera en grave peligro.

Tras una breve intervención, curaron la hernia de Rana y la niña se recuperó con gran rapidez. Estuve observándola unas semanas después, en el patio de la guardería, donde jugaba feliz y contenta con los demás niños y niñas. Greta, en cambio, seguía sufriendo, preocupada por lo que pudiera pasarle a su hija. Después de asegurarle que Rana se encontraba bien, le propuse que nos viéramos las dos a solas, en mi consulta. Pasé varios meses intentando ayudar a Greta a que encontrase sentido a las intensas emociones y al profundo miedo que el problema de su hija le habían hecho padecer. Tuvimos que profundizar bastante, pero al final terminé sabiendo que Greta había perdido a una tía muy querida, muerta de cáncer, cuando era pequeña, y que los recuerdos de esa experiencia la habían predispuesto a sentirse temerosa y vulnerable siempre que tenía que terciar con algún tema médico. *Con el tiempo, Greta llegó a entender que sus experiencias previas habían inclinado el sesgo de su sistema nervioso hacia la detección de amenazas cada vez que tenía que gestionar sus emociones para lidiar con cualquier tema relacionado con la salud y el bienestar de su hija.*

Como ilustran bien las experiencias de estas dos familias, la influencia del estrés en cada persona viene determinada por la manera en que nuestro sistema nervioso interpreta los acontecimientos que la vida nos depara, y no necesariamente lo que la vida nos depara en realidad. Si nuestra noción de seguridad dependiera tan solo de los acontecimientos, como sería lógico suponer, los padres de Parker (y Parker también) habrían sufrido mucho más estrés que la madre de Rana. La cirugía de Parker entrañaba un riesgo mucho mayor. Pero también podría decirse lo contrario, porque la noción que tiene un ser humano de la seguridad viene influida por las experiencias pasadas y presentes.[49]

Por eso es mejor que no juzguemos las reacciones de nuestros hijos automáticamente, sino más bien que seamos conscientes del modo en que se manifiestan estas experiencias, que lo hagamos con compasión y sin juzgarlas y, por supuesto, sin juzgarnos a nosotros mismos. Cuando los niños reaccionan con gran negatividad ante una experiencia determinada, podemos ayudarlos a reforzar la solidez de su plataforma centrándonos en el origen mismo de la amenaza que sienten.

Abordar la sensación de seguridad en dos pasos

Ahora que comprendemos más abiertamente la importancia que tiene la percepción de la seguridad, te explicaré dos pasos que tienes que dar para que tu hijo se sienta bien cuando sus conductas revelan que su plataforma necesita un incremento de seguridad. Estos dos pasos son los siguientes: 1) solucionar o hacer que disminuyan las señales que el niño percibe como una amenaza (si es posible y adecuado a la situación), y 2) enviarle unas señales de seguridad[50] que al niño le sirvan para contrarrestar el estrés.

A veces es posible, y recomendable también, esperar a ver si un niño o una niña son capaces de enfrentarse al problema en cuestión y resolverlo por sí mismos. Pero otras veces es mejor identificar para abordar, o ayudarle a resolver, la señal de amenaza que siente el niño. Voy a darte unos cuantos ejemplos sobre cómo detectar con éxito la necesidad de seguridad que tienen un niño o una niña:

Tu hija de un año de repente se echa a llorar en el carrito mientras estáis paseando. Llora de esa manera que tan bien conoces y que le sirve para expresar que está angustiada en lugar de decirte que está cansada, o que se está quejando por lo que le está sucediendo. Le has dado de comer y le has cambiado el pañal; eso está hecho, y por eso te preguntas qué es lo que ha disparado su sensor de seguridad. Si te fijas bien, verás que vuelve la cabeza en tu dirección, pero que la sombrillita del carrito le impide verte. La niña está intranquila porque no puede verte. Arrodíllate junto a ella situándote al lado del carrito, sonríele y dile con voz suave: «Estoy aquí, cariño. ¡No pasa nada!». Ya verás que no tarda ni un segundo en sonreír. Aparta esa sombrilla que se interpone entre las dos y verás que la niña te va controlando, que echa un vistazo en tu dirección de vez en cuando y te sonríe de oreja a oreja.

ABORDA LA AMENAZA: retira la sombrilla para que la niña pueda verte y no se sienta tan insegura. La manera más primigenia que tienen los bebés y los niños pequeños de sentirse seguros es mirando a sus seres queridos.

DALE SEÑALES PARA INFUNDIRLE SEGURIDAD: sonríe a tu hija, cálmala con tu voz, y luego sigue hablando con ella de vez en cuando, con un tono que le sirva de consuelo y acreciente en ella el factor seguridad. Estas claves le permitirán volver a sentirse segura en su propia piel.

Tu hijo de cinco años se pone a gritar y a quejarse cuando no hace ni tan solo unos minutos que le has puesto el uniforme de la escuela por primera vez en la vida. El niño te dice que no le gusta y que no quiere ir a la escuela. Consciente de la aversión que siente por las texturas burdas, le das a entender, con un tono amable, que comprendes que se sienta incómodo y, luego, esperas a ver su reacción. El niño dice que sí, que se siente muy incómodo, y se echa a llorar. Tú le preguntas si se le ocurre algo en particular que podáis hacer con el objeto de implicarlo en la resolución del problema. Él te dice que quiere ir a la escuela con esa camiseta tan gastada que tiene y que le encanta, pero como esa opción no es aceptable, recuerdas que en el garaje guardas una caja de uniformes usados, y entonces le preguntas si querría probarse un uniforme más suave, que ya ha estrenado otro niño, porque acabas de acordarte que una madre o un padre de la escuela te lo pasó hace un tiempo. El cuerpo de tu hijo se relaja visiblemente antes de probarse el uniforme de segunda mano, y luego pregunta entusiasmado cuántas veces más tiene que irse a la cama antes de que llegue el primer día de escuela.

Aborda la amenaza: al darte cuenta de la sentida reacción que ha tenido tu niño ante la experiencia física de tener que probarse el uniforme, demuestras que te estás tomando muy en serio sus reacciones corporales y, entonces, procuras que el proceso sea más lento y le permites que colabore en encontrar una solución; esta alternativa es más suave.

Envíale señales que le infundan seguridad: en lugar de precipitarte a emitir un juicio, sigue tranquila y calmada y comprueba en la reacción del cuerpo de tu hijo que la criatura ha vivido una experiencia negativa repentina. *Verás que su reacción ha sido ascendente, que se ha originado en el cuerpo y ha viajado hasta el cerebro, y que el pequeño no ha elegido conscientemente mostrarse quisquilloso.* Dale alguna señal de seguridad adoptando un tono de voz empático, modelando tu expresión facial, mostrándole que estás presente y ofreciéndole una alternativa razonable.

Tu hija de diez años, de repente, se encierra en sí misma y se aísla de los demás. Al cabo de unos días reconoce que unos compañeros se están metiendo con ella en la escuela. Ruégale que te lo explique y pregúntale si ha dado con alguna posible solución para terminar con ese problema. Quizá te pregunte si puede escribirle un correo electrónico a su maestra, o te pida que vayáis a verla las dos juntas para hablar de una posible solución. Además, también puede que te pida permiso para invitar a sus amigas íntimas a pasar el fin de semana en casa para jugar porque ellas sí son dignas de su confianza.

Aborda la amenaza: cuando percibas que tu hija se siente molesta, dale todo el espacio y el tiempo posibles para que hable contigo del tema. Tu tono de aceptación le permitirá hablar de su problema y aportar diversas soluciones para atajar la situación contigo de una manera proactiva.

Envíale señales que le infundan seguridad: sabes que tu hija tiene un grupito de amigas de confianza, y no hay nada que ayude más a los seres humanos que sentirse queridos por los demás. Mostrarle que estás dispuesta a que sus amigas pasen en casa todo el fin de semana imprimirá en su sistema nervioso una gran sensación de seguridad, porque tu hija ya sabe que puede contar con el apoyo de sus amigas.

Estate atenta, sin juzgar, para observar dónde recaen las experiencias

Cuando estamos atentos para ver dónde recaen emocionalmente las experiencias de nuestros hijos, contribuimos a ampliar más su abanico emocional y a forjar su tolerancia ante las situaciones estresantes. Reforzamos las plataformas de los niños sintonizándonos con cada una de las interpretaciones que hacen de lo que les sucede en la vida, que son únicas, en lugar de caer en el error de tener solo en cuenta el modo en que pensamos que nuestros hijos deberían reaccionar. Luego podremos reaccionar comprendiendo con toda nuestra compasión que a menudo es el sistema nervioso del niño, y no su voluntad, el que opta por unas determinadas reacciones y por unos comportamientos que, en apariencia, resultan negativos. *Seremos capaces de entender que un niño que forcejea con nosotros no quiere complicarnos la vida necesariamente, sino que está reaccionando ante el estrés.* Ajustarnos de esta manera nos permitirá evitar emitir juicios de valor para nuestros adentros, o en voz alta (y decir, por ejemplo: «¡Este niño está exagerando las cosas!», «¡Supéralo ya, caramba!», o bien: «¡Pues te aguantas porque lo digo yo!»).

Hemos de tener cuidado también en no juzgar al niño o a la niña basándonos en la manera que tiene de expresar sus emociones. Las expresiones que los niños manifiestan exteriormente quizá no reflejen a la perfección, y como en un espejo, los sentimientos que albergan en su interior. Por ejemplo, es posible que veas a un niño riéndose a carcajadas de algo grave, y que lo haga de una manera que a ti te parece fuera de lugar. De la misma manera, un niño que frunce el ceño podría estar enfadado, molesto o concentrado... O incluso podría estar viviendo alguna emoción o sensación insospechadas.[51] *Nuestras interpretaciones de su comportamiento le atribuyen un significado a este que podría ser equívoco, y nuestra propia reacción ante sus expresiones podría impedirnos prestarles la ayuda que precisan para satisfacer sus necesidades subyacentes.* Por eso es tan determinante discernir cómo percibe el problema su sistema nervioso.

La clave de esta cuestión es comprender el amplio abanico de variabilidad que presentan los niños para reaccionar adaptativamente a lo que sus cuerpos experimentan cuando entran en contacto con el mundo. En lugar de juzgar sus reacciones como adecuadas o inapropiadas, podemos contemplar estos comportamientos titubeantes como señales que nuestro hijo o nuestra hija nos envían para que ingresemos en su cuenta alguna cantidad relacional (una mirada comprensiva, una voz cariñosa y suave, o bien un abrazo) en lugar de efectuar una retirada de efectivo (dándoles tiempo para reflexionar, echándoles un sermón o castigándolos directamente). Todo esto va en contra de nuestra cultura, que, en general, considera las conductas buenas o malas, los comportamientos obedientes o desobedientes. *Es un cambio de paradigma que afecta a nuestra manera de percibir y juzgar las conductas.*

Cada día nos brinda una nueva oportunidad para ayudar a nuestros hijos a consolidar su propia noción de seguridad y confianza en el mundo. Una de las cosas más significativas que podemos hacer como padres es *reconocer las emociones y las reacciones automáticas de nuestro niño y considerar que tienen todo el sentido del mundo*. Sin embargo, a la mayoría no nos han educado así. Nuestros padres, cargados de buenas intenciones, quizá nos dijeran cosas como, por ejemplo: «No has de tener miedo, cariño» si expresábamos lo que ellos consideraban un miedo irracional. Lo que en cambio podríamos comunicar a nuestros hijos es que somos capaces de reconocer su angustia y que estamos ahí para darles seguridad. Podríamos decirles, por ejemplo: «Veo que esto te está costando mucho, pero yo estoy aquí, contigo. No estás solo». De esta manera reconocemos sencillamente, y sin emitir juicio alguno, que comprendemos que se están esforzando, y que cuentan con nuestra presencia para ayudarlos.

Otra manera de inculcarles la noción de seguridad es cultivando la predictibilidad y la flexibilidad en el entramado de tu vida familiar. No hay nada que haga que el cuerpo y el cerebro sientan una mayor seguridad que cuando la vida te ofrece un patrón de predictibilidad situada al alcance de tus expectativas. A los seres humanos nos encantan los patrones, y nos sentimos seguros cuando la vida nos presenta un patrón de predictibilidad que está a la altura de nuestras expectativas. Nos encantan los patrones tranquilizadores porque se llevan consigo la incertidumbre que, para la mayoría, resulta inquietante. Piensa en la última vez que tus planes cambiaron de repente, y en la manera en que reaccionaron tus hijos. Si su reacción fue negativa, probablemente fue porque el patrón que los niños esperaban cambió de repente y, como resultado, se estresaron. Las rutinas sencillas, como seguir unos rituales antes de acostarse, acurrucarse, leer un libro, dedicar un tiempo a leerles un cuento... (algo que tu hijo encuentre relajante y con lo que pueda contar), contribuyen a forjar su plataforma cerebro-cuerpo para que sea más sólida. La hora de las comidas ofrece una oportunidad más de cultivar la predictibilidad sin tener que buscar un momento especial. Podemos aportar esa bondad capaz de neutralizar el estrés combinando la predictibilidad y una conexión relajada y alegre mientras conversamos juntos sentados a la mesa a la hora de cenar. Por supuesto, la vida no siempre es predecible, y vale más que no lo sea, porque forjamos la resiliencia reaccionando ante los desafíos y los cambios; pero es posible contar con la predictibilidad y la flexibilidad a la vez. Cuando la vida desafía lo predecible, y tú demuestras a tu hijo o a tu hija que eres capaz de gestionar ese cambio repentino, piensa que ellos aprenderán contigo esa lección de resiliencia.

La familia de Randy

Fue la pérdida de las cosas predecibles que había en su vida lo que puso a Randy en un gran brete, porque al niño le estaba resultando muy difícil el hecho de haberse mudado al otro extremo del país con sus padres, Lester y Heather, y con su hermana. Antes era uno de esos chiquillos que siempre duermen bien, pero ahora, en cambio, necesitaba que le dieran ánimos cada noche hasta altas horas de la madrugada. Antes parecía un chico equilibrado, pero ahora se dedicaba a pasar el aspirador y a disponer en un orden muy específico los juguetes de su hermana. Esta clase de conductas que pretenden ser controladoras a menudo indican que la noción básica que tiene el niño de lo que significa sentirse a salvo se ha ido al garete.

Mudarse y alejarse de todo lo que le resultaba familiar le pasó una factura carísima a Randy, y eso se le notaba en su presupuesto corporal. La conducta de Randy mostraba todos los indicios de que su cuerpo y su cerebro intentaban valientemente gestionar sus menguantes recursos. Yo sabía que lo primero que Randy necesitaba era que sus padres lo ayudaran a reforzar su vulnerable plataforma. En primer lugar, y para comprobar la inteligencia de su cuerpo y hallar una base sólida sobre la que cimentar su plan de tratamiento, le pedí a sus padres que lo observaran detenidamente por si detectaban en él algún signo de estrés corporal cuando se despertaba de noche. Incluso les propuse que alguno de los dos le pusiera la mano en el pecho o en la espalda para ver si notaba que el corazón le latía más deprisa, o que le cogiera la mano con suavidad para ver si tenía las palmas sudorosas. Y, por supuesto, los padres detectaron ambas cosas. El cuerpo de Randy iba estresado y trabajaba más de lo debido para restablecer su equilibrio.

Les expliqué a Lester y a Heather que la conducta de Randy podía considerarse adaptativa. Dado que los seres humanos se esfuerzan en crearse rutinas, cuando, a causa de la mudanza, Randy se vio obligado a abandonar ese entorno predecible y familiar en el que vivía, y también sus actividades, su plataforma lo obligó a ir en busca de seguridad. Ahora que estaba viviendo lejos de sus amigos, de su casa, de su escuela y de su comunidad, su conducta era la prueba fehaciente de que su organismo estaba buscando contrarrestar la ansiedad que sentía. Les expliqué que, al ser seres sociables, somos capaces de ayudar a nuestros hijos a sentirse seguros; y eso lo hacemos relacionándonos con ellos con cariño y buen juicio.

La necesidad que tenía Randy de mantener un contacto más estrecho con sus padres, aunque fuera a mitad de la noche, era un tributo a ese sistema nervioso que estaba trabajando para satisfacer la necesidad que tenía el niño de sentirse seguro. Cuando los niños se sienten amenazados, en realidad es saludable y deseable que se aproximen a sus seres queridos, a los personajes a quienes se sienten vinculados. Cuando sentimos inseguridad, lo que podemos hacer los seres humanos para adaptarnos bien es buscar refugio en nuestras relaciones y apoyarnos en quienes más confiamos para volver a sentirnos a salvo. No cabe duda de que pasar las noches en vela no es nada recomendable, para nadie, y que, por eso mismo, era preciso encontrar alguna que otra solución. De todos modos, la situación era comprensible, teniendo en cuenta lo mucho que la mudanza había truncado la vida del niño.

Como ya les había dicho a sus padres, Randy tenía muy buenas razones para pasar la aspiradora. *Cuando los niños sienten que pierden el control, a menudo buscan controlar esos pedacitos de su vida que sí son capaces de controlar por definición.* Ver que las pelotillas de polvo del suelo desaparecían bajo el aspirador era para Randy un fenómeno perfectamente predecible. Hacer esa actividad le transmitía unas señales temporales de alivio y de consuelo, y le permitía centrarse en otra cosa que no fuera la ansiedad que sentía. Pasar la aspiradora también respondía a la necesidad corporal que tenía su cuerpo de contar con ciertos indicios de seguridad (otra señal que indicaba que Randy necesitaba un apoyo adicional).

Tras comprender que lo que su hijo pretendía era sentirse seguro, Lester y Heather llegaron a mostrarse más empáticos y compasivos con Randy, y dejaron de preocuparse tanto por él. Llegaron a interpretar que esas conductas formaban parte de la búsqueda subconsciente de seguridad del niño. Usando este método de dos pasos (que consiste primero en abordar la amenaza y, segundo, en enviarle señales de seguridad) diseñamos, junto con sus padres, un plan que le permitiera transmitir una mayor calma a su sistema de detección de la seguridad.

Aborda la amenaza: Heather y Lester mostraron a Randy toda su empatía para que el niño fuera capaz de afrontar los cambios, y le preguntaron por lo que echaba de menos de su antigua casa. Su respuesta fue: «Mis amigos, mi maestra y la habitación que compartía con mi hermana». Admitió, un poco avergonzado, que, en realidad, no le gustaba tener su propia habitación, que estar solo por las noches le daba miedo.

Dale señales para infundirle seguridad: cuando Randy percibió que sus padres no tenían otro deseo que entender lo que le estaba pasando, se abrió y les explicó muchas cosas. En una sesión en concreto le pregunté si se le había ocurrido algo que pudiera hacerle sentir como si realmente estuviera en casa. El niño terminó por pedirles a sus padres que le dejaran compartir el dormitorio con su hermana. Cuando ellos accedieron, a Randy se le iluminó el rostro y propuso ilusionadísimo que así podrían convertir el otro dormitorio en una sala de juegos.

Por mi parte, le propuse a la familia que alargara más ese tiempo de tranquilidad que todos destinamos a la rutina de acostarnos, leyendo un libro o haciendo alguna que otra actividad silenciosa durante la hora previa a ir a la cama. Al cabo de una semana de haber introducido esos cambios, Randy ya dormía de un tirón por las noches. ¡Qué gran victoria para todos! Por si fuera poco, se apuntó a la liga de fútbol y tardó muy poco en volver a hacer amigos. Al cabo de un par de meses, Randy preguntó a sus padres si podría volver a ocupar su dormitorio. La cantidad de señales de seguridad que había recibido habían sido muy eficaces, y le habían servido para ayudarlo a relajarse y a crecer con un mayor sentido de la independencia.

Como aprendieron los padres de Randy, la ventaja añadida, muy importante por cierto, que tiene comprender la necesidad humana fundamental que hay en todos nosotros de sentirnos seguros es que eso nos sirve para juzgar menos a los demás y para temer menos la conducta de nuestros hijos. En lugar de echarle la culpa a la voluntad de la criatura, o más bien a la falta de ella, sabremos valorar que las conductas de los niños tienen un significado determinado si nos situamos en el nivel cerebro-cuerpo. Es muy bueno propiciar la autorreflexión y valorar las emociones. *Empezaremos considerando las conductas de los niños como reacciones protectoras, en lugar de juzgarlas o convertirlas en un fenómeno patológico.* Con esta actitud, contribuiremos a que nuestros hijos sean capaces de reforzar su propio yo basándose en el respeto a las reacciones de su propio cuerpo, en lugar de dejar que se conviertan en los peores críticos de sí mismos.

Cuando vemos la conducta de nuestros hijos a través del prisma de la seguridad relacional y comprendemos que el sistema de detección corporal de amenazas funciona, vemos a nuestros hijos con ojos distintos. Podemos aprender mucho de los cambios de conducta del niño o de la niña (o de la nuestra propia), cuando la actitud deja de ser receptiva para pasar a ser defensiva, o bien cuando la criatura pasa de mostrarse tranquila y agradable a mostrarse desagradable, enrabietada o fuera de control. Esta información nos sirve para centrarnos todavía más en explorar lo que hay más allá de la conducta del niño observándolo a través del prisma compasivo de la búsqueda de la seguridad, y haciendo todo eso con compasión y empatía. *Esta sensación de sentirse seguro de sí mismo es el substrato sobre el cual se erige la salud mental de todos los seres humanos.*

LA CONCLUSIÓN: la percepción del estrés es subjetiva y única en cada uno de nosotros y determina si una plataforma es sólida o vulnerable. La neurocepción,[52] o lo que he llamado yo el sistema de detección de la seguridad, es la manera en que el cerebro y el cuerpo trabajan conjuntamente para mantenernos a salvo y asegurar nuestra supervivencia. Con este supuesto, la pregunta que debemos hacernos a continuación es dónde podemos advertir en cada niño la seguridad o inseguridad que siente. En el capítulo siguiente documentaremos cómo aprender a deconstruir lo que implican las conductas siempre cambiantes de los niños para su sistema nervioso.

Como veremos, hay caminos en el sistema nervioso que influyen en las conductas infantiles en función de la seguridad y la esperanza que los niños sienten (o no sienten) en el cerebro y en el cuerpo. Ahora que comprendemos que los personajes que nos infunden seguridad influyen en el balance de nuestro presupuesto corporal, descubriremos cómo reunir más información interpretando la conducta y las señales no verbales de tu hijo o de tu hija para que todas ellas puedan guiar tus decisiones en lo que respecta a su crianza.

> UN CONSEJO PARA FORTALECER LA RESILIENCIA: interpreta las conductas y las emociones de tus hijos como un reflejo de su detección subjetiva de la seguridad, el desafío y la amenaza. Los seres humanos necesitamos sentirnos amados y a salvo. No hay mayor regalo que pueda hacérsele a un hijo que lograr que consiga satisfacer esas dos necesidades esenciales, porque le servirán para construirse esos cimientos básicos de la resiliencia que perdurarán a lo largo de los años.

3. Las tres vías y su evaluación: entender bien el funcionamiento del cerebro y el cuerpo puede ayudarnos a reaccionar bien con nuestros hijos

> Nuestro cuerpo siempre hace lo que cree que es mejor para nosotros.[53]
>
> Doctor Stephen Porges

Como la mayoría de los padres, a menudo me quedo perpleja cuando alguna de mis hijas me planta cara, no me escucha cuando insisto en decirle lo que tiene que hacer, o la emprende a empujones con una de sus hermanas. ¿Qué ha desencadenado este comportamiento? ¿Debería echar mano de la disciplina? ¿Hablo con ella de las consecuencias que va a tener su comportamiento? ¿No hago caso de su comportamiento y espero que sepa salir por sí misma del atolladero en que se ha metido?

Como psicóloga, estoy familiarizada con muchas escuelas de pensamiento, y con enfoques que son muy distintos entre sí, pero a menudo todo eso solo hace que me sienta más confusa.

Lo que al final terminó por aclararme las decisiones que había que tomar sobre la crianza de mis hijas fue llegar a entender que el cuerpo y el cerebro interactúan entre sí[54] para generar las reacciones que vemos en la conducta de nuestros hijos. En lugar de considerar afrentas personales esas ocasiones en que mis hijas me desafiaban, aprendí a valorar esos arrebatos o ataques como informaciones que me estaba dando alguna de mis hijas en concreto. Cuando llegué a comprender que las conductas son adaptativas, confié más en mi instinto maternal.

Parte de esa confianza procedía de haber entendido el concepto de que hablábamos en el capítulo 2, la neurocepción, o la manera en que el sistema nervioso detecta e interpreta las amenazas. Pero es que aún hay más: lo que hacen nuestro cerebro y nuestro cuerpo con esa información puede variar en función de cómo interfiere esta última en nuestro sistema nervioso. En este capítulo examinaremos las tres vías principales del sistema nervioso autónomo, y veremos que, si las comprendemos bien, podremos actuar con una intención más clara y emprender la dirección más adecuada para la crianza de nuestros hijos. Empecemos con la típica conducta desafiante: las tiranteces a la hora de cenar. Los niños encuentran difícil que se les pida que cambien de una actividad que están haciendo por propio gusto y pasen a hacer otra que nosotros queremos, pero hay varias maneras de gestionar mejor esas transiciones.

Cuando los niños muestran rechazo

Lucas tenía once años cuando sus padres percibieron en él un cambio de conducta. Lucas era un estudiante muy brillante que casi nunca se había portado mal, y, de repente, vieron que empezaba a resistirse cuando tocaba sentarse a la mesa para cenar. La mayoría de los días, su padre iba a recogerlo a la salida de sus actividades extraescolares. Al llegar a casa, Lucas hacía los deberes, pasaba una media hora entretenido en el ordenador familiar con sus videojuegos y, al final, levantaba la sesión (a veces con reticencia) cuando llegaba la hora de cenar.

Un día esa reticencia se convirtió en hostilidad. Sus padres lo llamaron a la mesa y el niño se negó a ir en rotundo, empezó a gritar y a maldecir y salió de la habitación dando un portazo. Ignorando lo que había desencadenado en él un cambio tan brusco, sus padres intentaron averiguar lo que le pasaba, pero no sirvió de nada. En un intento de animarlo a cumplir con su deber, le fabricaron una cartulina de buena conducta y le prometieron que le darían un premio si gestionaba mejor su tiempo. Tampoco resultó. Entonces sus padres le advirtieron de que, si no cambiaba de actitud, le quitarían ese ratito tan agradable que pasaba entretenido con sus videojuegos, pero las reacciones exageradas de Lucas siguieron manifestándose, sin tregua alguna. Finalmente, la familia se puso en contacto conmigo para pedirme ayuda.

El rechazo de Lucas representaba todo un desafío, pero también formaba parte de esa clase de conductas que brindan mucha información a los padres para orientarse bien en su toma de decisiones. En este capítulo examinaremos la manera en que debemos interpretar lo que observamos en los cuerpos y en las conductas de nuestros hijos, y también en nuestro propio sistema nervioso, hasta dar con unas señales que nos resulten valiosas. Veremos lo adaptables que son los seres humanos, y la manera en que podemos optimizar la plataforma de nuestro hijo para ayudarlo a enfrentarse a los desafíos, por muy grandes que sean.

La conducta como guía

Podemos aprender mucho tan solo partiendo de la observación de la conducta de nuestros hijos. Como ya hemos visto, el sistema nervioso está constantemente dando sentido a una gran cantidad de información. Recuerda que el cerebro y el cuerpo del niño siempre están interpretando el espacio interno y el entorno exterior, además de las interacciones que realizan con otras personas,[55] y luego muestran determinadas conductas en función de esa lectura. Por decirlo con otras palabras, siempre estamos oyendo, viendo, moviéndonos, oliendo, saboreando, tocando e interiorizando desde lo más profundo de nuestro cuerpo. En el anterior capítulo aprendimos lo que era la interocepción, las sensaciones internas del cuerpo. A través de todas ellas, nuestros cuerpos dan sentido al maravilloso pandemonio cotidiano que existe en nuestro cuerpo y fuera de él, y que culmina en la manera que tenemos de sentirnos y de comportarnos.

La noción general de cómo te sientes (o cómo «te afectan las cosas») tiene dos vertientes principales: la sensación de lo agradable o desagradable («valencia»), y el nivel de calma o de agitación (conocido como «excitación»).[56] La manera en que una persona se siente «siempre es el resultado de una combinación entre la valencia y la excitación».[57] Estamos obteniendo una información muy valiosa cuando observamos si el niño o la niña se muestran agitados o tranquilos, y si esa agitación o esa tranquilidad la viven en un continuo que iría de lo agradable a lo desagradable. Un niño que llora y que tira la cena de la mesa presenta un grado muy elevado de excitación y una valencia situada en lo desagradable; en otras palabras, que tiene unos niveles muy altos de inquietud. En otro momento del día, ese mismo niño puede estar bailando por la sala de estar, rebosante de energía y sin mostrarse inquieto. En ese instante experimenta una valencia positiva, situada en lo agradable, y un alto nivel de excitación.

Las conductas también son un buen indicador del balance del presupuesto corporal del niño, y una de las cosas más importantes que podemos hacer por nuestros hijos desde su más tierna infancia es ayudarlos a equilibrar su presupuesto corporal con nuestras interacciones amorosas.[58] Tenemos que convertirnos en unos observadores entusiastas con el objeto de descubrir las razones que incitan al niño o a la niña a mostrar una conducta determinada: ¿qué necesidad representa esa conducta en el cuerpo del niño? ¿Cómo determinamos el coste de las experiencias de nuestros hijos? Observamos a los niños para poder calibrar con fundamento el estado de su sistema nervioso, y descubrir cuánta energía emplean para permanecer con el cuerpo en calma.

El sistema nervioso supersimple 101: la fisiología

El cuerpo humano tiene varios sistemas nerviosos, por así decirlo. A casi todos nos suena el sistema nervioso central,[59] que consiste en el cerebro y la médula espinal. Además, también tenemos el sistema nervioso periférico, que incluye el sistema nervioso somático (involucrado en el movimiento de los músculos esqueléticos),[60] y el sistema nervioso autónomo. El trabajo del sistema nervioso autónomo es regular automáticamente los órganos internos, como los vasos sanguíneos y las glándulas sudoríparas, y sus funciones, para que nuestro cuerpo sea capaz de conservar la homeostasis.[61] El sistema nervioso autónomo, como implica su mismo nombre, es automático y no está regido por nuestra voluntad, sino que reacciona a la percepción que nosotros tenemos de la seguridad y la amenaza, y nos lleva a emprender determinadas acciones en función de esa lectura. Finalmente, el sistema nervioso autónomo está dividido en dos ramas principales: el sistema simpático y el parasimpático,[62] que actúan de distinta manera en nuestros órganos. Este capítulo se centra en el sistema nervioso autónomo, que te da información sobre el mapa del territorio para personalizar la crianza infantil en función de las experiencias cerebrocorporales de tus hijos (y de ti mismo).

Estamos acostumbrados a etiquetar los comportamientos como buenos o malos; decimos que los niños se portan bien o se portan mal; que están bien educados, o que son unos maleducados. Es obvio que los niños son demasiado complicados para ajustarse bien a estas dualidades. No todas las conductas son deliberadas o voluntarias. Si alguna vez has estallado de repente delante de tu hijo o de tu cónyuge, ya sabrás a lo que me refiero. Pero ¿te has preguntado alguna vez por qué tu hijo o tú habéis perdido el control? Como ya hemos dicho anteriormente, eso sucede cuando el cerebro y el cuerpo detectan unos niveles muy altos de desafío o de amenaza, y la situación provoca que el niño se mueva y actúe de una manera que no suele ser habitual en él cuando se siente seguro y se sabe al mando. Es fundamental valorar la diferencia que existe entre una mala conducta intencionada y esas otras conductas provocadas por un cambio repentino en el sistema nervioso autónomo. Comprender este punto nos servirá para que podamos reaccionar bien en función de cuál sea la plataforma que presente nuestro hijo.

Las vías cerebro-cuerpo que influyen en la conducta

Según la teoría polivagal,[63] nuestro cuerpo reacciona a las experiencias que vivimos a cada instante para mantenernos a salvo, y lo hace a través de tres vías que pertenecen a las dos ramas del sistema nervioso autónomo. Repito que las dos ramas principales del sistema nervioso autónomo son: el sistema nervioso simpático, y el sistema nervioso parasimpático. La rama parasimpática consta de dos vías: la vía dorsal vagal, y la vía ventral vagal. La tercera vía es el sistema nervioso simpático. Cada vía instintivamente (es decir, automáticamente) rige las reacciones y las conductas interiores del cuerpo en función del grado de amenaza o de seguridad que detectemos a cada momento. Cada una de ellas tiene su propio nivel de receptividad y accesibilidad, un espectro personal que cubre desde el estado en que nos abrimos hasta el estado en que nos defendemos. Comprender estas vías, y en cuál de ellas estáis situados tu hijo y tú en todo momento, es esencial para reaccionar con propiedad y apoyar las necesidades de tu pequeño. ¡Pero ahora no vayas a preocuparte! No tienes que memorizar estos términos científicos. En las páginas siguientes, te daré una clave muy fácil que te servirá para recordar los conceptos fundamentales.

Dado que todos los seres humanos (tanto adultos como niños) cuentan con estas vías, eso nos va al dedillo para analizar nuestras propias reacciones, así como para analizar las de nuestros hijos. La herramienta más poderosa que tenemos como padres es el poder de observación. A menudo actuamos antes de considerar siquiera el significado subyacente de los comportamientos de nuestro hijo, centrándonos en gestionar o rectificar su comportamiento en lugar de reflexionar sobre lo que este comportamiento significa y ver lo que nos está indicando. *Cuando nos sintonizamos para actuar como unos observadores carentes de juicio, podemos valorar de una manera distinta la conducta del niño y dejar de tomar decisiones impulsivas respecto a la crianza de los hijos que a menudo acaban mal.*

Podemos fijarnos, por ejemplo, en la rapidez y la premura con que el niño mueve su cuerpo (o su boca), e inferir lo que le pasa a partir de su tono de voz, de sus movimientos musculares, su actividad cardíaca y pulmonar, sus gestos corporales y sus comportamientos,[64] porque todo eso nos aporta unas señales muy valiosas que podemos interpretar y deducir para orientar mejor el esfuerzo que hacemos como padres. Podemos hacer conjeturas bien fundamentadas observando los comportamientos que tienden a agruparse y nos dan pistas sobre cuál es el estado de la fisiología del pequeño[65] (eso que yo he llamado «plataforma»).

Examinaremos, a continuación, las tres principales vías autónomas que sirven para protegernos y el modo en que esa información puede guiarnos en nuestras decisiones parentales. Podemos recurrir a lo que vemos en una persona (su índice de movimiento corporal, sus expresiones y sus gestos, y el tono de su voz) para inferir cuál es el estado de su sistema nervioso autónomo. Cada criatura es única, y tenemos que descubrir las señales que denotan el estado en que se encuentra el sistema nervioso de cada niño en concreto. Resumiendo, llegarás a conocer a tu hijo (y a ti mismo) de otra manera distinta, desde dentro.

En un futuro no muy distante, dispondremos de una tecnología capaz de medir nuestra fisiología autónoma del mismo modo que lo hace un rastreador de pasos o que un reloj inteligente mide nuestra frecuencia cardíaca. Los investigadores han desarrollado unos sensores portátiles[66] para realizar mediciones, como pueden ser las de la variación de intervalos entre los latidos del corazón (y que se conoce como VFC o variabilidad de frecuencia cardíaca) y los cambios que se advierten en la conductancia de la piel debido al sudor (AED o actividad electrodérmica), que nos informan sobre la activación del sistema nervioso autónomo. Una empresa llamada Empatica ya ha creado el primer instrumento, aprobado clínicamente por la Administración de Alimentos y Medicamentos, capaz de proporcionar conocimientos muy valiosos a los individuos que sufren de epilepsia y a sus cuidadores.[67]

Ahora bien, no creas que es necesario recurrir a una tecnología sofisticada para saber cómo hemos de apoyar a nuestros hijos; lo único que hay que hacer es estar presente, y poner toda nuestra atención en las interacciones que mantenemos con ellos. Veamos lo que podemos aprender a partir de estas vías de colores, empezando con la vía verde.

La vía verde:[68] seguros y protegidos, abiertos y receptivos

Empecemos con la vía ventral vagal del sistema nervioso parasimpático, que la teoría polivagal describe como un sistema de compromiso social, al que nosotros llamaremos «la vía verde». En esta vía, la persona se siente a salvo y se considera un ser social, conectado a los demás y al mundo que lo rodea.[69] Cuando el cuerpo percibe seguridad, estamos en la vía verde.

Esta vía aporta tranquilidad al cuerpo, y nos predispone a conectar con los demás. Cuando estamos en la vía verde, enviamos señales de conexión y comunicación a los demás.[70] Esta vía propicia el aprendizaje y el crecimiento de los niños, y nos proporciona la mejor manera de criar a nuestros hijos también, porque fomenta la capacidad que tenemos de experimentar la alegría y el juego, así como la capacidad de pensar, de planificar nuestras acciones y, cuando alcancemos un cierto grado de desarrollo, de ser capaces de controlar nuestras emociones y conductas.

Cuando una persona se encuentra en la vía verde, su conducta le va dando pistas sobre el estado de su sistema nervioso. La vía verde refleja el superávit presupuestario que tiene el cuerpo, y es una vía de receptividad en la que, tanto nosotros como nuestros hijos, nos abrimos al máximo para convivir en armonía. Queda claro que las palabras y los comportamientos que estoy describiendo no tienen otro propósito que el de ser una guía general, y se corresponden con lo que he ido observando durante el ejercicio de mi profesión. Hemos de estar alertas y, en lugar de detectar palabras sueltas o determinados comportamientos, fijarnos en esas descripciones que encajan entre sí y sirven para que comprendamos mejor (y reconozcamos de una manera bien fundamentada) cuál es el grado de activación del sistema nervioso de tu hijo.

Palabras que describen al ser humano que se encuentra en la vía verde:
- Sano y salvo, calmado, satisfecho, feliz, alegre, cooperativo, juguetón, considerado, atento, centrado, receptivo, abierto, en paz, comprometido.

En el cuerpo físico advertimos:[71]
- Una atención centrada
- Una postura relajada, sin apretones ni agarrones
- Una respiración y un ritmo cardíaco regulares y rítmicos
- Distintos tonos de voz (la voz no es monótona)
- Unas reacciones corporales adecuadas y equilibradas (movimientos ni demasiado rápidos ni demasiado lentos)
- Sonrisas, músculos faciales en estado neutro o de relajamiento
- Ojos atentos, brillantes o resplandecientes
- Risitas u otras expresiones jocosas

Cuando nuestros hijos se encuentran en la vía verde, se muestran receptivos con nosotros y con su entorno. En esta vía, el niño se siente a salvo, está abierto y se muestra disponible a los demás. Los niños disfrutan jugando y están abiertos a intentar aprender cosas nuevas. *Si quieres animar a tu hijo a que traspase su zona de confort, el mejor momento para intentarlo es cuando la plataforma del niño o de la niña está situada en este lugar de máxima receptividad.*

Cuando los padres nos encontramos en la vía verde, es más probable que confiemos en nuestros propios instintos, estemos más presentes y tengamos más paciencia con nuestro hijo. Somos más capaces de controlar las emociones. En lugar de perdernos en preocupaciones, de abandonarnos a los pensamientos maníacos o de tener palpitaciones, somos capaces de tomar decisiones bien fundamentadas. Tenemos más esperanzas, somos más juguetones, estamos más disponibles y positivos, y animamos mucho más tanto a nuestros hijos como a los de los demás. Nos sentimos más inclinados a socializar y a estar más con los demás (si eso es algo que te enriquece personalmente, por supuesto. En mi caso en particular, yo me recargo mejor en soledad que participando en grandes acontecimientos sociales). Recuerda que todo consiste en saber valorar las diferencias que existen entre los individuos.

La vía verde te da seguridad, alegría y resplandor

Criar a los hijos entrando en una sintonía cálida y sensible con ellos forja la plataforma del pequeño desde un buen principio, y eso tiene sus ventajas durante la infancia, e incluso más adelante. Los niños se sienten seguros en esta vía, que los impulsa de una manera natural a hacer lo que les gusta más: comunicarse y jugar.

Piensa en un recién nacido que te mira fijamente a los ojos, o en un niño de un año que descubre el gozo de caminar y te mira para que le dirijas una sonrisa de apoyo. O en una niña de preescolar que hace un dibujo y te lo muestra con orgullo. O en un niño de ocho años que te cuenta espontáneamente un problema que tiene en la escuela mientras estáis dando un paseo. Estas cosas pasan cuando el niño se siente a salvo, y cuando la vía verde prima por delante del compromiso social.

Stanley Greenspan, el psiquiatra infantil, afirmó que los niños y los adultos que se involucraban con alegría en los juegos despedían un brillo especial en los ojos.[72] Cuando ves a tu hija con ese brillo en los ojos, tenga la edad que tenga, cuando la ves con una mirada tranquila o una sonrisa en los labios y ves que su cuerpo no se mueve ni demasiado deprisa ni demasiado despacio, sino que se dispone a jugar, sabes que se encuentra en la vía verde. Y es muy posible que, cuando a tu hija le brille la mirada, a ti también te brille. Sentimos alegría y seguridad, y nos sentimos conectados, cuando estamos en esta vía.

ACTIVIDAD: piensa en algunos momentos lindos y placenteros, en momentos de gran alegría que hayas compartido con tu hijo. Céntrate en los sentimientos que te evocan esos recuerdos. ¿Qué clase de actividades o circunstancias provocan que tu hijo o tú tengáis chiribitas en los ojos o sintáis una conexión silenciosa? (Quizá te cueste recordar esos instantes, pero tú, tranquila, que no pasa nada. En los capítulos siguientes hablaremos de la manera de conseguir vivirlos con mayor frecuencia).

Todas las vías son adaptativas, pero la roja y la azul tienen un coste mayor

No te quepa duda de que no hay nadie que viva permanentemente en la vía verde. Los seres humanos somos criaturas reactivas e instintivas. La vida cambia sin cesar, es impredecible y está llena de obstáculos y de desafíos a los que debemos reaccionar sin pausa ni tregua. Por eso es inútil que pensemos que la vía verde es la mejor, y que las otras son malas. *Todas las vías son adaptativas.* A medida que los dilemas y los desafíos salgan a nuestro encuentro, lo más predecible es que vayamos cambiando de vía cíclicamente a lo largo del día,[73] aun cuando el gasto de energía asociado a la vía roja (una vía de gran activación) y a la vía azul (una vía de inmovilización) representen un coste mayor para nuestro presupuesto corporal.[74] Lo importante es que sepamos detectar el momento en que nuestros hijos necesitan que los ayudemos a recuperar la tranquila estabilidad de la vía verde, y que sepamos también captar cuándo es mejor retirarse y dejar que sean ellos quienes la encuentren. Se trata de buscar el equilibrio, pero antes de compartir con vosotros la fórmula que nos permita descubrir cómo podemos ayudar a los niños y cuándo es el momento indicado, deja que te cuente algo más.

Nuestro objetivo es contar con un sistema nervioso regulado, que nos permita reconocer cuándo hemos abandonado la seguridad y la conexión que nos ofrece la vía verde, y que nos permita también descubrir las distintas maneras de retomarla desde las otras dos vías del sistema nervioso autónomo; y eso, lo veremos a continuación.

La vía roja dice: ¡Muévete!

Cuando nuestro sistema de seguridad detecta que el desafío o la amenaza son demasiado importantes, de manera instintiva y automática pasamos de la calma de la vía verde a la protección de la vía roja. En términos neurocientíficos diríamos que tenemos una reacción bioconductista[75] que nos remueve por dentro para protegernos de una amenaza percibida, y que lo logra obligándonos a emprender una acción. Eso casi siempre implica realizar alguna clase de movimiento, como puede ser mover la boca, o mover incluso todo el cuerpo. Otros ejemplos serían gritar de rabia y hablar atropelladamente, golpear, dar empujones o incluso salir corriendo. Para sentirse a salvo, los seres humanos que detectan una amenaza notan que se activan interiormente y sienten la necesidad de moverse.[76]

Cuando nuestro sistema nervioso detecta una amenaza,[77] abandonamos la vía verde y, durante el proceso, podemos llegar a perder el control de nuestro comportamiento y de nuestras emociones. Automáticamente entramos en la vía roja, también llamada «sistema nervioso simpático», que nos impele a adoptar una conducta de lucha o huye, esa conducta que precisamente mostró Lucas el día que empezó a soltar tacos a grito pelado y salió dando un portazo de su habitación, molesto porque sus padres le habían pedido que dejara el videojuego y se sentara a la mesa a cenar.

Palabras que describen a los seres humanos que se encuentran en la vía roja:
- Enfadado, agresivo, hostil, alborotador, desobediente, rebelde, desafiante, maleducado, enrabietado, hiperactivo, respondón, presionado.

En el cuerpo físico advertimos:[78]
- Una intensa falta de concentración o una deambulación constante y distraída
- El impulso de salir corriendo, gesticular constantemente o tener una necesidad acuciante de moverse o escapar
- Movimientos rápidos, erráticos o impulsivos
- Golpear, atacar, dar patadas, escupir, saltar o lanzar objetos
- Un ritmo de respiración superficial, rápido o irregular
- Un aumento del ritmo cardíaco
- Una voz chillona, fuerte, hostil, bronca o aguda; carcajadas incontenibles
- Los ojos cerrados con fuerza o abiertos de par en par
- Los músculos faciales o las mandíbulas tensos y apretados
- Una gran variedad de expresiones faciales o una sonrisa forzada

Un niño que se encuentre en la vía roja no se muestra receptivo ni a los razonamientos ni a todo lo que se le pide, y lo más habitual es que su comportamiento esté descontrolado. En los casos más leves en los que el niño se enfrenta a un desafío moderado, quizá tan solo haga una pataleta, lloriquee, se queje o se niegue a hacer lo que se le ha pedido. En los casos más extremos, puede tener una rabieta, pegar a otro niño o a un adulto, o salir corriendo. A menudo, los cambios de humor y de comportamiento son muy rápidos, como si la vía verde pudiera pasar a ser roja instantáneamente.

Los momentos más difíciles que vivimos como padres se encuentran en la vía roja. Es en esta vía donde, de repente, nos sentimos provocados, perdemos el control y hacemos y decimos cosas que luego lamentamos. En la vía roja podemos llegar a pronunciar palabras muy duras, despreciativas o hirientes, sin apenas darnos cuenta, y podemos sentirnos en la obligación de tener que aplicar un castigo severo. Podemos llegar a hacer o decir algo que no es típico de nosotros, o empezar a experimentar síntomas físicos, como una oleada de calor que nos recorre todo el cuerpo, una aceleración del ritmo cardíaco, sudoración en las palmas de las manos o la sensación de notar una punzada en el estómago. El neurocientífico Bessel van der Kolk resumió este fenómeno en el mismo título que lleva su libro: *El cuerpo lleva la cuenta: cerebro, mente y cuerpo en la superación del trauma*.[79] Uno siente el estrés tanto en el cuerpo como en la mente, y eso sucede a la vez.

La vía roja es la vía de movilización[80] que les sirve a los seres humanos para huir de las situaciones peligrosas, como, por ejemplo, caer presa de un animal; y eso lo consiguen bien sea luchando, bien sea moviéndose, pero, eso sí, ha de ser con mucha rapidez. (De ahí viene la expresión «lucha o huye»).[81] La vía roja toma el mando cuando el sistema de detección de la seguridad envía la señal que necesitamos para superar una amenaza. El hecho de que el sistema de detección de seguridad se active o no dependerá de la reacción única que tiene cada individuo; por eso, a veces el niño puede adoptar una conducta de lucha o huye aun cuando objetivamente esté a salvo, como le pasó a Lucas. Eso mismo fue lo que le sucedió a Randy, de quien dijimos en el capítulo anterior que un buen día, de repente, empezó a tener problemas para dormir de un tirón en su propia cama después de la mudanza familiar. Su mente le decía que se encontraba a salvo, pero su sensor de seguridad tardaba más en ajustarse a la realidad. El punto distintivo que nos dice que debemos prestar ayuda a nuestro hijo o a nuestra hija no se corresponde necesariamente con la valoración objetiva que realizamos de una situación determinada, *sino más bien con la manera en que el niño reacciona, y con la factura que le está pasando a su presupuesto corporal.*

ACTIVIDAD: piensa en alguno de los momentos en que tu hijo o tú (o ambos a la vez) os plantasteis en la vía roja. Intenta recordar el aspecto que tenían el cuerpo y las expresiones faciales de tu hijo mientras la criatura vivía esa experiencia. Ahora intenta recordar cómo se sentía tu cuerpo mientras intentabas gestionar la situación. ¡Pero no vayas a darle más vueltas que a un rosco! Piensa solo lo justo para rememorar los recuerdos físicos de la experiencia; y, eso sí, intenta no juzgar a tu hijo ni te juzgues a ti mismo como madre o padre. Observar las reacciones de nuestro cuerpo es algo esencial si queremos ayudar a nuestros hijos a retomar la vía verde, y rememorar esos momentos es dar el primer paso para saber lo que hay que hacer cuando esos sentimientos y esas sensaciones salen a la superficie.

Todos hemos vivido momentos en los que pensamos, hacemos o decimos cosas que son producto de haber aterrizado en la vía roja. Forma parte de la naturaleza humana. Todos hemos vivido situaciones en las que nos hemos sentido provocados y hemos perdido el control, tanto de las emociones como de la conducta. La clave es adoptar una actitud compasiva para reconocer lo que está sucediendo, y ajustar bien nuestro rumbo para encontrar el camino de regreso a la vía verde tan pronto nos resulte factible y posible.

Los comportamientos de la vía roja: no los llamemos malos, sino protectores

Es importante recordar que, cuando una niña se mete de lleno en la vía roja, es poco probable que regule o controle su conducta con eficacia. Lo que sucede es más bien todo lo contrario: su cuerpo y su cerebro están intentando protegerla. La conducta que resulta de todo ello podrá parecernos negativa, pero también es una conducta protectora vista desde este punto de vista.

Entender esta cuestión nos permite cambiar la manera de percibir las conductas alteradas de los niños. En lugar de considerar malas las conductas que vemos situadas en la vía roja, podemos interpretarlas como la señal de la vulnerabilidad que está manifestando nuestro hijo y que le está sirviendo para protegerse adoptando una conducta instintiva que no es intencionada ni grosera.[82] Nos estamos refiriendo en este punto a las conductas de autoprotección ascendentes de las que hablábamos en el capítulo 1. Cuando un niño termina metiéndose en la vía roja, necesitamos reajustar las técnicas a las que echamos mano para criarlo; en la vía roja, los niños no pueden pensar ni funcionar bien porque están muy alterados. Por eso mismo, castigar al pequeño cuando ya se ha metido de plano en esta vía es contraproducente. En la vía roja, el niño no está receptivo, sino que está a la defensiva. Un niño o una niña situados en la vía roja están agotando los recursos de su presupuesto corporal a la velocidad del rayo. Esta vía tiene un coste muy elevado y sirve a un propósito determinado. *Pero este propósito no es librarse de algo en concreto o conseguir alguna cosa determinada, como muchos educadores y especialistas de mi campo centrados en la gestión de la conducta dan por supuesto.* El propósito es permanecer a salvo... ¡y sobrevivir, claro! Los castigos solo sirven para empantanar todavía más a la criatura que ya se ha metido en la vía roja (o posiblemente en la tercera de las tres vías principales y que describiremos más adelante, en este mismo capítulo).

Repito que el desencadenante que activa el sistema de seguridad de un niño no siempre es un peligro real que se encuentra en su entorno. A veces, el sistema nervioso del niño en un momento dado puede registrar algo inocuo como si fuera una amenaza. *Como vimos en el caso de Lucas, un niño a veces interpreta una petición razonable, como la de terminar una actividad para ir a cenar, como si fuera una amenaza.* Aunque el niño esté objetivamente a salvo, su cuerpo entra en un estado de tanta activación que, en general, no logramos establecer contacto con él ni hablando ni recurriendo a la lógica.

Hay tres razones de raigambre corporal que explicarían esta reacción. Fisiológicamente, es difícil que los niños que se encuentran en la vía roja distingan los sonidos de la voz humana.[83] Cuando se encuentran en la vía roja, con el sistema nervioso simpático activado a plena potencia, los músculos del oído medio dejan de distinguir los matices de la voz humana[84] y los interpretan como sonidos depredadores y de baja frecuencia. Eso explicaría la razón por la que, cuando los niños (o los adultos) se encuentran en un estado de máxima activación, a menudo parece que no escuchen. Su capacidad de oír la voz humana queda comprometida. Cuando este estado se ha desencadenado, los seres humanos también podemos llegar a malinterpretar las señales faciales. Cuando un niño está en la vía roja, puede interpretar una expresión facial neutra como si fuera una expresión de enfado,[85] porque su sistema de detección de la seguridad ha activado sus defensas. Por eso, cuando Lucas se metía de lleno en la vía roja, sus padres eran incapaces de razonar con él o de hablarle del problema. Lucas tenía el cuerpo posicionado para moverse, no para razonar o escuchar.

Vuelve a repasar la lista de palabras que describen las conductas típicas que se encuentran en la vía roja. Podríamos etiquetar algunas de «malos comportamientos intencionados». Cuando damos por sentado que una niña ha actuado dentro de los límites de su control consciente, la mayoría de los padres tendemos a castigar o a darle una buena lección a la criatura. Nuestro instinto es corregir su actitud lo antes posible. Nadie quiere que su hija se porte mal. Todos queremos que nuestros hijos salgan bien criados.

Eso es lo que sentí en mis propias carnes una de las primeras veces que presencié el comportamiento de mi hija en la vía roja. Estaba yo tan tranquila disfrutando de una fiesta de cumpleaños al aire libre que daba uno de mis parientes, cuando vi que mi hija, que por aquel entonces tenía tres años, mordía a su prima de cinco añitos en un hombro. Atónita y avergonzada, me puse en pie de un salto y le grité a mi hija para que se detuviera, pero mis gritos solo provocaron que la chiquilla se echara a llorar a lágrima viva. Me sentí perpleja, porque estaba segura de que mi hija sabía perfectamente que no se muerde a los otros niños, y yo no entendía por qué lo había hecho.

De lo que no me había dado cuenta era de que ella (y yo detrás de ella) habíamos aterrizado ambas en la vía roja. Morder a su prima no fue un acto intencional por su parte, sino más bien la conclusión errónea a la que había llegado su sistema de seguridad tras haber detectado una amenaza. En esa época, yo no entendía que el sistema nervioso de mi hija hubiera elegido subconscientemente este comportamiento; no comprendía que no era una conducta planificada con antelación, sino más bien una reacción automática ante el estrés. De lo que todavía no me había dado cuenta era de que su cuerpo tenía tendencia a reaccionar exageradamente a los cambios que observaba en su entorno, y a determinados sonidos y volúmenes. Por eso, la conmoción de verse participando en la primera gran fiesta de cumpleaños a la que asistía, sencillamente desbordó la vía verde de mi hija y la hizo meterse de lleno en la roja. ¿Y con qué resultado? Su cuerpo atacó lo que tenía más a mano, que resultó ser su inocente prima. Ver a mi niña actuando de esa manera me hizo entrar a mí también en la vía roja. Si entonces hubiera sido consciente de la conexión que existe entre el cerebro y el cuerpo, no le habría gritado a mi niña poniéndola en ridículo, y no habría provocado que, además, su sistema de detección de la seguridad percibiera que el nivel de amenaza había aumentado. Ese día puede decirse que las dos la liamos parda.

Penetramos en un nuevo ámbito de estrategias parentales muy útiles cuando conseguimos entender que gran parte de las conductas de la vía roja son el reflejo de la vulnerabilidad del niño o de la niña y la reacción protectora que los impele a luchar o huir, no un acto de desobediencia intencionada, sino la señal de que el niño o la niña necesitan nuestra ayuda, y no un castigo aún mayor.

La vía azul: desconectar y retirarse

Así como la vía roja viene asociada al movimiento, *la vía vagal dorsal*, o la vía azul, es todo lo contrario. Al sentirse agobiada, la persona conserva su energía cuando se desliga de toda conexión y contacto con el mundo.[86] Cuando alguien se encuentra en la vía azul, podemos ver, oír y sentir esa falta de contacto y de compromiso. De vez en cuando, Lucas terminaba aterrizando en la vía azul. Les decía a sus padres que se sentía «como en una nube», y entonces se quedaba acostado en la cama durante horas, sin querer comunicarse ni responder a una sola pregunta.

Palabras que describen a los seres humanos que se encuentran en la vía azul:
- Triste, lenta, en blanco, distante, desentendida, monótona, paralizada, ausente, carente de interés, desaparecida, impotente.

En el cuerpo físico advertimos:[87]
- Movimientos lentos o escasos, hombros encorvados, deambulación errática
- Somnolencia aparente o aspecto de estar examinando algo
- Escasa o nula exploración, capacidad de jugar o curiosidad
- Actividad cardíaca y respiración lentas
- Movimientos lentos o incluso llegar a quedarse inmóvil
- Hablar con una voz monótona y poca entonación, o con un sonido que transmite frialdad, es muy poco audible o triste
- Ojos que parecen petrificados, miran hacia abajo o evitan el contacto visual con los demás
- Cara inexpresiva, sin sonreír

Todos pasamos por momentos en los que desconectamos o parece que estemos examinando algo detenidamente. A veces, y por muy buenas razones, un niño quiere que lo dejen solo, estar en silencio y recargar baterías. Cabe esperar esta clase de conductas, porque, como ya hemos visto, todas se adaptan a la plataforma cambiante del niño, y todos necesitamos estar en soledad, aunque las maneras difieran. Como todas las vías son adaptativas, la mayoría de nosotros de vez en cuando entramos en la vía azul, pero no es para quedarnos. En el peor de los casos, sin embargo, entrar en la vía azul implica que el sistema nervioso de una persona está detectando unos niveles muy elevados de amenaza, y que está preservando su energía para protegerse.[88] Cuando están situados en esta vía, los niños y los adultos pueden sentirse vacíos, deprimidos, incompetentes o perdidos, y necesitan unos buenos ingresos en su presupuesto corporal.

Es importante destacar que las personas no siempre asocian esta vía al estrés, porque un niño, de entrada, puede parecer muy independiente, o muy tranquilo; es decir, que podría parecer que está en la vía verde cuando en realidad está en la azul. La manera más simple de establecer la diferencia que existe entre un niño tranquilo y un niño situado en la vía azul es comprobando si se relacionan bien contigo, si exploran su mundo... y si juegan.

La mayoría de las personas de vez en cuando nos sentimos abatidas o atascadas momentáneamente, pero deberíamos empezar a preocuparnos cuando vemos que un niño se desconecta durante mucho rato y parece atascado en esa actitud. Esa es la señal que nos indica que necesita más apoyo para sentirse consolado y volverse a anclar en la conexión humana.

Cuando los padres nos situamos en la vía azul, podemos sentirnos vacíos, desconectados de los demás, espesos, observados, incapaces de pensar o de actuar, e incluso paralizados.

Esa es la señal que nos indica que hay que actuar para sentirnos conectados con nosotros mismos y con los demás, y, cuanto antes lo hagamos, mejor. También es la señal que nos indica que nuestro presupuesto corporal está en números rojos. Nuestros hijos necesitan que tengamos una mente capaz de pensar, y un cuerpo capaz de reaccionar a sus necesidades. Si te das cuenta de que tu hijo o tú empezáis a desconectar, os sentís indefensos o incluso perdidos durante semanas o meses, es importante que busquéis ayuda profesional para que podáis descubrir las distintas maneras de que disponéis para reconectar con la fuente de energía más importante de que disponemos los seres humanos: el contacto con los demás.

ACTIVIDAD: piensa en algún momento en que tu hijo o tú os sintierais desconectados o inmersos en la vía azul. ¿Recuerdas las sensaciones de tu cuerpo o los pensamientos que albergaba tu mente? Puede resultar muy difícil emocionalmente ponerse a recordar de una manera consciente esta clase de sufrimiento, pero si lo hacemos, aunque solo sea durante un momento, nos ayudará a entender lo que hay que buscar. Sentirse así forma parte de la experiencia humana, pero, por suerte para la mayoría de nosotros, no es aquí donde vivimos.

Lucas, por ejemplo, se quedaba ensimismado durante poco tiempo. Su plataforma en general elegía actuar (gritar y salir corriendo para encerrarse en su habitación, por ejemplo) en lugar de quedarse inactivo. Las conductas de la vía roja son difíciles de gestionar para los padres, pero, aunque el chiquillo se muestre irritable, se nota que sigue relacionándose con los demás; la conducta de la vía azul es más parecida a eso que llamamos «tirar la toalla». La próxima vez que veas que tu hijo pierde los papeles porque se ha metido en la vía roja, te irá muy bien pensar que es admirable la fuerza con que el sistema nervioso de tu hijo o de tu hija está reaccionando ante el estrés. *En lugar de considerar malas las conductas perturbadoras, deberíamos valorarlas por lo que nos dicen sobre el sistema nervioso de nuestro hijo, que está reaccionando activamente ante el estrés que percibe, y consumiendo una gran cantidad de energía mientras el niño intenta gestionar las cosas.*

Las vías de experiencias mixtas o combinadas

Así como los colores distintivos de las vías resultan muy útiles para describir los tres estados del sistema nervioso autónomo,[89] la realidad, sin duda, es mucho más compleja. Algunos investigadores se dedican a tipificar las distintas maneras en que las diversas vías se juntan o se solapan.[90] Un estado meditativo, por ejemplo, representa una combinación entre las vías azul y verde: la persona puede estar relativamente inmóvil, pero también se siente a salvo; por eso, la meditación es el ejemplo perfecto de que sabemos expresar la quietud sin miedo.[91] Sabemos, a partir de diversos estudios, que este estado de quietud y de seguridad es saludable, y que reduce el estrés en el cuerpo físico. Existen distintas formas de practicar la quietud mental dentro de la vía de la seguridad, y entre ellas podemos citar el *mindfulness*, la oración y el yoga.

El juego también estaría ubicado en un estado que combina la vía verde y la vía roja[92] cuando estas dos trabajan juntas. En el capítulo 8 describiré la manera en que el juego puede ayudarnos a ejercitar el cerebro y ayudar a los niños a resolver los desafíos emocionales a los que se enfrentan. *Asimismo, cabe decir que un niño que parezca silencioso o paralizado externamente podría estar activado en su interior, presentar una elevada frecuencia cardíaca y mostrar que otras características propias de la vía roja están obrando en su interior.* He observado este mismo estado en muchos niños que presentaban diversos grados de ansiedad e hipervigilancia en la escuela. En apariencia parecen buenos estudiantes, pero interiormente van muy activados y se sienten inquietos; y por eso mismo sus plataformas son muy vulnerables, aun cuando parezca por fuera que están bien. Es posible que esta clase de niños solo se muestren alterados en casa, por ejemplo, y que los padres se queden con la boca abierta cuando el maestro les dice que en la escuela su comportamiento es excelente.

A veces, a pesar de que los padres saben que su hijo no se siente bien en su propia piel cuando está en la escuela, los maestros se sorprenden mucho cuando se enteran de todo eso. Estos hijos hipervigilantes y situados en la vía combinada que describimos vuelan por debajo del radar, porque a primera vista pueden parecer muy obedientes. Pero no deberíamos confundir a los niños que se portan bien, o a los niños obedientes, con esos otros niños que se encuentran situados en la vía verde y se sienten a salvo. Ese niño o esa niña en cuestión podrían estar detectando una amenaza, y ser incapaces de hablar de ello, o de demostrarlo. Su reto es interior; por eso nosotros no lo vemos. Tenemos que observar más detenidamente a la criatura, ver la cara que pone, oír su tono de voz, examinar su postura y comprobar si tiene ganas de jugar. También es útil hablar con los niños para ayudarlos a sentirse seguros y para que puedan decirnos lo que notan en el cuerpo.

A pesar de que no es preciso comprender los complejos matices que presentan las vías autónomas combinadas, estar al tanto de que existen combinaciones probables entre ellas puede ayudarnos a comprender mejor las necesidades de nuestros hijos. Los investigadores descubrirán más cosas en el futuro, pero, por ahora, lo que es importante es llegar a averiguar lo que desencadena el estrés en tu hijo. Cuando los indicadores nos muestran claramente que está situado en la vía roja y en la azul, o en las combinaciones resultantes a partir de ambas, esa es la señal de que el niño o la niña nos necesitan para ubicarse en una zona de desafío que les resulte más adecuada. El pequeño podría estar necesitando una infusión intravenosa de tu fuerza y tu estabilidad emocionales (o un reajuste de sus circunstancias) que le sirva para forjar su flexibilidad y su capacidad de gestionar el estrés.

Estate preparado para todas y cualesquiera de las vías

Encuadrar los comportamientos negativos como si fueran el reflejo externo de la fisiología del niño nos permite ser más compasivos. Podemos cambiar nuestro foco de atención y pasar de sentir la rabia que nos da tener que gestionar situaciones que nos resultan desafiantes a valorar lo que nuestro hijo precisa (y, sin duda alguna, lo que nosotros precisamos también) para que se sienta a salvo. Cuando comprendemos que el trabajo principal del cerebro es conservar el presupuesto corporal,[93] y que este proceso basado en la supervivencia subyace en todas las vías, podremos considerarlas con ecuanimidad. Sin embargo, es importante que sepamos que las vías roja y azul representan un coste mayor para nuestro presupuesto corporal, y que por eso no es deseable que los niños se queden ahí demasiado.

Sabemos reconocer que los sistemas nerviosos del ser humano, el de los hijos y el de los padres, son fluidos y dinámicos, y que es de esperar que vayan pasando cíclicamente de una vía a otra, aunque lo más probable es que lo mejor que hayamos hecho en la vida haya sido desde la vía verde. Comprender que todas estas vías sin excepción tienen un determinado propósito para los sistemas nerviosos puede ayudarnos a comprender la razón de que a veces hagamos o digamos cosas que luego lamentaremos, y de que, como padres, nos sintamos culpables. A veces, nuestros instintos nos llevan en una dirección que intuimos que no es la correcta. *Si sientes que te comportas de una manera más reactiva que intencional, compadécete de ti mismo. Revisa y analiza tu comportamiento para entender lo que podría estar provocando en ti estas reacciones explosivas.* Describiré la manera de comprender estos desencadenantes en el capítulo 5. La culpa que sienten los padres puede ser devastadora, y sentirse mal con uno mismo no sirve para ser un buen padre, ni para consolidar el presupuesto corporal. Tengo la esperanza de que, si logramos comprender bien la conexión cerebro-cuerpo, aliviaremos la culpa que sentimos y nos convertiremos en unas personas más fuertes y capaces de prepararse mejor ante los desafíos que deben afrontar en tanto padres.

Práctica: cuando mañana por la mañana te despiertes, mira el color de la vía en que te encuentras. ¿Te sientes irritado y estresado (vía roja), lento (vía azul), o perfecto y listo para enfrentarte a lo que te depare el día (vía verde)? No juzgues el estado en que te encuentras. Obsérvalo. Tan solo eso. Reconocer el estado de tu sistema nervioso sin emitir juicio alguno es dar el primer paso. Y eso puede servirte para planificar lo que vas a hacer a continuación: ¿qué es lo que necesita tu cuerpo?, ¿cuál es la manera más práctica de poder satisfacer esa necesidad?

Recurre a los colores para calibrar el presupuesto corporal de tu niño

Podemos recurrir a los colores para determinar la carga de estrés que está soportando nuestro niño y para ayudarlo a descubrir su zona de desafío óptima. Ayudamos a los niños que viven con demasiado estrés (con sistemas que permanecen demasiado tiempo situados en las vías roja y azul) retirando de nuestro sistema nervioso lo que vamos a ingresar en el suyo propio gracias a la relación amorosa que mantenemos con ellos. Cuando a un niño se le está terminando el presupuesto corporal, emite una señal para que el adulto le brinde su apoyo, no para que lo castigue o le enseñe a hacer las cosas bien. Y ya te aseguro yo que este no es precisamente el mejor momento para pedirle que se enfrente a un nuevo desafío, o que aprenda algo nuevo, porque ambas cosas le saldrían metabólicamente muy caras.

En un mundo ideal, nosotros querríamos que los niños pasaran todo el rato que permanecen despiertos situados en la vía verde, en lugar de estar en modo defensivo, combativo o huidizo (en la vía roja), o de adentrarse en un espacio de desconexión (en la vía azul). Si un niño pasa demasiado tiempo en la vía roja o en la vía azul, o en esas zonas resultantes de la combinación entre ambos colores, podemos intervenir conectando con él y brindándole todo nuestro apoyo para ayudarlo a recuperar la seguridad de la vía verde tan pronto le resulte factible. Te resultará muy útil tabular el tiempo que cada niño pasa en cada vía.

Como recordatorio, la clave para discernir los colores de las vías de las que acabamos de hablar nos la dan los siguientes comportamientos:

- VERDE: calmado, alerta, colaborador
- ROJO: en movimiento, pelea o huye de ti
- AZUL: se desconecta, pierde el contacto, no se comunica con los demás y, posiblemente, se está encerrando en sí mismo

- Una mezcla de la vía roja y la vía azul: hipervigilante, ansioso, puede parecer tranquilo exteriormente, pero en su interior está activo e inquieto
- Cualquier otra combinación posible: podrás inferirla a partir de la observación

Además de determinar el color de la vía en que se encuentra tu hijo, podemos medir tres factores que nos explicarán con más detalles la manera en que su cerebro y su cuerpo gestionan las exigencias que les plantea la vida. Podemos tabular la frecuencia, la intensidad y la duración del estado de estrés de tu hijo.[94]

Si te estás preguntado la razón, te diré que la intensidad, la frecuencia y la duración son unos factores muy importantes en la valoración que hagamos del grado de inquietud que presenta el niño, y que además nos proporcionan diversas claves que nos orientarán para ayudarlo. Considera las diferencias que se dan entre un niño pequeño que se muestra revoltoso y se queja y otro que tiene una pataleta en toda regla. Lo que varía en ambos casos es la inquietud subjetiva que el sistema nervioso del niño está sintiendo. Un pequeño que se lamenta, probablemente, no se haya situado del todo en la vía roja, pero podría estar en la rosa, o en una vía de color rojo claro. El cuerpo del pequeño que tiene una actitud revoltosa nos está diciendo que está encajando el golpe y que, aunque quizá muestre los primeros signos de fatiga, seguirá aguantando. El niño no se encuentra sumido en una profunda inquietud. Pero una vez que ese niño pequeño, o cualquier otra persona en lo que a esta cuestión respecta, empieza a perder el control, se vuelve rojo de la rabia, grita, se tira al suelo y se muestra inconsolable, ahí sí que vemos un nivel altísimo de inquietud que termina resultando mucho más costoso para el presupuesto corporal de la criatura.

Actividad: podemos observar los modelos de comportamiento de los bebés, los pequeñuelos y los niños mayores para analizar las actividades o las circunstancias que los metieron de lleno en estas vías, el momento en que sucedió, el tiempo que duró y lo intenso que fue. Todo esto te ayudará a personalizar y a valorar el apoyo que puedas dar a tu hijo, y a comprender mejor lo que está sucediendo bajo la punta del iceberg. Lleva un diario semanal,[95] y traza en él unas tres o cuatro columnas que destinarás a las vías roja, verde y azul, y a las posibles combinaciones entre todas ellas que llegues a observar.

Fecha / Día de la semana:
Inicio del tiempo de duración:
Fin del tiempo de duración:
¿Qué ha pasado?
¿En qué color estaba situada la vía del niño? _____ ¿Cómo calificarías su nivel de inquietud del 1 al 5?[96] (1 significa una inquietud irrisoria y 5, una inquietud extrema). _____
¿En qué color estaba situada tu vía? _____ ¿Cuál era tu nivel de inquietud, del 1 al 5? _____

El tiempo que un niño pase en cada una de las distintas vías variará en función de su edad y de la fase en que se encuentre. Por supuesto, los bebés estarán más tiempo en la vía roja, y también pasarán más tiempo dormidos, porque dependen completamente de nosotros para que los ayudemos a regular su presupuesto corporal; y los pequeñuelos, en cambio, irán recorriendo de cabo a rabo todo el panorama durante su crecimiento. Así como es necesario realizar una investigación en profundidad de la fisiología para establecer unas directrices más amplias, en los niños de más de cinco años es de esperar que, durante las horas que estén despiertos, no pasen más de un 30% de su tiempo[97] situados en las vías roja y azul, o inmersos en las distintas combinaciones que existen entre ambas en función del contexto.

La mala conducta contrapuesta a la conducta resultado de una plataforma vulnerable

Cuando recurrimos a las vías del sistema nervioso para observar las conductas de los niños con una mirada distinta, empezamos a ver la diferencia que existe entre una mala conducta intencionada y esas otras conductas que indican que un niño es vulnerable y necesita nuestro apoyo. La cultura en que vivimos, en general, considera la conducta de los niños buena o mala, obediente o rebelde. Este prisma tan limitado nos deja muy pocas opciones, salvo la de intentar controlar al niño o castigarlo por su comportamiento indebido.

El problema es que, castigando o controlando al pequeño o a la pequeña, no conseguiremos que se sientan más seguros. *Distinguir entre lo que es una conducta estresada, que surge de lo más profundo del sistema nervioso, y unos comportamientos intencionadamente malos puede resultarnos muy útil para volvernos más compasivos con nuestros hijos.* Comprender esta diferencia abre un nuevo abanico de opciones parentales que nos servirá para gestionar las conductas desafiantes.

Es obvio que, cuando una niña intenta pasarse de la raya, se pone en peligro a sí misma (como cuando quiere meter los dedos en un enchufe eléctrico), se porta mal a sabiendas (y cuela el móvil en la escuela contraviniendo las reglas), o está pidiendo a gritos que la castiguen es el momento de establecer unos límites claros y afectuosos. Nosotros somos los maestros de primaria y los guías de nuestros hijos. Pero cuando la conducta que demuestran es producto de que se han situado en las vías roja o azul, eso indica que su plataforma es vulnerable, y que nuestra prioridad debería ser ayudarlos a retomar la vía verde conectando con ellos en lugar de castigándolos. Esperemos que, observando la conducta de los niños a través de este prisma cerebro-cuerpo, termines sabiendo cuándo debes intentar estabilizarlos y cuándo debes procurar establecer unos límites, cuándo necesitan que los enseñes y los reconduzcas, y cuál es el momento en que necesitan reconectar con su propia noción de seguridad y confianza en ti.

La evaluación es el nuevo tiempo muerto

Como mis hijas, que ya están creciditas, son capaces de atestiguar, yo recurría a los tiempos muertos tanto o más incluso que cualquier padre o madre. Hace unas décadas, esos tiempos muertos eran el orgullo y la gloria de los métodos conductistas. Pero, tras estudiar el sistema nervioso y la neurociencia relacional, me di cuenta de que esta técnica no optimiza la plataforma del niño ni la de sus padres, y tampoco le sirve a la criatura para pasar de la vía roja o la vía azul a la vía verde.

El tiempo muerto refleja un enfoque parental que apunta a los comportamientos superficiales en lugar de a las causas subyacentes. Está basado en el supuesto de que un niño que se haya portado mal (y que quizá esté muy enfadado o alterado) se muestra receptivo a las enseñanzas y que, de alguna manera, aprenderá la lección si se lo aísla. Evidentemente, a estas alturas ya sabemos que el estado de la plataforma de un niño podría hacer que le resultara imposible aprender o beneficiarse de esta experiencia.

Por eso quiero plantear una alternativa al tiempo muerto: la evaluación.

Índice de la evaluación: el barómetro del presupuesto corporal
1. Evalúate a ti misma observando el color que tiene tu vía.
2. Evalúa a tu hijo observando el color de su vía.

3. Aplica estrategias personalizadas con tu hijo trabajando compasivamente de una manera ascendente; es decir, partiendo del cuerpo. El objetivo de este tercer paso es llegar a conseguir sintonizaros emocionalmente: sintonizar con lo que el sistema nervioso de tu hijo requiere para recuperar el equilibrio de la vía verde.

Los padres (o cualquier adulto que esté criando a un niño) son el ingrediente fundamental para ayudar a ese niño que está en apuros a sentirse en calma; por eso, la evaluación empieza por evaluarnos a nosotros mismos. Es la manera de empezar porque, cuando nos comunicamos con un niño, lo primero que él nota es la seguridad o la amenaza, y la nota en un nivel no verbal.[98] Nuestra manera de hablar en principio parece ser más importante que lo que digamos. La mayoría de los padres saben que, cuando un adulto descontrolado intenta interactuar con un niño descontrolado, la situación termina siendo catastrófica; por eso empezamos evaluando el color de nuestra propia vía, porque es el reflejo de nuestro propio nivel de receptividad o vulnerabilidad. La evaluación es útil porque, cuando nos brindamos a sintonizarnos con el otro, lo ayudamos a forjar su tolerancia a la frustración y su zona de desafío. Con los tiempos muertos, la lección que con toda probabilidad el niño va a aprender es que sus comportamientos o sus emociones son intolerables, y que debe abandonar esa actitud si quiere que volváis a estar unidos. *Con la evaluación, en cambio, llegamos al núcleo central del problema: un niño que está desregulado.*

Paso uno: evalúate a ti misma y pregúntate
«¿cómo me siento?»

En primer lugar, revisa el color de tu vía y no te juzgues ni te avergüences, a sabiendas de que podría ser cualquiera de los tres ya conocidos. El color de la vía en que te encuentras nos indica cuál es tu presupuesto corporal, y lo que tienes (o no tienes) que dar a tu hijo en un momento dado. ¿Te sientes en calma, alterada, o quizá insegura de cuáles son tus sensaciones? Intenta no juzgar el punto en que te encuentras, solo date cuenta de lo que tu cuerpo ya sabe por sí mismo.

En la vía verde nos sentimos seguros y a salvo, y exudamos seguridad y confianza. Por eso vamos a empezar por ahí. *Transmitimos nuestra propia sensación de calma y seguridad a través de la mirada y del rostro, del tono de voz y de los movimientos del cuerpo.* Cuando estamos en la vía verde, somos más capaces de elegir la reacción que más se adecúa a nuestro hijo en lugar de estallar o desconectar.

Eso no significa que tengas que estar en la vía verde. El objetivo no es alcanzar la perfección, sino tomar conciencia del asunto.

Estudia la situación: ¿notas que estás en la vía verde, en la roja o en la azul? *En la verde sientes que estás al mando, y lista para criar a tus hijos con consideración.* Si es así como te sientes, ve al **paso dos**.

Si no es este el caso, quizá sientas desencadenarse el estrés en tu cuerpo, o que te aceleras (vía roja), e incluso puede que también te lata más deprisa el corazón y se disparen tus pensamientos. Es posible incluso que te suden las manos, que tus inspiraciones sean rápidas o superficiales, y es muy probable que digas o hagas algo que perjudique a tu hijo. Tu cuerpo está reaccionando frente al estrés. Lo único que tienes que hacer es decírtelo a ti misma. ¿Sientes que estás en la vía azul? Las señales podrían ser tener la sensación de estar desconectada, sentirte hundida, atascada o paralizada. Pero no pasa nada; llama a las cosas por su nombre. Quizá lo que estás sintiendo es una combinación de varias vías distintas entre sí. La clave es determinar si te sientes suficientemente al mando para ejercer de padre o madre. Si no te sientes así, tampoco pasa nada del otro mundo: ha llegado el momento de detenerte a observar cómo está el patio.

Haz una pausa, respira profundamente, asegúrate antes de que tu hijo se encuentra a salvo y, luego, plantéate la siguiente pregunta: «¿Qué necesito ahora, en este momento en concreto?». Dentro de las limitaciones de la situación, decide lo que necesitas hacer para recuperar el control, reincorporarte a la vía verde e interactuar de una manera positiva con tu hijo. El capítulo 5 trata de las numerosas herramientas y técnicas que nos ayudan a centrarnos otra vez, a recuperar el control y a evitar (o a recuperarse de) esas situaciones que más tarde vamos a lamentar. Pero, por ahora, deja que te diga que uno de los métodos más fáciles y rápidos para la mayoría es inspirar profundamente, y luego alargar más la espiración si puedes hacerlo. (Inspira unas cuantas veces si ves que te sirve, pero sé consciente de que eso no le va bien a todo el mundo por igual, porque en realidad cada uno es un mundo). La idea general es que cuides de ti misma en este preciso instante. ¿Necesitas distanciarte de la situación, en el caso de que se plantee esta posibilidad? Pues entonces dile a tu hijo que vas a salir un momento y que ahora mismo vuelves. Asegúrate primero de dejarlo a salvo, y luego búscate un espacio temporal y toma perspectiva de la situación. Quizá solo necesites un sorbo de agua, cepillarte los dientes o irte a otra habitación durante un par de minutos para recobrarte antes de involucrarte productivamente.

ACTIVIDAD: cuando dispongas de un rato para dedicarte a ti misma, piensa y anota las cosas que consiguen que te sientas más tranquila en ese momento. ¿Se trata de una determinada respiración? ¿De ponerle nombre a la sensación que estás experimentando? ¿De hacer alguna clase de movimiento en concreto, como llevarte la mano al corazón o estrujarte los dedos de los pies? ¿O de repetir una afirmación o un mantra que te tranquilicen?

Paso dos: evalúa a tu hija (¿cómo se siente la niña?)

A continuación, evalúa el color de la vía en que se ha situado tu hija. Si la niña está en la vía verde, tienes el camino abierto para intentar interactuar o hablar con ella y solucionar las cosas juntas. Esto funciona a las mil maravillas cuando tu hija ya es un poco mayor y es capaz de usar palabras para comunicarse, porque la vía verde es el lugar donde podemos hablar con ella y empezar a resolver los problemas juntas. (En los últimos capítulos analizaremos lo que hemos de hacer en función de la edad que tenga la niña y de sus capacidades evolutivas.)

Es obvio que si has llegado a ese punto en el que todos recurrimos por defecto a los tiempos muertos, probablemente la criatura ya no se encuentre en la vía verde. *¿Está tu niño en la vía roja (grita, está alterado, la emprende a golpes o necesita moverse)? ¿O bien la niña está en la vía azul (desconecta, se desentiende o no reacciona bien ante los intentos que haces por comunicarte con ella)? ¿Es posible que se haya situado en un híbrido entre las dos vías (se queja, suplica, parece acechante y angustiada)?* Cualesquiera de estas situaciones te están indicando que tu hija es vulnerable, y que necesita una forja más sólida de su plataforma en lugar de recibir una lección o cargar con las consecuencias. Ve al siguiente paso si es así, y verás las distintas maneras con que puedes ayudar a tu hija a recuperar la vía verde.

Paso tres: aplica a tu hijo unas estrategias compasivas y personalizadas

El tercer paso de la evaluación es elegir tu reacción basándote en la vía en que se encuentra el niño para sintonizar con él y poder retomar juntos la vía verde. Si el niño se encuentra en la vía roja o en la vía azul, o en una combinación entre ambas, lo primero que tenemos que hacer es ser testigos de la inquietud de nuestro hijo sin juzgarlo. *Este primer paso reviste una gran envergadura, porque los seres humanos se sienten mejor cuando sus esfuerzos se ven recompensados por medio de la aceptación y el amor, y cuando notan que no están solos.* El simple acto de una presencia compasiva ya de por sí calma el sistema nervioso. A partir de ahí podrás discernir lo que te está diciendo el sistema nervioso de tu hijo, lo que implica que vas a tener que estar presente para él (física, mental y emocionalmente), en un proceso llamado corregulación, que básicamente significa que realizamos ingresos en el presupuesto corporal del niño en función de las necesidades que este tenga en un momento dado. Describiré este proceso en detalle en el capítulo siguiente. Básicamente, este tercer paso nos indicará de una manera genérica cómo debemos actuar.

A veces, el paso siguiente implicará razonar con la niña si esta se muestra dispuesta; a veces consistirá en calmarla para poder razonar con ella; y, a veces también, deberás mantenerte en tus trece cuando creas que tu hija es capaz de gestionar el desafío. Todo depende de la situación, de la vía en que se encuentre tu hija en este momento y de otros elementos que describiré a continuación dentro del apartado «Soluciones», donde aplicaré tanto a los bebés, a los niños pequeños como a los niños mayores lo que hemos aprendido en estos tres primeros capítulos. Pero piensa que, al final, vas a ser tú quien encuentre la fórmula basándote en lo que le vaya mejor a tu hijo.

El principio fundamental de la crianza de los hijos basada en la relación cerebro-cuerpo es vigilar la plataforma de los niños en lugar de apelar simplemente a sus actuaciones. Y eso lo conseguiremos enviándoles unas señales de seguridad específicas para su sistema nervioso que puedan captar a través de la conexión que hayas establecido con ellos. Criando a los hijos así, de una manera ascendente, partiendo del cuerpo, no solo estaremos optando por un enfoque más cálido y tierno que el de los métodos disciplinarios y descendentes, que son los que parten del cerebro, sino que además nos servirá para forjar y sostener mejor la plataforma del niño. Llegados a este punto, las conductas preocupantes a menudo se resolverán por sí solas, de una manera natural, porque habremos ayudado al niño o a la niña a salir de su estado defensivo (o protector).

Las lecciones que aprendimos de Lucas

Sabiendo lo que ya sabemos de las tres vías, retomemos el ejemplo de Lucas, ese niño que se esforzaba en contener sus emociones cuando sus padres le pedían que dejara los videojuegos y fuera a cenar.

Como les dije a sus padres, necesitábamos descubrir las razones que llevaban a Lucas a pasar con tanta rapidez de una actitud tranquila y regulada (la vía verde) a pasar al modo lucha o huye (la vía roja). Parece ser que lo que desencadenaba eso en concreto era la transición de tener que pasar de una actividad de la que claramente disfrutaba a dedicarle un tiempo a la familia. Los niños suelen batallar con esta clase de transiciones, porque les cuesta cambiar la marcha. Algunos encuentran estresante cambiar de tercios para dedicarse a otra cosa que no ha surgido de su propia iniciativa. La consecuencia es que el niño adopta actitudes contradictorias, y su cuerpo se pone a gestionar los sentimientos y las sensaciones posteriores en función del coste que ese cambio le origina. A veces, una niña quiere ejercer el control de una situación determinada y carece de la flexibilidad necesaria para cederlo. Esta capacidad va fluctuando a lo largo de la infancia, en función del desarrollo emocional y del nivel de estrés de cada criatura. Una niña puede tardar años (e incluso llegar a la edad adulta) hasta que no aprenda que tiene que echar mano de su autocontrol para gestionar lo que su cuerpo percibe como estresante. *Muchos adultos que se esfuerzan en gestionar sus emociones también se han embarcado en este viaje.*

Tras conseguir que los padres de Lucas se familiarizaran con la idea de que el cuerpo de su hijo mostraba señales de estrés, y que eso se reflejaba en su conducta, ambos confesaron que les resultaba muy difícil conservar la calma cuando anticipaban la reacción negativa que su hijo iba a tener. Reconocer el problema les sirvió a ambos para comprender que sus vías verdes también formarían parte de la solución. La siguiente parada, que era observar el color de la vía de su hijo, fue fácil, porque Lucas saltaba instantáneamente a la vía roja. Esa era la pista que indicaba que el presupuesto corporal del niño empezaba a ser deficitario, y que seguramente estaba lidiando con otros factores estresantes de los que sus padres no eran conscientes. Era la señal de que necesitábamos más información.

Los padres de Lucas me contaron que los estallidos de rabia de su hijo habían empezado unos meses antes, justo al inicio del año escolar. Tuve la sensación de que ese dato podía ser significativo, y les propuse que el padre fuera a recoger a Lucas antes del inicio de sus actividades extracurriculares, y que lo hiciera durante una semana seguida, con el fin de poder disfrutar juntos de un tiempo libre y tener la ocasión de charlar mano a mano.

Durante esos ratos en que jugaban a tirarse la pelota en el parque y a pasear al perro, el padre de Lucas descubrió que el niño lo estaba pasando mal. Lucas le contó que un niño mayor que estaba apuntado a su misma actividad extraescolar se metía mucho con él. El padre, que fue atando cabos, se dio cuenta de que ese acoso había dado comienzo justo en la época en que Lucas se había vuelto tan rebelde en casa. No era de extrañar que tuviera unos niveles de estrés tan elevados, y tampoco que la transición de pasar de una actividad a otra le costara tanto. Lucas agotaba su presupuesto corporal en la escuela, y el niño regresaba a casa con muy pocos recursos internos. Armados con esta nueva información, Lucas y sus padres fueron a reunirse con el director de la escuela, quien esbozó un plan para paliar el problema, brindar apoyo a Lucas a fin de que el niño se sintiera seguro y tomar cartas en el asunto para solventar el acoso escolar.

Una vez que el nivel de estrés y las señales de peligro fueron atajados convenientemente, nos dedicamos a ayudar a Lucas a forjar su capacidad de pasar de estar jugando con sus videojuegos a aceptar que llegaba el momento de la cena y de la conversación con sus padres. El tercer paso de la evaluación es practicar la sintonización, reconocer lo que el sistema nervioso del niño necesita para hacer que se sienta más seguro y construir una plataforma que le resulte sólida. *Y eso tan solo puede hacerlo un adulto comprensivo que sea capaz de permanecer en calma durante los estallidos emocionales de un niño.*

Los padres de Lucas hablaron del problema con él, y le pidieron que los ayudara a encontrar una solución. Pero Lucas todavía no era capaz de hablar de sus emociones y de sus comportamientos. Su padre propuso entonces una solución: empezó sentándose junto a Lucas, mientras este jugaba con sus videojuegos, para trabajar un rato en sus cosas y, de vez en cuando, dedicarse a animarlo. Además, y con la intención de que la transición le resultara más fácil al niño, lo avisaba cuando aún faltaban unos diez minutos para cenar. Estando juntos, el padre de Lucas compartía con él su propia vía verde, mientras le iba enviando pequeños mensajes que le inspiraban seguridad. Por decirlo en pocas palabras, le enseñé al padre a crear una mayor intimidad con su hijo para poder ayudarlo a modular la intensidad de sus reacciones ante la dificultad que representaba para él tener que abandonar sus videojuegos e ir a cenar.

Fue todo un éxito. Al cabo de una semana, Lucas ya no protestaba tanto cuando le pedían que apagara el videojuego.

A decir verdad, todavía había días en que se resistía a hacerlo, y a menudo regateaba para ganar más tiempo, pero el niño logró mantenerse en la vía verde. Ahora que la escuela había tomado las riendas y terminado con el acoso, se redujeron las amenazas que tanto estrés le habían causado en la escuela. Y su padre se encargó de hacer los ingresos emocionales que el presupuesto corporal de Lucas necesitaba para equilibrarse. Al cabo de un mes, el padre de Lucas ya no se vio obligado a acompañarlo más en la transición; Lucas lo hacía por sí solo.

Te contaré un detalle que vale la pena destacar: en el plan inicial no se contemplaba enseñarle nada a Lucas que tuviera que ver con su sistema nervioso. Esa información iba destinada a los padres para que comprendieran mejor las conductas de su hijo. Al apoyar a nuestros hijos, es mejor que evitemos desde un buen principio las estrategias descendentes. (En los capítulos siguientes te mostraré cómo enseñarles a tus hijos el funcionamiento de su sistema nervioso cuando estén preparados, y cuando eso tenga un sentido y sea útil para ellos).

Por ahora es esencial recordar que *abordar las conductas desafiantes de un niño (o cualquier otra clase de desafío) empieza por fomentar la sensación de seguridad y confianza de este a través de la relación que mantenemos con él. Cuanto más estrés fisiológico experimente un niño, más ayuda necesitará de nuestra parte*. No te dejes confundir por las conductas que tu hijo adopte cuando está en la vía roja y vayas a creer que tienes que ser más riguroso con él. El motor que potencia el desarrollo de un niño o de una niña durante toda la vida es un proceso que consiste en ayudar al pequeño a que establezca una vía verde muy sólida, y ese proceso se denomina corregulación. Es lo que hay que hacer cuando los niños tienen una sensación subjetiva de inquietud; y es muy potente. Nos centraremos en explicar lo que esto significa y en el modo de conseguirlo en el siguiente capítulo.

> UN CONSEJO PARA FORJAR LA RESILIENCIA: presta atención a las señales que te envía tu hijo y que te informan sobre el estado en que se encuentra su plataforma. Ahí se hallan incluidas las vías de colores que representan sentirse a salvo y tranquilo (la vía verde), sentirse alterado (la vía roja), sentirse desconectado (la vía azul), o sentir una combinación de estos colores. Las vías que no son verdes indican que tu hijo es vulnerable y necesita más apoyo emocional y relacional. Las vías del sistema nervioso de nuestro hijo pueden guiarnos en las decisiones que tomemos para criarlo, incluyendo la manera en que le impongamos unos límites y le hagamos cumplir con nuestras expectativas (cosas que son perfectamente compatibles gracias a la empatía y la comprensión).

Segunda parte

LAS SOLUCIONES

4. Cultivar la capacidad de los niños de autorregularse

> Conectarnos y corregularnos con los demás es nuestro imperativo biológico.[99]
>
> Doctor Stephen Porges

En la primera parte de este libro aprendimos que el cuerpo y el cerebro interactúan de una manera muy compleja que influye en las emociones y en las conductas de nuestros hijos (así como en las nuestras propias). Las conductas desafiantes de los niños a menudo nos dan la señal que indica que su sistema nervioso está reaccionando ante el estrés. Aprender a ser consciente del presupuesto corporal es una herramienta muy útil para guiar nuestras decisiones parentales, y para ayudarnos a calibrar lo que necesitan nuestros hijos para sentirse calmados y estar más atentos.

Asimismo, descubrimos que, cuando los niños experimentan seguridad en sus relaciones y en sus entornos físicos, cuentan con una base muy sólida en la que construir su resiliencia.[100]

Los estudios demuestran fehacientemente que criar a los hijos con sensibilidad y sintonizando con ellos contribuye a forjar esa arquitectura cerebral[101] que nos lleva a cultivar la importantísima capacidad de recuperarnos de los desafíos que trae aparejados consigo la vida, sean estos de la magnitud que sean.

Ahora, en esta segunda parte, aplicaremos estas y otras reflexiones para encontrar soluciones. Empezaremos con un proceso que subyace en el seno mismo de la crianza de los hijos: ayudar a los niños a aprender a confiar en sí mismos aprendiendo primero a confiar en los demás. Esta manera especial de estar con nuestros hijos favorece su desarrollo y su futura salud mental, porque les estamos enseñando a confiar en sí mismos y en el mundo. Veamos cómo podemos ayudar a nuestros hijos a cultivar la resiliencia y a sacar músculo ante los desafíos que comporta la vida contando la historia de una familia que tuvo que adaptarse a este enfoque para solventar la conducta desafiante de su propio hijo.

Saber gestionar los momentos imprevisibles que nos trae la vida

Joel y Ava fueron a mi consulta en busca de ayuda porque estaban preocupados por su hija Jackie, que por entonces tenía seis años. Jackie había adquirido la costumbre de reaccionar negativamente ante ciertos acontecimientos que, en apariencia, parecían ser normales y corrientes. En las fiestas de cumpleaños, le costaba tanto controlar sus sensaciones y sus actos que se metía con los otros niños haciendo comentarios secos o insultándolos. En el patio, empujaba a sus compañeros de clase para subir al columpio o para colarse en la cola del tobogán. Siempre exigía que le informaran del plan previsto por adelantado, y le costaba mucho gestionar las sorpresas.

Lo que al final decidió a sus padres a traerla a mi consulta fue un tropiezo de lo más estrepitoso que tuvieron con la abuela de Jackie. La abuela, una persona muy vinculada a la familia, los iba a ver a semanas alternas, porque vivía a dos horas de su hogar. Jackie y su hermano, Terrence, estaban muy contentos de pasar el rato con ella mirando vídeos, cantando, paseando o riendo juntos. Un día la abuela fue a pasar el día entero para quedarse con los niños mientras los padres se iban de compras. Cuando los niños se hubieron ido a la cama, la mujer se quedó charlando con Joel y Ava, y la velada terminó tan tarde que decidió que se quedaría a pasar allí la noche (cosa que no había hecho nunca anteriormente).

A la mañana siguiente, cuando la abuela apareció en el salón familiar, Terrence la saludó con una sonrisa y dándole un fuerte abrazo. Pero Jackie no parecía tan complacida: reaccionó escondiéndose tras el sofá y asomando la cabeza de vez en cuando.

—¡Hola, Cara de caca! —exclamó la niña llamando a su abuela.

Sorprendida, la señora no hizo caso de la observación. Se sentó con Terrence, que se acurrucó junto a ella y le mostró un arañazo que tenía en la mano. Sin saber muy bien cómo reaccionar, Jackie fue a esconderse tras una silla, y, de repente, dando un salto, emitió un gruñido muy fuerte:

—¡Grrrrr!

—¡Oh...! ¡Buenos días! —le dijo la abuela—. ¿Qué eres? ¿Eres un tigre?

Jackie volvió a rugir, y luego se puso a pinchar con un dedo a su hermano hasta que desencadenó una pelea de las gordas. En plena refriega, las gafas de la abuela se rompieron. Joel, que estaba observando la escena desde la cocina, regañó seriamente a Jackie diciéndole que cuidara sus modales y se disculpara con la abuela.

Los padres de Jackie habían visto tantas escenas parecidas a esa que habían adoptado una estrategia común: permanecer en calma, vigilar que nadie se hiciera daño y regañar a Jackie con la intención de enseñarle que tenía que portarse bien. No hay que ser muy ducho en la materia para ver que, a pesar de toda su buena voluntad, la situación les quedaba demasiado grande. Los padres empezaban a estar francamente molestos con el comportamiento de su hija, y le gritaban o la enviaban castigada a su habitación. Estaban desesperados por encontrar alguna manera de acercarse a Jackie que le sirviera para descubrir otras formas más válidas de gestionar las experiencias inesperadas (y previsibles también) que trae consigo la vida.

La autorregulación se cultiva a partir de la conexión

Lo cierto es que todos aprendemos en distinta medida a ser resistentes y a gestionar los retos y las exigencias cambiantes de la vida: a regular nuestras propias emociones y conductas. La autorregulación es lo que nos permite reaccionar ante los retos y las vicisitudes de la vida con flexibilidad y reflexivamente, en lugar de estallar o actuar de manera impulsiva.

Los investigadores describen la autorregulación como el control intencional (la regulación) de los pensamientos, las emociones y la conducta de una persona.[102] Resumiendo, es la capacidad que tenemos de gestionar nuestra manera de actuar y de sentirnos.[103] Los estudios demuestran que los niños que se autorregulan rinden mejor académica y socialmente.[104] No debería sorprendernos el hecho de que los niños que saben controlar sus emociones y sus conductas cuenten con una mayor ventaja en el patio y en el aula. Ser padre o madre de uno de estos niños también resulta ser más fácil. Un niño que se autorregule sabe esperar unos minutos cuando la cena tarda, concentrarse para hacer bien los deberes, aunque tenga ganas de salir a jugar a la calle, o tolerar los viajes en automóvil. Estos niños son capaces de quedarse sentados hasta que suena la campana de la hora del patio, o de esperar si tienen una pregunta que hacer en lugar de espetársela al maestro mientras este está hablando. Un niño que se autorregule puede recurrir a las palabras para solventar un conflicto que haya tenido con un compañero en el patio en lugar de limitarse a empujarlo o a pegarle para que se aparte de su camino. La autorregulación permite que los niños se ajusten a los desafíos de la vida empleando sus propios recursos internos en lugar de necesitar que sea un adulto quien intermedie en las dificultades, o los guíe, para solventarlas, tanto si actúan en su propio nombre como si lo hacen estando ellos presentes.

Los estallidos impulsivos de rabia que manifestaba Jackie reflejaban los problemas que tenía la niña para autorregularse: un desafío que se traducía en la adopción de un comportamiento impredecible. Sus padres se sentían impotentes, molestos y, a menudo, avergonzados ante sus salidas. Esperaban que la niña fuera capaz de gestionar las exigencias más sencillas que trae consigo la vida: portarse bien en las reuniones familiares, o aguantarse si la abuela aparecía de una manera inesperada. Sin embargo, muchas veces Jackie parecía incapaz de actuar así y, en su lugar, soltaba palabras hirientes, aun a sabiendas de que eso estaba mal. Es bastante frecuente que los padres den por sentado que su hija es capaz de autorregularse por sí misma cuando, en realidad, la niña está a años luz de ser capaz de hacer algo así. Esta disparidad se conoce con el nombre de «brecha de la expectativa».[105]

La brecha de la expectativa

Muchos padres dan por sentado que los niños son capaces, o deberían serlo, de hacer cosas para las cuales sus cerebros sencillamente no están preparados. Aunque empezamos a tener control de nuestras emociones y conductas cuando somos muy pequeños, pulir esa habilidad es un proceso largo, que continúa vigente durante nuestra primera juventud[106] y se va nutriendo de nuestras relaciones. *Ahora bien, como todos sabemos, la autorregulación no es una simple meta evolutiva que alcanzamos al llegar a una determinada edad.* Si fuera así, nunca perderíamos el control, ni los papeles, de adultos. Como padres, podemos ayudar a nuestros hijos a desarrollar la capacidad propia de controlar sus actos a partir de sus sensaciones. Por suerte, podemos aprender a cultivar todas esas interacciones que, con el paso del tiempo, les permitirán a nuestros hijos desarrollar mejor su autorregulación.

Jackie era tan locuaz y conversadora que sus padres habían dado por sentado que ya había desarrollado la habilidad de autorregularse. Pero Jackie seguía esforzándose en ello; su hermano Terrence, que tenía dos años menos que ella, a menudo parecía más capaz de autorregularse que la niña. Cuando empezamos a trabajar juntos, les expliqué a sus padres que los estallidos de Jackie no eran producto de una mala crianza, de una falta o un exceso de disciplina, y tampoco de la falta de cariño. Joel y Ava no habían criado a una niña grosera. *Lo que más bien sucedía era que, aunque Jackie tenía seis años, su capacidad de autorregularse seguía en proceso de construcción.* Las conductas alteradas que mostraba, como la bronca que había tenido con Terrence y con la abuela, indicaban que la niña todavía se encontraba en el proceso de desarrollar la capacidad de saber controlar sus emociones y su conducta.

Les dije asimismo que había una solución. Empezaríamos reforzando la regulación y el control de Jackie centrándonos en los momentos previos a sus estallidos. La herramienta más importante para ayudarla, según les comenté, sería la de **la corregulación**. *O, por decirlo en otros términos, ayudar a nuestros hijos a gestionar sus emociones y conductas interactuando con ellos con cariño, cultivando nuestra relación con ellos.*

La autorregulación se cultiva a partir de la corregulación con los demás

Los investigadores han demostrado con éxito que la corregulación es el superalimento que nutre la capacidad creciente que tiene el niño o la niña de saber autorregularse.[107] Cuando nos corregulamos con los niños, los ayudamos a sentirse a salvo, a tolerar y a interpretar bien sus sensaciones y sus sentimientos básicos. Resulta muy útil pensar que la corregulación es algo parecido a disfrutar de una conexión mutua. Nos corregulamos con nuestro tono emocional, reflejado en nuestra manera de hablar y de interactuar con los niños. *Cuando actuamos de esta manera, logramos toda una hazaña: ayudar a regular el presupuesto corporal de nuestros hijos gracias a nuestras interacciones.*[108]

La experiencia de la corregulación se inicia cuando nuestros hijos todavía son unos bebés, cuando percibimos sus necesidades físicas[109] y reaccionamos ante ellas para que la criatura se sienta mejor. La clave para conseguir una corregulación óptima es reaccionar ante las necesidades del bebé en el mismo momento en que estas aparecen. No sirve de nada alimentar a un recién nacido si ya lleva una hora llorando porque tiene hambre. Debemos satisfacer sus necesidades en el mismo momento en que estas aparecen. Echamos mano de nuestras interacciones reactivas para comprender lo que necesitan los niños para sentirse a salvo, tranquilos y cómodos. Según el psicólogo Stuart Shanker: «El estado de calma compartido es eso que alcanzamos cuando recontextualizamos la conducta de otra persona e identificamos y disminuimos sus factores estresantes».[110]

Las madres pueden propiciar la corregulación con su bebé incluso antes de que este nazca llevando un estilo de vida saludable, durmiendo las horas suficientes y alimentándose bien, recibiendo los cuidados prenatales que precisa y minimizando el estrés durante el embarazo. El entorno prenatal es capaz de influir en las capacidades autorreguladoras del bebé tras su nacimiento. Las madres que hayan sufrido mucho estrés, o que hayan vivido una situación traumática, pueden ser más vulnerables fisiológicamente, por ejemplo.[111] La corregulación contribuirá a lograr que el niño o la niña se sientan comprendidos, considerados y valorados. Sirve para dar autenticidad a la emergente noción de identidad del niño, y para hacerle entender las palabras siguientes: «*Soy visible, soy importante, y mis sentimientos también son importantes para los demás*».

Algunos ejemplos de una buena corregulación en la infancia:

- *Tu hija recién nacida* se echa a llorar, y en ese momento te das cuenta de que ha llegado la hora de comer (¡otra vez...!); la coges con suavidad, le das de mamar y la niña deja de llorar para quedarse mirándote tranquila a los ojos.
- *Tu hijo de nueve meses* aprieta el botón de un juguete nuevo y, de repente, este emite un sonido sorprendente. El pequeño te mira en el acto, con los ojos como platos y la mirada espantada. Le devuelves la mirada y le dices: «¡Vaya...! Menuda sorpresa, ¿eh?». Y se lo dices con un tono cálido y entonando bien tus palabras. Verás que el niño se calma y sigue explorando su juguete.
- El primer día de primaria, *tu niño pequeño* se detiene en seco en el camino que va del aparcamiento a la puerta principal de la escuela y se echa a protestar diciendo que no quiere entrar. Arrodíllate junto a él y hazle saber con cariño que este momento es muy importante. Dile con una voz dulce y amable que hoy es un gran día, y que estás muy contenta de poder acompañarlo y entrar con él en la escuela. El niño te mirará y te cogerá de la mano para que lo acompañes hasta el aula.
- *Tu hija de diez años* regresa a casa de la escuela y te comenta que tiene problemas con su grupo de amigas. La ves con un semblante triste, le agradeces que te lo haya dicho y la invitas a que siga contándotelo. La expresión de tu niña se suavizará, y se inclinará hacia ti para que la abraces.

- Regresas a casa después de un duro día de trabajo. Tu cónyuge, o tu compañero, te recibe con un cálido abrazo y te pregunta si necesitas alguna cosa, si quieres cenar, disfrutar de un rato de tranquilidad, o bien prefieres darte una ducha caliente... Tu cuerpo se relaja porque siente la calidez de la corregulación, te sientes visible y sintonizada con otra persona. (Sí, la corregulación es un proceso humano, y no solo resulta beneficiosa para los hijos, ¡sino también para los padres!).

En cada uno de estos ejemplos, la fuerza proviene de haber empleado un tono emocional, cálido y protector. Lo que al principio importa más no son necesariamente las cosas que decimos, sino, en un sentido más amplio, la manera de estar con nuestros hijos. Es evidente que unas palabras de ánimo siempre son de agradecer, pero, tal y como hemos visto, el cerebro detecta el tono emocional de una persona[112] unos milisegundos antes de descodificar su lenguaje. *Sin duda alguna, el primer paso para ayudar a un niño que ves que está luchando no es hablar con él, enseñarle lo que tiene que hacer o darle instrucciones, es estar con él, presente.*

La corregulación es un concepto clave en el ámbito de la salud mental del niño y entre los científicos que se dedican a estudiar las primeras fases del desarrollo.[113] Sin embargo, resulta bastante desconocido en el ámbito de la cultura general. Es muy probable que el pediatra de tu hija nunca te haya hablado de la corregulación durante uno de sus chequeos, ni que su maestro la haya sacado a colación. *Sin embargo, como psicóloga que soy, estoy convencida de que este es el único ingrediente, y el más importante, para propiciar la forja de la salud mental y la resiliencia de nuestros hijos.*

La corregulación es lo que conforma la capacidad futura del niño de gestionar los retos continuos que la vida trae aparejados con flexibilidad, plantando cara a la adversidad y estableciendo vínculos amorosos con los demás. Por otro lado, se convierte en un poderoso modelo que seguir para cultivar la empatía y saber cuidar de los demás. Por si eso no bastara, es una manera fabulosa de hacer ingresos en el presupuesto corporal de nuestro hijo.

No tienes que ser perfecta

Por muy importante que sea la corregulación, no debería añadirse a las exigencias que ya de por sí tienen planteadas los padres, y que son considerables. Los padres a menudo se sienten juzgados, o culpables; y yo no quiero que pienses, ni por un solo instante, que quiero añadir más presión al estrés con que ya estás cargando, y que tampoco vayas a sentirte más culpable. Es cierto que el tono emocional es muy importante, pero recuerda que los seres humanos resistimos bien, y que los estudios demuestran que criar a unos hijos implica, en esencia, que es más probable terminar desorientado por las señales que envían los pequeños que llegar a interpretarlas bien a la primera. *Ser padres, fundamentalmente, es jugar a las adivinanzas.* No has de saber captar a la perfección lo que es la corregulación. Unos padres imperfectos (que es lo que todos somos) pueden criar a unos hijos perfectamente sanos (y, en realidad, eso es lo que hacemos).

Un ejemplo de todo lo anterior nos lo facilita el doctor Ed Tronick, un investigador pionero en el desarrollo infantil que pasó varias décadas dedicado a estudiar las interacciones que se daban entre los bebés y sus madres. (El término que acuñó de «regulación mutua»,[114] como también sucede con la corregulación, describe la influencia que ejercen los bebés sobre sus padres, y viceversa, en lo que respecta a las emociones y los comportamientos). Las investigaciones del doctor Tronick demuestran que, cuando las madres intentan descubrir lo que su bebé necesita, raras veces aciertan a la primera. No es cierto que entendamos, como por arte de magia, lo que los bebés necesitan de nosotras; es preciso que nos ayuden a entenderlo. Estos fallos y desequilibrios en realidad son la norma. Solo el 30% de las interacciones que se dan entre la madre y el bebé están bien equilibradas o bien coordinadas a las primeras de cambio,[115] es decir, que la madre es capaz de detectar de inmediato y con suma precisión lo que necesita su bebé, según el doctor Tronick.

Por si fuera poco, muchas madres tienen que hacer verdaderos esfuerzos por conservar la salud mental tras haber dado a luz, ya que algunas experimentan una sensación de culpa y de vergüenza por haber albergado sentimientos o pensamientos negativos en unos momentos en que se supone que deberían estar exultantes de alegría. Durante los primeros meses de vida de mi primera hija, debido a la prolongada falta de sueño y a la presión que sufría al tener que controlar el peso y el crecimiento de un bebé prematuro, presenté unos elevados niveles de ansiedad y de miedo, y pensé que a lo mejor me estaba pasando algo raro. Esa sensación solía venirme en los momentos en que acumulaba un mayor estrés, y eso hacía que me preguntara si esa lucha que mantenía conmigo misma no llegaría a perjudicar a mis hijas de alguna manera. Es normal experimentar una amplia variedad de sentimientos y de emociones cuando reaccionamos frente a la maternidad, y esta diversidad viene influida por la manera en que nos criaron, por los cambios que ha sufrido nuestro cuerpo, por los niveles hormonales y por las alteraciones del sueño. De todos modos, si ves que las sensaciones o los pensamientos desagradables se vuelven más intensos o agobiantes, es importante que pidas hora con un profesional de la salud. La ansiedad postparto, o una ansiedad prolongada e intensa, junto con la depresión, son enfermedades tipificadas por la medicina que requieren de un apoyo y un tratamiento efectivos.

Tanto si tenemos que enfrentarnos a esta clase de retos como si no, discernir la manera que tenemos de corregularnos con nuestros bebés y con nuestros hijos es un proceso de aprendizaje continuo. Con el tiempo, aprendemos el significado de los comportamientos de los bebés, y seguimos aprendiendo con nuestros hijos a medida que estos crecen. Como escribió el doctor Tronick: «Los líos son una parte constitutiva de las interacciones que vemos entre los cuidadores y los bebés, y, por consiguiente, la tarea de crear significados compartidos resulta abrumadora, tanto para los bebés como para los niños y los adultos».[116] Por eso mismo, si en alguna ocasión (o muy a menudo) pierdes los papeles con tu hijo, piensa que no eres la única. Los estudios demuestran que aprender y crecer son cosas que forman parte del proceso de reparación,[117] de esas veces en que volvemos a intentarlo para corregir el desequilibrio que existe entre lo que el niño o la niña necesitan y lo que nosotros pensábamos que necesitaban, *o lo que somos capaces de darle en ese momento*.

Deberíamos darnos cuenta de que es imposible darle a un niño lo que necesita en todo momento. Los colores de nuestra vía van cambiando con las exigencias de la vida, como les sucede a las de nuestros hijos. Durante la pandemia del COVID-19, muchos de nosotros vivimos en primera persona eso que se llama «darse de cabezazos contra la pared» y aterrizamos en la vía roja o la vía azul. Hablé con muchos padres durante el confinamiento, que me contaron que sentían como si les estuvieran forzando los límites, y admitieron que se culpaban a sí mismos por los retos que les planteaban las conductas y las emociones de sus hijos. *Lo cierto era que tanto padres como hijos presentaron conductas acordes con el hecho de disponer de menos recursos internos y de tener sus presupuestos corporales agotados*. Y reconstruirlos lleva su tiempo. De momento, si te culpas por haber tenido una mala relación con tu hijo, has de saber que los niños interiorizan la totalidad de nuestras interacciones. Cuando plantamos cara a la situación y arreglamos lo que es preciso, ayudamos a los niños a desarrollar más su confianza en el mundo y en sí mismos.

Como padres, no siempre interpretamos bien a nuestros hijos (y tampoco es algo que quepa esperar). Ayudamos a nuestros hijos a desarrollar una noción sana de sí mismos cada vez que nos retractamos de nuestros errores y nos enriquecemos de alguna manera para sentirnos mejor cuando la tarea de ser padres nos resulta agobiante. La compasión y la esperanza actúan en este proceso de reparación, y con el tiempo podremos plantearnos el objetivo de lograr que nuestras interacciones y experiencias positivas pesen más que las negativas. Y, por el camino, cuando vivamos experiencias negativas, tendremos la oportunidad de dar ejemplo a nuestros hijos y demostrarles que somos capaces de aprender de ellas.

La conclusión: no tenemos que ser perfectos para criar a unos niños sanos. *Siempre hay cosas que chirrían, pero siempre tendremos la oportunidad de reparar los daños (y de ahí surge el crecimiento)*. Lo que importa es que aprendamos de nuestro hijo. Reparar las cosas nos ofrece, además, la oportunidad de dar ejemplo a los niños sobre lo que es la flexibilidad mental. Admitir que has cometido un error es una manera muy eficaz de ayudar a los niños a ver que nos hacemos responsables de nuestra vulnerabilidad natural como seres humanos.

Veamos algunos ejemplos de desequilibrios y reparaciones:
- *Tu hija de nueve meses* está comiendo en la trona y empieza a revolverse. Pensando que se ha quedado con hambre le das más de comer, pero ella aparta el plato. (Desequilibrio). «¡Ah...! Pero ¿ya habías terminado?», le preguntas. Ella sonríe y levanta los brazos para que la cojas. (Reparación).
- *Tu hijo de tres años* se está divirtiendo jugando con sus primos cuando, de repente, caes en la cuenta de que se hace tarde para ir a recoger a tu hija, que ya va a primero de Primaria. Agarras al niño por la mano y le dices: «Vámonos ya... ¡Hora de marcharnos!». El niño se hace tanto el remolón que pierdes los papeles y le gritas: «¡Por tu culpa siempre llegamos tarde!». Sobresaltado, tu hijo se echa a llorar. (Desequilibrio). Te calmas un poco y te sientas con él en un peldaño de la escalera. «Vaya, vaya... Con tantas prisas, me he pasado. Sentémonos un momento, cariño. Tú querías quedarte a jugar con tus primos, pero, si llegamos tarde, no es por culpa tuya... sino por mí. No me había dado cuenta de la hora que era y me sabe muy mal haberte gritado». (Reparación).
- *Tu hija de siete años* trae a casa una lagartija que ha encontrado en el jardín trasero y te dice, con todo el orgullo del mundo, que te presenta a su nueva mascota. Entonces va y la suelta en la cocina. Cuando chillas del espanto, la riñes por haber metido un bicho en casa y le exiges que lo saque de allí, reacciona con una mirada lagrimosa y una expre-

sión desmoralizada. (Desequilibrio). Te disculpas por haber reaccionado tan intempestivamente, y entonces le dices que las lagartijas te dan un poco de miedo, aunque comprendes que a ella le hacen muchísima ilusión. (Reparación). (Entre las dos acordáis el plan más conveniente para devolver el animal al jardín).

Cuando dejamos que nuestros hijos vean que hay una explicación alternativa que justifica nuestras palabras, no es tan probable que se queden con el mensaje negativo que se dicen a sí mismos, un mensaje como, por ejemplo: «Soy una egoísta», «soy débil», o «¿qué es lo que pasa conmigo?». Comprendo que la tarea de la reparación puede hacer revivir sentimientos muy duros, pero, por suerte, cuanto más te equivoques como padre o madre, más oportunidades tendrás de arreglar las cosas. *Los niños pueden madurar a partir de este proceso de reparación, porque aprenden viendo la conciencia que tienes de ti mismo y tu flexibilidad emocional.*

Enfrentarse a los desafíos conduce a la fortaleza

Los niños desarrollan su fortaleza y su coraje[118] cuando se encuentran en dificultades y, contando con la ayuda de unos padres amorosos y de otros adultos, se esfuerzan en superar estas experiencias. No hay nadie que desarrolle su fortaleza sin experimentar un nivel tolerable de incomodidad o sufrimiento.

Dado que no podemos proteger a nuestros hijos de vivir experiencias complicadas, consuela saber que la fortaleza es el posible beneficio que surge de tener que enfrentarnos a los desafíos. Los niños aprenden y superan mejor sus adversidades con el apoyo y el cariño de sus padres. Es obvio que esta es la manera de forjarnos las habilidades necesarias para gestionar los desafíos. Sin embargo, si los niños solo presencian los desequilibrios y las rupturas, y no son testigos de las reparaciones, van acumulando estrés, y a menudo ese estrés les pasa una factura desorbitada.[119] El psiquiatra Bruce Perry, que se ha dedicado a analizar la manera de ayudar a las personas a recuperarse de un estrés crónico, dice que este termina siendo tóxico o traumático cuando el niño o la niña no cuentan con unos adultos de su entorno que puedan brindarles el apoyo suficiente para amortiguarlo.[120]

Corregular no significa allanar el camino: acuérdate de «el desafío perfecto»

En el capítulo 1 hablamos de la importancia de dar el apoyo justo y necesario a cada niño en el momento que sea más indicado para él. Eso no significa que nuestro objetivo sea proteger al niño de todos los factores estresantes (tarea imposible, por lo demás). *El estrés puede ser perjudicial, pero también puede resultar beneficioso; además, sin unos niveles tolerables de estrés,*[121] *no tendríamos la oportunidad de sacar músculo cuando nos enfrentamos a unos desafíos inevitables.* En palabras del doctor Perry, «si es moderado, predecible y sigue unos patrones establecidos, el estrés es lo que fortalece el organismo y lo capacita mejor funcionalmente».[122] Los niños se vuelven más fuertes manejando un cierto nivel de estrés y, en lo que dura el proceso, desarrollando nuevas habilidades para tolerar los cambios y una gama más amplia de emociones.

Ya había introducido anteriormente la idea de «el desafío perfecto». No deberíamos hacer automáticamente esas cosas que los niños ya saben hacer por sí solos. Al contrario, deberíamos mostrarnos asertivos diciéndoles lo que son capaces de hacer por sí mismos y ofrecerles nuestro apoyo cuando lo necesiten; es decir, cuando notemos que ya han ido lo bastante lejos. Esta es otra de las vertientes que tiene la corregulación respetuosa. *También es importante dar a los niños infinidad de oportunidades para que exploren por su cuenta, siempre y cuando la madre o el padre permanezcan en un segundo plano por si los niños necesitan ayuda.*

Sin un cierto grado de desafío, no seremos capaces de desarrollar nuevas habilidades, tanto si hablamos de una habilidad básica, como es la de yuxtaponer formas, como si lo hacemos de una habilidad emocional, como pueda ser la perseverancia. Si te precipitas y actúas en el mismo momento en que la niña se irrita porque estaba intentando encontrar la forma que encaja en el molde correspondiente, nunca aprenderá a hacerlo sola. Si corres a decirle a tu hijo las palabras que debe usar con su hermano cuando se pelean, les estarás quitando a ambos la oportunidad de resolver los problemas por sí solos, de practicar durante el proceso para ver lo que funciona y lo que no sirve de nada.

Te vamos a dar unos ejemplos de algunos padres que lograron que su hijo superara con creces su zona de desafío:

- Llegas con *tu hija de cuatro años* a la casa a la que acaba de mudarse su canguro de toda la vida. Con una voz titubeante y lágrimas en los ojos, la niña te dice que no quiere quedarse; pero como tu intuición te dice que ese es el desafío perfecto, decides entrar con ella y empiezas a charlar con la canguro de lo bonita que te parece su nueva casa. Cuando ves que la niña ya no se agarra con tanta fuerza a tu mano, no te demoras más y te despides con gesto seguro. Un cuarto de hora más tarde, la canguro te envía un mensaje para decirte que están dibujando juntas la mar de contentas.
- A *tu hijo de nueve años* le toca hablar de la familia en la escuela. Habéis confeccionado un póster de cartulina al que habéis pegado dibujos y fotos de sus hermanos, de sus abuelos y del perro de la familia. Pero, el día que le toca exponer su trabajo en la escuela, te dice que no quiere ir. Háblale con cariño de esas veces en que sentiste miedo antes de hacer una presentación importante en tu trabajo, porque de esta manera le darás más visos de normalidad a los nervios que siente y contribuirás a que se calme. Seguid con vuestra rutina habitual y dale a entender que quedarse en casa no es una opción. Cuando esa tarde tu hijo regrese de la escuela con

una sonrisa en los labios, te contará con orgullo que a sus compañeros les ha gustado mucho su presentación y que le han hecho muchas preguntas.

Cuando la inquietud es demasiada

En cada uno de estos ejemplos, la intuición de los padres los llevó a tomar ciertas medidas para que el niño o la niña se enfrentaran a un desafío que ellos sabían que eran capaces de gestionar. Es obvio que no siempre es fácil tomar decisiones complejas cuando criamos a nuestros hijos. Pero si usamos el sistema nervioso del niño como guía, lo tendremos más fácil. Podemos calibrar el nivel de intensidad de la inquietud que experimenta el niño (recuerda ese continuo de inquietud que describimos por niveles y del que hablamos anteriormente) y valorarlo según una escala del 1 al 5. Estos padres se mostraron fuertes y seguros de sí mismos mientras sus hijos se esforzaban por superar los niveles de inquietud que iban del 1 al 3, situados en la vía verde. Cuando los niveles de inquietud iban del 4 al 5, situados en la vía roja, los niños necesitaban una mayor corregulación. Analizamos la frecuencia, la intensidad y la duración de las acciones y los comportamientos del niño[123] para discernir si el pequeño sabe autorregularse o si, por el contrario, necesita nuestra ayuda. En este caso, habremos de valorar el nivel de apoyo que el niño necesita fijándonos en su nivel subjetivo de inquietud.

En el caso de una niña pequeña que esté aprendiendo a caminar, el padre o la madre deben ofrecerle el apoyo justo y necesario, y retirarse luego para que la niña pueda dar sus primeros pasos de manera independiente. Si la niña duda, los padres tienen que animarla con palabras de cariño y apoyo, y darse cuenta de que la criatura se está planteando dar esos primeros pasos, pero, como es natural, tiene sus dudas. Su estrés podría situarse en un nivel del 1 al 2. Hay que esperar un rato, y luego podemos tenderle la mano o darle algún objeto al que agarrarse si notamos que la pequeña lo necesita. En pocas palabras, estamos animando a la niña a que trabaje en su zona de desafío sin traspasarla. En otro momento del día, esta misma niña, que empieza a tener sueño, puede tropezar con un juguete al intentar caminar y echarse a llorar desconsoladamente. Su cuerpo registrará un nivel de inquietud mucho mayor, entre el 4 y el 5. Ese llanto significa que necesita una corregulación amorosa, tranquilizadora y que le dé consuelo, y que la necesita de inmediato (como también necesita darse cuenta de que llega el momento de la rutina de acostarse).

A veces, no somos conscientes del papel crucial que desempeña la corregulación para ayudar a los niños a gestionar su estrés y encontrar un sentido a los desafíos que se les plantean. Cuando yo era pequeña, por ejemplo, mi madre solía preocuparse de una manera exagerada por el bienestar de sus seres queridos. Mis padres eran emigrantes y trabajaban muchas horas al día para poder mantener a la familia, que constaba de siete miembros. Mamá había tenido que superar muchos retos durante su infancia, y eso la había predispuesto a vivir constantemente preocupada. Todavía recuerdo la expresión angustiada que reflejaba su rostro cada vez que mi padre regresaba tarde del trabajo, algo que solía pasar muchas veces. Con el paso del tiempo, yo también llegué a manifestar esa misma preocupación. Me sentaba junto a la ventana y miraba a la calle, con el corazón en un puño, esperando con ansia ver los faros de su furgoneta. Y no lograba calmarme hasta que veía a mi padre entrar por la puerta.

No cabe decir que mi madre no tenía ni idea de mis sufrimientos. Yo era la hermana mayor, y ella siempre andaba tan atareada... Si lo hubiera sabido, no me cabe la menor duda de que habría buscado la manera de aliviar mis temores. En esos momentos, a mí me habría convenido que mi madre se hubiera corregulado conmigo para poder calmarme de la inquietud emocional que me provocaban esas recurrentes e intensas experiencias.

Las neuronas espejo, el reflejo del espejo y la plataforma de los padres

Resulta natural e instintivo para los padres corregularse con los bebés y los hijos. Una de las razones la encontramos en las neuronas espejo. En 1992, unos investigadores italianos[124] descubrieron que existían unas células en el cerebro humano que servían para que entendiéramos las acciones y las experiencias de los demás. Por eso, cuando vemos que nuestro hijo está sufriendo, por ejemplo, esta experiencia nos conmueve en el plano emocional. Mucho antes de que supiéramos de la existencia de las neuronas espejo, el psicoanalista Donald Winnicott expuso que el rostro de una madre refleja como un espejo las sensaciones y las necesidades de su bebé[125] (y, por si fuera poco, se dio cuenta de la importancia que tenía ese fenómeno para el bebé y la validación de sus propias experiencias). Cuando una niña ve y siente que un adulto capta y refleja sus propias emociones, el fenómeno de por sí ya constituye una forma muy potente de corregulación.

Por añadidura, las madres tendemos a satisfacer las necesidades de nuestros hijos de una manera automática e instintiva. Los investigadores han visto que, cuando una madre ve a su hijo angustiado, se producen ciertos cambios en su propio sistema nervioso.[126] Casi todos los padres han pasado por la experiencia de sentir las emociones de su hijo en su propio cuerpo. Yo tengo una profunda noción de mis sensaciones internas; por eso, cuando mis hijas eran pequeñas y una de ellas estaba enferma, yo también me encontraba mal. Si tu hija practica un deporte de equipo, es posible que, cuando salga al campo de fútbol o a la cancha de baloncesto, notes como si tú también hubieras salido con ella. Nuestros instintos, nuestras neuronas espejo y nuestras plataformas cambian por completo cuando nuestra hija se encuentra en apuros. Muchas veces suelo decir que siento como si tuviera cuatro corazones en el cuerpo en lugar de uno solo: el mío y el de mis tres niñas, claro. La experiencia visceral de ser padre o madre es real.

¿Por qué es tan importante entonces comprender y satisfacer las necesidades emocionales de nuestro hijo a través de la corregulación? *Cuando los adultos satisfacen las necesidades físicas y emocionales de un niño desde su nacimiento, están forjando en él unas habilidades autorreguladoras que le servirán toda la vida, incluso durante la edad adulta.*

Importa más lo que eres que lo que puedas decir

Doy gracias a Dios por haber podido experimentar lo que es la corregulación con mi abuela paterna, quien, aunque vivía en los Países Bajos, pasaba casi todos los veranos con mi familia. Yo era una niña callada y ansiosa, y esperaba con gran impaciencia sus visitas. Mi abuela tenía el pelo blanco, largo y ondulado, y lo llevaba recogido en un moño. Olía a lavanda y a chocolate holandés. Solía traer juegos de mesa europeos para que jugáramos juntos y, si ganábamos, había premio: unos bombones especiales envasados en unas decorativas cajas de latón. Dábamos largos paseos y, a veces, nos deteníamos a descansar junto a un árbol especial. Hablábamos y reíamos de la mañana a la noche. Su único propósito durante esos veranos era pasar una temporada con mis hermanos y conmigo, que éramos cuatro de los seis nietos que tenía. Le encantaba estar con nosotros, y nosotros estábamos encantados de estar con ella.

Nunca olvidaré la noche en que se declaró un espectacular incendio forestal en las montañas que había tan solo a unos kilómetros de casa. Yo estaba sentada en la cama con mi abuela, contemplando las rojas y centelleantes llamas elevarse en el cielo nocturno. Al principio sentí muchísimo miedo, pero al verla sentada a mi lado, cogiéndome de la mano y contemplando juntas el incendio, me sentí mucho más segura. Permanecimos la una junto a la otra durante varias horas, maravillándonos con los colores de las llamas, que iban ascendiendo poco a poco por la montaña y traspasaban las crestas alejándose de casa. Incluso recuerdo el vestido de flores amarillo y gris que la abuela llevaba puesto: el recuerdo de la corregulación y de sentirme a salvo junto a mi amada abuela sigue vívido en mi memoria después de tantos años.

En algunos de los momentos más difíciles y estresantes de mi vida, he apelado al recuerdo de mi abuela, y su cara y su voz me vienen a la mente con claridad, incluso varias décadas después de que falleciera. Representarme su imagen siempre me ha servido para sentirme centrada y más tranquila. Mi abuela me ayudó a desarrollar la autorregulación, la capacidad de controlar mis emociones y conductas a partir de mis propios actos. ¡Qué regalo me hizo mi abuela!: recuerdos de una corregulación que cableó mi cerebro para que yo pudiera terminar autorrregulándome en un futuro.

Cuando nos corregulamos o nos conectamos bien con nuestros hijos, con el paso del tiempo, las experiencias que vivimos se van transformando en recuerdos que nos dicen que nos hemos sentido seguros en presencia de otra persona, y los niños pueden crecer albergando la expectativa de que los demás serán capaces de satisfacer sus necesidades. *Cuando le regalas a tu hija la amorosa experiencia de la conexión, le estás regalando la mejor manera de empezar a enfrentarse a los desafíos de la vida.* Y eso sucede porque nuestro sistema nervioso recuerda la seguridad que esas experiencias nos transmitieron, y con ello me refiero tanto a los recuerdos de los que somos conscientes como incluso a esos otros que no logramos traer a la memoria. Esta sensación de seguridad fue el regalo que mi abuela me hizo.

Fíjate en la estabilidad con que se mantienen los botes en el agua. Cuando satisfacemos las necesidades físicas y emocionales de nuestro hijo, desempeñamos el mismo papel que desempeña la quilla de una barca. La quilla le permite a la barca seguir enderezada, y le impide que una racha de viento la precipite de lado. Si la quilla se mantiene firme, poco importa lo que suceda, porque la barca permanecerá estable. Y, siempre y cuando la barca no se inunde por completo, será capaz de aguantar tormentas y vientos huracanados sin volcar. Piensa en la corregulación como si de una quilla se tratara: por muchas tormentas que arrecien en la vida de un niño o de una niña, sean estas de gran magnitud, o sean insignificantes, la corregulación le servirá para conservar la estabilidad.

Los niños que son como Jackie tienen necesidades invisibles que pueden hacerlos aterrizar en la vía roja. En cambio, lo que sus padres ven en ella son comportamientos impredecibles. *Algunos niños tardan más tiempo en construir sus quillas*, por distintas razones de las que ya hablaremos en el capítulo 6. Por eso es importante ser consciente de los momentos en que la conducta de una niña nos está indicando que necesita corregularse con nosotros primero antes de pasar a enseñarle cómo debe hacer las cosas. Si la quilla de una niña no está bien construida, puede que necesite experimentar más lo que es la conexión con el otro para que se vaya sintiendo más cómoda a medida que se presenten nuevos desafíos. *Eso era lo que necesitaba Jackie, y lo que muchos niños necesitan cuando su conducta nunca deja de asombrar a sus padres.*

La corregulación: cultivar el amor y la confianza

Por esta misma razón, y mientras estuve trabajando con la familia de Jackie, nuestra prioridad principal no fue cambiar su conducta, sino comprender mejor la manera en que entendía el mundo. Necesitábamos estrechar más la conexión que compartían para ayudarla a tolerar mejor las cosas procurándole una mayor caja de herramientas para enfrentarse a los desafíos que se le planteaban a su plataforma. Ya hemos hablado de la brecha de las expectativas. Los padres de Jackie probablemente esperaban que la niña supiera regular mejor sus emociones de lo que en realidad era capaz; por eso a menudo terminaban sintiéndose tan molestos o decepcionados (como le ocurría a ella). A pesar de que a los padres les resultaba tentadora la idea de que su hija sencillamente había optado por portarse mal, les fue muy bien oír que, seguramente, lo que la niña quería era complacerlos, pero que su plataforma no estaba situada en ese nivel que le permitiera hacer lo que se le pedía. Jackie deseaba complacer a sus padres, pero, en los momentos en que era incapaz de controlarse y no contaba con los beneficios de la corregulación, la niña sencillamente no sabía lo que hacer. Por eso adoptamos un enfoque distinto. En lugar de intentar cambiar su conducta premiándola o diciéndole que asumiera las consecuencias, *nos centramos más bien en reforzar su autorregulación mediante la conexión compartida de la corregulación.*

¿Corregular es malcriar?

Los padres a menudo se preguntan si poner en práctica la corregulación no es una manera de mimarlos o de malcriarlos. No estoy diciendo que los padres tengan que ser permisivos cuando lo que en realidad necesitan sus hijos es que les marquen unos límites. En el fondo, mimar y corregular son dos cosas muy diferentes. La primera consiste en permitírselo todo al niño, y en decirle que sí a todo lo que pide. La segunda consiste en prestar atención a las necesidades físicas y emocionales del niño. *Corregular no significa asegurarnos de que nuestro hijo siempre esté contento, ni evitar que se enfrente a ciertos desafíos.* Satisfacer la necesidad que tienen un niño o una niña de sentirse sanos y salvos no significa darles todo lo que quieren, ni permitirles librar solos sus propias batallas cuando han de gestionar unas emociones complicadas. En realidad, el niño crece cuando le damos el tiempo y el espacio suficientes para que pueda solucionar sus asuntos.

La clave consiste en observar y hacer todo lo posible por valorar las reacciones emocionales del niño observándolas a través del prisma de la experiencia que tiene del mundo. Corregular no significa renunciar a nuestra autoridad como padres, sino más bien cambiar las prioridades. *En lugar de juzgar las conductas del niño y etiquetarlas como buenas o malas para pasar a gestionarlas, analizaremos sus comportamientos para encontrarles un sentido e informarnos de sus necesidades, y también para prestar atención y valorar el estrés que retiene el cuerpo del niño. Y esto lo lograremos observando su plataforma y los colores que esta adopta.*

La corregulación nos ofrece una base muy sólida para apoyar a nuestros hijos mientras estos aprenden y van creciendo, mientras intentan probar cosas nuevas y también durante esas ocasiones en que tienen que luchar. Ser capaces de regular nuestras propias emociones nos sirve para tolerar las sensaciones desagradables y para ayudar a nuestros hijos a desarrollar nuevas habilidades con las que poder gestionar la inquietud por sí mismos. Si las conductas de nuestros hijos nos tienen en vilo o nos estresan, ese factor podría estar socavando nuestro papel en la corregulación. Pero aunque parezca que la carga es muy pesada, no te inquietes. En el capítulo siguiente te ayudaré a planificarte mejor para aliviar la carga emocional que comporta la crianza de unos hijos.

Un padre o una madre pueden observar compasivamente los esfuerzos de su niño sin que por ello puedan fijarle unos límites firmes y adecuados. De hecho, actuando así, estaremos ayudando a los niños a desarrollar su propia tolerancia frente a un amplio espectro de emociones (tanto negativas como positivas).

Todos tenemos una opinión bien formada sobre lo que significan determinados comportamientos (y sobre el modo en que podemos ayudar a los niños a controlarlos). *Comprendiendo la corregulación, veremos que muchas conductas que, en principio parecen desafiantes, sencillamente son un reflejo del sistema nervioso del niño, que está demasiado estresado y procura adaptarse como mejor sabe.* De esta manera, incluso las conductas más desafiantes podemos considerarlas protectoras y plenas de sentido.

Cuando Jackie actuó mal y fue grosera con su abuela, en realidad su sistema de detección de la seguridad había registrado una amenaza (a pesar de que las circunstancias eran objetivamente seguras). Por eso, la niña se situó en la vía roja y actuó con grosería. Las conductas nos dicen mucho sobre lo que somos incapaces de ver, y sobre lo que nuestros hijos en realidad necesitan de nosotros por medio de la corregulación.

Corregular implica que debemos tolerar y gestionar nuestras propias reacciones ante la amplia variedad de emociones que muestran nuestros hijos si queremos seguir en calma cuando ellos lo necesiten. Y no suele ser tarea fácil, por cierto.

Puedes llegar a sentir un gran desasosiego cuando ves que a tu hijo le cuesta mucho gestionar sus emociones o su conducta, pero yo te animo a que no pierdas la esperanza. Siempre habrá algo que hacer para apoyarlo y ayudarlo a superar estas fases de desafío. Es esencial que tu hijo note que estáis bien conectados, en lo bueno y en lo malo, y que está conectado tanto contigo como con otros adultos de su confianza. *Cuando lleguen los momentos más difíciles o conflictivos, encaradlos juntos, y haced todos los cambios que os favorezcan a ambos. Nunca es demasiado tarde para empezar a arreglar las cosas o a corregular.*

Este es el núcleo esencial de la crianza de los hijos basada en la relación cerebro-cuerpo: *cuando respetemos las experiencias subjetivas de los niños que están basadas en las reacciones de su propio cuerpo, podremos valorar y personalizar nuestras interacciones*. En lugar de limitarnos a recompensar a nuestra hija por su buena conducta, o a dejarnos aconsejar por las directrices generales que se dan para criar bien a nuestros hijos, usa todo lo que ya sabemos sobre el comportamiento de tu hijo y las señales que su cuerpo te está enviando como guía para que ellos puedan ampliar su abanico de tolerancia frente a los nuevos retos. Sabiendo la importancia que tiene la corregulación, veamos la manera en que podemos integrar este concepto en la relación que mantienes con tu hijo.

El saque y el resto: la forja de la resiliencia a partir de las interacciones

La corregulación implica que las interacciones son de ida y vuelta, que hay un ritmo de recíproca conexión y calidez. Como sucede en un partido de tenis, una persona saca y la otra resta, y la pelota va de un lado a otro. Aprovechando esta metáfora, los investigadores y los especialistas en desarrollo infantil describen esta clase de interacciones con la expresión «sacar y restar».[127] Lo que una persona hace influye en la otra. En un partido de tenis, un jugador decide restar anticipándose a la jugada del otro.[128] Cambiamos de reacción cuando creemos intuir dónde aterrizará la bola en nuestro lado de la red. En lo que respecta a nuestros hijos, actuamos de una manera parecida: cambiamos de reacción en función de su saque. Cuando este intercambio tiene todo el aspecto de ser seguro y enriquecedor, alcanzamos lo que se llama la corregulación. Cuando, en cambio, no podemos adivinar el resto o el saque que necesita la otra persona, nos sentimos impotentes, y puede que nos atasquemos o creamos que somos unos inútiles. Esta es otra más de las facetas que tiene el hecho ser padre o madre. No siempre es fácil encontrar la manera de calmar a un niño y de conectar con él. Por eso no debes juzgarte a ti mismo si ves que al principio te cuesta, o si tu hijo pasa por distintas fases o experiencias evolutivas.

Sacar y restar nos permite comunicarnos con nuestros hijos. El proceso empieza a una edad muy temprana, cuando nos enamoramos de nuestro bebé a través de las miradas y las sonrisas que nos dedicamos mutuamente. «La energía de la reciprocidad consiste en dar cariño y en recibirlo»,[129] dice la terapeuta Deb Dana. En otras palabras, ser padres en realidad no es cuidar del otro, sino compartir cuidados. Es una comunicación bidireccional. Los primeros intercambios constituyen los pilares fundamentales de la comunicación, esos momentos en que el niño aprende a turnarse con otra persona. En su núcleo central, la comunicación humana presenta un ritmo pendular que no requiere de palabras; con las expresiones faciales y los gestos, hay de sobra. Esta comunicación constituye la base de todas las cosas y aporta grandes ventajas; y, cuando funciona, uno se siente de maravilla.

El saque y el resto de la corregulación puede ser algo tan simple como una sonrisa, o tan intenso como un juego agresivo, siempre y cuando exista una reciprocidad y siga siendo agradable.

A continuación, te plantearé algunas cosas que deberías tener en cuenta si sientes que algo falla cuando quieres conectar con tu hija:

- ¿*Tu bebé* te mira a la cara, aunque solo sea un ratito y de vez en cuando? (Si no es así, no te preocupes; esta conducta puede tardar un poco en aparecer, sobre todo si tu bebé es prematuro). Un vistazo o una mirada sostenida de tu recién nacido son el saque. Es muy significativo que los bebés estén cableados para conectarse con nosotros a través de los ojos, aun cuando no tengan ningún control sobre sus movimientos corporales.
- ¿Reacciona *tu niña de nueve meses* cuando eres tú quien inicia el saque? ¿Hace alguna cosa en concreto, como sonreír, gorgotear, tenderte los brazos, tocarte las manos o meterse en la boca los juguetes que le das sin dejar de mirarte? ¿Tu bebé toma la iniciativa del saque mirándote o sonrién-

dote, levantando los brazos para que la cojas o comunicándose contigo de alguna otra manera?
- *¿Tu niña pequeña* intenta compartir su mundo contigo? ¿Señala las cosas que desea o que quiere que le muestres? ¿Usa palabras o gestos para mostrarte, preguntarte o contarte alguna cosa?[130]
- Cuando *tu niño ya va a la escuela*, ¿es él quien empieza a conversar y a jugar contigo, a divertirse haciendo cosas juntos que impliquen que estáis interactuando? ¿Se divierte hablando contigo y contándote cosas, o sencillamente paseando juntos, comiendo contigo, pidiéndote ayuda para hacer los deberes, o haciendo cualquier otra actividad contigo?

Si la respuesta a estas preguntas es «no» o «raramente», te irá muy bien que le des un par de vueltas a estos pilares fundamentales de la comunicación para determinar si eres capaz de incluir actividades placenteras que estimulen vuestras interacciones recíprocas. A veces, los niños necesitan un poco más de alegría para estimularlos a que saquen y resten con nosotros. Si descubres que los saques y los restos que antes te he planteado en función de las distintas edades de tu hijo no se dan entre vosotros, o solo se dan de vez en cuando, quizá te convendría pedir hora al pediatra, o ir a ver a algún especialista en desarrollo infantil para que te dé todo el apoyo que necesitas. Estos encuentros positivos establecerán las bases de vuestras interacciones futuras, como cuando tu hija te pida consejo antes de enfrentarse a un desafío o resolver un dilema, y cuando más adelante cuente contigo como su consejera de confianza rayana ya en la adolescencia y la primera juventud.

Joel y Ava tuvieron que hacer frente a un dilema parental, porque entre Jackie y su hermano Terrence había unas diferencias abismales. Cada hijo tenía unas necesidades y unos desencadenantes tan distintos que resultaba difícil que conectaran bien entre sí. Esa noche en que la abuela se quedó a dormir excepcionalmente en la casa familiar fue un saque que para Jackie representó todo un desafío, mientras que, para Terrence, el mismo servicio resultó fácil y placentero. La mañana del incidente, Terrence restó en el acto el saque de la abuela, y además lo hizo con alegría; en cambio, el hecho inesperado de ver a la abuela en casa sumió a Jackie en la más pura inquietud. Cada niño es como es, y a partir de sus interacciones cotidianas, podremos llegar a comprender muy bien lo que necesita.

Conociendo el papel que desempeñan los saques y los restos en la corregulación, examinemos ahora un proceso que consta de cuatro partes y que te ayudará a tomarte las cosas con más calma y a ser más consciente de la calidad de tus saques y tus restos, a la vez que servirá para que disfrutes de una mayor conexión recíproca y tengáis más alegría.

MOCE: mira, observa, comprueba y experimenta

Retomando el tema de la corregulación, nos resultará muy útil recordar el acrónimo MOCE, que tanta potencia da a esta dinámica del saque y del resto: mira, observa, comprueba y experimenta.

MOCE

Mira: *mira a tu hijo con dulzura*.[131] Mirar con dulzura implica ampliar el campo de visión, de una manera literal y figurativa también, para tener la mente abierta y no emitir juicios de valor. Mirando las cosas con dulzura ablandamos el corazón y nos abrimos para poder aprender cosas nuevas. Una mirada dulce puede ayudarte a cambiar para respetar lo que la conducta de tu hijo te está diciendo en un momento dado. Y el regalo que recibimos es que, cuando miramos con dulzura, nos comunicamos con un mensaje de aceptación, de calidez y afecto.

Observa: *observa sin emitir juicio alguno*. Nos precipitamos juzgando las conductas de nuestro hijo o de nuestra hija y etiquetándolas como buenas o malas, pero ya hemos visto que las conductas son la expresión externa de la plataforma de una niña o de un niño. Fíjate en su cara, en sus gestos y en su cuerpo, y piensa y acepta que vas a aprender mucho a partir de la observación. Observa también el nivel de calma o nerviosismo de tu hijo. Habrás de prestar atención al sinfín de informaciones que te proporcionará la observación. Observa lo que hace tu hijo en los momentos de tranquilidad o de inquietud. Nos interesa prestar atención a la inmensa cantidad de información que nos aporta la observación. Observa lo que hace tu hijo durante los buenos momentos y también durante los momentos difíciles, pero hazlo con una curiosidad sana. Si observamos sin juzgar, estamos reconociendo que las conductas de los niños nos aportan una información valiosa, y entonces es cuando nos abrimos para comprenderlas. Cuando le concedemos a nuestro hijo (y a nosotros mismos) el beneficio de la duda, nos liberamos de toda idea preconcebida sobre el significado de su conducta, no nos juzgamos con tanta dureza y no nos culpamos tanto por el papel que hemos desempeñado para que se desencadene esa conducta. El mantra, en este caso, sería: «Todos hacemos lo que podemos con la información (y el cuerpo) que tenemos».

COMPRUEBA: *dale el justo reconocimiento a la experiencia que está viviendo tu hijo cuando ves que se esfuerza*. Si tu hijo se está esforzando, intenta enviarle tranquilamente un saque o un resto que lo calme y le haga sentirse conectado en lugar de mostrarte crítico o de evaluar su conducta. Recuerda que, asumiendo comportamientos difíciles, el sistema nervioso de tu hijo te está pidiendo que conectes con él, que le aportes seguridad para que se sienta seguro. Tu hijo quiere ser visible y no sentirse solo. Una forma muy potente de reconocimiento es ser testigo de los esfuerzos que hace tu hijo sin que tú intermedies a las primeras de cambio. A veces solo basta con eso, y el simple acto de estar presente sin juzgarlo ya le sirve para regularse.

EXPERIMENTA: *experimentad que estáis a salvo juntos cuando compartes tu vía verde con tu hijo a través de la diná-*

mica del saque y el resto. Prueba a sacar y a restar varias veces con suavidad, a sabiendas de que es muy probable que no salga bien a la primera. Pero no te preocupes, que no pasa nada. Ejercitamos los músculos de la resiliencia de tu hijo ayudándolo a tranquilizarse con tus interacciones en el momento en que necesita un ingreso en su presupuesto corporal. Intenta que lo paséis bien los dos juntos en el intercambio de saques y restos, incluso cuando lo que le estés pidiendo a tu hijo sea que tolere esas nuevas experiencias que le resultan incómodas y que ceda. En el capítulo 6 aprenderemos a recurrir a la reflexión para detectar cuáles son las preferencias sensoriales de nuestros hijos y personalizar todavía más nuestras interacciones. Conseguirás disfrutar mucho más de las experiencias compartidas, y ayudarás a tu hijo a amoldarse, a desarrollar nuevas habilidades y a aumentar su tolerancia a los nuevos desafíos.

En el caso de Joel y Ava, el ejercicio MOCE les sirvió para orientar la tarea que nos impusimos de reforzar la plataforma de Jackie y potenciar su capacidad de autorregulación a través del proceso de corregulación y conexión mutua. Antes de practicar este ejercicio, Joel y Ava se habían centrado más bien en cambiar la conducta de su hija intentando que asumiera consecuencias que de ella se derivarían, o bien imponiéndole tiempos muertos para reflexionar. Ahora, en cambio, la sometían a una evaluación, como ya describimos en el capítulo anterior. Contaban con un nuevo prisma a través del cual ver y comprender la conducta de su hija tomándola como el reflejo que en realidad era de su plataforma y su presupuesto corporal. Reconocían el empeño que ponía la niña, y eran conscientes de que le costaba mucho autorregularse y que resultaba muy difícil conectar con ella en la vía verde.

Joel y Ava también llegaron a comprender que el sistema nervioso de Jackie muchas veces registraba como amenazas los acontecimientos cotidianos, y que esa tendencia que mostraba les estaba causando un gravísimo coste tanto a ella como a su familia. En otras palabras, sus comportamientos en realidad estaban protegiendo su plataforma. Sus padres no habían tenido la costumbre de prestarle atención cuando veían que Jackie se portaba mal, o bien le habían hecho pagar las consecuencias de su conducta por considerarla negativa y ofensiva. Pero luego cambiaron el enfoque, y pasaron de adoptar estrategias directas (como reñirla, hacer que asumiera las consecuencias de su conducta o incentivarla) a establecer como máxima prioridad el saber corregularse con ella.

Antes de cambiar este punto de vista, cuando Jackie tenía una rabieta por cosas aparentemente insignificantes (como ver que en la bola de helado del cucurucho le habían puesto unas virutas de caramelo de un color que no le gustaba) sus padres intentaban que viera la parte positiva del asunto; pero si ya iban estresados, le decían que estaba exagerando. Cuando la observaron a través de una mirada más dulce y comprensiva, se dieron cuenta de que la niña no se comportaba con grosería intencionadamente. *Lo que sucedía era que no había desarrollado del todo su flexibilidad mental ni la capacidad de cambiar y adaptarse con rapidez cuando sucedía algo inesperado, capacidad que podemos tardar muchos años en desarrollar*. Al mirar con otros ojos la brecha de expectativas, los padres de Jackie pasaron de ordenarle automáticamente que se portara bien a, en primer lugar, revestirse de paciencia situándose en la vía verde y, en segundo lugar, llamarle la atención con un tono de voz muy suave: «Me doy perfecta cuenta de que esto es muy difícil para ti, Jackie». *Los padres sencillamente habían cambiado de actitud, y antes de pasar a enseñarle a hacer las cosas bien, a echarle una reprimenda, o a obligarla a asumir las consecuencias de sus actos, se dedicaron a estar sencillamente junto a ella.*

Con este cambio, Joel y Ava se volvieron más compasivos, porque consideraron las conductas de su hija el producto de un autocontrol que estaba en vías de desarrollo, y de una plataforma que precisaba de su apoyo por medio de la corregulación. *A pesar de que muchas personas piensan que la disciplina es la mejor manera de conseguir que los niños se porten bien, la corregulación es clave en el desarrollo de la autorregulación, y el producto resultante que se desprende naturalmente de todo ello es una mejora de la conducta.*

Comprender el funcionamiento de la corregulación fue de gran ayuda para Jackie y su familia

A medida que íbamos trabajando en el tema, los padres de Jackie empezaron a ver a su hija con ojos distintos. Recurriendo a esta nueva habilidad de observar sin juzgar, descubrieron que su hija era muy sensible (extremadamente sensible, de hecho) a los cambios sutiles que realizaran en su rutina o en su entorno. Profundizando todavía más, descubrimos que Jackie ansiaba la predictibilidad porque caía fácilmente en el estrés debido a la amplia variedad de sensaciones que registraba su cuerpo. Muchos de los sonidos habituales de su entorno (el ruido de la televisión, el llanto de su hermano o de otro niño cualquiera) activaban su sistema de detección de la seguridad. Mirando con dulzura y observando sin emitir juicio alguno, sus padres se dieron cuenta de que, cuando Jackie se enfrentaba a situaciones en que el ruido de fondo se combinaba con un ruido en el primer plano (como sucede cuando estamos en un restaurante lleno o en un centro comercial), empezaba a morderse las uñas y a repetir una misma pregunta, señales de que su plataforma estaba pasando de la solidez (la vía verde) a la vulnerabilidad (la vía roja).

Este enfoque fue muy esclarecedor para sus padres, que nunca habían considerado que el cuerpo de Jackie (en conexión con su cerebro) registrara una amenaza y saliera malparado durante lo que objetivamente parecían ser experiencias cotidianas muy seguras, como, por ejemplo, ir al parque. Se sintieron muy apenados al darse cuenta de que las reuniones familiares que congregaban a muchas personas generaban un gran estrés en su cuerpo. Conscientes de esta nueva realidad, cambiaron la manera de restar los saques que les enviaba su hija. *Por fin habían comprendido que los malos comportamientos de Jackie eran una señal de estrés y no de grosería.*

Expliqué a Joel y a Ava que los niños con una sensibilidad tan acusada responden muy bien a las rutinas y a determinadas monotonías... y que, por eso mismo, podrían parecernos inflexibles. Una niña que (sin ser culpable de nada) se siente agobiada corporalmente ansía la predictibilidad; pero eso no quiere decir que su intención sea ser mandona y grosera. De todos modos, lo que puede resultar adaptativo para el sistema nervioso de un niño puede llegar a ser muy difícil para los padres. Por eso es determinante recordar que muchas conductas difíciles no siempre son deliberadas ni están planificadas, sino que a menudo son la reacción que uno presenta ante el estrés.

La necesidad que Jackie tenía de una rutina y de una predictibilidad explicaba por qué los cambios, aunque fueran positivos (como que la abuela se quedara en casa a pasar la noche), provocaban en ella una conducta desafiante. Los cambios en su rutina la inquietaban mucho, y no sabía pedir ayuda ni usar las palabras adecuadas para describir lo que le estaba pasando. Todavía era incapaz de hacer eso. Finalmente, sus padres llegaron a comprender que la conducta de Jackie iba más allá de la terquedad o de sus propias deficiencias como padres. Como dice Ross Greene, psicólogo de profesión y colega mío, en su célebre frase: «Los niños hacen las cosas bien si pueden hacerlas bien».[132] Por mi parte, estoy perfectamente de acuerdo. Y cuando los niños no pueden, deberíamos tener la curiosidad de preguntarnos la razón. (Y lo mismo se aplica a los padres).

Al final resultó que esta nueva manera de entender la conexión compartida como una herramienta para criar a los hijos resultó muy transformadora para Jackie y su familia. Joel y Ava se dieron cuenta finalmente de que su hija necesitaba conectar y corregularse todavía más con ellos para ser más flexible y sentirse más segura en las reacciones corporales que tenía frente a determinadas experiencias (sobre todo cuando se enfrentaba a lo inesperado).

Cuando sus padres empezaron a ver que sus comportamientos eran debidos a que su capacidad de autorregularse no estaba muy desarrollada, se centraron en la corregulación. Al principio, sencillamente se esforzaron en intentar pasarlo bien juntos, y en buscar más momentos para conectar con alegría. Sus padres ya no temían tanto los comportamientos impredecibles de Jackie, aunque sí conservaron las normas que había que observar en casa y trazaron unos límites coherentes, con calma y autoridad, indicando cuáles eran las conductas que resultaban inadmisibles. A fin de cuentas, eran los padres, y su prioridad era inculcar los principios y los valores de la familia a Jackie y a su hermano. *Pero el centro de atención había cambiado, y ahora ya no se dedicaban tanto a apagar incendios como a basarse más en la corregulación.*

Cuando percibían la más mínima señal de que Jackie se estaba inclinando hacia la vía roja, se aproximaban a ella emocionalmente, y físicamente también, con miradas de afecto, conversando y requiriendo su ayuda en determinadas tareas de la casa que fueran sencillas y divertidas. También empezaron a preguntarle si se sentía bien con un tono de voz muy suave. La mayoría de las veces, Jackie era incapaz de responder, pero a veces lograba decir palabras como «asquerosa» o «contenta». Ese fue el primer paso para llegar a descubrir el origen mismo de lo que provocaba su desregulación: ayudarla a empezar a reconocer sus sensaciones corporales. *Tanto si la niña lo decía con palabras como si no, los padres, cuando se daban cuenta de que el presupuesto corporal de Jackie se estaba agotando, se ponían a interactuar con ella de una manera positiva que sirviera para forjar su plataforma, sacando y restando.* Por ejemplo, cuando la niña parecía preocupada porque había que ir a una reunión familiar, sus padres la ayudaban a prepararse contándole quiénes asistirían a la fiesta y lo que vería y oiría en ese lugar. Este simple hecho servía para que su sistema nervioso se preparara para encarar los obligados desafíos por adelantado, y para contribuir a que su cuerpo pudiera ser capaz de gestionar los factores estresantes que implicaban esas reuniones familiares con mayor facilidad.

Los padres de Jackie recurrieron a la corregulación y a la conexión compartida interactuando con ella, y valoraron lo sensible que la niña podía llegar a ser en determinados momentos. Se esforzaron con ahínco para prepararla a hacer frente a esa clase de salidas que siempre terminaban en forcejeos. Se dieron cuenta de que muchas de las actividades que Jackie hacía rebasaban su zona de desafío, y que, por eso mismo, había que tratarla con más empatía y trabajar la corregulación con ella, para ayudarla así a desarrollar su autorregulación. A sabiendas de que Jackie podía ser extremadamente sensible a los sonidos, le presté un par de cascos infantiles para que se los pusiera cuando asistía a eventos muy concurridos. Eso le dio la capacidad de poder hacer algo cuando los sonidos le resultaban agobiantes.

Al cabo de unos meses, Joel y Ava se dieron cuenta de que tanto ellos como Jackie se sentían más relajados. Y cuando los padres empezaron a sentirse mejor, la niña también se sintió mejor. Joel y Ava estuvieron más presentes en la vida de su hija, y dejaron de pensar que la niña tenía un problema de conducta (además de considerarse unos padres incapaces de saber imponer disciplina) para pasar a respetar la necesidad que tenía de desarrollar su propia autorregulación con la conexión mutua que ofrece la corregulación. Este cambio fue curativo, y, con el paso del tiempo, las conductas desafiantes de Jackie fueron disminuyendo hasta terminar por desaparecer. En una de las últimas sesiones que mantuve con la familia, Jackie me devolvió los cascos y me regaló un dibujo en el que había pintado un sol a modo de agradecimiento. Me entregó ambas cosas sonriendo con timidez y diciéndome que ya no las necesitaba.

> Un consejo para forjar la resiliencia: la autorregulación es un proceso que empieza desde el mismo nacimiento y que surge de la relación de corregulación que mantenemos con un adulto cariñoso que sabe interpretar las señales que le das en tiempo real y te ofrece las experiencias conectadas y asertivas que él ha ido acumulando a lo largo de los años. La corregulación emocional con unos adultos afectuosos conducirá a una buena autorregulación.
>
> La experiencia de la corregulación que vive una niña termina por conducirnos a la capacidad de saber gestionar las emociones propias en lugar de dejarnos superar por ellas. Es un proceso que se desarrolla día a día, y el pilar sobre el que se fundamentan la salud emocional y resiliencia futuras de los niños.

Aun en las mejores circunstancias, ser padres es todo un desafío, y además es agotador. La corregulación tiene toda la pinta de ser algo bueno, pero exige mucho esfuerzo y energía. ¿Cómo podemos estar presentes y prestarles toda nuestra atención a los hijos si estamos exhaustos? Veamos algunas maneras de conservar la energía y aguantar el tirón, porque, en realidad, somos nosotros el instrumento más importante que contiene la caja de herramientas.

5. Cuidar de uno mismo

> Cuidar de tu propio crecimiento no es un acto egoísta. De hecho, es un gran regalo que les haces a los demás.[133]
>
> Rick Hanson, doctorado en Psicología

No hay fórmulas mágicas que garanticen que nuestros hijos serán felices y comerán perdices, pero existe un factor que sí es capaz de eliminar los obstáculos que encuentren en su camino: unos padres sólidos. Cuando nuestra plataforma es fuerte, somos más capaces de guiar, de enseñar y criar, y también de fijar límites a nuestros propios hijos. Aunque, por supuesto, todos hemos vivido esos momentos nada estelares en que hemos perdido los papeles y tomado decisiones sobre la crianza de nuestros niños que luego lamentamos. Por muy importante que sea corregular con nuestros hijos, hemos de sentirnos bien en nuestra propia piel. Eso no significa que siempre debamos estar al cien por cien, sino que tenemos que sentirnos más o menos bien antes de pasar tiempo con los niños en la vía verde, que es donde se da todo lo bueno: los achuchones, las risitas, los momentos de silenciosa ternura y consuelo, e incluso los momentos en que nos mantenemos firmes si eso es lo que nuestro hijo necesita.

¿Dónde te plantas tú en el sistema nervioso de tu hijo?

Como ya hemos dicho, una de las formas de realizar ingresos en el presupuesto corporal de nuestro hijo es recurriendo a la corregulación, un proceso que favorece la capacidad del niño de autorregularse. Y si me preguntas cuál es el ingrediente crítico de la corregulación, te responderé que nosotros mismos: la plataforma, que se muestra en el tono de voz, las expresiones de emoción, los gestos, el ritmo que marcamos al caminar y las palabras que usamos. En este capítulo analizaré las diversas formas en que podemos disfrutar de la oportunidad de mostrarnos de la manera más regulada posible, sin establecer juicios y con tanta autocompasión como sea posible. Expondré lo que, según las investigaciones, parece la manera más eficaz de hacer ingresos en nuestros presupuestos corporales para que podamos contar con los recursos suficientes con que apoyar a nuestros hijos. Sin embargo, hay que recalcar que cuidar de nosotros mismos contribuirá a mejorar y preservar la salud física y mental; por eso es buena idea, independientemente de que seas padre o madre.

Dado que yo ya trabajaba de psicóloga infantil antes de que nacieran mis hijas, me sentía extremadamente cualificada para cuidar de su salud emocional. Me conocía al dedillo toda la bibliografía sobre el apego y la crianza de los hijos que se había publicado en mi campo profesional y, sinceramente, creía que la vertiente emocional de mi papel como madre iba a ser toda una bicoca para mí... ¡Qué equivocada estaba!

Verme de mamá recién estrenada

No hace mucho, estaba mirando unos antiguos vídeos familiares cuando, en un momento dado, me quedé petrificada. Estaba con mi marido en el jardín trasero, jugando con nuestras tres hijas pequeñas. De repente, la menor empezó a chillar. Su hermana mayor, una niña sensible y callada que raramente grita, la imitó. Y entonces dije algo que, ahora que lo veo al cabo de tantos años, me pone los pelos de punta: «¡Te has pasado de la raya!». Mi voz sonó estentórea, dura... Y castigué de cara a la pared a la niña de cuatro años (la que había gritado después). Asombrada, mi hija me miró con unos ojos como platos, sin duda preguntándose si habría hecho algo malo. Ahora que me veo a mí misma en el vídeo, lo que en realidad estoy viendo es a una madre estresada, desregulada, que parece más preocupada por lo que vayan a decir los vecinos de al lado que por los gritos que les acababa de espetar a las niñas. Veo también a una niña pequeña intentando autoafirmarse, como debe ser, y la reacción desproporcionada que provoca en mí su comportamiento.

Lo cierto es que no tenía ni idea de que mis acciones fueran a aterrizar de plano sobre la niña. Eché mano de un martillo cuando lo único que necesitaba era una pluma o, para el caso, nada en concreto. Debería de haberme limitado a observar las cosas con instinto de curiosidad en lugar de perder los papeles. Es obvio que me sentí tan cohibida porque los gritos de mi hija me hubieran plantado en la vía roja que proyecté mis inseguridades sobre ella, la juzgué con dureza y la castigué. A posteriori, de todos modos, sé que hice todo lo que pude como madre. En esa época, todavía no había logrado conectar con mi autorregulación y mi sistema nervioso. Es cierto que era psicóloga infantil, pero, en ese momento en concreto, yo no sabía nada sobre plataformas, sistemas de seguridad y vías del sistema nervioso. Mi campo profesional no había incorporado todavía estos conceptos... y sigue sin haberlo hecho.

Una lección que aprendí fue que es útil saber dónde aterrizan nuestros actos y palabras en nuestros hijos. Y, luego, que debemos aprender a autorregularnos de la mejor manera posible. *Porque nosotros, y nuestra sensación de bienestar, son las herramientas más importantes de todo el utillaje de que disponemos para criar a nuestros hijos.*

Muchos padres, y madres, sobre todo, me han confesado que les preocupa que su propia mochila (la depresión, la ansiedad, un sistema sanitario defectuoso, el cuidado de la salud mental o los recursos financieros) les pase factura en lo que respecta al desarrollo de sus hijos. No hay duda de que muchos padres y madres de este mundo, cumpliendo ese refrán que dice: «De costal vacío, nunca buen botijo», no tienen otro remedio que seguir dando de sí mismos cada día, aunque carezcan de recursos propios.

Atribuimos tanta importancia a los primeros años de vida de una criatura que muchas madres amorosas y compasivas se sienten culpables en lo más profundo de su ser porque les cuesta muchísimo implicarse en la vida de sus bebés o sus niños. Yo misma a menudo me pregunto si mi ansiedad y mis propias cargas no estarán perjudicando el desarrollo de mis hijas o provocándoles angustia. Pero miremos el asunto desde una perspectiva más amplia y deja que te anime: es cierto que las circunstancias de la vida influyen en la manera de criar a nuestros hijos, pero el crecimiento del niño (y el nuestro propio) es dinámico. Yo he visto cómo el cerebro y el cuerpo se protegen y se adaptan a las experiencias de la vida, y que la puerta del crecimiento personal nunca se cierra. ¡Piensa que incluso he llegado a ayudar a personas de ochenta y cinco años a cambiar sus ideas y a mejorar su aspecto! Por eso quiero decirte que, si lo que te preocupa es la relación que mantuviste con tu hija en el pasado, trátate con compasión, por favor. Y entiende que el poder de tus relaciones actuales puede cambiar tu manera de ver el mundo en un futuro. *Siempre tendremos la oportunidad de crear un entorno de seguridad y certeza que garantice que podemos relacionarnos bien con nuestro hijo (y con nosotros mismos). Cada día nos aporta una nueva oportunidad de conectar, una nueva manera de mostrar compasión por nuestros hijos y por nosotros mismos.*

Todos conocemos la sensación de hallarnos en la misma habitación que una persona estresadísima. De ahí podemos inferir que, si algo es bueno para ti, también va a ser bueno para tu hijo. Nuestros hijos se benefician en el plano biológico (y emocional) cuando nosotros conservamos el equilibrio. Esa es una de las razones que explican que cuidar de uno mismo sea algo tan importante.

En el capítulo presente me centraré en las cosas que pueden hacer los padres para disminuir el estrés. Lo más importante no es lo que en general representa ser bueno o malo para los padres, sino todo aquello que los conecta consigo mismos... e incrementa su presupuesto corporal. Una observación: este libro trata de la crianza de los hijos, y por eso es posible que sientas la tentación de saltarte el capítulo centrado en el cuidado de uno mismo, pero, por favor, te pido que no lo hagas, porque en el núcleo mismo de lo que representa ser padre, o madre, se encuentra el bienestar personal. Nuestra plataforma es la que nos guía en nuestro papel como padres, así como también guía las conductas de nuestros hijos. No se trata de flagelarnos porque no vayamos al gimnasio o no practiquemos yoga; se trata de que recordemos que hay que cultivar el cuerpo y el cerebro para estar bien regulados, y que eso es lo que también necesitan nuestros pequeños.

Las preocupaciones de los padres se pegan como el velcro

Una de las razones por las que resulta tan estresante ser progenitor es porque (como nos sucede a todos los seres humanos) tendemos a prestar más atención a las experiencias negativas que a las positivas. Es el resultado de una función llamada «sesgo de la negatividad»,[134] un proceso según el cual el cerebro prioriza las experiencias negativas sobre las positivas. Este instinto basado en la supervivencia es una reacción adaptativa: prestar atención a las amenazas del entorno les aportaba enormes ventajas a nuestros antepasados. Si el cerebro y el cuerpo no reaccionaran ante una tormenta o ante una desbandada de animales, quizá no viviríamos para volver a ver salir el sol.

Con el tiempo, este sesgo (el de prestar atención a las cosas negativas de la vida) puede llegar a sentar unas bases sobre las que se construyen unos modelos de comportamiento que no siempre resultan beneficiosos. El psicólogo Rick Hanson explica los efectos a largo plazo del sesgo de la negatividad: las malas experiencias se pegan como el velcro,[135] y las buenas resbalan como el teflón. Sé perfectamente que en mi cerebro llevaba pegados muchos miedos acerca del bienestar de mis hijas, y que a menudo era incapaz de disfrutar del momento presente porque estaba demasiado ocupada preocupándome por las niñas. ¿Habrían comido bien? ¿Habrían comido alimentos saludables? ¿Les estaría exigiendo demasiado con tantas actividades extracurriculares? ¿Iban demasiado programadas o, por el contrario, necesitaban un programa más ambicioso? La psicología tradicional etiquetaría mi tendencia a la preocupación diciendo que sufro de ansiedad, pero el punto de vista de Hanson es más neutro y reconoce que el cerebro humano está desarrollado para saber detectar las amenazas y proteger a los más pequeños. Y no nos referimos solo a las amenazas físicas en lo que respecta a nuestros hijos. Como nos recuerda muy bien el doctor Hanson, las experiencias negativas son más pegajosas.[136] Por ejemplo, la mayoría tendemos a centrarnos más en el comentario negativo que nos haya podido hacer un colega o un supervisor que en todo lo bueno que nos pueda haber pasado ese mismo día. Quizá, comprendiendo esta tendencia natural, podamos desarrollar una mayor compasión hacia nosotros mismos.

De todos modos, y a pesar de que priorizar la amenaza les sirvió a nuestros ancestros para poder sobrevivir, a los padres modernos eso mismo les podría resultar una carga. Comprender esta tendencia me fue de gran ayuda para dejar de considerarme una madre neurótica o angustiada y verme como un ser humano sensible que está experimentando el sesgo de la negatividad, como a cualquiera le puede suceder. De todos modos, podemos tomar medidas para no confraternizar tanto con este sesgo, sobrellevarlo y contrarrestarlo de alguna manera, y eso es lo que veremos en las páginas siguientes.

No cabe duda de que una de las habilidades más importantes del hecho de ser padres es conocernos bien y saber cuidar de nosotros.

Las pruebas que demuestran que hay que cuidarse

Hace unos años copresidí un congreso sobre el estrés parental y la manera de cultivar la resiliencia, tanto en nosotros como en nuestros hijos. Me quedé cautivada ante una de las ponentes que hizo el discurso de apertura, una mujer luminosa que irradiaba una gran calma y fuerza interior. La doctora Elissa Epel había trabajado con la doctora Elizabeth Blackburn, que a su vez había ganado un Premio Nobel gracias a un trabajo pionero sobre los telómeros, esa parte de los cromosomas que nos indica la rapidez con que envejecen las células. La doctora Epel explicó que podemos reducir el estrés, e incluso revertir el envejecimiento. Yo escuchaba con suma atención. A fin de cuentas, no dejaba de ser una madre con un horario apretadísimo que cumplir y un sistema nervioso galopante. Por si fuera poco, en mi trabajo diario tenía que lidiar con el estrés y con los traumas ajenos. Los estudios de la doctora Epel revelaron que seguir unas estrategias para el cuidado personal tan simples como puedan ser las de tomarse alguna que otra pausa para dedicarla al *mindfulness* y a la meditación ayudaba a las madres como yo a retrasar su envejecimiento celular.[137]

Por otro lado, también contábamos con el imponente estudio que veinte años atrás habían realizado el Consejo de Investigación Nacional y el Instituto de Medicina y que integraba la ciencia del desarrollo de la primera infancia en un compendio muy exhaustivo, titulado *From Neurons to Neighborhoods: The Science of Early Childhood Development*, que trasladaba a la práctica los principios de la ciencia.[138] En mi opinión, el hallazgo más relevante de este estudio se centraba en algo de lo que mis colegas y yo ya teníamos conocimiento: cultivar las relaciones es esencial para el desarrollo cerebral de los niños y su resiliencia futura.

Recientemente, unos especialistas e investigadores de la ahora renombrada Academia Nacional de las Ciencias, la Ingeniería y la Medicina publicaron otro consensuado e innovador estudio sobre la primera infancia: *Vibrant and Healthy Kids* («Niños vivarachos y sanos»).[139] Este estudio confirmaba la importancia que tienen las primeras relaciones, pero también incluía un nuevo hallazgo, incluso más revolucionario que el anterior: «Asegurar el bienestar de los cuidadores apoyándolos y preocupándonos por ellos es fundamental para que el niño crezca sano». *En otras palabras, los padres también necesitan cuidados.* Y eso es crítico para el bienestar de los hijos.

A pesar de que pueda parecer que es de sentido común, los especialistas que investigan el desarrollo infantil se han centrado más, por lo general, en lo que hacen los padres para que crezcan sus hijos, en lugar de detenerse a observar lo que estos sienten, o si cuentan con algún tipo de apoyo y de cuidados. Y, sin embargo, muchos padres van sobrecargados, y además no tienen quien cuide de ellos. La carga que soportan crece exponencialmente para los que además tienen que batallar con temas como son la inseguridad económica, la escasez de alimentos o la falta de vivienda, para los que cuentan con una mala cobertura sanitaria, los que son víctimas del racismo y del sesgo que este conlleva implícito, o los que son madres o padres solteros. Los hallazgos del Instituto Nacional de Alergias y Enfermedades Infecciosas han demostrado que los miembros de los grupos minoritarios tienen mayores probabilidades de sufrir enfermedades crónicas, como pueden ser la hipertensión, las patologías pulmonares y la diabetes, y atribuyen tal disparidad a «los determinantes sociales de la salud que se retrotraen a las condiciones nada favorables en que se encontraban algunas personas de color por su nacimiento y que tenían que ver con las posibilidades de contar con una dieta adecuada, de acceder a un sistema sanitario y con los efectos innegables del racismo en la sociedad».[140] Este estudio corrobora la necesidad que tienen los padres de recibir un mayor apoyo físico y emocional, tener más ayuda y contar con un mayor reconocimiento, mensaje que llevo años trasladando a mis pacientes.

Amelia y Silas

Mi paciente Amelia, que es madre soltera, se echó a llorar el día que me contó lo difícil que había sido para ella convertirse en madre. Amelia vivía con su bebé Silas y con su madre en la casa materna. Amelia trabajaba en una empresa de seguros, y su madre se quedaba en casa para cuidar del bebé. La política de baja por maternidad que seguía la empresa de Amelia le había permitido quedarse unos meses en casa para poder cuidar del recién nacido. Pero a pesar de la alegría y la ternura que le inspiraban su hijo, cuando este se echaba a llorar, la mujer caía presa de la angustia y la inquietud.

Vino a verme porque su pediatra la había derivado a mi consulta, y, sentada frente a mí, me dijo que comprendía que las emociones desatadas formaran parte de lo que representan los primeros años de la vida de un chiquillo, pero también me contó que lo que el llanto de Silas desencadenaba en ella habitualmente era una súbita y desconocida sensación de temor. Si el niño lloraba a lágrima viva durante más de diez minutos, Amelia notaba que el corazón se le aceleraba, tenía sudoraciones y se angustiaba. A veces le resultaba tan difícil que tenía que salir de casa y dar una vuelta a la manzana mientras su madre se encargaba de controlar la situación.

Amelia desconocía las razones por las que el malestar de su criatura le provocaba este género de reacciones. Y aunque el pediatra le asegurara que Silas estaba sano y que su crecimiento era de manual, apenas lograba controlar los nervios. Sí, sentía amor y gratitud por su hijo, pero convertirse en madre no le había resultado nada sencillo, y tenía la sensación de que podía tocar fondo emocionalmente en cualquier momento. El hecho de ser la única proveedora de la familia representaba para ella una mayor fuente de estrés y le añadía una mayor carga a la que ya de por sí sentía.

Tyrone y Dana

Tyrone y Dana se pusieron en contacto conmigo durante la pandemia del COVID-19. La pareja se tambaleaba debido a los largos meses de confinamiento y de convivencia en común, período en que ambos habían pasado de trabajar en el despacho a hacerlo desde la casa que compartían con su hijo Jaheem, un niño muy activo de siete años. Antes de la pandemia, Jaheem iba a la escuela la mar de contento y, luego, asistía a una actividad extracurricular que le encantaba. Sus padres trabajaban a jornada completa ejerciendo una profesión que les daba muchas satisfacciones. Con el transcurso de los meses, Tyrone y Dana se fueron dando cuenta de que cada vez se peleaban más entre sí, y que la relación con Jaheem iba de mal en peor. Antes de la aparición del COVID, sus principales preocupaciones habían sido las clásicas: ¿Jaheem ya ha hecho los deberes? ¿Ha salido al aire libre a hacer ejercicio? ¿Le dedicamos el tiempo suficiente a leerle cuentos por la noche?

Ahora, sin embargo, y por encima de todas esas preguntas habituales, hacía acto de presencia el estrés y la culpa añadida de tener que fijarle al niño unos límites firmes para que los padres pudieran centrarse en su trabajo. Jaheem no paraba de asomar la cabeza por la puerta y de hacerles preguntas. Tyrone admitió que, de vez en cuando, y tras muchas interrupciones, le soltaba un grito, y que luego se sentía fatal por ello. Al final, el estrés fue acumulándose porque la pareja empezó a discrepar sobre cuál era la mejor manera de gestionar los emergentes y curiosamente desafiantes comportamientos de Tyrone, como, por ejemplo, negarse a guardar los juguetes o a permanecer sentado y quieto durante las clases que le daban por Zoom.

Las experiencias de estas dos familias son de lo más común. Así como las vivencias que pueden llegar a desencadenar emociones en nuestros hijos son múltiples y variadas, a nosotros también nos sucede lo mismo; pero lo bueno es que somos capaces de gestionarlo. En las páginas siguientes analizaremos con mayor detenimiento algunas herramientas muy poderosas, resultado de diversas investigaciones, que nos servirán para ayudar a los padres a reforzar su salud emocional y física.

Regresar a la vía verde: herramientas para disminuir el estrés parental

Tal como les sucede a los pequeños, cuando cubrimos nuestras necesidades corporales logramos cimentar emocionalmente nuestra plataforma. Cuanto nos sentimos bien, somos capaces de corregular mejor con nuestro hijo.

A pesar de que la mayoría entendemos perfectamente lo que significa cuidar de uno mismo, a menudo nos cuesta hacer cosas tan sencillas como practicar ejercicio, dormir más o alimentarnos mejor, como nos suelen decir los que quieren animarnos. Lo cierto es que, como padres, a veces sacrificamos nuestras propias necesidades para apoyar a nuestros hijos y poder poner un plato en la mesa, pagar el alquiler y procurarles una vida estable. Tal y como Tyrone y Dana experimentaron en carne propia, la pandemia global no hizo más que aumentar el nivel de estrés que ya de por sí conlleva la crianza de un hijo.

Si te está costando mantenerte bien regulado en el plano emocional, quiero que respondas las preguntas que te planteo a continuación tomando de promedio una semana de tu propia vida.

- ¿Duermes entre siete y ocho horas cada noche?
- ¿Bebes entre seis y ocho vasos de agua cada día?
- ¿Consumes a diario alimentos nutritivos y variados?
- ¿Mueves el cuerpo cada día, haciendo ejercicio como está estipulado o gracias a tus actividades diarias?

Es muy posible que hayas respondido «no» al menos a una de estas preguntas, sobre todo si en casa tienes un recién nacido, un bebé de varios meses o un niño que empieza a andar. ¡Tranquila! El primer paso es darte cuenta de que a tu vida le falta algo. Cuando vas agobiada, es muy fácil que te olvides de beber agua, o que no comas como es debido, e incluso que no se te ocurra que debes levantarte de la silla en la que llevas sentada todo el día mientras trabajas.

Si no duermes lo suficiente, si no estás bien hidratada y comes mal (o si te aíslas socialmente), piensa que, tarde o temprano, tu salud física se resentirá. En función de tu genética y de cuáles hayan sido tus experiencias vitales, quizá solo acusarás las consecuencias cuando ya seas mayor. Pero piensa que nadie es inmune a las consecuencias negativas que comporta el hecho de no cuidarse, sobre todo si es a largo plazo.

Cuando miro hacia atrás, pienso que ojalá me hubiera planteado que debía cuidar de mí misma cuando mis hijas eran pequeñas y yo me sentía invencible. Iba tan atareada que siempre dejaba mis necesidades para el final y priorizaba lo que consideraba que mis hijas necesitaban. Después de todo, tenía mucha energía, amaba mi trabajo y la vida ajetreada que llevaba, y nunca había oído hablar del presupuesto corporal. Mi formación y mi práctica en el ámbito de la salud mental me inclinaban a separar mente y cuerpo: la ansiedad, por ejemplo, se consideraba un concepto mental que no tenía nada que ver con el cuerpo. Pero, como ya hemos visto, la distinción entre mente y cuerpo es falsa. Cuidar de tu cuerpo físico es cuidar también de tu salud mental. Cuidando de uno mismo se cuida la salud mental. Enriquece nuestra capacidad de corregularnos, porque es imposible ser un buen padre o una buena madre si funcionamos con un presupuesto corporal crónicamente agotado. La energía mental, la planificación y la constancia en la crianza de los hijos generan un coste físico y emocional, y debemos aprender a priorizar el bienestar.

Empecemos por el principio. Solo por el hecho de recordar que debes consumir alimentos nutritivos e hidratarte,[141] lograrás que tu cuerpo consiga el aporte de nutrientes que necesita. Y mover el cuerpo como parte de tu rutina diaria o contar con un programa básico de ejercicios es muy importante para conservar la salud, sobre todo a largo plazo. Dicho lo cual, el factor más importante para la salud de los padres no es lo que comen ni la cantidad de ejercicio que hacen, sino algo a lo que no damos la importancia que realmente tiene, y que es dormir bien.

Dormir es tu sistema de sostén vital

Si has respondido que no a la pregunta de si dormías entre siete y ocho horas por la noche, piensa que no eres la única, pero que también corres un gran riesgo (sobre todo si la falta de sueño dura meses o años). Matt Walker, un investigador fundamental especializado en el sueño y catedrático de neurociencia y de psicología en la Universidad de California, ubicada en Berkeley, no escatima palabras en su famosa TED Talk titulada *Sleep Is Your Superpower* («Dormir es tu superpoder»). Dice que «dormir no es un lujo optativo para nuestro estilo de vida. Dormir es una necesidad biológica no negociable. Es tu sistema de sostén vital».[142] Dormir potencia todos los sistemas del cuerpo, incluido el sistema cardiovascular, el sistema neuroendocrino, el sistema inmune y la capacidad de corregularnos, de pensar y tomar decisiones sobre nuestra profesión y nuestra manera de criar a los hijos.

Sin embargo, todos los padres saben que, después de tener hijos, ya nunca más volverán a dormir como antes. A menudo digo, medio en serio, medio en broma, que la última noche que fui capaz de dormir con toda tranquilidad fue la noche antes de que naciera mi primera hija. Después de eso, una parte de mi cerebro siempre se mantenía en alerta por si oía llantos, por si me llamaban o tosían, o por si se levantaba mi hija sonámbula. Las noches se convirtieron para mí en un flujo constante de interrupciones del sueño. Una u otra de mis preciosas niñas (primero una, luego dos y, finalmente, tres) siempre necesitaba mis cuidados en mitad de la noche.

A decir verdad, la falta de sueño no es un problema fácil de solventar para nuestra cultura. Y eso en parte es debido a que la mayoría vivimos geográficamente (o por la razón que sea) lejos de nuestra familia extensa y de unos cuidadores dispuestos a echarnos una mano. No vivimos en grupos de familias extensas,[143] que, en épocas pretéritas, constituían la norma; por eso, la mayoría de los padres tienen que soportar la carga de criar a sus hijos en soledad.

Yo me crié en un hogar multigeneracional en el que convivían tres adultos: mi padre, mi madre y mi abuela materna. Por suerte, uno de los tres siempre podía reemplazar a alguno de los otros dos si alguien necesitaba hacer una pausa o echarse una breve siesta, si caía enfermo, tenía que hacer un recado o cuidar de otro niño. La mayoría de familias en la actualidad no cuentan con esta clase de lujos. Muchos nos vemos sumidos en un ciclo interminable de trabajo y de crianza de nuestros hijos, y, a veces, el único momento de que disponemos para terminar las tareas es cuando los niños duermen. *De todos modos, dormir es nuestro sistema de sostén vital, y es importante no permitir que nuestra falta de sueño se vuelva crónica.*[144]

Hasta que tu bebé no crezca y establezca un patrón de sueño predecible, más te vale ser creativo. (En el capítulo 7 explicaré algunos sistemas para lograr que los niños duerman bien). Podéis intentar encontrar alguna manera de compartir la vigilancia del bebé, o quizá sea mejor rebajar vuestras expectativas respecto a lo que sois capaces de hacer cada día. Túrnate con tu cónyuge o con tu pareja para gestionar las veces que os tenéis que levantar por las noches. O acata el sabio consejo que se les da a los padres de todo recién nacido: «Echa una cabezadita cuando tu bebé haga la siesta». Los padres que tienen hijos un poco más crecidos pueden adoptar unas costumbres nocturnas más higiénicas estableciendo unos horarios para ir a la cama y unas saludables rutinas que aplicar antes de acostarse que incluyan pasar juntos unos momentos de relax, cepillarse los dientes, leer un libro, o acurrucarse el uno junto al otro para poder conciliar mejor el sueño. Podemos enseñar a nuestros hijos cómo nos preparamos nosotros para ir a dormir, y cómo han de prepararse ellos. A corto plazo, si vas más descansado, tendrás más paciencia y serás más consciente de los momentos que pases con tu hijo. Y, con el tiempo, eso podría significar llegar a contraer, o evitar contraer, una determinada patología médica. ¡Fíjate si llega a ser importante el tema!

La conexión humana: ¿puedes dedicarle unos minutos al día?

Al margen de la comida, el agua y el sueño, hay otro nutriente esencial que necesitamos para criar a nuestros hijos: la conexión con otros adultos con los que nos sintamos a salvo. Tal como les sucede a nuestros hijos, sobrevivimos y evolucionamos gracias a la conexión humana,[145] el único factor realmente importante para ganar en resistencia. Vuelvo a insistir en que es esencial para el crecimiento de nuestros hijos que sintamos que alguien se preocupa por nosotros por el hecho de ser padres[146] (que sintamos que somos visibles para los demás, que nos sintamos alentados y amados; y no solo me refiero a nuestros hijos, sino también a otros adultos). Suniya Luthar, una eminente investigadora especializada en el estrés y la crianza de los hijos, nos plantea la siguiente pregunta: «*¿Quién le hace de mamá a mami?*».

Cuando oí a la doctora Luthar plantear esta pregunta en un congreso de psicología hace ya algunos años, sonreí para mis adentros porque lo consideré tan reconfortante... Aunque, por supuesto, para la mayoría de las madres la respuesta es: nadie. En muchas culturas occidentales, sobre todo en la de Estados Unidos, criamos a nuestros hijos alejados de la familia extensa y aislados de la comunidad de vecinos. En mi caso en concreto, mis padres vivieron con la abuela desde el momento mismo en que se casaron, y tuvieron la suerte de contar con un sistema de apoyo intrínseco (muy capaz y adorable). Nunca se vieron obligados a criar a sus hijos en soledad. Y no me cabe la menor duda de que eso influyó mucho en la habilidad que demostraron tener para crear y gestionar un negocio de éxito.

Yo opté por criar a mis propias hijas en el seno de una pequeña familia nuclear. Saboreé la intimidad y el control que me daba observar las experiencias de mis hijas, y la seguridad que me generaba ese control. Francamente, debo decir que disfruté mucho criando a mis niñas junto con mi esposo sin contar con una excesiva ayuda exterior y sin interferencias de ninguna clase. De todos modos, la pregunta de la doctora Luthar es importante. ¿Quién nos hace de madre (y de padre) a los que somos padres? ¿Quién está presente emocionalmente para ti? Los extensos estudios de Luthar recalcan la importancia que tiene para las madres y los padres contar con un apoyo social y emocional por parte de los amigos o de la familia.

La razón estriba en que la soledad y el aislamiento social[147] ponen en riesgo nuestro bienestar físico y mental. Un estudio muy extenso dirigido por Cigna[148] reveló que casi la mitad de los veinte mil adultos estudiados, a veces o casi siempre, se sentían solos o abandonados a su suerte. Necesitamos a otros seres humanos que nos ayuden a sentirnos a salvo y seguros. Recuerda las sensaciones que experimentamos durante los confinamientos de la pandemia. Prácticamente todos los padres con los que trabajaba, y con los que estuve hablando durante ese período, se sintieron aislados, presionados o angustiados. Infravaloramos la importancia vital de la conexión humana para nuestro bienestar hasta que nos vemos obligados a prescindir de ella. Lo bueno de todo esto es que, tan solo con unos breves momentos de conexión con otro adulto que se interese por ti,[149] puedes conseguir llegar a disminuir el estrés y a sentirte más segura.

Plantéate las preguntas siguientes, que te servirán para valorar si necesitas apoyo emocional:

- ¿Cuentas con alguien más para criar a tus hijos, sea este un cónyuge, un padre o una madre, unos amigos, unos familiares o alguien de tu barrio que te haga sentir a salvo, amada y aceptada?
- ¿Esa persona es capaz de dar y recibir, para que ambas podáis experimentar lo que se siente al ser vulnerable y para

compartir vuestras preocupaciones sin filtros de ninguna clase y sin tener que preocuparos de ser juzgadas?
- ¿Esa persona está disponible cuando la necesitas o, mejor aún, está disponible regularmente para pasar un rato contigo?

Es importante que tanto los padres como las madres contéis con una persona que pueda estar presente cuando estéis con dificultades, con quien podáis sentiros a salvo y en quien poder confiar, que os ayuda a sentir que sois visibles y amados, y, esencialmente, que corregulen con vosotros. Recuerda que no solo los bebés o los niños necesitan corregularse con otros seres humanos. ¡Todos lo necesitamos! *Intenta pasar al menos un par de minutos al día disfrutando de esta cálida conexión con otra persona, tanto si lo haces de manera virtual como si lo haces en persona.* Y eso es algo especialmente relevante si eres una madre soltera. Llama a una amiga, o resérvate un momento del día para dar un paseo o tomar una taza de café con alguien de tu confianza. Todos salimos ganando cultivando esta clase de relaciones.

Si careces de esta clase de apoyo en estos momentos, no te preocupes. Quizá ahora eso sea pedir demasiado, pero piensa que es algo que debes plantearte para el futuro. Con esta clase de consejos no pretendo añadir una carga mayor a la que ya soportas, sino hacerte la vida más fácil.

Cuidar de uno mismo empieza con la toma de conciencia

Así como el poder de observación es fundamental para entender la conducta de nuestros hijos, también es preciso observarnos a nosotros mismos. La conciencia es el portal que hay que cruzar para ganar la compasión que nuestra plataforma necesita, para ver cómo le va al cuerpo y al cerebro, en el presente y con el paso del tiempo. ¿Recuerdas la autoevaluación que hicimos en el capítulo 3? Cuando somos conscientes, eso nos permite valorar, y traer a la conciencia, el estado de calma o de agitación en el que nos encontramos. Si sabemos que estamos en la vía roja, el simple acto de tomar conciencia de ello puede bastarnos para no gritarle a nuestra niña y elegir otra opción más asertiva y relacional. Cuando nos esforzamos en ser más conscientes, nos sentimos más enraizados y equilibrados, y eso nos permite gozar de esa pausa momentánea que nos impide decir o hacer cosas que no van a beneficiar a nuestro hijo (y a nosotros tampoco, por cierto).

Cuando yo era niña y mi adorada abuela se planteaba cómo resolver un problema, recuerdo que suspiraba, respiraba hondo y repetía lentamente: «A ver, a ver..». Lo hacía cuando no lograba encontrar la palabra que buscaba en inglés, que era su segunda lengua, o cuando le pasaba algo inesperado y necesitaba tiempo para pensar.

Esta expresión equivale a los dos pasos que hay que dar para llegar a ser consciente de uno mismo: «Espera» y «Mira».

Son los pasos que conforman el Paso 1 de la autoevaluación que presentamos a continuación, y que sirven para identificar la vía en la que te has situado. Me gusta pensar que mi abuela supo por instinto que es muy útil rebajar el ritmo y detenerse unos instantes varias décadas antes de que el *mindfulness* alcanzara tanta popularidad.

La autoevaluación: **espera** unos segundos y **observa** lo que está sucediendo en tu interior. Observa si notas algo en concreto: la sensación física del latido de tu corazón, algún dolor, hambre o sed, una emoción o un pensamiento que te venga a la cabeza... Observa sin valorar si eso es bueno o malo. Tú tan solo observa. Si eres capaz de darte cuenta de lo que te pasa, ¡felicidades! Acabas de experimentar lo que representa el momento de la conciencia plena, del *mindfulness*. Si no has notado nada, o te han venido sensaciones desagradables o sentimientos negativos, tranquila, que no pasa nada; vívelo, y luego intenta aceptar la experiencia sin juzgarla. No se trata de discernir si es buena o mala. La conciencia de la experiencia presente puede hacer que te sientas un poco rara si no estás acostumbrada. Te pido, por favor, que no seas crítica contigo misma si te resulta incómodo rebajar el ritmo y observar tu mente o tus sensaciones; para la mayoría resulta una experiencia nueva. *La conciencia es el ingrediente clave de la autorregulación, tanto para nuestros hijos como para nosotros mismos.*

Hay personas a quienes les resulta muy difícil detenerse o rebajar el ritmo lo suficiente para permitirse ser conscientes. Si ves que el esfuerzo te provoca un estrés mental o físico, toma nota de lo que estás viviendo con compasión y sin juzgarte a ti misma. Hay quien va con el motorcito a tope como modo de protección o adaptación para conservar el equilibrio; y eso está bien. Si rebajar el ritmo dispara tu sensor de la seguridad, acepta el hecho con curiosidad. Si, en cambio, te sientes incómoda por el hecho de haberlo rebajado, detente e inténtalo de nuevo más adelante, cuando sientas, y si sientes, que estás lista.

Muchos padres me dicen que no tienen tiempo para dedicarse a observar sus experiencias corporales. Lo entiendo muy bien. Durante mis primeros años como madre, iba tan atareada que ni siquiera me daba cuenta de que tenía sed, y por eso incluso había días en que me olvidaba de beber agua. Me movía sin parar, de un lado a otro, y rebajar el ritmo no me resultaba práctico, hasta el día en que me vi obligada a plantarme en la consulta del médico con síntomas de deshidratación. Aprendí una buena lección, y me di cuenta de lo desconectada que había estado de mis sensaciones corporales (sed incluida).

Observarte a ti misma puede ayudarte a decidir lo que más te conviene para rellenar tu depósito y reforzar tu sistema nervioso con el fin de dedicarte a la tarea hercúlea que representa ser padre o madre. En la época en que me dedicaba activamente a criar a mis tres hijas, el hecho de centrarme en mí misma y de cuidar de mí me parecía un auténtico lujo, casi como si estuviera yendo en contra de mis instintos, que, sin duda alguna, estaban muy mediatizados por esos mensajes culturales que postulan que el sacrificio materno es una virtud. Yo prefería pasar mi tiempo libre, si es que podemos llamarlo así, con mis hijas, y emplear toda mi energía en ellas. Me encantaba ser madre, y no me daba cuenta de la factura que el estrés le estaba pasando a mi vida.

En la actualidad, cuando rememoro esa época con mis hijas, que ahora ya son mujeres adultas, nos reímos espeluznadas de esos recuerdos, que ahora compartimos con amor y compasión. Mi marido y yo fuimos unos padres muy ambiciosos que se plantearon criar a sus hijas y dedicarse a su profesión por partida doble. Yo iba por la vida sin tener plena conciencia de mí misma. Un día que estaba telefoneando a una clienta desde casa, me enfadé tanto porque mis niñas no callaban ni a tiros que les tiré a la cabeza un cepillo del pelo (de lo que, francamente, me avergüenzo mucho). En otra ocasión en que iba en coche al centro comercial me di cuenta, nada más llegar, de que me había olvidado de ponerme los zapatos (ya me dirás si no hay para reírse...). Sí, ser madre, en ocasiones, fue para mí como vivir una experiencia extracorpórea. Si hubiese entendido la importancia de cultivar la conciencia y de tomarme el tiempo necesario para satisfacer las necesidades de mi propio sistema nervioso, habría sido una mujer más tranquila y sana.

PRÁCTICA: una de las maneras de desarrollar una mayor conciencia de tus necesidades (y de la vía desde la que funcionas en un momento dado) es practicar el *mindfulness* o la conciencia plena. Varias décadas de estudio han demostrado la influencia positiva que tiene el *mindfulness*[150] en la salud física y mental de la persona. Empieza a practicar esta disciplina haciendo una pausa momentánea varias veces al día para observar tus sensaciones o emociones. Puedes potenciar estas observaciones reservándote unos minutos para dedicarlos a practicar *mindfulness* (prestando atención al momento presente sin emitir juicio alguno).[151] Estos breves períodos de tiempo no solo te sirven para conectar mejor contigo misma, sino también para disminuir el estrés. Hay muchas aplicaciones disponibles que constan de ejercicios guiados para practicar el *mindfulness*, y algunos son tan cortos que solo duran un minuto.

Tanto si estamos enraizados en un estado de calma como si nos damos cuenta de que la hemos perdido, el objetivo no es llegar a ser un padre o una madre perfectos, sino más bien sortear las inevitables vicisitudes que se nos plantearán siendo conscientes de nuestras sensaciones corporales, de nuestras emociones y nuestros pensamientos. Si lo conseguimos, tendremos el consuelo de saber que podemos permitirnos sentir lo que hay, y ayudarnos a nosotros mismos en lugar de sentir vergüenza.

La autocompasión

En nuestra cultura actual, que tanta presión ejerce sobre nosotros, los estudios demuestran que muchos padres se sienten juzgados, o se juzgan a sí mismos, casi siempre con negatividad. Un estudio muy extenso reveló que nueve de cada diez padres suelen sentirse juzgados.[152] Por eso quiero decirte que, si te sientes juzgada por los demás, o te juzgas a ti misma con dureza, no eres la única. Parece que es más fácil mostrar compasión por nuestros hijos que por nosotros mismos.

Cuando estaba metida de lleno en la crianza de mis pequeñas, creo que consideraba el concepto de tener compasión de una misma en buenos términos pero innecesario (incluso algo autocomplaciente). El corpus científico ha demostrado que la compasión por uno mismo beneficia nuestra salud física y mental, y el bienestar propio en general,[153] y esos beneficios calan en nuestros hijos. La compasión por uno mismo también es una herramienta muy útil cuando nuestra plataforma da un vuelco inesperado (como sucede inevitablemente durante la travesía de la maternidad). La compasión por una misma nos permite dulcificar la conciencia y nos capacita para ser más compasivas y estar más presentes con nuestros hijos.

La doctora Kristin Neff, una investigadora pionera en el estudio de la compasión por uno mismo que trabaja en la Universidad de Texas, en Austin, ha realizado unos estudios sobre esta materia que son particularmente reveladores. Junto con su colega, el doctor en psicología Chris Germer, ha desarrollado un programa de entrenamiento de la autocompasión consciente[154] (MSC, según las siglas en inglés) para enseñar una práctica muy innovadora sobre la autocompasión. Estos profesionales enseñan lo que es la compasión consciente de uno mismo: la conciencia del momento presente combinada con el acto de ser amables con nosotros mismos. Su estudio piloto[155] reveló que los que participaron en su curso aumentaron el nivel de compasión hacia sí mismos y, además, sintieron menos ansiedad, depresión y estrés al término del curso, resultados que supieron mantener durante más de un año.

Intrigada, asistí a un retiro sobre la compasión consciente de uno mismo que Kristin y Chris dieron durante toda una semana en las maravillosas y agrestes montañas desde las que se ve la costa del Gran Sur, en California. En ese lugar descubrí que la compasión aplicada a una misma añade un ingrediente especial y enriquecedor a la conciencia de uno mismo: lo que debemos hacer cuando vivimos experiencias dolorosas o negativas. La compasión plenamente consciente de uno mismo combina los beneficios que ha demostrado tener el *mindfulness* para la salud con la capacidad de actuar activamente sobre nuestros miedos, preocupaciones y dudas propias. Para mí, eso todavía le da más fuerza al *mindfulness*.

Si compadecernos de nuestros hijos puede llegar a convertirse para nosotros en una segunda naturaleza, no siempre nos sale instintivamente hacer lo mismo con nosotros mismos. ¿Cómo practicamos la autocompasión? Sencillamente percibiendo y reconociendo que nos encontramos ante un desafío o una situación complicada, dándonos cuenta de que los desafíos son una experiencia humana que todos compartimos, que no estamos solos[156] y podemos mostrarnos amables con nosotros mismos y ser conscientes de nuestra valía, como lo haríamos con nuestros propios hijos cuando vemos que se están esforzando.

Kristin y Chris me enseñaron un breve ejercicio basado en sus investigaciones: la pausa de la autocompasión.[157] Esta pausa incluye tres formas de reconocer tu propio valor siempre que lo necesites, o si así lo deseas. Yo uso la pausa de la autocompasión como un mantra que me repito varias veces cuando necesito darme ánimos en esos momentos difíciles que vivimos los padres (o en cualquier otro momento difícil que esté viviendo). Espero que te resulte útil, y espero también que te sientas libre de usar tus propias palabras para captar ese sentimiento que mejor te define a cada paso.

> PRÁCTICA: LA PAUSA DE LA AUTOCOMPASIÓN[158]
>
> 1. Date cuenta y reconoce que estás pasando por un momento difícil, que tienes una dificultad o un problema, y dite a ti misma: «¡Qué duro es esto!»; o bien: «¡Qué estresante!»; o, sencillamente: «¡Ay...!».
> 2. Recuerda que no estás sola en el sufrimiento, y date cuenta, o dite a ti misma: «No estoy sola»; o bien: «Así es como se sienten los que están librando una batalla parecida a la mía»; o incluso: «Todos los padres sufren de vez en cuando».
> 3. Sé amable contigo misma, y, por ejemplo, di en silencio: «Voy a ser dulce conmigo misma», o «Voy a concederme lo que necesito», o incluso «¿Qué necesito en este momento?».

Pronuncia estas tres afirmaciones cuando veas que las cosas empiezan a desmoronarse... o cuando lo desees. Considera, además, la posibilidad de añadirle un leve contacto físico: ponerte la mano en el corazón durante unos instantes o tocarte la mejilla si eso te consuela. Estos gestos simples y rápidos le dicen a tu sistema nervioso que estás bien. Te dan un mensaje de seguridad, el mismo mensaje que le darías a tu hijo. Estas tres simples afirmaciones *(Esto es duro. No estoy sola. Voy a ser dulce conmigo misma)* pueden servirnos para vivir en calma los momentos difíciles. Reforzar el sentido de la compasión y el bienestar de nosotros mismos nos equipa mejor para hacer otro tanto con nuestros hijos.

¿Nueva era o discurso científico?

A veces, las personas reaccionan mal a la idea de compadecerse de uno mismo. Hay quien se pregunta si eso no será una señal de debilidad, u otra manera distinta que tiene la Nueva Era de plantear la piedad por uno mismo. *Nada más alejado de la realidad. Todos y cada uno de nosotros nos sentimos juzgados como padres en un momento dado; por eso, practicar la compasión por uno mismo es un acto de determinación valiente y, a veces, contradictorio.* La compasión por uno mismo no es ser autoindulgente; es lo que forja nuestra plataforma, y los estudios demuestran que es capaz de mejorar tu salud física y mental.[159] Mejora la sensación de bienestar y logra que resulte más fácil arreglar las inevitables discordancias y rupturas que vivimos con nuestros hijos. Es muy humano complicarnos la existencia de vez en cuando. La compasión por uno mismo también sirve para moldear nuestra flexibilidad mental y autoaceptación en favor de nuestros hijos. Dicho todo lo cual, si poner en práctica la autocompasión te resulta desagradable o incómodo, a tenor de lo que dicta este libro (que respeta la individualidad única de que goza toda persona), acéptalo tranquilamente. Prescinde de todo esto y prueba otras cosas que le sienten mejor a tu cuerpo. No existe una única manera de calmar el cerebro y el cuerpo de una persona; solo la que a ti te funciona.

La respiración

Otro truco para criar a los hijos del que puedes sacar un gran provecho y que no exige dedicarle un tiempo añadido es cambiar la calidad y la conciencia de la respiración. Cuando controlamos la respiración, accedemos mejor a la vía verde, que nos ayuda a recuperarnos del estrés. La terapeuta Deb Dana nos recuerda que «la respiración es una vía que va directa al sistema nervioso autónomo».[160] Podemos usar la respiración para sentirnos menos inquietos. Los estudios demuestran que existen diversas clases de respiración controlada que disminuyen la ansiedad, el estrés y la depresión,[161] y que además fortalecen el sistema inmune. Y, por si fuera poco, una respiración lenta y controlada envía un mensaje al sistema nervioso diciéndole que se calme y disminuya su ansiedad.[162]

La doctora Patricia Gerberg y su marido, el doctor Richard Brown, son dos psiquiatras que dirigen un equipo de investigación y formación sobre los beneficios que tiene para la salud la respiración lenta y los tratamientos mente-cuerpo para tratar las enfermedades relacionadas con el estrés. Dicen que respirar lentamente y con suavidad produce un efecto relajante que contribuye a reducir la ansiedad, el insomnio, la depresión, el estrés y los efectos de un trauma.[163]

Lo que interesa recordar es que, para la mayoría de los que vamos por la vida con la directa puesta, acusando tensión en el cuerpo, la respiración controlada puede ayudarnos a tranquilizar nuestro sistema nervioso. Nos sentiremos mejor y seremos más capaces de corregular con nuestros hijos. Tenlo presente cuando vayas cargada con varias bolsas de la compra en cada brazo, tu hija se ponga a gritar porque quiere cenar, o el perro acabe de salir zumbando por la puerta principal. También te resultará de gran utilidad cuando termines metiéndote agotada en la cama, intentes conciliar el sueño y tu cuerpo y tu mente no consigan relajarse. La respiración controlada puede inducir a muchas personas a tener una sensación de relajación. Te recomiendo que practiques este ejercicio o algo similar cuando no te encuentres en pleno fregado intentando lidiar con tus hijos y puedas disponer de un ratito para ti misma.

El ejercicio de la respiración lenta

Respira inspirando despacio (por la nariz si es posible) mientras cuentas mentalmente del 1 al 4, del 1 al 5 o del 1 al 6 (el intervalo que te resulte más cómodo), y llénate los pulmones de aire hasta que sientas que se te expande el vientre. Ahora espira y vuelve a inspirar contando hasta cuatro, cinco o seis. Repite el ejercicio varias veces seguidas. Si te sientes más relajada y alerta, es debido a que acabas de cambiar de lugar tu propia fisiología y has penetrado en la vía verde (o te has metido de plano en ella).

- Para lograr una sensación de calma adicional[164] (a la hora de acostarte, por ejemplo), intenta que las espiraciones sean más largas que las inspiraciones. Es importante experimentar con la respiración y, por supuesto, hacer lo que te resulte más cómodo corporalmente. Si controlar la respiración te provoca inquietud o ansiedad, tan solo reajústate con todo el cariño del mundo y adopta el ritmo que te vaya mejor para sentirte más en calma, atenta y enraizada. De todos modos, lo importante es que, si la respiración controlada no te sirve para relajarte, no te tortures.

El gran atractivo que entraña la respiración controlada es que está disponible en todo momento. Incluso cuando estés intentando calmar a un bebé que llora, o a un pequeñín que se queja, siempre puedes recurrir a la respiración. La respiración controlada nos recuerda que hemos de tener paciencia con nosotros mismos y con nuestros hijos, y nos advierte que es mejor no pasar por la vida corriendo, ni criar a nuestros hijos con tantas prisas. Intenta añadir unas respiraciones controladas más en la pausa de la autocompasión y tendrás una herramienta para cuidar de ti misma lista para entrar en acción.

Compadécete de tu propia historia

Nuestras reacciones ante la vida y los hijos pueden venir provocadas por cosas que estén profundamente arraigadas en nuestra historia personal, en la manera que tiene nuestro cerebro de interpretar las experiencias estresantes más tempranas y en los retazos de recuerdos que estas nos dejan (la mayoría de los cuales están situados al margen de nuestra conciencia consciente). Y eso incluye la manera en que nuestros padres y nuestros cuidadores satisficieron nuestras necesidades, y si sus actos se adecuaron bien a lo que necesitábamos individualmente en términos de consuelo y seguridad. *Por ejemplo, si a tus padres les costaba mucho tolerar tus emociones negativas, o bien las malinterpretaban, las ignoraban o te castigaban cuando las sentías, esas experiencias tempranas pueden influir en la manera en que tú toleras las emociones negativas de tu propio hijo.* Puede que te sientas provocada cuando tu hijo muestra esta clase de emociones, o pasa por esa misma fase del desarrollo en la que tú viviste esas experiencias negativas.

A veces, nuestra propia historia personal nos hace muy difícil tolerar la presión de ver que nuestros hijos están sufriendo, y eso nos hace sentir incómodos en lugar de lograr que nos sintamos más fuertes cuando son ellos quienes experimentan estas emociones negativas. Ese fue el gran reto que tuve que plantearme como madre, porque lo que yo quería a toda costa era evitar a mis hijas el sufrimiento que yo había experimentado de pequeña. Pero recuerda que no experimentar un grado tolerable de estrés positivo en realidad puede llegar a ser un obstáculo para el desarrollo del potencial de resiliencia de un niño. Yo trabajé el ser consciente y el saber compadecerme de mis propios desencadenantes con una terapeuta de confianza que me ayudó a ser más resistente como madre. Esta profesional correguló conmigo con tanta brillantez que le estaré agradecida de por vida. Todos hemos oído hablar de esos estudiantes universitarios a los que les han dado las cosas tan masticadas a lo largo de la vida que luego se estrellan cuando tienen que funcionar por su cuenta y se ven obligados a gestionar su propia vida. Una vez más, la conciencia y, por encima de todo, la conciencia de saber compadecerse de la historia personal y de las adaptaciones que hemos tenido que realizar para sobrevivir evitarán que nuestros hijos tengan que revivir las experiencias que nosotros ya vivimos en una época temprana de nuestra vida.

Un padre me contó una vez que su propia madre solo toleraba en él las emociones positivas, y que desconectaba completamente cuando el pequeño se enfadaba o se mostraba agresivo. Como resultado, el niño se convirtió en un experto en complacer a los demás: se mostraba muy educado y se reservaba para sí mismo las emociones negativas. Tras convertirse en padre, sentía como una violencia interior que le impedía reaccionar cuando su hijo se enfadaba o tenía miedo. Le resultó de gran alivio que le explicara que las emociones negativas de los niños, en realidad, son como oportunidades equitativas; es decir, el reflejo del abanico infantil de reacciones humanas que cabe esperar. Era saludable, y además de esperar, que su hijo experimentara rabia. Cuando este hombre se dio cuenta de que había aprendido a complacer a sus padres siguiendo una estrategia de supervivencia adaptativa, se volvió más tolerante y aceptó sus propios sentimientos, e incluso animó a su hijo a expresar las emociones negativas que sentía. *Ayudé a ese hombre a lograr su objetivo aumentando su capacidad de vincular las sensaciones corporales básicas con un mayor glosario de palabras emocionales. A esto se le llama «granularidad emocional».*[165] (Piensa en el nivel de detalle: de grano fino o de grano grueso). Al principio, cuando mi cliente se sentía trastornado, solo acertaba a decir que se sentía mal por dentro. Al cabo de unos meses, sin embargo, detallaba mejor sus descripciones y, como ya era capaz de describir emociones como la ansiedad, la rabia o la envidia, pudo ayudar a su vez a su hijo a hacer lo mismo.

Si sientes que vas a perder los papeles cuando estás con tu hijo, vale más que te detengas unos segundos y observes, sin juzgar. Quizá te hayas puesto como una moto debido a un recuerdo o a una experiencia del pasado de los que no eres consciente. Si sientes que hay temas sin resolver de tu pasado que te están causando problemas con tu hijo, lo mejor es aceptarlo y no machacarte emocionalmente. El arrepentimiento, la vergüenza y la culpa solo representan retiradas de efectivo para tu presupuesto corporal, por eso es tan crucial que tengas compasión de ti mismo. Nuestros padres, en su inmensa mayoría, y sin tener culpa de nada, no pudieron gozar de la ventaja que nos proporciona hoy en día la información de que disponemos sobre la crianza positiva de nuestros hijos. Tus padres, cargados de buenas intenciones, quizá te dieron mensajes que te hicieron sentir mal o que cuestionaron tus actitudes; y me refiero a mensajes como, por ejemplo: «Te estás pasando», «Sé educado y responde cuando un adulto te haga una pregunta», o «¡No me montes una escenita!». Tan solo siendo consciente de estos mensajes contribuirás a no recrear las mismas experiencias con tus hijos.

La actividad: reflexiona sobre el modo en que tus padres y cuidadores consideraban y aceptaban tus propias necesidades y emociones cuando eras pequeña y anótalo en un cuaderno. ¿Tus padres o los adultos de tu entorno toleraban que mostraras una amplia variedad de emociones negativas de pequeña y de adolescente, o más bien hacían todo lo contrario? Haz una lista con todas tus observaciones y, luego, valora si no habrá ciertos aspectos de tu pasado que se estén revelando en tu vida parental.

A veces actuamos como padres por instinto, por razones que quedan fuera del alcance de la consciencia. Los desencadenantes subconscientes pueden provocar que reaccionemos exageradamente, o que reaccionemos poco, ante los comportamientos de nuestros hijos en función de lo que desencadenan. Las herramientas que describiré en este capítulo te ayudarán a ser más consciente y más capaz de ver las necesidades de tu hijo desde su punto de vista, en lugar de reaccionar desde la preocupación o el trauma que tú proyectas. Es útil recordar que nuestras conductas desafiantes, así como las de nuestros hijos, son adaptaciones subconscientes: nuestros sistemas nerviosos hicieron lo necesario para protegernos y ayudarnos a sortear las dificultades de nuestra infancia.

Si ves que reaccionas exageradamente ante la conducta de tu hijo, y que eso podría originarse en una energía desplazada de tu pasado, trátate con compasión. Las experiencias adversas del pasado, como la de haber sido maltratada o haber sido testigo de situaciones complicadas[166] en las que viste maltratar a otras personas, sobre todo de manera reiterada, pueden provocar un estrés tóxico y un trauma. Siempre podemos pedir ayuda para sanar las heridas del pasado. Si te representa un gran esfuerzo regularte a ti mismo (sobre todo si tus cuidadores te maltrataron, o viviste o presenciaste episodios de violencia), es importante explorar estas cuestiones y comprender el modo en que eso afecta a tu papel de progenitor. Podemos aprender a observar y a interpretar nuestras reacciones automáticas. *Si sientes que tu pasado es una carga para hacer bien tu papel de padre o madre, vale la pena que consultes con un profesional de la salud mental que te ayude a discernir cuáles son los sentimientos tan intensos que te evoca criar a tus hijos.*

Si en alguna ocasión sientes que has perdido toda esperanza y te estás enfrentando a la idea de que puedes haber caído en una depresión grave, o que quieres autolesionarte, estamos hablando de una enfermedad grave que puede tratarse. La línea telefónica de prevención del suicidio, que funciona las veinticuatro horas del día todos los días de la semana, está a cargo de unos profesionales de la salud que pueden ayudarte y darte esperanzas. El número de teléfono en España es el 024.

Es la conciencia lo que cuenta, no una infancia perfecta

No hay nadie que haya tenido una infancia perfecta. No importan las circunstancias que la rodearan, lo que importa es el sentido que le damos a la vida,[167] la manera de explicarnos nuestra propia historia. Los hijos se benefician cuando somos conscientes de nuestras emociones, de las sensaciones físicas, los pensamientos y los recuerdos. Esta conciencia nos permite distinguir entre nuestro propio estrés, los temas personales y las necesidades y emociones de nuestro hijo; también nos impedirá desquitarnos con ellos.

El pasado no tiene por qué acecharnos. La sanación proviene de desvelar lo desconocido sin dejar de ser amable contigo misma, para que las experiencias del pasado no te hagan actuar de manera impredecible con tu hijo, sino que sirvan de señal que indique que estás reaccionando a algo que te provoca y necesitas ocuparte de ti misma. Piensa que tanto nosotros como las personas que estaban al cargo de nuestro cuidado intentábamos sobrevivir. Todos lo intentamos.

Tomar una mayor conciencia de la historia y los desencadenantes propios puede ser tan determinante como hacer o decir algo que asuste al niño en lugar de que nos conecte con sus necesidades intrínsecas. Nos volvemos más conscientes del modo en que podemos anclarnos, nos damos cuenta de cuándo no estamos regulados y descubrimos las herramientas de que disponemos para recuperar la vía.

PRÁCTICA: la próxima vez que tengas problemas cuidando de tu hijo, detente y valora el color de la vía en que te has situado, y que se refleja en la mirada de tu rostro, en el tono de tu voz y en tus gestos. *Hazte la siguiente pregunta: ¿Este momento está desencadenando algo en mí?* Si la respuesta es afirmativa, no te juzgues; al contrario, toma buena nota para reflexionar sobre el tema cuando te resulte cómodo. Reconocer que hay algo que nos está provocando es la mejor manera de impedir que los traumas del pasado influyan en nuestros hijos.

¿Qué es lo que te conecta contigo mismo?

Dado que el estrés constituye una parte inevitable de nuestras vidas, es importante que dispongamos de algunas herramientas que sirvan para calmarnos físicamente. Todos vivimos el estrés de una manera distinta, por eso te conviene crearte tu propio suministro de protección frente al estrés que te ayude a tranquilizarte y a reequilibrar tu presupuesto corporal. Todos somos únicos, y vivimos la vida de distinta manera; por eso necesitamos crearnos una caja de herramientas propia con la que gestionar el estrés y conectar con nosotros mismos. Determinar lo que debería contener esta caja de herramientas requiere su tiempo. Ten una libreta a mano, o un diario, en el que puedas anotar una lista de actividades o de momentos que te permitan cultivar cuerpo y mente. Ándate con ojo y no caigas en el sesgo negativo.[168] Yo animo a los padres a que escriban las actividades que les ayuden a sentirse centrados porque, día a día, los buenos momentos vividos pueden pasar como un soplo y los malos, permanecer en el recuerdo. Apuntarlos en el mismo momento en que pasan nos permite capturarlos con la intención de reproducirlos luego.

La actividad: toma nota de tus estrategias personales para sentirte más conectada contigo misma o con los demás. Quizá sea tener la intimidad suficiente que necesitas para darte una ducha de agua caliente sin que una de tus niñas entre en el baño para hacerte una pregunta. Quizá sea escuchar música o bailar al son de la música, dar un breve paseo a la hora del almuerzo, meditar, cuidar de tu jardín, ir a clase de yoga o de *spinning*, o incluso tomar un café con las amigas. Quizá tan solo consista en permitirte salir al aire libre a sentarte un rato en un banco con tu hijo para disfrutar del momento mientras ves el brillo del sol reflejado en su pelo. Tu sistema nervioso y tú sabéis mejor que nadie lo que os va bien para recuperar el equilibrio. ¿Cuáles son las experiencias positivas o los hábitos que te aportan paz, consuelo o alegría? ¿Qué actividades te llenan cuando te sientes vacía?

Amelia se enfrenta a su pasado

Armados con estas estrategias para cuidarnos como madres y padres que somos, volvamos a retomar los ejemplos de esas dos familias de que hablábamos al inicio del capítulo. Amelia, la madre que reaccionaba mal ante el llanto de su hijo Silas, y Tyrone y Dana, los padres de Jaheem, cuyas peleas entre ambos, y también con su hijo, habían ido en aumento durante el confinamiento por el COVID-19.

Para asegurarme de que el llanto de Silas no lo provocara una causa de naturaleza física, contacté con el pediatra que me había remitido al niño. Cuando el médico me confirmó que sus ataques de llanto no indicaban la presencia de una causa física que fuera digna de preocupación, Amelia y yo nos pusimos a investigar sobre las raíces profundas de sus reacciones. Expliqué a Amelia que, a veces, una interacción del niño, un comportamiento o un determinado estadio de su desarrollo pueden desencadenar en nosotros unos recuerdos subconscientes estresantes. Todos los padres, en un momento dado, se sienten desbordados por alguna reacción de sus hijos, de la misma manera que todos vamos pasando cíclicamente de la vía azul a la vía roja, en función de lo que la vida nos depara. En lo que sí ejercemos un control, en cambio, es en el modo en que interpretamos esos recuerdos y en lo que hacemos con ellos.

A medida que fuimos conociéndonos y ganando en confianza, Amelia rebuscó en su propia historia personal para comprender por qué el llanto de Silas representaba para ella un desafío de tan colosales proporciones. Y recordó que cuando de pequeña sentía emociones negativas, su madre, que la adoraba, y que trabajaba como encargada de un supermercado muchas horas al día, hacía todo lo que estaba en su mano para que Amelia volviera a estar contenta lo más pronto posible y así evitarle que sintiera emociones negativas. De niña, Amelia no había tenido la oportunidad de aprender a reconocer sus emociones, porque su madre presentaba un nivel muy bajo de tolerancia frente a su propia inquietud. Poco había podido adaptarse Amelia, intentando siempre ayudar a su madre por medio de la represión de sus emociones negativas.

Como consecuencia, Amelia se convirtió en una experta en ayudar a los demás a sentirse a salvo y felices. Este rasgo de su carácter le procuró muchas amistades, y una muy buena reputación en el trabajo, pero a costa de su propio bienestar. Amelia se dio cuenta de que su madre no había tenido ni una sola vía de escape para canalizar sus propias emociones, porque estaba demasiado atareada ocupándose de los demás y asegurándose de poder poner un plato en la mesa mientras cargaba con el profundo dolor que le causaban sus propias dificultades y los desafíos a los que tenía que hacer frente. La mujer había aprendido a enmascarar sus auténticos sentimientos.

Eso explica que Amelia por fuera pareciera risueña y feliz, pero que sucumbiera fácilmente a la inquietud.

Gracias al trabajo que realizamos las dos juntas, Amelia llegó a entender que, para su madre, representaba todo un reto tener que procesar sus emociones negativas: problemas que subsistían en los recuerdos más tempranos y subconscientes de la Amelia adulta y que hacían que saltara su sistema de detección de la seguridad cuando Silas lloraba y eran incapaces de consolarlo. Ayudé a Amelia a buscar significado a la sensación que experimentaba cuando oía a su bebé llorar. Así como un padre o una madre ayudan a su hijo a integrar las experiencias tildándolas de tolerables y seguras, a menudo yo también me encuentro en la misma situación cuando tengo que ayudar a otros padres a interpretar sus propios sentimientos de angustia de otra manera y, además, mostrando compasión. Todo eso ayudó a Amelia a controlar la dureza con que se juzgaba a sí misma y a desdramatizar la ansiedad que sentía para aportar una nueva luz a la situación.

Al final, tomando conciencia, y sintiendo una profunda compasión por sí misma, Amelia logró conectar mejor consigo misma. Empezó a darse cuenta de las cargas y de las preocupaciones que llevaba acumuladas. Amelia vivía en una preocupación constante: era la única proveedora de la familia, y por eso le daba un miedo tremendo pedir permiso a la empresa para poder cubrir sus necesidades sanitarias y las de Sila. Además, se angustiaba por los inacabables pormenores diarios que debía resolver cual malabarista, tanto en casa como en el trabajo. Amelia tomó conciencia de sus desencadenantes y se sintió aliviada de que hubiera una razón que explicara lo que en apariencia era una manera irracional de comportarse con su hijo pequeño. Además, entendía mucho mejor la complicada dinámica que mantenía con su madre, que era la persona que más apoyo le estaba prestando con Sila. Amelia se esforzó en ser más sincera y determinada con su madre, y en tolerar mejor las emociones negativas de Silas, a veces incluso llamándome por teléfono para pedirme ayuda. Asimismo, empezó a relatar su propia experiencia a modo de reflexión, y recurrió al ejercicio de la autocompasión, que le permitía calmarse y saber que, como a todos los padres nos sucede, uno nunca está solo en el sufrimiento.

Al cabo de unos meses, la tolerancia de Amelia a la inquietud había aumentado. No se juzgaba tanto a sí misma. En una sesión incluso llegó a decirme que sentía como si emocionalmente estuviera abriendo las cortinas de una ventana para dejar que entrara el sol. No es de extrañar que, cuando entró en conexión con su propio cuerpo y se incluyó en la dulce mirada con que contemplaba a Silas, dejara de preocuparle tanto su llanto.

Tyrone y Dana encuentran el equilibrio

Cuando conocí a Tyrone y a Dana, vi a unos padres que vivían en un permanente estado de agotamiento, y que necesitaban ingresar una buena cantidad en sus presupuestos corporales. Los tranquilicé diciéndoles que el comportamiento de su hijo (que los interrumpía a cada momento durante su jornada laboral y se mostraba incapaz de obedecer cuando se lo pedían) se encontraba dentro de lo que cabe esperar de un niño que ama a sus padres y está empezando a desarrollar la autorregulación. También les expliqué que sus comportamientos desafiantes reflejaban el estrés que la pandemia le estaba provocando, y que la criatura echaba de menos a sus amigos y a su maestra.

Lo que necesitaban esos padres era un poco más de tiempo para plantearse cómo realizar nuevos ingresos en sus presupuestos corporales. Tyrone echaba mucho de menos poder ir al gimnasio, que había tenido que cerrar a causa de la pandemia. Por eso decidió que usaría el monte total destinado a un año de gimnasio para comprarse una bicicleta estática con la que volver a practicar ejercicio. Además, organizó una reunión semanal vía Zoom con sus amigos, a los que tanto echaba de menos. Dana se dio cuenta de que la fuente principal de su estrés era tener a Jaheem escolarizado en casa. Temiendo que el niño se retrasara en los estudios, admitió que lo había presionado demasiado, y que se había presionado demasiado a sí misma también. Como consecuencia, tanto ella como Jaheem iban montados en una montaña rusa emocional. Si el niño estaba contento, ella también. Si estaba nervioso, ella sentía sus nervios. Trabajar desde casa era una clara ventaja para Dana, pero la mujer necesitaba encontrar el modo de tranquilizarse si quería ayudar a Jaheem a modular sus cambiantes vías y no caer en sus mismos estados emocionales. Le fue muy bien la práctica del *mindfulness*. Después de abonarse a una aplicación de meditaciones breves, fue capaz de gestionar mejor sus reacciones en los momentos de estrés. Además, se dio cuenta de que si, como norma, se quedaba despierta hasta bien entrada la noche tragándose la maratón de programas que daban en televisión, terminaba acumulando un déficit crónico de sueño. Centrarse en lo que necesitaba para dormir bien le hizo recuperar el equilibrio y equiparse mejor para conectar con su hijo.

Finalmente, la pareja se dio cuenta de que hacía casi un año que no salían juntos de noche. Decidieron turnarse con unos amigos de su misma burbuja COVID que les hicieran de canguros de los niños para ir al parque al atardecer a hacer un pícnic, los dos solos, un día a la semana. Así podrían pasar un tiempo juntos para recargarse.

Estas familias encontraron el consuelo y las respuestas que todos los padres pueden encontrar a través de la conciencia compasiva de sus necesidades físicas y emocionales, y de sus historias personales, y permitiéndose buscar consuelo en las personas en quienes más confiaban. Veamos ahora algunas propuestas para criar a los hijos que nos sirvan para desvelar lo que creemos que influye en el estado de nuestro sistema nervioso y para corregular eficazmente con nuestros hijos.

> UN CONSEJO PARA FORJAR LA RESILIENCIA: la herramienta más importante de la caja parental es nuestro bienestar físico y emocional. Pero eso no significa que tengamos que estar perfectamente bien. La clave está en desarrollar la conciencia para identificar cuáles son nuestras necesidades, dar con la manera de cuidar bien de nosotros y demostrar compasión por nosotros mismos durante el proceso. Valorar el estado de nuestra salud mental y la capacidad de sentirnos estables emocionalmente es lo más provechoso, tanto para nosotros como para nuestros hijos.

6. Hacer que los sentidos cobren sentido: las emociones surgen de nuestra experiencia corporal del mundo

Nunca existirá otro individuo como tú.[169]

Doctora Edith Eva Eger

¿Verdad que sería fantástico que tu hija viniera con un manual de instrucciones bajo el brazo que te explicara cómo debes criar a tu cielito lindo? Pues déjame decirte que, de hecho, hay uno: el cuerpo de tu niña. Como ya he mencionado anteriormente, a veces, por mucho que nos esforcemos como padres, nunca damos en el clavo, porque estamos demasiado centrados en lo que piensa nuestra hija, en su fuerza de voluntad o en el autocontrol del que, sencillamente, todavía carece. Da igual que le ofrezcamos incentivos o le hablemos de las consecuencias de sus actos, o incluso que intentemos razonar con ella, porque las cosas no siempre salen de la manera que esperamos. Si queremos entender lo que en realidad nos está diciendo el comportamiento de nuestra hija, hemos de prestar atención a las reacciones que su cuerpo presenta frente al mundo, porque son todo un pozo de información. Una de las mejores maneras de apoyar a nuestro hijo es esforzarnos en comprender el modo que tiene de experimentar el mundo, y ver que eso da forma a sus sentimientos básicos, a su conducta, a sus pensamientos y sus emociones. Hay que empezar comprendiendo que nuestra manera de interpretar el mundo es mediante las sensaciones que experimentamos.

Voy a darte un ejemplo muy simple de la importancia que reviste prestar atención a la manera en que el cuerpo de un niño reacciona a su entorno. Muchos niños reaccionan de una manera radical frente a experiencias que, en apariencia, son benignas, como que les laven el pelo con champú. Hay niños que tienen mucho miedo, y la experiencia desencadena en ellos comportamientos dignos de ubicarse en la vía roja, como llorar, gritar y apartar al padre o a la madre a empujones. Ante esta situación, muchos padres (entre los que yo me incluyo, al recordar cuando mis hijas eran pequeñas) sencillamente intentan imponerse, o decirle a la criatura que está haciendo un drama de algo que no tiene ninguna importancia. Ahora bien, tanto una cosa como la otra pueden terminar estimulando más el sistema de detección de amenazas del niño. Imponernos significa no respetar las señales claras procedentes de la experiencia sensorial del niño, y usar el razonamiento o la lógica en un momento como este, en general, no sirve para calmarlo.

No estoy diciendo que no le laves el pelo a tu hijo porque protesta. Lo que te propongo es que lo hagas de un modo que no le resulte tan estresante y que, por consiguiente, el coste de su experiencia subjetiva no provoque una disminución de su presupuesto corporal. Explicar la manera de lograrlo (hacer de padre o de madre respetando la experiencia de tu hijo y apoyando su plataforma) es el objetivo de este capítulo. *Analizaremos lo que podemos aprender de la psicología de nuestro hijo entendiendo la manera en que su cuerpo interpreta el mundo.*

A veces, estos momentos de aprendizaje pueden tomarnos por sorpresa. Todavía recuerdo cuando mi marido y yo planeamos un viaje a Disneylandia para celebrar el quinto aniversario de nuestra creativa e inquisitiva hija. Cuando le anunciamos con toda la ilusión del mundo cuál era nuestro gran regalo de cumpleaños, no obtuvimos la reacción esperada. Nuestra hija, haciendo un gesto de negación con la cabeza, nos dijo que no quería ir.

Mi marido y yo nos lanzamos una mirada de incredulidad. ¿Existe alguna criatura que no quiera ir a Disneylandia? Tardé varios años en entenderlo, pero al final descubrí que la razón no era porque mi hija fuera una niña tozuda o desagradecida. Al contrario, se conocía muy bien a sí misma, y su elección tenía todo el sentido del mundo porque estaba basada en ciertas experiencias previas que ya había tenido en Disneylandia. Éramos sus padres los que debíamos aprender de todo eso.

¿Por qué nuestros hijos se comportan de una manera determinada? Vuelvo a repetir que las conductas solo representan la punta del iceberg. Para comprender lo que hay debajo de la superficie, necesitamos ver el modo en que el cuerpo de nuestro hijo interactúa con el mundo.

Familiarizarse con el modo en que el cuerpo influye en la conducta

Los niños (y todos los seres humanos) experimentan e interpretan el mundo que los rodea a través de sus sistemas sensoriales. Como yo habíamos planteado, los comportamientos de nuestros hijos son esa ventana que nos permite asomarnos para ver la manera en que perciben el mundo. Para poder interpretar bien esos comportamientos, es muy importante la influencia que tienen las sensaciones físicas.

Como ya vimos en el capítulo 3, nuestro sistema nervioso central[170] consta del cerebro y la médula espinal. El sistema nervioso periférico[171] conecta el cerebro con el resto del cuerpo a través de una superautopista de vías neuronales. A medida que el cerebro reacciona ante el flujo de información que le aporta nuestro cuerpo, el cuerpo va actuando basándose en las directrices que le da el cerebro. Esta conversación constante y bidireccional[172] pervive en todos nosotros y se desarrolla sin cesar. El cuerpo envía información al cerebro,[173] y el cerebro procesa esa información y envía señales de vuelta al cuerpo para que actuemos.[174]

Piensa en lo que sucede cuando oímos pasar una sirena de policía e instintivamente nos tapamos los oídos, o cuando una niña siente algo en su interior, se sienta en el suelo y dice: «Me duele la barriguita». Cuando un niño se siente mal, los sensores internos localizados en el interior y alrededor de su sistema digestivo emiten unas señales que recorren la vía cuerpo-cerebro, y eso le permite al pequeño (a veces) ser consciente de lo que le pasa y actuar en función de sus sensaciones, que, en este caso, es sentándose y diciéndole a su padre o a su madre que le duele la barriga.

Cuando el cuerpo envía señales al cerebro, nos guía para que reaccionemos de una manera que nos permita conservar en equilibrio nuestro presupuesto corporal (en términos científicos diríamos «conservar la homeostasis»). Vale la pena recalcar que tenemos muchas más fibras que van del cuerpo al cerebro, digamos que un 80% de las fibras son portadoras de señales que van hacia el cerebro, mientras que solo un 20% se encarga de transportar las señales que van del cerebro al cuerpo.[175]

Sin embargo, a menudo pasamos por alto que la información que fluye hacia el cerebro procedente del cuerpo de los niños es lo que determina su manera de sentirse y sus actuaciones. Prestar atención a estas señales ascendentes (que van del cuerpo al cerebro) nos sirve para personalizar la crianza de la fisiología única de nuestro hijo, y nos permite también comprender mejor cómo se siente en su propia piel y, además, mentalmente. En resumen, usamos esta información para empezar a crear una guía de instrucciones que resulta ser única para nuestro hijo.

Este punto de vista holístico sobre el desarrollo infantil (y el cambio que representa comprender que las conductas y las emociones son reflejos significativos de las distintas maneras en que los niños perciben el mundo) sigue siendo un terreno desconocido para la mayoría de los educadores, pediatras, profesionales de la salud mental y especialistas en educación infantil. *Nuestra cultura no ha reconocido ampliamente la influencia bidireccional que mantienen el cerebro y el cuerpo de los niños.* Y, como resultado, es habitual que los padres reciban consejos contradictorios sobre la manera en que tienen que criar a sus hijos según sean los pediatras, los personajes influyentes de las redes sociales, los libros sobre la crianza de los hijos, los maestros o los bienintencionados abuelos quienes se pronuncien sobre el tema.

Por eso es importante recordar que la mejor guía, antes que encontrarla en un libro o en una página web, la encontrarás más bien en tu propio hijo, en su sistema nervioso único, que sirve de mapa de carreteras parental y se ve influido sobre todo por el modo en que el niño va captando el mundo que lo rodea.

Las experiencias sensoriales dictan las conductas y generan confianza en el propio cuerpo

Cuando comprendemos que las conductas son la punta del iceberg y tienen un significado en el cerebro y en el cuerpo que va más allá de lo que vemos de inmediato, ¿cómo podemos usar esta información para ayudar a nuestro hijo? Una buena manera es centrarse en el modo en que los seres humanos interpretan y comprenden el mundo a través de los sentidos. Cuando estaba estudiando en la facultad, en la Universidad de California del Sur, poco podía imaginarme que, en ese mismo campus, una catedrática llamada A. Jean Ayres estaba desarrollando una teoría que posteriormente se convertiría en uno de los pilares fundamentales de mi trabajo como psicóloga infantil. Como terapeuta ocupacional, psicóloga e investigadora, la doctora Ayres estudió el papel que desempeñan las sensaciones en las conductas humanas, y desarrolló el campo de la integración sensorial, que explica que el cerebro toma el mando y organiza toda la información sensorial; y que por eso mismo somos capaces de reaccionar adaptativamente a las exigencias de la vida cotidiana y comprometernos con el mundo, reaccionando ante él, de una manera bien regulada.[176]

En palabras de la doctora Ayres: «Puedes pensar en las sensaciones como si de alimentos para el cerebro se trataran; te brindan el conocimiento necesario para dirigir cuerpo y mente».[177] Las señales viajan descendiendo del cerebro al cuerpo y desencadenan las conductas correspondientes. El doctor Porges, creador de la teoría polivagal, lo explica con las siguientes palabras: «Las experiencias sensoriales guían nuestra conducta y contribuyen a la organización de nuestros pensamientos y emociones».[178] Y lo consiguen porque las experiencias sensoriales del pasado conforman cómo vamos a reaccionar ante experiencias similares que podamos vivir en un futuro.[179] Lisa Feldman Barrett, la neurocientífica, nos dice que el cerebro es un simulador increíble, que usa nuestras «experiencias pasadas para construir una hipótesis (la simulación) y [compararla] con la cacofonía que nos llega de los sentidos».[180]

En este sentido, el procesamiento sensorial sustenta todos los sentimientos, las emociones, los pensamientos y las conductas de los seres humanos. Al ser la manera en que nuestros hijos comprenden el mundo, merece un lugar destacado en la bibliografía publicada sobre educación infantil, así como en el campo de la educación y la pediatría. *Comprender que nuestros cerebros usan datos procedentes del cuerpo ha tenido una influencia decisiva en mi papel como madre y en mi manera de ejercer la psicología.* Por supuesto, hay que decir que existen otras explicaciones mucho más complejas sobre los sistemas sensoriales y el cerebro de las que aquí comparto, y por eso te insto a que las busques si te interesan. Lo que presento en este libro es una versión muy, pero que muy, simplificada, a la que añado varias historias extraídas del trabajo que he realizado con diversas familias, y que espero que te sirvan para comprender que los sistemas sensoriales de tu hijo influyen en su conducta y en sus sentimientos, y que asimismo pueden servir para dar forma a las decisiones que tomamos respecto a la crianza de los pequeños.

Reaccionar demasiado, reaccionar poco o reaccionar con afán

En primer lugar, es esencial que sepamos que no todos procesamos la información sensorial de la misma manera. Como ya dijimos, el sistema de seguridad de un niño, que es único, podría interpretar un sonido en concreto como una amenaza, mientras que el de otra criatura puede considerarlo inocuo y divertido. Algunos niños reaccionan exageradamente, y notan las sensaciones con más intensidad que la mayoría, pero también hay otros que no reaccionan tanto como cabría esperar, que registran la experiencia que están viviendo con menos intensidad que la mayoría.[181] Hay quien reacciona con afán (o sea, que parece que nunca se canse de una sensación determinada y esté buscándola constantemente).[182] E incluso hay otros que son capaces de tolerar un amplio abanico de experiencias. La variabilidad es lo que cabe esperar cuando se trata de hablar de las experiencias sensoriales que tenemos del mundo.

¿Tu niño entraría dentro de alguna de estas categorías? Intenta probar con el método «Espera y Mira», que ya explicamos en el capítulo 5, porque te irá bien para valorar el procesamiento sensorial de tu hijo. Dedica un par de semanas a esperar y a observar las reacciones de tu hijo ante determinadas experiencias sensoriales.

A pesar de que en la escuela nos enseñen que tenemos cinco sentidos, en realidad hay ocho sistemas sensoriales que contribuyen a definir la manera en que una persona integra el mundo, y que dan forma a nuestros comportamientos, emociones, recuerdos y relaciones. A medida que vaya presentando cada uno de estos sistemas, a lo largo de las páginas siguientes, te mostraré lo que puedes llegar a deducir de las diversas maneras en que los sentidos de tu hijo modelan su conducta, y cómo usar cada uno de sus sistemas sensoriales a modo de guía para que tu hijo o tú misma recuperéis la calma. *(Te resultará de gran utilidad llevar un diario en el que anotar tus observaciones y tus ideas).*

Es cierto que nuestro cuerpo vive inmerso en una rica experiencia multisensorial.[183] Estamos expuestos a los sonidos, los olores, las visiones, los sabores y los demás estímulos sensoriales simultáneamente, y el cerebro siempre está captando retazos de información, comparándolos con experiencias pasadas y uniendo todo eso entre sí para integrarlo (y todo eso lo hace a la vez).[184] En otras palabras, todos los sistemas sensoriales se influyen entre sí. Imagina que muerdes una jugosa manzana roja; la saboreas, la ves, la hueles, la miras, la tocas y te mueves en sincronía mientras disfrutas comiendo esa pieza de fruta. Eso es lo que la doctora Ayres llama «integración sensorial»: un sistema complejísimo que nos permite entender el mundo y conservar la estabilidad corporal.

Aprendí lo que era el procesamiento multisensorial de mi mentora, la doctora Serena Wieder, que empezó a trabajar con el doctor Stanley Greenspan a inicios de la década de 1970 para demostrar que las emociones y las conductas de los niños estaban vinculadas a sus complejas experiencias sensoriales.[185]

Comprender las contribuciones de naturaleza ascendente a la conducta de los niños fue la pieza que faltaba encajar y que no me habían enseñado durante mi formación psicológica, mucho más centrada en analizar y cambiar las conductas y los pensamientos de las personas. Cuando aprendí que el procesamiento multisensorial favorecía el desarrollo infantil, vi que existía otra manera de prestar ayuda a los niños y a sus familias.

Por ejemplo, es habitual que los padres vengan a verme porque su hijo de tres años, que acaba de empezar el parvulario, muestra un comportamiento tan desafiante que, desde el mismo centro, lo consideran demasiado agresivo y merecedor de expulsión. A menudo me doy cuenta de que una elevada reactividad en los múltiples sistemas sensoriales da alas a esas conductas de huye o lucha tan características de la vía roja que presentan estos pequeños. Si cuentan con una buena corregulación por parte de unos adultos solícitos que les brinden su apoyo teniendo esto en mente, estos niños terminarán por dar un significado distinto a sus sensaciones, y eso les permitirá gestionar mejor las cosas.

Nuestros sistemas sensoriales funcionan de manera simultánea, e influyen los unos en los otros, pero, como no está en mi ánimo complicar más las cosas, te daré una descripción básica de cada sistema por separado y de la manera en que cada uno de ellos puede influir en las conductas infantiles que están sumidas en esta gran sinfonía.

Empecemos con un sistema sensorial que ya he mencionado en capítulos anteriores, y que probablemente te resulte desconocido: la interocepción. Este es el sistema más importante, porque nos sirve para entender la manera en que el mundo interior que pervive en nuestro cuerpo hace aflorar nuestros sentimientos más básicos e influye en nuestras emociones y en nuestros comportamientos.[186]

Las sensaciones internas (la interocepción)

Los sensores internos envían información al cerebro[187] para revelarle lo que sentimos en el interior del cuerpo. La interocepción nos habla de esas sensaciones que nos dan información[188] sobre el estado interno de nuestro cuerpo. Los interoceptores, localizados junto a los órganos, y en su interior, automáticamente envían información relevante al cerebro para que el cuerpo permanezca en equilibrio y regule su presupuesto corporal. Cuando nos damos cuenta de las sensaciones que percibimos en nuestro interior, esa conciencia interoceptiva[189] desencadena reacciones conscientes, como pueden ser el hambre, la sed, las punzadas, el dolor, o la sensación de tener un nudo en el estómago.

La interocepción[190] también influye en las sensaciones y los estados de ánimo más básicos, y por eso, como padres, tenemos la obligación de conocerla. Los investigadores y los terapeutas han vinculado la conciencia interoceptiva a las emociones,[191] y también a la regulación emocional. Lo que proponen es una idea rompedora: las sensaciones interoceptivas generan nuestros estados de ánimo y sensaciones más básicos y, en ocasiones, lo que terminamos etiquetando o identificando como emociones.[192] Para mí, que soy psicóloga, este razonamiento tiene mucho sentido. Incluso antes de saber que existía un término llamado «interocepción», ya había descubierto que ser consciente de las sensaciones era clave para ayudar a los niños a comprender sus emociones y sus comportamientos. *En mi trabajo clínico he descubierto que los niños que tienen una mayor conciencia de sus sensaciones corporales también se autorregulan mejor.* Podemos aprender mucho de la manera en que un niño interpreta el mundo a través de sus sentidos, y de los beneficios y los costes de estas experiencias. Según la mía propia, *ayudar a los niños (y a los adultos) a observar y a encontrar sentido a sus sensaciones corporales es una de las mejores maneras de propiciar la autorregulación.* Con el tiempo, podremos ayudar a que los niños etiqueten esas sensaciones con palabras de corte emocional o con cualquier otra clase de palabras que les sirvan para describirlas.[193]

Espera y mira:
- ¿Se siente cómodo tu hijo identificando y nombrando las sensaciones básicas que percibe en el interior del cuerpo? Por supuesto, solo cabe esperar una respuesta si el niño ya ha desarrollado la capacidad de responder a esta clase de preguntas. ¿Tu hijo parece darse cuenta cuando tiene hambre o le gruñe la tripita? ¿Tu hija es capaz de decirte si tiene sueño y quiere irse a la cama o echarse una siesta? ¿Es

capaz tu hijo de decirte si tiene dolor, dónde lo siente y cuál es el nivel de intensidad?
- ¿Tu hijo sigue un patrón de reacciones negativas al notar sensaciones internas? ¿Te has fijado si está inquieto, si reacciona de una manera exagerada o muestra una conducta desafiante cuando va estreñido, tiene sed, tiene hambre o cualquier otra sensación desagradable que note en el cuerpo?
- Cuando tu hijo es capaz de notar sensaciones, ¿sirve de algo calmarlo y potenciar en él la conexión relacional? Si una niña es consciente de sus sensaciones, sobre todo de las desagradables, y es capaz de hablar de ellas, o de ir a buscarte para que la ayudes, está en vías de llegar a autorregularse. ¿Quieres ayudar a tu hija a conseguirlo? Puedes convertirte en un modelo para tu hija llamando a tus sensaciones corporales por su propio nombre y contándole cómo las vives en tu vida cotidiana. Dile: «Tengo hambre. Voy a picar algo»; o bien: «Tengo sed, me apetece tomar un gran vaso de agua». También deberíamos procurar que los niños supieran que, sientan lo que sientan, no pasa nada; ese el primer paso para descubrir lo que está sucediendo en su cuerpo y lo que pueden hacer para sentirse mejor.

Un ejemplo de interocepción: si hay que ir, se va

Una vez tuve una paciente infantil que casi siempre sentía la necesidad de ir al baño un par de veces, o incluso más, durante los cuarenta y cinco minutos que duraba la sesión. Tenía muchísimas ganas, y esas ganas le venían con mucha frecuencia. En esa misma época, tuve otro paciente que sentía todo lo contrario: esperaba y esperaba hasta que ya era demasiado tarde; y la madre se veía obligada a controlar el tiempo que hacía que el niño no había ido al baño para recordarle que tenía que volver.

¿Por qué la niña tenía que ir con tanta frecuencia al baño y el niño no se preocupaba lo más mínimo? La manera en que cada uno de estos dos niños interpretaba la misma sensación corporal (la necesidad de orinar) era distinta. El niño experimentaba un nivel de sensación corporal muy bajo. Su conciencia interoceptiva era de reacción lenta, y por eso intentamos ayudarlo a conectar mejor con sus sensaciones corporales y a prestar más atención a las señales. Al final terminó por desarrollar una mayor conciencia de la situación y fue capaz de situarse al margen de tanto accidente.

Ayudamos a esa niña que presentaba una conciencia interoceptiva exageradamente reactiva a desarrollar una mayor tolerancia a lo que ella vivía como la señal urgente de que debía ir corriendo al baño, cuando tan solo hacía diez minutos que había ido por última vez. Tanto sus padres como yo, orientados por su pediatra y por una terapeuta ocupacional, recurrimos al juego para explorar y ejemplificar sensaciones como la somnolencia, el hambre, la sed o la necesidad de ir al baño metiéndonos en la piel de unos personajes de ficción. Leíamos libros, escribíamos historias y hacíamos dibujos sobre lo que esas sensaciones representaban para nuestro cuerpo.

Tanto en el caso de una familia como en el de la otra, animé a los padres a que ayudaran a sus hijos a explorar sus sensaciones corporales y a hablar de ellas. Este enfoque no solo les sirvió para resolver los problemas causados por el uso del orinal, sino que además les aseguré que, en un momento dado, también les serviría para hablar con más comodidad y etiquetar las emociones y las sensaciones más básicas: ¡Todo un regalo!

Un ejemplo de interocepción: del dolor difuso
a la toma de conciencia compasiva de las sensaciones
internas

Otra cliente mía fue Kira, una niña de doce años cuyo pediatra me la remitió porque presentaba síntomas de experimentar preocupación y angustia. Sus padres me contaron que vivía con un permanente dolor de estómago desde que era pequeñita. Dos especialistas en gastroenterología la habían visitado ya y no habían descubierto nada relevante desde el ámbito médico.

Kira es una niña silenciosa, tímida y muy educada, de esas que a menudo consideramos erróneamente «muy buenas» porque muestran una actitud tranquila. Nada más lejos de la realidad. En el caso de Kira, la procesión iba por dentro. La niña tenía una gran conciencia interoceptiva de sus tripas, y les decía a sus padres que le daba rabia tener que estar yendo siempre al médico para que le dijeran que no le encontraban nada malo. Mi trabajo con Kira se centró en ayudarla a sintonizar con sus sensaciones corporales de una manera distinta.

Reconociendo que las sensaciones que notamos en nuestro interior nos proporcionan una información muy valiosa, la ayudé a desarrollar más su vocabulario, para que no estuviera siempre diciendo: «Me duele» o «No me duele». Kira albergaba estas sensaciones en un cuerpo sensible que reaccionaba de una manera desproporcionada ante diversas sensaciones, como las que le provocaban los sonidos, el brillo del sol y la intensidad de las luces. Le fue muy bien permitirle que se familiarizara con las muy distintas y variadas sensaciones que su conciencia interoceptiva captaba. Trabajamos juntas para aceptar las sensaciones de su cuerpo con menos angustia, y expresando más curiosidad que miedo sobre el significado que tenían las señales (tanto si se trataba de la necesidad de comer o beber, de mover el cuerpo de una manera determinada o de buscar consuelo y conexión en sus padres). ¿Recuerdas el concepto de granularidad emocional[194] y a ese padre que le costaba tanto tolerar las emociones negativas de su hijo? Kira también tenía muchos problemas para relacionar con palabras las sensaciones básicas que notaba en el interior del cuerpo. Al ir trabajando el tema, la niña fue ampliando su vocabulario para denominar mejor lo que estaba experimentando. Empezó a ajustarse bien y a hablar de sus sensaciones interoceptivas con palabras que resultaban más descriptivas emocionalmente, basándose en cómo se sentía en un momento determinado: tranquila, agitada, feliz, juguetona, asustada, nerviosa, excitada, etcétera. Kira necesitaba sentirse apoyada para comprender y elegir mejor las señales tan intensas que sentía en su más profundo interior, y, al cabo de unos meses, consiguió que sus dolores de estómago fueran remitiendo.

A continuación, examinaremos otros sistemas sensoriales que envían información al cerebro desde los sentidos más conocidos popularmente, y hablaremos de algunos casos en los que las sensaciones contribuyeron a mostrar preocupación por las conductas de los niños.

El oído y el sistema auditivo

Vivimos constantemente bombardeados por los sonidos, tanto los que se sitúan en un primer plano (alguien que esté hablando muy cerca de ti) como los ruidos de fondo (los ruidos del tráfico o la música que sale de los altavoces en un supermercado concurrido). Cuando los sensores del oído interno[195] envían información al cerebro, pasan a integrarse junto a otras formas de información sensorial, y eso nos permite interpretar los sonidos que oímos.

Todos experimentamos los sonidos de una manera distinta. A menudo, los adultos somos capaces de controlar algunos aspectos de los sonidos que percibimos: el volumen de la música que escuchamos en el coche, o incluso la clase de música que preferimos escuchar. Como los niños, en general, tienen menos oportunidades de ejercer este control, sus reacciones pueden manifestarse en su comportamiento.

Es posible que los niños ni siquiera se den cuenta de que reaccionan exageradamente a los sonidos, pero, como padres que somos, podemos observar las conductas que vienen asociadas a este problema: un restaurante ruidoso podría ser el desencadenante de un ataque de llanto, el zumbido del aire acondicionado podría provocar distracciones en el niño. Y, al contrario, un niño que reacciona poco y mal a los sonidos podría parecer que no está prestando atención, o que ignora las instrucciones que se le dan en casa o en la escuela, a menos que la fuente del sonido esté a un determinado volumen y situada justo frente a él.

Espera y mira:
- Date cuenta de los patrones reactivos que muestra tu hijo ante diversos sonidos. ¿Cómo reacciona a sonidos cotidianos como el de la lavadora, el de un ventilador, el del papel cuando se arruga o rasga, el de una aspiradora o el de las sirenas? Observa lo que pasa cuando cambias el volumen y el tono. ¿Cómo se comporta tu hijo en lugares donde hay ruido de fondo y en el primer plano, como sucede en un centro comercial o en un gimnasio? ¿Prefiere tu hijo un estilo de música en particular?
- ¿Has observado un patrón de conducta negativa o desafiante cuando tu hijo experimenta determinados sonidos? ¿Hay algunos sonidos que parezcan alterar a tu hijo, o incluso molestarlo habitualmente?
- Si ante ciertos ruidos parece que se despliega un patrón sólido de comportamientos que son característicos de las vías

roja o azul, eso podría indicar que ciertos sonidos provocan que se active el sistema de seguridad de tu hijo, y que lo que estás observando es la reacción del pequeño para protegerse.
- ¿Qué clase de sonidos tranquilizan a tu hijo o logran que se relacione contigo con alegría y satisfacción? El tono de voz suave y melódico[196] que usamos intuitivamente con los bebés es un calmante natural para muchas personas. Intenta usarlo, y mira si así tu hijo se serena. Aunque ya no sea un bebé, puedes seguir hablándole con voz de adulto y hacer que se sienta seguro cambiando el tono. Es más, cuida tu propia plataforma con compasión para ver si estás lo bastante tranquila para corregular con tu hijo y ser testigo de su inquietud sin juzgarla.

Fíjate en las reacciones emocionales de tu hijo al emplear distintos tonos de voz. Anotar tus observaciones en un diario puede servirte para calibrar los tonos y las calidades vocales que le sientan mejor a tu hijo para sentirse seguro, potenciar vuestra corregulación y permitiros conectar. Los sonidos pueden tranquilizar o desequilibrar a un niño. Con la calidad de la voz podemos juzgar si es el momento de aproximarnos física y emocionalmente a él.[197] Por eso los niños captan nuestro tono emocional antes de registrar nuestra voz. Son sensibles por naturaleza al aspecto emocional que tienen las voces, por eso es importante que prestes atención al modo en que tu tono de voz impacta en tu hijo.

Oír el tono de voz de sus amados padres puede transmitir seguridad a un niño. Cuando mi hija pequeña cumplió tres años, su hermana mayor se trasladó a una habitación individual. La pequeña, que llevaba compartiendo dormitorio desde el día en que nació, estaba ilusionada, aunque un tanto dubitativa. Para transmitirle nuestro apoyo, cuando nos acostábamos nos dábamos las buenas noches desde la habitación, y dejábamos la puerta abierta para oírnos. Los sonidos de nuestras voces nos daban una mayor seguridad y nos hacían sentir más conectados, y además servían para calmarnos.

Finalmente, diremos que también hay otros sonidos en los que a menudo ni siquiera pensamos: el zumbido del aire acondicionado o de la calefacción por aire; los sonidos mecánicos de los ascensores y las escaleras mecánicas de los centros comerciales; la música de fondo del restaurante... En fin, todos esos sonidos envían un mensaje al sistema nervioso y, a su vez, provocan una determinada conducta en nosotros. Aun cuando esos sonidos puedan pasar desapercibidos para los padres, son capaces de desestabilizar la plataforma de un niño que muestra una particular sensibilidad a los sonidos.

Un ejemplo del sentido del oído / auditivo: el abuelo de voz bronca

Una pareja me contó un día que el abuelo de la familia se sentía muy herido porque su nieto, que tenía ocho meses, siempre se apartaba de él. Cada vez que iba a visitarlos, el bebé se echaba a llorar y hacía una pataleta si el abuelo lo cogía en brazos o le hablaba. El pobre hombre llegó a tomárselo en plan personal.

Hablé con la familia, y me mostraron un vídeo cortito que grabaron durante una de las visitas del abuelo. Les había propuesto a los padres que grabaran las reacciones que veían en la criatura ante diversas clases de sonidos. Cuando visioné la cinta, descubrí que el bebé era muy sensible a los sonidos de baja frecuencia. Por eso les propuse que le dijeran al abuelo que intentara modificar un poco el tono, quizá hablándole en un son más cantarín y bajando más la voz cuando se acercase al bebé. Al cabo de unos días de haber introducido ese cambio, el bebé ya no se echaba a llorar cuando el hombre iba a verlos. El sistema nervioso del bebé era capaz de predecir e interpretar la voz del abuelo como algo seguro, en lugar de considerarla una provocación. Con el paso del tiempo, el crío llegó a sentirse realmente cómodo con él, incluso cuando este volvió a adoptar su tono de voz habitual.

La visión y el sistema visual

Hay dos tipos distintos de sensores, los conos y los bastoncillos,[198] que envían información desde la retina del ojo hasta los centros de procesamiento visual del cerebro. Ahora bien, cada uno de nosotros procesa las señales visuales de una manera única. Por ejemplo, ¿cómo reaccionáis tú y tu hijo a la luz del sol? ¿Y a la luz de los fluorescentes? ¿Te molesta que las cosas no estén en su lugar? ¿Tiendes a recolocar los marcos de los cuadros que hay colgados de la pared si te parece que están un poco torcidos, aunque solo sea unos centímetros? Si has respondido que sí, a tu sistema nervioso probablemente le gusta la predictibilidad de la organización visual.

De un modo parecido, algunos niños sienten estrés si las cosas de su entorno cambian de lugar.

Conocí a una niña de nueve meses que era capaz de distinguir si habían colocado un objeto nuevo en su dormitorio, o si se lo habían quitado. La niña examinaba automáticamente la habitación y se quedaba mirando fijamente el objeto nuevo que había aparecido, como si intentara entender lo que había pasado. Luego gateaba hasta él y lo tocaba. Tenía el sistema visual muy activado. Su hermano mayor, por otro lado, parecía ignorar esa clase de cambios. Los dos hermanos sencillamente tenían una manera distinta de comprender el mundo visualmente... y combinada con los demás sentidos.

Espera y mira:
- Observa los patrones de reacción de tu hijo ante lo que ve. ¿Cómo reacciona cuando te ve alegre o estresada? ¿Prefiere una luz intensa o una luz suave? A lo mejor tu hijo prescinde de estos detalles. ¿Prefiere mirar objetos en movimiento u objetos que permanezcan quietos? ¿Observas algún patrón de reacción en lo que ve tu hijo, alguna conducta negativa o desafiante que aparezca habitualmente cuando ve determinadas cosas? ¿Cuáles son los desencadenantes visuales específicos que has observado?

- ¿Qué vistas calman a tu hijo y provocan que vuestra interacción sea alegre? ¿Hay algún libro de dibujos que le guste especialmente? Cuando lo tienes sentado en tu regazo, el tono de tu voz, junto con los dibujos o las fotos, son una combinación ganadora para la experiencia sensorial global que está viviendo tu hijo. Lo que vemos también puede aportar consuelo y estabilizarnos corporalmente. Una vez trabajé con una niña que se llevaba al jardín de infancia una foto plastificada en la que aparecía con sus padres para poder contemplarla cuando los echaba de menos. Le servía de recordatorio para ver a su familia amada, un recurso visual que le iba muy bien para regular sus emociones.

Fíjate en la manera en que tu hijo reacciona contigo cuando acusas tensión en el cuerpo o en el rostro. A menudo llevamos marcada nuestra plataforma en la expresión del rostro, y transmitimos nuestras emociones a través de las expresiones faciales: razón de más para que te analices a ti misma y te proporciones todo lo necesario para poder calmar a tu hijo con tus expresiones faciales empáticas. Ambos saldréis beneficiados del ejercicio.

Un ejemplo del sentido de la visión / visual: ¡yo no quiero nada verde!

Trabajé con un niño de seis años, Gerard, que no quería comer nada verde porque no le gustaba. Cuando tenía dos años, tuvo arcadas al tomar sus primeros bocados de brócoli, y luego se negó a comer guisantes, judías verdes o cualquier otra verdura de ese color. Su madre estaba preocupada porque creía que se pasaría la vida evitando comer verduras de color verde. ¡Menudo reto para la familia! Piensa que no había ni un solo miembro de ella que no fuera vegetariano...

Comprendí la preocupación que sentían los padres de Gerard por su nutrición, pero el enfoque adoptado no les había dado ningún resultado. Os contaré brevemente lo que le decían al niño: «Mira, las verduras son muy buenas para ti. Tienes que aprender a comerlas, a superarlo». Les recordé, con toda la dulzura de que me vi capaz, que el sistema de seguridad se desarrolla a partir de la compasión, y entonces los padres cambiaron de estrategia para intentar encontrar la manera de que su hijo asociara los alimentos de color verde a las sensaciones positivas. También les expliqué que el aspecto, el olor y el sabor eran capaces de desencadenar reacciones inmediatas, y limitar la fuerza de voluntad que la criatura necesitaba para probar distintas categorías de alimentos.

En lugar de centrarnos en convencerle de que comiera, diseñamos un plan muy divertido para que, tanto los padres como el hijo, exploraran juntos la comida. Tenían que empezar por tocar y oler una serie de alimentos, e incorporar posteriormente los de color verde. A continuación, tenían que conseguir que Gerard diera de comer alimentos verdes a sus figuritas de superhéroes de acción. Poco a poco, y con el tiempo, Gerard pasó de evitar los alimentos verdes a asociarlos a una sensación de conexión y seguridad (gracias a que sus padres eligieron ayudarlo con todas sus fuerzas, aunque de una manera indirecta y sin amenazas de por medio). A medida que Gerard iba forjándose unos recuerdos nuevos y positivos, se mostraba más dispuesto a integrar los saludables alimentos de color verde (y de otros colores) a su dieta alimentaria.

El tacto y el sistema táctil

El sistema táctil es el sistema sensorial más extenso que tenemos, porque cubre el cuerpo entero y envía información de los receptores sensoriales al cerebro.[199] Tus preferencias táctiles se demuestran en la elección de la ropa, en las telas, en la ropa de cama y en las toallas. Hay personas que toleran y disfrutan de una amplia variedad de texturas (o no se fijan en ellas), mientras que otras son extremadamente reactivas, o apenas lo son, a determinadas sensaciones táctiles.

Espera y mira:
- Fíjate en la manera en que tu hija reacciona según lo que entra en contacto con ella o en función de las sensaciones que nota en la piel. ¿Le gusta que le laven el pelo o se lo cepillen? ¿Cómo reacciona tu hija cuando toca distintas texturas, como, por ejemplo, el barro, el polvo o los alimentos blandos? ¿Se divierte tu hija haciendo actividades como pintar con los dedos y tocar superficies blandas y húmedas, o prefiere las cosas duras? ¿Prefiere tu niña llevar puesta siem-

pre la misma ropa? Quizá esa ropa le haga sentirse mejor, porque no lleva etiquetas que la molesten, o porque es de una tela muy concreta. Hay experiencias táctiles que, para algunos niños, pueden resultar incómodas, e incluso angustiosas.

- ¿Adviertes un patrón de comportamiento negativo o desafiante cuando tu hijo toca determinadas sustancias, telas o alimentos? Anota las texturas o los objetos ante los que muestre reacciones negativas.
- ¿Qué clase de tacto es el que calma a tu hija y le aporta alegría, o logra que os relacionéis con alegría? ¿Prefiere que la abracen con fuerza o más bien flojito? ¿Le gusta que le des un masaje en la espalda, en los hombros o en los brazos? ¿Qué clase de experiencias táctiles sirven para calmar a tu hija o conectar con ella? Muchos pequeñines, y también algunos niños mayores, tienen mantitas o piezas de tela suave, o bien animales de peluche, que agarran o tocan para sentirse más tranquilos. Estos niños se regulan a sí mismos a través del sentido del tacto; se consuelan con las sensaciones que les provoca lo que entra en contacto con su piel. La próxima vez que tu hija se muestre inquieta, plantéate tocarla con dulzura, y personaliza esa caricia en función de las preferencias que muestre.

Un ejemplo del sentido del tacto / táctil:
la mamá rechazada

Una vez trabajé con un niño pequeño que se apartaba de su madre cuando la mujer le daba una caricia inesperada en el brazo o en la cara. El niño parecía evitar las manifestaciones de cariño físicas que le dedicaba su madre, y la mujer se sentía herida y confusa.

Le aseguré que su hijo no la estaba rechazando, sino adaptándose a su propia reactividad táctil (del tacto), que era muy elevada. Había veces que lo tocaban y él notaba una sensación desagradable en la piel y, por lo tanto, reaccionaba en función de sus preferencias sensoriales. Cuando se trata del tacto y de las texturas, le expliqué a su madre, todos tenemos unas determinadas preferencias. La madre aprovechó la oportunidad y probó distintas clases de contacto físico (pidiéndole antes permiso al niño, claro), como, por ejemplo, abrazarlo con fuerza, cogerlo en brazos cuando él se apartaba con todo el cuerpo en lugar de acercarse a ella, e incluso frotarle los hombros en lugar de acariciarle suavemente la piel. Cuando la madre aceptó que su hijo tenía unas preferencias muy concretas y se esforzó en descubrir lo que le gustaba y lo que le disgustaba, sus lazos fueron reforzándose, y la mujer dejó de sentir el rechazo de las preferencias táctiles de su niño.

El gusto y el sistema gustativo

Nuestros receptores del gusto,[200] la mayoría de los cuales se encuentran situados en la lengua, le permiten al cerebro experimentar la sensación del gusto. Piensa en tus platos preferidos. ¿Qué te viene a la cabeza? Nuestro sentido del gusto, como cualquier otro sentido, es personal y está imbuido de recuerdos emocionales[201] procedentes de experiencias sensoriales que tuvimos en el pasado. Los alimentos llegan a adquirir un significado personal con el paso del tiempo. Asociamos algunos platos (como el budín de arroz que hacía mi madre) a la idea del consuelo y el placer, y otros, en cambio (como esos platos que en un pasado te daban asco), a ideas que nos provocan reacciones negativas. El gusto, además, se encuentra profundamente imbricado en el sistema olfativo (el olfato).

Espera y mira:
- ¿De qué te das cuenta cuando ves las preferencias alimenticias de tu hijo? ¿Prefiere tu hijo los alimentos salados, dulces o picantes, o bien opta por los alimentos blandos? ¿Cuáles son los platos que le encantan y nunca se cansa de pedirte? El sentido del gusto va asociado a los demás sentidos, como el de la vista y el olfato. Por eso cabe la posibilidad de que llegues a ver que tu hijo reacciona con suma intensidad ante la mera visión, o el mero olor, de ciertas cosas.
- ¿Tu hijo muestra un patrón de reacciones negativas ante determinados alimentos? ¿La hora de la comida termina siendo una batalla campal? Enumera en una lista los platos que más le cuesta comer a tu hijo (si es que hay alguno). ¿Y qué me dices de la textura de los alimentos? ¿Tu hijo tiene arcadas o le cuesta tragarse los alimentos de una textura determinada, como el budín blando o las patatas fritas y crujientes?
- ¿Cuáles son las experiencias alimenticias que deleitan a tu hijo? ¿Te relacionas con él con alegría cuando sacas el tema

de los alimentos y las comidas? ¿Eres capaz de ir más despacio y disfrutar de las comidas con tu hijo al menos una vez al día? Aunque dar de comer a los niños a veces pueda parecernos una tarea más, las comidas son la oportunidad ideal para comunicarse y divertirse. Si un niño tiene una reacción negativa cuando le das a probar un plato nuevo, reconocerlo abiertamente ya es un buen comienzo. Permanecer tranquila y darle ánimos (incluso mostrándote juguetona) puede servir para que corregules bien con el niño y lo sitúes en la vía verde, donde es mucho más probable que pruebe alimentos de distintos sabores y texturas.

Un ejemplo del sentido del gusto / gustativo: la cafetería de papá

Un colega mío me dijo un día que sus dos hijos tenían unos gustos tan dispares en relación con la comida que, a menudo, tenía la sensación de ser un cocinero de esos que trabajan en los locales de comida rápida. Su hija tenía debilidad por los platos especiados, mientras que su hijo prefería platos de cocción más simple que además fueran blandos y no crujieran al masticar. Dado que optó por satisfacer los deseos de su hijo, mi colega no sabía si lo estaría malcriando, e incluso animando a convertirse en un comensal tiquismiquis.

Valoré mucho que el padre fuera tan observador y, después de haber comido un día en casa de la familia, le aseguré que lo que sucedía era que el hombre estaba siendo testigo de la manifestación de las preferencias biológicas relacionadas con el gusto (y eso no es lo mismo que ser un tiquismiquis o un tozudo con las comidas). Le aseguré que, con un poco de paciencia y algo de corregulación, no tardaría en ayudar a su hijo a expandir sus opciones alimentarias. El padre procuró que el proceso fuera más lento para darle a su sensible comensal más oportunidades de probar cosas nuevas cuando quisiera, brindándole todo el apoyo y el caso que hiciera falta para ayudarlo a ser más tolerante con la idea de probar nuevos alimentos.

Cuando el padre comprendió que su hijo no había elegido por voluntad propia ser un tiquismiquis con las comidas, sino que más bien estaba reaccionando corporalmente ante el olor, el gusto y la textura de los alimentos especiados o crujientes, cambió de enfoque. Le dio la opción de elegir entre varios platos distintos en lugar de obligarlo a comer solo uno, y lo animó a probar los que le resultaran más atractivos. En lugar de decirle: «Por favor, al menos pruébalo. Me ha costado mucho prepararlo...», mi colega observaba con amabilidad los titubeos del niño, y se mostraba compasivo: «Mira, colega, hoy te he preparado una nueva receta. Si quieres probarla, dímelo. Pero si no te apetece, no pasa nada». *La solución no pasaba necesariamente por prepararle varios platos distintos al niño, sino más bien por corregular más con él en lo que concernía a sus reacciones y así ser capaz de ayudarlo a que se relacionara de otra manera con determinados alimentos.* Es curioso observar que cuanta más paciencia tenía el padre, más se mostraba el niño en disposición de probar esos platos nuevos. A pesar de que nunca llegaron a gustarle las comidas especiadas, el pequeño se lanzó a probar una mayor variedad de platos, y al final el padre ya no tuvo que preparar un menú distinto para cada hijo.

El olfato y el sistema olfativo

Los receptores químicos de la estructura nasal[202] envían importantes mensajes al cerebro que este registra como olores. Nuestro sentido del olfato detecta y nos advierte de si lo que vamos a comer está en buenas condiciones.[203] ¿Qué es lo primero que haces cuando coges algo de la nevera que ya ha caducado y que te apetece? ¡Lo hueles! Y los olores, como todos los demás sentidos, van íntimamente vinculados a los recuerdos. Cuando paseo al caer de la tarde, a veces desde la ventana del vecino sale un olor a cebollas rehogadas, y eso me retrotrae a mi infancia, cuando mi abuela hacía el estofado del fin de semana.

Espera y mira:
- ¿Cómo reacciona tu hija ante una distinta variedad de olores o fragancias? ¿Se fija en los olores o se queja de ellos? ¿Le dan arcadas cuando huele alguna cosa en concreto? Si es así, podría estar diciéndote a modo de señal que su reacción frente a los olores es muy intensa. ¿Puede ser que no se dé cuenta con tanta rapidez como tú o como los demás? Si ese es el caso, podría significar que tu hijo reacciona con poca intensidad ante los olores. Los niños, como nos suce-

de a todos, pueden reaccionar de manera positiva o negativa ante determinados olores, como los que desprenden los jabones, los champús, los alimentos o los ambientadores.
- ¿Presenta tu hija un patrón de reacciones negativas ante determinados olores? ¿Reacciona ante ellos con intensidad, como, por ejemplo, negándose a comer ciertos alimentos, o no queriendo ir a lugares que huelen de determinada manera, como los restaurantes o la sección de perfumería de unos grandes almacenes comerciales? ¿Tu hijo presenta alguna reacción física o emocional a los olores? ¿Le dan arcadas o se siente mal?
- ¿Qué clase de olores tranquilizan a tu hijo, lo divierten o le dan placer? ¿Tu hijo disfruta más de unos olores que de otros? ¿Tu hijo busca algún olor en especial? La próxima vez que tu hijo reaccione ante un determinado olor, intenta fijarte bien y comparte con él la experiencia. Pídele que te hable de ese olor, o que intente describir sus características (agradable, desagradable, bueno o malo), y que te cuente más cosas sobre el tema. Es una gran oportunidad para que el niño empiece a ser consciente de sus sensaciones, y ese paso precede al de ser consciente de sus emociones.

Un ejemplo del olfato / olfativo: el problema de la granja de lácteos

Conocí a una familia que cada verano viajaba en coche a las Sierras altas de California. Durante el camino, cuando pasaban frente a una granja de lácteos que olía mucho a estiércol, a uno de los tres hermanos siempre le entraban arcadas. Y, como consecuencia, sus dos hermanos se burlaban de él sin piedad por ser tan sensible a los olores.

Este niño sencillamente tenía un sentido del olfato exageradamente agudo, al contrario que sus hermanos. Su sistema olfativo activaba en él una alarma instantánea y el reflejo instintivo de hacer arcadas (además de una conciencia interoceptiva inmediata y desagradable), pero a sus hermanos no les pasaba lo mismo. Aconsejé a esos padres que procuraran enseñar a sus hijos lo que era la reactividad sensorial, y que les dejaran muy claro que el nivel de sensibilidad que tiene cada uno no viene dado por elección propia. *La lección es muy valiosa para cualquiera, porque es fácil emitir juicios sobre las preferencias sensoriales de los demás y establecer que son defectos del carácter o de la personalidad, cuando, en realidad, esas mismas preferencias son las que influyen en nuestras sensaciones y en nuestros comportamientos.*

La conciencia corporal y el sistema propioceptivo

La mayoría no conoce bien lo que es el sistema propioceptivo. En realidad, es un sistema muy relevante que le dice al cerebro en qué situación se encuentra nuestro cuerpo.[204] Según la doctora Ayres, eso se consigue enviando información «al cerebro sobre el momento y la manera en que los músculos se contraen o se estiran, y sobre el momento y la manera en que las articulaciones se doblan, se alargan, las estiran o las comprimen».[205] En otras palabras, nos dice dónde están las partes de nuestro cuerpo: si están sentadas o de pie, si se doblan o estiran. Piensa en la última vez que te golpeaste contra la esquina de una mesa o de otra superficie dura porque te fue de un centímetro y no calculaste bien la posición que tu cuerpo ocupaba en el espacio.

Los músculos y las articulaciones envían información constantemente al cerebro sobre nuestra posición corporal.[206]

La propiocepción es el sentido que nos permite movernos bien y sentir lo que estamos haciendo. Es lo que nos permite abrocharnos bien la camisa: el cerebro recibe información de los músculos y de las articulaciones que tenemos en las manos, y permite que notemos cómo debemos abrocharnos los botones sin tener que mirar necesariamente. Los niños que tienen dificultades en su propiocepción a veces no escriben muy bien a mano porque la información que reciben sobre la presión que deben ejercer sobre el lápiz o el bolígrafo es escasa. En otros casos, los niños con un escaso sentido de su propiocepción se acercan demasiado a sus compañeros, o los empujan con demasiada fuerza, cuando intentan jugar o compartir su espacio con ellos. Es importante conocer la posición de nuestro cuerpo respecto al de los demás y a otros objetos, como pueden ser los muebles, pero todo eso son cosas en las que no pensamos demasiado, salvo cuando vemos que existe un problema.

Durante mi primer año de universidad, me contagié de un virus muy grave que me provocó una inflamación del oído interno. Quedé temporalmente fuera de combate, y perdí la conciencia espacial y el sentido del equilibrio. Fue muy raro eso de no saber si una está de pie o sentada. Tenía muchísimas náuseas, y me veía obligada a cerrar los ojos porque notaba como si el mundo diera vueltas sobre sí mismo. Era incapaz de comer y, literalmente, necesitaba apoyarme en alguien si quería moverme, porque no podía reconocer la posición que había adoptado mi cuerpo y no sentía la gravedad. El único tratamiento al que me pudieron someter fue ingresarme en un hospital y sedarme profundamente para esperar a que la inflamación remitiera, cosa que sucedió al cabo de una semana aproximadamente. Por suerte me recuperé, y las secuelas a largo plazo fueron muy leves, pero esa fue la experiencia más confusa que he tenido en toda mi vida, y que ha hecho que sienta mucha compasión por esos niños que veo obligados a enfrentarse a situaciones en las que su conciencia espacial o su equilibrio se ven desafiados.

Espera y observa:
- ¿Tu hijo se mueve bien en función de la edad que tiene y de su desarrollo personal? (No hace falta que aclaremos, porque ya se da por supuesto, que los bebés y los niños pequeñitos todavía están en vías de desarrollar su capacidad de moverse con soltura). Si tu hijo mayor tiene que mirarse las manos o el cuerpo para hacer sus tareas cotidianas, como

atarse los cordones de las deportivas o abrocharse los botones, es posible que algún bucle de retroalimentación de su sistema propioceptivo todavía esté en fase de desarrollo.

- ¿Tu hijo sigue un patrón de conductas negativas frente a situaciones que requieren tener conciencia corporal, como practicar deportes de equipo u otras actividades físicas que requieran captar información de los músculos y las articulaciones? ¿Te da la sensación de que tu hijo tropieza con los demás o se da golpes con los muebles, o que no calibra bien sus fuerzas cuando empuja objetos o tira de ellos? ¿Necesita estar siempre cerca de ti? Algunos niños instintivamente se sitúan junto a los demás para sentirse más enraizados y a salvo. De esta manera consiguen retroalimentar mejor sus músculos o articulaciones, y eso les ayuda a sentirse más tranquilos. ¡Claro que también podría ser que tu hijo disfrute notando la cercanía física! A veces, los niños cuyos sistemas propioceptivos todavía se están integrando con el resto de sus otros sistemas demuestran ser tan intensos en sus interacciones que eso les puede causar problemas para socializarse bien. Quizá abracen a un hermano o a un compañero demasiadas veces, o con demasiada fuerza. Podrían emplear demasiada fuerza dando un toquecito amistoso a sus amigos. Esta clase de acciones involuntarias pueden influir negativamente en las relaciones que el niño tiene con sus compañeros, que, comprensiblemente, pueden llegar a malinterpretar la intensidad de sus gestos y considerarlos demasiado fuertes o agresivos, en lugar de entender que lo que está intentando hacer es establecer lazos de afecto con ellos.

Si crees que tu hijo puede tener dificultades con su conciencia corporal, resulta muy útil proporcionarle experiencias que le sirvan para integrar este sistema con el resto de sistemas. Ir a un centro de actividades infantiles donde haya mantitas con objetos colgantes para bebés, usar mantas para que los niños jueguen a enrollarse en ellas como si fueran burritos y jugar a clasificar por niveles el tacto de las cosas, si son ligeras o pesadas, puede ayudar a tu hijo a integrar mejor su sentido de la propiocepción.

- ¿Qué actividades le resultan placenteras a tu hija relacionalmente o le sirven para notar dónde está situado su cuerpo en el espacio? ¿Le gusta trepar por las estructuras infantiles de madera y es capaz de interactuar con sus compañeros y contigo al mismo tiempo? ¿O, por el contrario, tu hijo necesita que lo ayudes y le des tu apoyo emocional para subirse a esas estructuras o para montar en bicicleta, actividades que requieren una retroalimentación propioceptiva muy sólida? ¿Le gusta a tu hijo que lo envuelvan en una manta o jugar debajo de ella? Muchas veces animo a los padres a experimentar para que vean la cantidad de presión reconfortante con que sus hijos disfrutan. Podéis jugar a ser un bocadillo humano, por ejemplo, si ves que a tu hijo le encanta que lo embutan entre dos almohadas o dos cojines del sofá. Cuanto más se divierta el niño (y tú, por supuesto), mucho mejor.

Un ejemplo de la noción de propiocepción: el hijo del jugador de fútbol

Un día vinieron a verme los padres de un niño pequeño que había empezado a comportarse de una manera extraña tras jugar al fútbol por primera vez. La madre había jugado en la universidad y se ofreció para hacer de entrenadora del equipo de la escuela, porque le hacía mucha ilusión compartir ese deporte que tanto amaba con su propio hijo. De todos modos, le preocupaba que el niño pudiera sentirse presionado y obligado a tener que jugar bien, y sospechaba que quizá eso había ocasionado cambios en su comportamiento o en el mínimo esfuerzo que parecía dedicarle al juego. También se dio cuenta de que, cuando el niño corría, lo hacía mirándose los pies, como si fuera incapaz de mantener la mirada fija en el balón, y que además se caía muchas veces.

Una de las mayores alegrías del hecho de ser padre o madre es compartir las actividades que a ti te encantan con tus hijos; pero no siempre sale todo como uno espera. Decidida a investigar los motivos por los que su niño se miraba los pies mientras aprendía a jugar al fútbol, la madre consultó con un terapeuta ocupacional especializado en pediatría, que descubrió que el niño mostraba muy poca reactividad ante la noción de conciencia corporal que tenemos del tronco y de las piernas. El sistema propioceptivo del niño no se integraba de una manera fluida con sus otros sistemas sensoriales, y el chiquillo lo compensaba usando la vista para saber dónde estaba situado en relación con la pelota. En un juego como el fútbol, en el que hay que moverse rápido, eso es más bien una pega, y por eso el niño se caía con tanta frecuencia. Todo eso hacía que se sintiera avergonzado e intranquilo, y entonces era cuando se derrumbaba. En lugar de disfrutar del juego, el niño consideraba el fútbol estresante. Durante las sesiones de terapia ocupacional a las que iba una vez a la semana, el terapeuta enseñó a la madre a apoyar al niño cuando viera que su noción de conciencia corporal iba en aumento. Al final, el niño terminó por disfrutar realmente de ese deporte, que se convirtió en el medio perfecto para integrar su noción de conciencia corporal con el resto de los sentidos. La presencia de la madre como entrenadora del equipo y el apoyo que le dio emocionalmente sirvieron para que el juego se convirtiera en una experiencia de vinculación perfecta para toda la familia.

El equilibrio y el sistema vestibular

Llegamos a entendernos a nosotros mismos a través del cuerpo; y el sistema vestibular, junto con el resto de los sistemas, nos ayudan a contribuir a crear una noción de nosotros mismos,[207] a saber lo que se siente viviendo en nuestro propio cuerpo en concreto. El sistema vestibular literalmente nos mantiene arraigados. Los sensores del oído interno envían información al cerebro sobre la posición de la cabeza y del cuerpo entero[208] en relación con la gravedad y el movimiento, y eso influye en nuestro equilibrio. Este sistema crítico te indica dónde se encuentra situado tu cuerpo en el espacio, si te estás moviendo o estás quieto, si caminas rápido y cuál es tu posición respecto a la gravedad.[209] Si alguna vez te has mareado por estar en movimiento, eso es debido a que tu sistema vestibular registra esa información y hace que te sientas mal o mareado. Es fácil infravalorar lo importante que es este sistema para sentirse bien regulado. Por ejemplo, a muchos niños pequeños les resulta difícil tolerar los viajes largos en automóvil sentados en su sillita. Cuando un niño va sentado en la sillita del coche, son muchos los sentidos implicados en la situación: el sentido del tacto y el sentido propioceptivo de notar el cinturón de seguridad en el pecho, los ruidos del coche, el cambio visual de pasar de mirar del interior del coche a mirar hacia fuera, por no hablar de todos esos otros movimientos que aportan mucha información al sistema vestibular del chiquillo.

Los niños pueden procesar una gran cantidad de información vestibular (así como de información visual y propioceptiva) cuando saltan en la cama elástica. (Yo prefiero las camas elásticas con red de seguridad, porque impide que los niños caigan fuera). Saltar es una actividad fantástica que desafía el sistema vestibular, mientras que aterrizar en una superficie flexible ejerce presión en los músculos y las articulaciones, que es lo que está más íntimamente vinculado al sistema propioceptivo.

Espera y mira:
- ¿Tu hijo muestra un patrón al reaccionar ante determinadas experiencias de movimiento? ¿A tu hijo le encantan (o evi-

ta) ciertas clases de movimiento, como el del columpio? Algunos niños evitan trepar o saltar, o los equipamientos de los parques infantiles, como los columpios y los toboganes. Otros muestran inquietud ante las escaleras mecánicas (o se niegan a subirse a ellas), o bien se marean frecuentemente cuando van en coche. A veces, los niños se alteran mucho cuando les inclinas hacia atrás la cabeza para aclararles el champú. Es posible que estos niños estén pasando por unas experiencias que representan todo un reto para su sistema vestibular.

- ¿Qué clase de movimientos tranquilizan a tu hijo y consiguen que disfrute al relacionarse? ¿Tu hijo busca moverse continuamente? ¿Le gusta bailar, columpiarse o mover el cuerpo mientras juega contigo? ¿Cuáles son sus movimientos preferidos? Quizá tu hijo prefiera quedarse quieto y no moverse demasiado cuando interactuáis y jugáis juntos. Cuando conoces la manera en que el cuerpo de tu hijo vive el movimiento, puedes tener en cuenta esta información para encontrar cuál es la mejor forma de conectar, corregularos y divertiros juntos.

Un ejemplo de equilibrio / vestibular: las peleas en el parque infantil

Un día, una madre me contó que, cuando su hijo de cinco años estaba en el parque infantil con otros niños, no lograba sacarlo del columpio de llanta ni de los columpios para bebés. Era como si el pequeño nunca tuviera ganas de dejar de columpiarse, aun cuando otros niños estuvieran esperando y a él ya se le hubiera pasado el turno.

Le encantaba sentir el aire en su cuerpo, y notar que estaba montado en el columpio. El problema era que nunca tenía bastante, y su madre y sus maestros eran los que debían gestionar sus pataletas cuando le tocaba el turno a otro chiquillo. El niño conocía esas normas sociales que dicen que hay que compartir las cosas, pero su cuerpo sentía la obligación de seguir columpiándose. Observé que el niño tenía ansias sensoriales en su sistema vestibular, y le propuse a la madre que lo llevara a alguna terapia ocupacional que incluyera en sus actividades juegos dirigidos en los que ella pudiera participar y que sirvieran para que el niño integrara mejor su sistema vestibular con el resto de sus sentidos, incluido el sentido de la vista y el sentido propioceptivo. El terapeuta propuso algunas actividades divertidas, como que arrastrara un carrito cargado de troncos cuando estaba en el jardín trasero, que sus padres le dejaran empujar el carrito de la compra cuando estaban en el súper y que jugaran con él usando equipamiento infantil. Algunos niños con ansias sensoriales sacan un gran partido de la terapia ocupacional, porque en ella queda contemplada la noción de probar y equivocarse (y la valoración para la cual se han formado los terapeutas ocupacionales) con el fin de ayudar a los niños a integrar las sensaciones vestibulares con el resto de sus sistemas sensoriales. Al cabo de varios meses de acudir a esta terapia ocupacional, el niño ya no se negaba en redondo cuando le pedían que dejara el columpio, y disfrutaba jugando con otros equipamientos que había en ese mismo parque infantil, así como con las experiencias motoras que compartía con otros niños. *Se sentía mejor en su propia piel, y lo que al principio parecía un problema de conducta (negarse a compartir el columpio) resultó ser un desafío subyacente a la integración sensorial.*

Moldear el respeto por las señales corporales

Podemos dar ventaja a los niños para que se familiaricen con sus sentimientos y emociones ayudándolos a identificar toda la gama de sensaciones que experimentan sin juzgarlas como buenas o malas. El cuerpo nos ofrece un mapa de carreteras fantástico para criar a nuestros hijos, pero, en general, no solemos prestarle atención. A veces, con la mejor de las intenciones, indicamos a nuestros hijos que no deberían acatar las señales que les está dando su cuerpo. Solemos decirles: «No es posible que tengas tanta hambre... ¡Pero si acabas de picotear!»; o bien: «Solo es un rasguño de nada... No es posible que te duela tanto». En esta clase de situaciones creemos estar apoyando a nuestros hijos, pero, en realidad, al sugerirles que ignoren sus sensaciones corporales estamos minusvalorando esas mismas señales a las que el niño debería prestar atención para poder regularse a sí mismo.

Cuando intentamos convencer al pequeño de que no pasa nada, cuando en realidad sí está pasando, lo que hacemos es rechazar su realidad... y esas señales tan importantes que su cuerpo nos está enviando. Y eso sobre todo es así cuando el sistema de seguridad del niño registra de alguna manera que existe una amenaza, a pesar de que él se encuentre objetivamente a salvo, como era el caso de esa niña que se ponía como una moto cuando le lavaban el pelo con champú. El objetivo no es pasar por alto la inquietud de la niña, sino más bien corregular con ella emocionalmente y respetar las reacciones de su cuerpo. De este modo, *podremos moldear el respeto que nos ha de inspirar lo que es la base misma de nuestras sensaciones primordiales: las sensaciones corporales.*[210]

La mayoría de los niños procesan la información a través de los sentidos sin mayores incidencias. Ahora bien, cuando los desafíos conductuales, o de la clase que sean, aparecen en la primera infancia y no son fáciles de explicar, deberíamos preguntarnos si las diferencias en el procesamiento de los sentidos no serán un factor determinante. Si tu hija presenta una sensibilidad muy acusada, reacciona exageradamente, o poco y mal, ante determinados estímulos sensoriales, si evita ciertas experiencias sensoriales, o de manera rutinaria ansía vivir determinadas cosas y se desregula si no puede acceder a ellas, vale la pena que consultes con un profesional de la materia. Un terapeuta ocupacional o un terapeuta del desarrollo versados en el procesamiento sensorial son capaces de evaluar a tu hijo y determinar si no sería conveniente llevar a cabo algún tipo de intervención en su caso.

Algunas oportunidades de oro para forjar la resiliencia a través de la conciencia de las señales corporales

Los neurocientíficos acaban de descubrir que existe una conexión muy sólida entre la capacidad de detectar las sensaciones corporales y la capacidad de regular las emociones.[211] Para una terapeuta como yo, especializada en la relación cerebro-cuerpo, esa es una buena noticia, aunque nada sorprendente. Hace ya unos años descubrí que animar a los niños a que entren en sintonía con sus propias señales corporales y sus sensaciones les sirve para forjar su autorregulación. *Ayudamos a los niños a desarrollar la capacidad de gestionar sus emociones a partir de una observación discreta y sin emitir juicio alguno.* Cuando valoramos la experiencia sensorial que un niño tiene del mundo, en lugar de ponernos a formular juicios, como, por ejemplo: «Este niño es demasiado sensible», podemos mostrar curiosidad por descubrir las preferencias del niño en cuestión y respetar sus experiencias sensoriales.

Prestamos muy poca atención al modo en que los niños perciben el mundo (y a los demás) a través de sus sentidos. Por ejemplo, podemos sentir vergüenza ajena si nuestro hijo pequeño ignora a nuestros conocidos o a algunos miembros de la familia, o bien reacciona de una manera inapropiada o brusca. En lugar de decirle inmediatamente que no sea maleducado o que se porte bien, podemos corregular con él de la manera más apropiada posible en función de la situación y, de esta forma, mostrar respeto por la reacción natural del niño. Si no lo hacemos así, podemos provocar accidentalmente que el niño, llevado por el afán de complacernos, enmascare sus auténticas emociones. Por otro lado, *validar su reacción le da la oportunidad de forjarse su propia resiliencia, de defenderse por sí solo, y lo estimulamos para que confíe en sus instintos.* Creo que esto tiene una especial relevancia en el caso de las niñas, a las que se las socializa desde muy temprana edad para que se acomoden a las necesidades de los demás.

Es perfectamente comprensible el hecho de que la mayoría de los niños no elijan a propósito sentir las cosas de una manera muy profunda o intensa, ni comportarse como un tiquismiquis; la cosa es mucho más complicada. Cuando ayudamos a un niño a que aprenda a tolerar y a trabajar sus sensaciones, a etiquetarlas de una manera distinta, usamos la corregulación y el compromiso para desarrollar unos recuerdos nuevos que le ayuden a suplir otros recuerdos anteriores que representan todo un desafío para él. En general, es preciso contar con más experiencias de recuerdos positivos para superar las de los recuerdos negativos,[212] pero, con el tiempo, podremos vislumbrar algún progreso. *No cabe duda de que, gracias a las relaciones de amor y de sintonía compasiva que mantengamos con ellos, nuestros hijos podrán aprender a sortearse bien entre la amplia gama de sensaciones, emociones y pensamientos tanto positivos como negativos.*

Un niño que es capaz de localizar e identificar lo que le pasa a su cuerpo cuenta con la ventaja de ser capaz de forjarse una mayor resiliencia psicológica y, probablemente, de conservar la salud durante más años. Podemos enseñar a nuestros hijos la importancia que tiene prestar atención a su propio cuerpo y, de esta manera, conducirlos hacia la optimización de su salud corporal y mental. En los capítulos siguientes, nos centraremos en la manera en que deberíamos fomentar esta capacidad en función de la edad y del estadio de desarrollo del pequeño, y empezaremos desde su mismo nacimiento.

La lección de Dysneylandia

¿Qué pasó al ver que mi hija rechazaba la propuesta que le habíamos hecho de ir a Disneylandia? Pues que decidimos cancelar el viaje. Mi marido y yo estábamos ilusionadísimos con esas vacaciones, pero ella no las consideró un regalo. Así que, en lugar de irnos de viaje, lo que hicimos fue pasar su cumpleaños jugando y nadando en la piscina del vecino. Y se lo pasó la mar de bien.

Transcurrieron varios años antes de que lograra entender bien por qué mi hija no había querido ir a Disneylandia. Cuando empecé a profundizar en lo que representa el procesamiento sensorial, me di cuenta de que la mera idea de ir a un lugar como Disneylandia (que es una auténtica cacofonía de visiones, sonidos, olores y otras informaciones sensoriales) le resultaba agobiante. A mi hija le costaba muchísimo integrar el procesamiento multisensorial. En otras palabras, reaccionaba exageradamente cuando se le activaban a la vez varios de sus sistemas sensoriales.

Cuando una niña interpreta que el mundo es impredecible, suele volverse más rígida o controladora en el intento de gestionar su entorno. Cuando los niños no son capaces de predecir cómo se sentirán en ambientes distintos, la vida puede parecer caótica, y se adaptan mostrándose menos flexibles. El rechazo que mostró mi hija al viaje que le propusimos fue la brillante adaptación que su sistema nervioso hizo para preservarla de todo peligro. Su cerebro y su cuerpo necesitaban tiempo y experiencia para dilucidar cómo integrar los sentidos y vivirlos de una manera que le resultara segura y desprovista de toda amenaza.

Tras entender esta situación, mi marido y yo sentimos una renovada compasión por nuestra hija, y nos aseguramos de que supiera lo mucho que respetábamos sus preferencias y elecciones. En lugar de animarla a que pasara por alto las señales de su cuerpo, o de expresar nosotros en voz alta la rabia que nos daba que no fuera capaz de «seguir el flujo de las cosas», nos interesamos mucho por ella y dimos mucha importancia a esas ocasiones en que sabía reconocer las señales que le enviaba su cuerpo. *Así van estas cosas: cada vez que reconocemos con empatía que el cuerpo de un niño está pasando por ciertas dificultades y le ofrecemos el regalo de estar presentes emocionalmente y de aceptarlo, contribuimos a fomentar la capacidad que tiene de tolerar una amplia variedad de sensaciones.* Tener relaciones sólidas mejora la capacidad de dilatar y tolerar las experiencias negativas. *Cuando comprendemos la manera en que el cuerpo conforma el cerebro, podemos ayudar a nues-*

tros hijos a establecer una relación completamente nueva con sus emociones.

La historia, por lo demás, tiene su propio colofón: muchos años después, cuando mi hija ya había empezado la ESO, me pidió que celebráramos su cumpleaños con dos amigas suyas nada más y nada menos que... ¡en Disneylandia! Todavía conservo una fotografía de ese viaje: las tres niñas subidas a una de esas pronunciadas montañas rusas que hay en el parque de atracciones; mi hija, contentísima y levantando las manos al aire, y sus amigas íntimas, con los ojos cerrados y hundiendo la cabeza entre sus hombros. Cada vez que veo esa foto se me escapa una sonrisa, porque me doy cuenta de la tenacidad que demostró mi hija para superar todos esos retos sensoriales, y la maravillosa forma en que su cuerpo y su cerebro se organizaron (siguiendo su propio ritmo temporal) gracias también a nuestro aporte emocional.

> UN CONSEJO PARA FORJAR LA RESILIENCIA: es importante comprender las diferencias individuales que se dan entre los niños, incluida la manera única que tienen de captar información, a través de sus sistemas sensoriales, del mundo exterior, de su propio cuerpo y del resto de la gente. No des por sentado que tu hijo experimenta el mundo de la misma manera que tú, y muestra curiosidad por entender cómo ve el mundo tu hijo desde su punto de vista. Esta comprensión es la verja de entrada que, si la abres, te permitirá ayudarle a desarrollar su alfabetización emocional.

7. El primer año

> Cada vez que un padre o una madre miran a su bebé y le dicen: «¡Oh, qué precioso eres!», el bebé rebosa de alegría.[213]
>
> T. Berry Brazelton

Los padres primerizos arden en deseos de saber muchas cosas sobre sus hijos: ¿cómo podemos conseguir que duerma toda la noche seguido? ¿Qué pasa si la dejamos llorar? ¿Les va bien a los bebés ver la televisión? ¿Es importante que lleve siempre encima a mi bebé? ¿Le enseño a mi bebé el lenguaje de los signos? ¿Puedes llegar a malcriar a un bebé?

Kerri y Ben tenían muchas preguntas, y su pediatra (que sabía muy bien lo mucho que me había costado a mí librar la batalla de la falta de sueño y del estrés durante mi primera etapa como madre) los remitió a mi consulta. Su hija Selwyn tenía tres meses en esa época. Tras presentarnos mutuamente para romper el hielo en la primera sesión que tuvimos conjunta, esos padres, que parecían agotados, me contaron que el embarazo había ido muy bien, y que el parto se había producido dentro del plazo esperado. Me explicaron la maravilla que para ellos representó haberse convertido en padres, me hablaron de la ilusión que los abuelos sentían por su primera nieta, y me confesaron que la llegada al mundo de su niña había sido mágica para toda la familia.

Sin embargo, en lugar de disfrutar del papel de padres, la pareja iba sobreviviendo a trancas y barrancas. A las ocho semanas de su nacimiento, Selwyn mamaba muy bien e iba aumentando de peso con toda normalidad. Pero lloraba mucho durante el día, y sus padres se las veían y se las deseaban para encontrar el modo de calmarla. Le daban de comer, le cambiaban el pañal, la llevaban a dar un paseo, la acunaban... Nada parecía funcionar. Por las noches, todo empeoraba: la bebé solía despertarse unas tres o cuatro veces de manera habitual, y los padres amanecían muy amodorrados.

Al cabo de un tiempo, Kerri y Ben confesaron que además tenían otra preocupación. El pediatra les había informado del peligro que entraña para los recién nacidos la muerte súbita del lactante (SIDS, según las siglas en inglés); y la pareja había hecho una lista con todas las precauciones que había que observar para sortearla: asegurarse de que la bebé durmiera boca arriba y fuera vestida con una ropa adecuada, y mantener su espacio con la ropa de cama justa y sin objetos añadidos. Esas advertencias, aunque bienintencionadas y necesarias, solo les recordaban que podía pasarle algo malo a su hija.

Toda esa combinación de factores representaba un reto para ellos: los ataques diurnos de llanto, despertarse por la noche, el miedo a perder a la niña y, sobre todo, la falta de sueño que la pareja arrastraba. Empezaban a tener la sensación de que estaban a punto de perder la cabeza. Estos padres maravillosos estaban dando el do de pecho, pero lo que en realidad estaba sucediendo era que estaban enfrentándose a la transición que comporta el hecho de convertirse en padres.

Los primeros seis meses

Tres de los recuerdos más vivos que conservo son aquellos en los que vi a mis hijas por primera vez. Al mirarlas a los ojos, noté algo familiar, porque yo me había relacionado con ellas mientras crecían en mi interior. Lo que, por cierto, ignoraba antes de que mis hijas nacieran era la radicalidad con que mi vida iba a cambiar por el hecho de ser madre.

Conservo aún otro recuerdo, aunque no tan agradable: me eché a llorar como una Magdalena cuando la enfermera del hospital me pidió que cambiara el pañal a mi primera niña, que había nacido prematura. ¡Me sentí tan incompetente y tan agobiada ante la responsabilidad de sostener a esa diminuta e indefensa criatura entre mis brazos! ¿Cómo podía saber yo lo que necesitaría la niña si se echaba a llorar y era incapaz de darme una razón? Yo no me había prodigado demasiado con los bebés y, por esa misma razón, ni siquiera sabía cambiar un pañal.

Me dieron el alta del hospital y mi marido y yo cogimos el coche llevando ese pequeño fardo encima para volver a casa. Al llegar, vestí a la niña con un pelele para prematuros que era tan pequeño que parecía que solo podría caberle a una de esas muñecas que yo tenía de pequeña. El amor que sentía por mi hija y el instinto de protegerla fue la sensación más fiera que haya sentido jamás: una mezcla de excitación y miedo.

Una enfermera del hospital venía a casa varias veces al día para hacerle unas analíticas a la niña y comprobar su estado de salud. Mi hija tenía el nivel enzimático de la bilirrubina muy elevado y, como tenía que dormir con una caja de luz LED, el personal sanitario nos aconsejó que nos aseguráramos de que no se quitara unos diminutos protectores oculares que debía llevar puestos, porque mirar directamente a las luces podría dejarla ciega. ¡Menudo consejo para unos padres que ya iban faltos de sueño! Durante las primeras semanas, mi marido y yo nos turnamos para vigilarla como halcones, tanto de día como de noche, con el fin de asegurarnos de que llevara bien puestos los protectores. Una pesadilla de lo más agradable...

Mi experiencia me hizo sentir una profunda empatía por Kerri y Ben, que es lo que siento siempre por todas las personas que acaban de ser padres. No hay nada que active más el circuito de la preocupación y que altere más los ritmos y las rutinas como tener a un recién nacido en casa. Como seres humanos que somos, nos encanta la predictibilidad, y cuando un bebé llega a nuestras vidas, ya nada vuelve a ser predecible. Nuestras rutinas se centran en el bebé, hasta que conseguimos establecer unos patrones en la alimentación, las siestas y el sueño nocturno.

Además de la falta de sueño que padecen, los que acaban de ser padres se enfrentan a otro desafío añadido: la superabundancia de consejos y de presiones que reciben sobre cómo hay que cuidar del bebé. Piensa que nadie podrá decirte cuál es la manera más adecuada de hacerlo, porque tú y tus hijos sois únicos. Lo que sí puedes hacer es aprender bien a interpretar las señales que te envía tu bebé, y a personalizar tus estrategias y decisiones para aplicarlas a tu bebé en concreto, no a una versión teórica de lo que es un bebé.

Ser padres nos cambia el cuerpo y el cerebro, porque, impulsados por la fuerza de la hormona del amor, la oxitocina,[214] vivimos la transformación más significativa[215] que existe para un ser adulto. Y esto es válido tanto para el padre como para la madre. Los estudios demuestran que los padres varones que ejercieron de cuidadores principales de sus hijos experimentaron cambios hormonales en su cerebro[216] como resultado de haber cuidado activamente de sus bebés; y eso demuestra el gran peso que tiene que los padres cuiden de sus hijos desde el principio. Son muchos los hospitales y los centros de natalidad que reconocen este hecho y que, en la actualidad, ya están animando a los padres a vincularse con sus hijos por medio del contacto de la piel y tomándolos en brazos para acunarlos justo después del nacimiento. El aumento de hormonas que se produce de manera natural, tanto en el padre como en la madre, les servirá a ambos para conectar bien con el bebé.

Durante el proceso, una de las primeras tareas que hay que hacer es encontrar el mismo ritmo,[217] de la misma manera que los bailarines aprenden con la práctica a coordinar sus movimientos con otra persona. Y, como cualquier danza que se ejecute con un compañero nuevo, eso requiere práctica. Instintivamente nos vemos inclinados a usar distintos tonos de voz, diversas expresiones faciales, varios modos de sujetarnos y movernos gracias a la observación de las reacciones del bebé y adaptándonos o colaborando con ellas para calmarlo y ayudarlo a adaptarse a vivir en este mundo. Cada bebé sigue un patrón de danza único que ejecuta con mamá y papá. A veces, la danza es fácil de ejecutar, placentera y predecible para todos, pero hay veces en que lleva más tiempo aprender, como les sucedió a Ben, a Kerri y a su bebé Selwyn.

Por suerte, los estudios que se han hecho hasta el momento (y mi experiencia personal) señalan que existe un factor significativo que potencia el proceso de aprendizaje por el que pasa un bebé para aprender a confiar en el mundo: unos padres amorosos y bien sintonizados[218] que reaccionen adecuadamente a sus necesidades. Reaccionar, como ya he descrito varias veces en este libro, significa prestar atención al cuerpo del niño. Nuestro primer trabajo será ayudar a los bebés a que conserven su presupuesto corporal.[219] Y eso lo conseguiremos aprendiendo a interpretar las señales que nos envían.

Interpreta las señales de tu bebé

Los bebés crecen sanos cuando ven sus necesidades satisfechas, pero no pueden decirnos lo que necesitan con palabras; somos nosotros quienes hemos de adivinarlo probando y equivocándonos. Mientras estaba formándome en salud mental infantil, aprendí que la clave para potenciar que los bebés y los niños pequeños crezcan sanos es criar a los hijos prestándoles mucha atención. Los padres que prestan atención a sus hijos[220] son cálidos y cariñosos y reaccionan a las necesidades de sus hijos. Tienden a hacer **tres cosas** específicamente: *observar las pistas que les da el bebé* (por ejemplo, ver que bosteza y se frota los ojos), *interpretar estas pistas con precisión* (por ejemplo, adivinar que el bebé está cansado y necesita reposar) *y actuar para satisfacer las necesidades del niño* (por ejemplo, acostándolo para que se eche una siesta).

Los investigadores han llegado a la sólida conclusión[221] de que, cuando los padres saben reaccionar bien a las necesidades de sus bebés, los pequeños duermen mejor, no tienen tanto miedo, desarrollan unos hábitos alimenticios más saludables en un futuro y sienten menos estrés en el cuerpo. Es más, estos niños probablemente lo pasarán mejor en el parvulario,[222] controlarán mejor sus impulsos y sus comportamientos tan pronto su desarrollo se lo permita y, por si eso fuera poco, colaborarán más con los demás. Y todo eso, ¿por qué? Pues porque las relaciones de confianza que los padres establecen por medio de interacciones predecibles, amorosas y bien sintonizadas les van muy bien a los niños para crecer. *Lo mejor que puedes hacer por tu bebé es observar con cariño las pistas que te da, interpretar lo que estas significan y actuar en aras de satisfacer sus necesidades.* Quizá no lo consigas a la primera, pero si ese es el caso, no te lo recrimines. Terminamos aprendiendo a reconocer las necesidades de nuestro bebé probando y equivocándonos.

¿Por qué crees que le damos tanta importancia a este punto? Pues porque, con nuestra ayuda, los niños otorgan un significado a las cosas a través de las sensaciones internas de su propio cuerpo (la interocepción), y también a través de lo que sucede en el exterior (lo que oyen, lo que ven, lo que tocan, lo que huelen, lo que saborean, etcétera). Nos necesitan para que los ayudemos físicamente gracias a nuestra conexión amorosa, y para que así sus cerebros empiecen a anticipar y a forjarse unos recuerdos que les inspiren seguridad y confianza. Y eso lo conseguiremos creando juntos significados compartidos.[223]

Crear significados compartidos

Somos los arquitectos de las experiencias de nuestros bebés y de la manera en que estos configuran su mundo.[224] Ten presente que una recién nacida no tiene conciencia del pasado (fuera de la matriz). Todo lo que tu bebé ve, hace y experimenta por sí misma y en compañía de ti influye en su manera de interpretar el mundo y en el modo en que su cerebro será capaz de predecir el futuro.²²⁵ Los padres son el factor más determinante para que una bebé llegué a comprenderse a sí misma y a comprender el mundo.

Aprendemos a hacer de padres probando y equivocándonos, y eso en muy raras ocasiones resulta fácil. La primera vez que fui madre, intenté poner en práctica todo lo que había aprendido sobre lo que hay que hacer para establecer unos vínculos sólidos: estar atenta a mi bebé, hacerle ver que me importaba mucho y que no estaba sola, e intentar consolarla cuando lloraba. Sin embargo, de lo que no disponía yo era de unas herramientas específicas que me sirvieran para consolar a una bebé a la que le costaba muchísimo poner en orden su propio cuerpo. No me servían de nada las teorías cuando la bebé se ponía a chillar, y yo, hiciera lo que hiciera, parecía incapaz de calmarla. Nunca olvidaré la noche que mi hija estuvo tres horas seguidas llorando sin parar. Esa noche me asusté mucho, y me sentí francamente desamparada.

Con el paso de los años he conocido a muchos padres a los que, como me sucedió a mí esa noche, les cuesta mucho trabajo tranquilizar a sus bebés, a los pequeños que están empezando a dar sus primeros pasos o a los niños de más edad. Yo siempre les recordaba que no están solos. Piensa que, cuando los bebés son pequeños, no siempre logramos entenderlos bien. Crecemos cuando interpretamos las cosas de otra manera,²²⁶ cuando aprendemos de los bebés y con los bebés. Este aprendizaje tan crucial se logra observando y cambiando el enfoque a partir de observar lo que está haciendo el bebé. La clave no está en ser perfectos, sino en ayudarlo a que interprete el mundo a sabiendas de que todo lo que digamos y hagamos se convertirá en un recuerdo que al bebé le servirá para sentir que se encuentra en un lugar seguro y digno de confianza.

Si tu hijo ya ha superado la fase más temprana y te preocupa no haber sabido aportarle esta clase de experiencias, te pido que recuerdes que este libro no pretende culpabilizar ni avergonzar a nadie. La neurociencia ha aportado ya pruebas suficientes que demuestran que no hay necesidad de entrar en pánico por si hemos sabido prestar atención en el pasado: el cerebro y el cuerpo siempre están comparando las experiencias nuevas con las experiencias del pasado,[227] poniéndose al día y cambiando la activación del cerebro. A pesar de que es natural lamentarte por lo que podías haber hecho (tú o los demás) esta misma mañana, la semana pasada o en cualquier otro momento del pasado por causa de las circunstancias que rodean la vida del bebé o de las batallas que debes librar, la historia de las relaciones es una historia de esperanza. Crecemos y vamos cambiando a partir de las experiencias que vivimos, y siempre estamos actualizando lo que nuestro hijo sea capaz de predecir de nosotros y del mundo.[228]

Satisfacer las necesidades básicas del bebé en lo que concierne a su nutrición, su seguridad y su confianza es crucial durante los primeros seis meses de vida. Las experiencias más tempranas de un bebé sientan las bases de las redes neuronales que se desarrollarán en un futuro. Darle de comer a tu bebé cuando tiene hambre, o tranquilizar a un niño que necesita consuelo, le servirá a esa criatura para forjar una base sólida que le permita empezar la vida de una manera sana. *La mejor manera de ayudar a un bebé a que consiga autorregularse cuando ya se ha convertido en un niño o en una niña es, en primer lugar, lograr que se corregule con coherencia.*

Nuestra manera de apoyar a ese bebé que se revuelve o que llora es probando y equivocándonos. Básicamente, hay que ver lo que funciona para que el niño se calme. Quizá sea el amor que expresa tu rostro cuando lo miras y le dices con ternura: «No pasa nada, mi amor. Mamá está aquí contigo», mientras proyectas en él una sensación de calma y de confianza. Si tu voz no basta para calmarlo, quizá necesite que lo cojas en brazos y lo mezas sin dejar de hablarle hasta que se recomponga. O quizá debas mecerlo a un ritmo determinado, o siguiendo un patrón de movimientos muy concreto que le sirva a su cuerpo para calmarse. Si después de haberlo intentando todo, el bebé sigue revuelto, ponlo en la cuna, no sea que, con menos estímulos, la criatura se autorregule mejor.

Experimenta para descubrir qué es lo que le va mejor a tu bebé. Este es el verdadero significado de la expresión «prestar atención»: interpretar de una manera activa lo que el bebé necesita sin dejar de ser pacientes con nosotros mismos y con el bebé. Los estudios demuestran que este proceso es bidireccional: el ritmo de nuestro corazón se sincroniza con el de nuestro bebé mientras le damos consuelo.[229] Es realmente una experiencia física de amor y de forja de la confianza. Y reconozcamos también que la cosa puede llegar a complicarse mucho si nos sentimos angustiados o molestos (que es como, de manera natural, se sienten unos padres primerizos como Kerri y Ben).

Observar y respetar la capacidad natural que tiene el bebé de calmarse

Cuando tengas la seguridad de que las necesidades básicas de tu bebé ya están satisfechas, dale tiempo para que descubra su cuerpo y resuelva sus cosas a partir del control limitado que ejerce sobre ellas. Podemos empezar ayudando a los niños a forjar su resiliencia desde un buen principio, permitiendo a los bebés que experimenten con los límites de su propio cuerpo. Por ejemplo, si acuestas a un bebé en un lugar seguro (ya alimentado, cambiado y un poco alterado), quizá descubra su mano y empiece a chuparla, o se quede mirando fijamente un objeto durante unos segundos. O bien puede que le apetezca empujar con las piernas los dos lados de la cuna. Estos momentos les brindan la oportunidad a los bebés de poner en práctica el calmarse a uno mismo.

Los bebés no están tan indefensos como parece. Pueden cambiar de postura, acercarse las manos a la boca[230] e incluso chuparse el puño o los dedos. Pueden mirar alrededor, prestar atención a los sonidos, cerrar los ojos y, en ocasiones, girar la cabeza. Por supuesto que no todos los niños tienen las mismas capacidades: los prematuros y los que han contraído una enfermedad quizá todavía no sean capaces de llorar o de mover instintivamente el cuerpo. Sigue tus instintos y apoya a tu bebé cuando este lo necesite (cuando sientas que la criatura ya se ha esforzado lo bastante por sí misma).

Por una crianza atenta de los hijos

Los tres pasos que definen cómo criar a un hijo prestándole toda la atención posible constituyen una guía excelente: observar las señales que nos da el bebé, interpretar lo que estas significan y emprender una acción concreta. *Observar las señales que nos da el bebé* significa prestar atención a las señales que proceden de su cuerpo. *Interpretar lo que significan* quiere decir conocer a tu bebé y ocuparte de la razón obvia que subyace al comportamiento de la criatura (por ejemplo, darle de comer o cambiarlo). Y *emprender una acción concreta* significa atender primero a sus necesidades obvias y observar luego, durante un par de minutos más, lo que hace el bebé a continuación. Un bebé que te mira podría indicarte que ha llegado el momento de conectar con él. Un bebé que aparta la mirada de ti, en cambio, quizá quiere decirte que necesita tomarse un descanso. Todas ellas son maneras insignificantes de mostrar un respeto de entrada, y de reaccionar a la sabiduría que comportan las señales que te está enviando el cuerpo de tu bebé.

Una guía para saber prestar atención o cómo ayudar a Ben y a Kerri a apañárselas bien

No importa que vayamos cargados con las mejores intenciones, porque lo cierto es que la falta de sueño que acusamos desde los primeros meses del nacimiento de un bebé puede comprometer la solidez de la plataforma de los padres, y lograr que todo parezca que es urgente. Así se sentían Ben y Kerri, la pareja que me pidió que los ayudara con su niño pequeño. La primera vez que me llamó por teléfono, Kerri parecía agotada, y su voz sonaba triste, monótona y queda. Cuando llegaron a mi consulta, vi que la situación les estaba pasando factura, y me fijé en lo ojerosa que estaba Kerri. Con lágrimas en los ojos, me contó lo dichosa que estaba por el hecho de ser madre, pero también me dijo que se sentía desbordada.

Los primeros meses y la importancia del sueño

La primera prioridad para los padres es establecer cuál es la cantidad mínima de horas de sueño que necesitan, porque, como ya vimos en el capítulo 5, dormir es nuestro sistema de sostén vital.[231] Ben y Kerri necesitaban dormir para pensar atinadamente, recuperar la orientación y encontrar el ritmo más adecuado para esa familia de tres miembros que formaban. Dormir es una necesidad innegociable. Sí, es posible que, durante unos días, o incluso unas semanas, durmamos mal, pero esta pareja llevaba meses prácticamente sin dormir, y el déficit de horas les estaba pasando una factura muy elevada.

Con el fin de ayudarlos a recuperarse, empezamos estableciendo un plan para que se distribuyeran las distintas tareas que constituían su rutina nocturna y se turnaran para dormir hasta que Selwyn estableciera unos patrones de sueño más predecibles y no necesitara tantas tomas nocturnas. Ben, que tenía tendencia a acostarse tarde, cubría el primer turno, y así dejaba que Kerri durmiera unas horas. Kerri se había extraído leche previamente para que Ben pudiera darle el biberón a la niña. Además, Ben alargó su baja por paternidad unas semanas más para que ambos pudieran turnarse y echarse alguna que otra siesta durante el día que les permitiera recuperar las horas de sueño perdidas. El cambio que acusaron las plataformas de los padres fue inmenso. Ambos iban más descansados, y su manera de ver las cosas cambió: en lugar de seguir con ese tono desesperado, su actitud pasó a reflejar una mayor esperanza.

Aceptar ayuda de la familia y de los amigos

Vale la pena buscar soluciones creativas para superar la falta de sueño: dormir un poco mientras el bebé hace la siesta durante el día; o bien tener una lista de amigos o de parientes que puedan vigilar al bebé mientras tú duermes. Sumidos en ese estado brumoso que nos provoca la falta de sueño, algunos padres abandonan la vida social para conservar su energía, que está en modo supervivencia. *Cuando te pones en este modo de funcionamiento, es muy posible que no te sientas con ánimos de pedirles a tus familiares o amigos que te ayuden, aun cuando eso es lo que más necesitas.* Y hay una razón cerebro-cuerpo: nos retraemos para conservar nuestra energía, porque la carga de estrés que soportamos es excesiva. Cuando estamos bajo mínimos, a menudo nos aislamos del contacto humano precisamente en los momentos en que más lo necesitamos. Cuando los amigos y la familia se interesen por saber cómo estáis y os pregunten «¿Puedo ayudaros de alguna manera?», en lugar de rechazar su ofrecimiento, respondedles afirmativamente y haced una lista de esas cosas sencillas que podrían hacer las personas más allegadas a vuestro círculo para aliviar la situación: podrían traeros algunos platos de cocina casera, llevar al niño mayor al parque para que pase unas horas jugando, poner un par de lavadoras, recoger al niño de la escuela, o ir de visita a vuestra casa para charlar, aunque solo sea durante una horita.

Cuando mis hijas eran pequeñas, mi manera preferida de recargar pilas era pasar sola en casa (ocasionalmente) todo un día entero, con el pijama puesto. Lo organizaba todo con mis amigos y familiares para que se llevaran a las niñas, y yo me quedaba en casita, relajándome. Como llevaba una vida muy programada, ese día no hacía planes y me dedicaba a hacer todo lo que me viniera en gana: leer un libro, prepararme un té con galletas o ver la tele. Sin embargo, la parte más importante de ese día que pasaba con el pijama puesto era echarme una siesta... y no conectar la alarma del despertador.

Cuando mis amigos y familiares me devolvían a las niñas al final del día, me sentía como nueva. Tenía más paciencia, y podía deleitarme más en mis hijas en lugar de dedicarme tan solo a gestionar sus vidas. Es importante que los padres de los niños pequeños admitan esta situación, y que no se avergüencen de la factura que el hecho de criar a unos hijos les está pasando a su cuerpo y a su mente. Recuerda el mantra que mencionamos en el capítulo 5 dedicado a la crianza de los hijos: «Esto es duro. No estoy sola. Voy a ser muy dulce conmigo misma». Una manera de ser dulces con nosotras mismas es aceptando que nos ayuden.

Cuando Ben y Kerri encontraron el modo de recuperar las horas de sueño perdidas, pasamos al reto siguiente: los arranques de llanto de Selwyn.

Consolar a un bebé que llora

Con nuestras capacidades de observación, podemos leer las señales que nos manda el bebé y recurrir al método de ensayo y error con el fin de ver lo que funciona para calmar el cuerpo del recién nacido.

TU VOZ

Los bebés reaccionan a tu tono de voz. Las voces tranquilas les hacen sentirse seguros. Cuando estás tranquila, tiendes a adoptar un tono de voz más prosódico y musical.[232] Esa es la razón probablemente de que los bebés estén encantados cuando oyen la dulce voz de alguno de sus progenitores:[233] el sonido los relaja, porque notan que, con una persona que, por naturaleza, tiene una voz prosódica, están a salvo. Hay padres que creen que harán el ridículo empleando una voz melódica, pero es curioso constatar que eso precisamente es lo que consigue que los bebés se sientan seguros.

También puedes experimentar con el volumen de tu voz: intenta bajarlo o subirlo, y observa las distintas reacciones que muestra tu hija. Experimenta variando el ritmo, la rapidez o la lentitud con que hablas o cantas. Prueba con sonidos distintos, y observa lo que sucede en el cuerpo de tu bebé. ¿Se calla la bebé, o se tranquiliza? ¿Te mira a la cara o relaja el cuerpo? Quizá cierre los ojos y se dé la vuelta. Si es así, esa es la señal de que tu bebé necesita descansar o que intentes algo distinto.

Los padres de Selwyn descubrieron que mantener a la niña asida junto al pecho y emitir un fuerte y rítmico sonido sibilante, como cuando se pide silencio, parecía relajarle el cuerpo durante los arranques de llanto que le venían por la tarde. Cada bebé tiene sus propias preferencias sensoriales, y estas son únicas.

LOS SONIDOS DE FONDO Y LA MÚSICA

Observa las reacciones que tu bebé muestra ante los sonidos. Si en tu casa hay mucho ruido de fondo, o si, por costumbre, tienes la televisión encendida, o la música alta, fíjate en la reacción de tu bebé cuando no hay tanto ruido. A veces, los bebés necesitan un tiempo para estar presentes y experimentar con entornos más silenciosos.

Cuando tu bebé no está con una pataleta (o cuando veas que está a punto de tener una), intenta ponerle música de fondo y ve cambiando de estilo. Tu bebé quizá tenga preferencia por Mozart, o por las canciones de Disney cantadas por una voz femenina, o quizá le guste más el rock and roll. Soy incapaz de enumerar la cantidad de veces que llegué a poner la canción *Kokomo* de los Beach Boys, porque tranquilizaba mucho a una de mis bebés y la hacía sonreír. Quizá fuera debido a que la canción es muy suave, y a sus muchas otras cualidades: tiene un ritmo predecible y equilibrado, unas voces amigables y abunda en repeticiones. Cada bebé procesa y reacciona a los sonidos a su manera (y a todos los demás estímulos sensoriales). Los padres de Selwyn, por ejemplo, habían comprado una máquina de ruido blanco, bastante económica, y descubrieron que la niña se calmaba cuando oía el sonido de un torrente de agua.

EL MOVIMIENTO

Intenta moverte de varias maneras distintas para ver cómo reacciona tu bebé. Experimenta con ritmos y patrones de movimiento diferentes mientras la sostienes en brazos. Quizá le gusta que la cojas por detrás, para poder mirar hacia delante, o que la sostengas contra tu pecho, para poder acurrucarse junto ti, o bien que cargues con ella como si fuera un balón de fútbol, pasándole un brazo, para mayor seguridad, por encima del pecho. Fíjate en los movimientos suaves que sirven para calmar a tu bebé cuando le da un berrinche o se echa a llorar. ¿El cuerpo del bebé se relaja o se pone más tenso si te mueves más deprisa o más despacio? ¿Y si lo balanceas de un lado a otro; o más en vertical, de arriba abajo?

Los padres de Selwyn descubrieron que la niña disfrutaba cuando se la llevaban al hombro y ejercían un poquito de presión en un determinado punto situado entre el pecho del padre o de la madre y la barriguita de la niña. Cuando Selwyn se echaba a llorar, esa posición les daba muy buenos resultados y, a menudo, le arrancaba un par de eructos.

EL TACTO Y LA PRESIÓN DE LA PIEL

Así como puedes probar con distintos tonos de voz y distintas clases de movimientos, también puedes experimentar con distintas clases de prendas para dormir y con algunos fajados en concreto para ver si, al tacto, tu bebé se tranquiliza. A veces, sentirse bien arropado por una manta tranquiliza a los bebés. Podrás ver la reacción que tiene tu bebé cuando está recibiendo un suave masaje en los brazos y las piernas y, de repente, varías la presión que ejerces en sus miembros.

Selwyn se calmaba cuando la fajaban con una tela prieta y cómoda que también le recogía los brazos. Durante los primeros cuatro meses de edad parecía disfrutar teniendo las extremidades bien sujetas y tapadas, posición que, al final, fue la que terminó funcionando mejor para que se durmiera.

ALÉJALA DE LOS ESTÍMULOS

A veces una bebé necesita que la estimulen menos en lugar de que la estimulen más. Cuando una bebé va sobreestimulada, te darás cuenta de que aparta la vista o gira la cabeza, que cierra los ojos, tiene pataletas o se echa a llorar; y si los bebés tienen más de tres o cuatro meses, pueden apartarte de un empujón cuando los llevas en brazos. Todo esto son signos de fatiga o de sobrecarga. Puedes ir rebajando la estimulación sin dejar de sostener a la niña en brazos, por ejemplo, e ir eliminando todas las actividades una por una. Si estás meciendo a la bebé mientras hablas o cantas, deja de hablar y de cantar y, sencillamente, sigue meciéndola. Si ves que eso no la tranquiliza, sigue hablando y cantando, pero deja de mecerla, a ver si observas alguna diferencia.

Prestar atención al llanto de un bebé es esencial, porque estás sembrando unas vías de tranquilidad y predictibilidad que los bebés necesitan para poder desarrollar la confianza en el mundo y en sus propios cuerpos. De todos modos, a veces las bebés necesitan llorar para desprenderse del exceso de energía.

Durante los primeros meses de vida, los bebés lloran y tienen berrinches, y nuestra tarea es discernir si la pataleta o el llanto indican que existe algún factor estresante que podamos solventar (dándoles de comer o tranquilizándolos, por ejemplo), o si la bebé en cuestión solo necesita un poco más de tiempo para explorar la vida en ese cuerpo que tiene y que está creciendo. Si te preocupa el hecho de que tu hija llore demasiado, ve al pediatra, o consulta con un profesional de la salud para descartar cualquier posible causa física que precise de atención médica.

Ben y Kerri me contaron que, por las tardes, Selwyn casi siempre se echaba a llorar después de la siesta, de la merienda, del eructo y del cambio de pañal. Cuando el pediatra la vio, dijo que tenía cólicos, y que eso era lo que le provocaba ese llanto tan misterioso. (La causa de los cólicos sigue siendo desconocida hoy en día, pero parece estar relacionada con el sistema gastrointestinal[234] y, por suerte, suele remediarse a los tres o cuatro meses).

Por fortuna, los intensos arranques de llanto de Selwyn, que duraban unas dos horas, desaparecieron cuando la niña cumplió tres meses y medio. A los dos meses de trabajar en el asunto, los padres me dijeron que habían vuelto a recuperar la cordura y estaban dispuestos a abordar lo que era su principal preocupación: el sueño nocturno de la niña.

Amamantar o dar el biberón a voluntad (si esa es tu elección, o tu única opción) durante todo el día y toda la noche es una de las maneras más básicas que tenemos de prestar todos nuestros cuidados y atención para satisfacer de inmediato las necesidades corporales del bebé. Durante las primeras semanas de vida, y también durante los primeros meses, esta es la manera en que el niño aprende a confiar en el mundo al que ha venido, y también es la manera de lograr estabilizar la fisiología de la criatura. Pero cuando estés preparada, y eso sucederá en función de tu bebé, de tu filosofía y del consejo que te dé el pediatra, hay cosas que puedes hacer para estimular los patrones de sueño nocturno de los bebés y de los niños de todas las edades.

¡A dormir se ha dicho!

Te aseguro que no escasean los libros sobre cuál es la mejor manera de acostar a tu hijo. Yo te recomiendo que consultes con tu pediatra y con otros asesores de confianza y les pidas consejo sobre tu situación en concreto. De todos modos, vale la pena que consideres algunos estudios y escuches unos cuantos consejos para que mejoren los hábitos de sueño de la familia entera.

El plan de Ben y Kerri de turnarse por la noche les sirvió para superar los tempranos arranques de llanto de la niña. Pero cuando Selwyn cumplió seis meses, consideraron que ya estaban preparados para intentar que durmiera durante más horas seguidas. Selwyn empezó apartando a sus padres de un empujón cuando intentaban tranquilizarla porque había llegado la hora de acostarse (una de las muchas y variadas señales de que la niña estaba explorando para poder regularse a sí misma). De todos modos, las noches seguían siendo muy duras, porque la niña se echaba a llorar cuando la acostaban y la dejaban sola, pero se apartaba de ellos a puntapiés, moviendo sus piernecillas y empujándolos con sus bracitos cuando sus padres intentaban consolarla. Ben y Kerri no dejaban de preguntarse si podían hacer algo más para que le entrara el sueño y se quedara dormida por sus propios medios. Pero todo este asunto, ¿era tan importante como parecía?

En realidad, el sueño es tan importante para los bebés como lo es para los adultos. La investigadora del sueño Jodi Mindell ha descubierto que los bebés y los niños pequeños que duermen mejor cuentan con una ventaja añadida para desarrollar el lenguaje, vincularse a los demás y alfabetizarse en un futuro; por no mencionar que saben regularse mejor en el terreno de las emociones y la conducta.[235] El sueño nos permite a todos funcionar a pleno rendimiento.

Propiciar el sueño en lugar de educar para dormir

Una de las preguntas más comunes que la gente hace a los padres primerizos es: «¿Duerme bien la criatura?». Criar a los hijos se centra fundamentalmente en procurar que los niños duerman bien; sin embargo, yo evito el término «educar para dormir», porque eso implicaría que existe una sola y única manera de educarlos. Y no es así: no existe una sola manera, porque no todos los bebés son iguales. Tenemos que ver lo que funciona para cada criatura en concreto e ir cambiándolo a medida que esta va creciendo y se enfrenta a nuevos desafíos en lo concerniente a su descanso nocturno.

Hay personas que asocian educar al niño para que se duerma con dejarlo llorando hasta que se canse. A mi entender, esta actitud no es nada aconsejable, y tampoco necesaria. En lugar del término «educar», yo uso la expresión «propiciar el sueño». Como padres que somos, lo que no podemos hacer es pasar de estar sintonizados emocionalmente a nuestros hijos durante el día y luego, al llegar la noche, convertirnos en sus entrenadores. Propiciar el sueño de tu bebé en realidad es lo más sensible y lo que guarda más coherencia con tu sintonización diurna de las necesidades emocionales de tu bebé.

Cuando cambiamos de estructura mental y pasamos a propiciar el sueño de nuestro hijo en lugar de entrenarlo para que se duerma, este proceso termina siendo la consecuencia natural de haber criado a los hijos de una manera receptiva sin dejar de lado el hecho de que estamos ayudándolos a que se acuesten con la idea de que dormir es algo relajante, predecible y seguro.

Dormir representa todo un desafío para los niños. Si la criatura ha desarrollado el hábito de dormirse únicamente si tú la ayudas, vale más que te plantees cambiar el patrón. Si no, cada vez que tu hijo se despierte (como nos pasa a todos al atravesar cada uno de los distintos ciclos del sueño, que tienen una duración de 90 a 110 minutos)[236] necesitará que lo ayuden a dormirse otra vez. Uno de los retos de Selwyn fue el hecho de que, para ella, despertarse significaba que sus padres tenían que ayudarla a tranquilizarse otra vez.

En segundo lugar, dormir implica pasar a un estado distinto del que representa la vigilia; por eso, aunque tu hijo duerma contigo, él nota como una separación. Dormir significa perder la capacidad de estar pendiente de ti y perder la conciencia como tal. Si tu hijo tiene un espacio propio para dormir, la separación, además, es física. *Es comprensible, por lo tanto, que dormir tenga un componente emocional; y hay que pensar que es una fase del crecimiento que a cada niño le lleva su tiempo.* En resumidas cuentas, es un gran paso; y la paciencia y la sintonía son claves. Como sucede con todo lo demás, es preciso que ayudemos a nuestros hijos a moverse en una zona de incomodidad tan precisa que no solo respete su presupuesto corporal, sino que además respete también su plataforma.

Dormir como una experiencia predecible, divertida y relacional

Los estudios demuestran que un factor clave para ayudar a los niños a que se duerman son las rutinas que seguimos antes de acostarlos, que son: «Las actividades predecibles que hacemos una hora más o menos antes de cerrar la luz, y antes de que el niño o la niña se queden dormidos».[237] Los bebés y los niños que siguen una rutina predecible antes de acostarse duermen mejor...[238] y, como es natural, también duermen mejor sus padres.

Seguir una rutina determinada una hora antes de dormir puede ser una actividad tranquilizadora y relajante, algo positivo que el niño asocie al sueño. Los rituales a la hora de acostarse consuelan porque son predecibles, y esa predictibilidad les sirve a los niños para sentirse a salvo, sin importar cuál sea su edad. Huelga decir que es muy útil tener en cuenta las horas de la siesta y de ir a la cama, porque así nos aseguraremos de que nuestro bebé, o nuestro hijo pequeño, estará cansado y más predispuesto para irse a dormir.

Las rutinas que la doctora Mindell y sus colegas de trabajo descubrieron que resultaban muy útiles para los niños pequeños incluían cuatro componentes básicos[239] que debían realizarse una hora más o menos antes de acostarlos.

La nutrición (por ejemplo, darle de comer o darle algo para picar)
La higiene (por ejemplo, bañarlo o cepillarle los dientes)
La comunicación (por ejemplo, cantarle una canción de cuna, hablarle en voz baja o leerle un cuento antes de acostarlo)
El contacto físico (por ejemplo, acurrucarse junto a él, cogerlo en brazos o darle un masaje).

Estas categorías no pretenden ser unas exigencias rígidas, sino más bien unas reglas generales con que personalizar las preferencias de tu hijo, tu manera de criarlo y el horario y las preferencias que más les convienen a tu familia. Si un bebé demuestra ser muy sensible al contacto del agua sobre la piel, por ejemplo, un baño quizá no sea la mejor elección para incluirla en la rutina previa que adoptamos en el momento de acostarlo. Por otro lado, hay bebés que disfrutan cuando les hacen arrumacos y les dan un masaje, pero hay otros que ya tienen suficiente con un simple contacto, o solo con mecerlos. Algunos bebés quizá solo necesiten incorporar a su rutina un par de actividades de la lista anterior. Fíjate en lo que os conviene más a tu hijo pequeño y a ti, o a tu bebé, basándote en lo que aprendiste sobre cuáles son sus preferencias sensoriales para calmarse y que ya explicitamos en el capítulo 6.

Ben y Kerri tenían unas ganas tremendas de idear un plan que le permitiera a Selwyn conciliar el sueño. Discutimos sobre las ventajas que conllevaba incorporar una rutina nocturna más predecible que incluyera ponerla en la cuna cuando la niña empezaba a tener sueño (sin que se hubiera quedado completamente dormida), para ver si así conseguían propiciar que durmiera más seguido por la noche. Los padres se fijaron una rutina que aunaba ciertos aspectos de cada una de las cuatro categorías diseñadas para acostarse. Daban de cenar a la pequeña una hora antes de acostarla (habían introducido ya alimentos sólidos en su comida); luego le daban un baño y, a continuación, le daban de mamar cuando la niña todavía estaba alerta y despierta, en lugar de darle la toma antes de que se durmiera. Acto seguido, jugaban con ella en silencio durante unos diez minutos, le acariciaban la espalda con suavidad, cerraban las persianas, le cantaban una nana que no se alargara demasiado, le daban el beso de las buenas noches y, al final, la acostaban. Selwyn disfrutaba con cada uno de estos pasos, a los padres les resultaba muy conveniente el procedimiento y, entre todos, lograban crear esa lenta transición que era tan necesaria antes de acostar a la niña. Repito que cada criatura es diferente, y que tu bebé o tu hijo quizá no necesiten tantos pasos como necesitó Selwyn.

Los padres de Selwyn pasaron varias semanas yendo a su dormitorio para calmarla en voz baja cuando la intensidad del llanto inquieto de la niña llegaba al punto en que comprendían que estaba pidiendo ayuda. Con el tiempo, Selwyn, al despertarse por las noches, tenía un berrinche o lloraba durante unos minutos, pero luego volvía a quedarse dormida. Al cabo de un mes, solo se despertaba una vez por la noche para mamar. Este ritual terminó siendo el patrón que les funcionó bien a Kerry y a Selwyn. Las dos se despertaban una sola vez por la noche, y Kerri disfrutaba de la proximidad y la intimidad de poder amamantar a su hija en silencio en plena noche. Cuatro meses después, cuando Selwyn tenía ya casi diez meses, dejó de despertarse en mitad de la noche para pedir de mamar. Y en la actualidad, la familia entera duerme de un tirón todas las noches, salvo cuando se dan algunas circunstancias excepcionales, ocasionales y previsibles, como cuando la niña se resfrió por primera vez y se despertó con la nariz congestionada, o como cuando se sentía incómoda porque le estaban saliendo los dientes.

No importa la edad de tu hijo: las rutinas tranquilizadoras antes de ir a la cama te brindarán la oportunidad perfecta para conectar, disminuir el ritmo y generar una predictibilidad. Las cuatro partes de la rutina para la conciliación del sueño suelen convertirse en los rudimentos básicos que necesita todo niño sano para desarrollarse, y favorecen los buenos hábitos durante toda la infancia y la pubertad. Estas actividades tan sanas, como son las de una comida nutritiva compartida con los padres, comunicarse sin ninguna prisa durante la cena y la hora del baño y establecer un contacto físico y afectuoso, equivalen a realizar una gran cantidad de ingresos en el presupuesto corporal del niño o de la niña en cuestión. Usamos la relación que tenemos con nuestro hijo para inducirlo a que considere que el sueño es una experiencia predecible, divertida y relacional.

Si ves que, por mucho que ayudes a tu bebé a dormirse, no hay nada que funcione, recuerda que para ciertos niños sencillamente es más fácil adaptarse al ciclo del sueño y la vigilia. No pierdas las esperanzas, prueba cosas nuevas, ten compasión de ti misma y rodea a tu bebé de señales que aporten seguridad a su sistema nervioso. Y, por supuesto, busca ayuda si sientes que la situación te supera. El pediatra de tu hijo, o un especialista en sueño infantil, pueden darte el apoyo personalizado que necesitas.

A medida que tu hijo vaya creciendo, las rutinas nocturnas cambiarán en función de cuáles sean sus necesidades evolutivas, pero siempre será agradable que, al final del día, compartáis un momento predecible de conexión. Cuando todos los miembros de la familia durmáis mejor, te divertirás más con el estallido de crecimiento diario con que te obsequiará tu bebé durante su primer año de vida, cuando la comunicación, además de la exploración y el juego espontáneos, se den a diario.

La segunda mitad del primer año

Durante los primeros meses de la vida de un bebé, a menudo nos quedamos asombrados de la rapidez con que crece: «¡Pero, qué grande está!». «Oye, ¿no habrá crecido esta noche?». Parece que todo transcurre con mucha rapidez. «¡Que las cosas vayan más despacio, por favor...!», suelen decir los padres. «¡Quiero disfrutar de esta fase, y que dure más!». El grado de crecimiento durante el primer año es considerable, porque el cerebro desarrolla un millón de conexiones neuronales a cada segundo que pasa.[240] A partir del momento en que nace, ese pequeño, que se queda mirándote a la cara mientras reposa cómodamente en tus brazos, está viviendo su crecimiento como una explosión. En su día a día, no para de crecer, y siempre está explorando.

Durante la segunda mitad de su primer año de vida, los bebés empiezan a desarrollar el control de sí mismos, y el mundo entero se convierte en un inmenso experimento científico: alargar la mano para coger objetos, llevárselos a la boca, mirarlos, tirarlos al suelo, sacar cosas de los cajones o de las cajas y volverlas a meter dentro... Día a día, los bebés van adquiriendo un mayor control corporal: primero miran fijamente un móvil, luego le dan trompazos y, finalmente, alargan los brazos con la intención de coger determinados objetos.

Imagina lo que debe de ser ese impulso poderoso de hacerse con el control, poco a poco, de tu cuerpo... Y la alegría exultante que debe de traer aparejada. De repente, te das cuenta de que puedes mover el brazo y aplastar lo que antes estabas mirando. ¡Qué gozada! Ese control va en aumento, y el niño termina agarrando cosas que se lleva a la boca. Durante el primer año, el bebé pasa de quedarse absorto mirando objetos a explorar el mundo con todo su cuerpo. Con tu ayuda, tu hijo aprenderá a disfrutar y a tolerar un mundo de experiencias sensoriales que son nuevas para él.

Cada habilidad que adquiere el bebé le sirve para catapultarlo al mundo de la exploración: sentarse erguido, gatear, circular y, finalmente, caminar. Interactuar con el mundo le resulta al bebé fascinante y divertido. El crío quiere manipular, oír, saborear, rasgar, moverse y tirar cosas. ¡Es así! Todo es nuevo para él, y se dedica a experimentar todo lo que tiene que ver con las causas y los efectos.

Por otro lado, los bebés sienten atracción por la repetición. Encuentran satisfacción en ello, y aprenden ciertos patrones por activa si hacen las cosas una y otra vez. Ten paciencia, y no pierdas de vista la idea de que tu hija es una científica que ha de descubrir todo lo que le resulta una novedad haciendo cosas, en lugar de quedarse quieta observándolas. Tu trabajo consiste en lograr que permanezca a salvo, y por eso vas a tener que vigilar a la niña.

Quizá te sientas tentada muchísimas veces a decirle que no durante su primer año de vida, pero recuerda que ha de haber un equilibrio entre lo que representa fomentar el impulso natural que siente un bebé de explorar y establecerle unos límites demasiado pronto. Los bebés todavía no tienen conciencia de su seguridad, porque para eso hay que contar con todo un proceso de aprendizaje. Es muy sano que los bebés quieran dilucidar el funcionamiento del mundo y de su propio cuerpo. A medida que vayamos introduciendo los límites necesarios para que nuestro bebé se encuentre a salvo, también es preciso que fomentemos ese impulso increíble que tiene de explorar y probar cosas nuevas, siempre y cuando lo hagamos con la sensatez que requieren tanto tus propias circunstancias como las de tu familia.

Comunicaros a través del juego

Hay tres palabras muy sencillas que guían nuestras interacciones con los bebés y con los niños de cualquier edad *cuando se meten de cabeza en eso que impulsa con más fuerza que nunca su propio crecimiento, y que es el juego: sigue sus pautas.*[241]

Empieza por estar solo presente; deja a un lado los teléfonos y las pantallas y céntrate en ser curioso. Como los bebés son una máquina exploradora, no necesitaremos orquestar demasiado las cosas. Si sigues la pauta que marca tu bebé, este te mostrará cuáles son sus intereses. La curiosidad natural que tiene el bebé es una fuerza impulsora que, a medida que la criatura va pasando por las distintas fases de su primer año de vida, le conduce al deseo natural de conectar y comunicarse mejor contigo por medio de ese importantísimo proceso llamado del saque y el resto.

Piensa en el juego como si estuviera dividido en tres amplias categorías: **jugar para explorarse a uno mismo, jugar con la madre o el padre, o con otro adulto, y jugar con los compañeros**. Durante los primeros seis meses de vida, la mayor parte de los juegos en que participa un niño pertenece a una de las dos primeras categorías: mirar las cosas, tocarlas, manipularlas o llevárselas a la boca; y, en último lugar, terminar por compartir esa experiencia contigo. Todas estas cosas conforman su manera de explorar el mundo. Jugar con los compañeros es algo que viene después.

Si sigues la pauta que te marca tu hija, al final terminarás por comprender que ella quiere hacer algo mágico con los objetos que está explorando: mostrártelos, o entregártelos quizá. Esta simple interacción es el fundamento básico de toda comunicación, una ampliación del saque y el resto que se inicia cuando sus tiernos ojos te miran y luego se apartan de ti, cuando tu bebé comparte su mundo contigo.

La niña agarrará un sonajero y te lo ofrecerá, esperando que tú reacciones. ¿Qué vas a decirle? Quizá tu bebé golpee un cazo con una cuchara de madera, se asombre ante el ruido que hace y luego te mire buscando seguridad. Puedes decirle: «¡Madre mía! ¡Cuánto ruido!»; o bien: «No pasa nada, cariño». Si mientras come sola tú abres la boca, es posible que quiera darte una cucharada de lo que está comiendo. Como es la primera vez que comparte algo, alégrate mucho y dile: «¡Pero, qué bueno está...! ¡Muchas gracias!». La bebé sonreirá e intentará volver a darte de comer. Esto es jugar; es lo que sucede cuando seguimos las pautas que nos indica la pequeña. Estos sencillos intercambios de risas y de ruiditos cariñosos que hacemos durante los primeros seis meses de vida de la criatura, al final se metamorfosearán, y cuando el bebé ya haya cumplido los seis meses, pasará a compartir objetos contigo, hasta que te indique lo que desea mediante gestos. Y ese es un paso enorme que da tu hijo para comunicarse contigo. Señalar es algo previo a la resolución de problemas, y seguir la pauta que marca tu hijo en el juego es una pieza fundamental y muy poderosa que establecerá cuál es su capacidad de resolver problemas a lo largo de la vida.[242]

A medida que se propaga la dinámica del saque y del revés, sucede algo maravilloso: ese toma y daca se vuelve más sofisticado, y el juego se convierte en un ejercicio que refuerza la plataforma que les permitirá al bebé y al niño pequeño experimentar con maneras distintas de moverse y con un abanico más amplio de sensaciones. Por eso se le llama al juego «ejercicio neuronal o cerebral».[243] De hecho, es el mejor ejercicio que existe para trabajar cerebro y cuerpo: ayudar a los niños a cultivar su autorregulación integrando un amplio abanico de sensaciones, ideas y emociones en el divertido y atractivo contexto de la seguridad relacional. Un ejemplo perfecto sería jugar al cucú.

La magia de jugar al cucú

Jugando al cucú con un bebé le propones el ejercicio de resistir durante un cierto tiempo el estrés o la tensión (cuando desaparece su compañero de juegos) y luego liberarla (cuando ese mismo compañero reaparece) ante el deleite del bebé. El juego del cucú es el desafío perfecto que necesitan los bebés que están empezando a andar, porque así aprenden y confirman, una y otra vez, que, cuando alguien desaparece de su vista, sigue existiendo.

En otras etapas posteriores de la infancia, otros juegos más complejos, como pueda ser el de jugar al escondite, por ejemplo, ofrecen esa misma clase de tensión que resulta tolerable, una tensión que se alivia cuando encuentras a la persona que se estaba escondiendo, o cuando alguien descubre tu escondite.

Estas actividades lúdicas sirven para fomentar una hueste de habilidades emergentes que son muy útiles para solventar problemas, mientras, al mismo tiempo, uno se divierte. Les sirven a los niños para cultivar su independencia de una manera divertida y placentera. Exploraremos lo que significa el juego para los niños más pequeños, y también para los de mayor edad, en los capítulos siguientes.

El despegue de Selwyn

Justo antes del primer cumpleaños de Selwyn, sus padres vinieron a verme. La niña, precavida en un principio, entró en mi consulta cogida de la mano de su madre. Nos sentamos todos en el suelo, y Selwyn cogió un juguete que había dentro de un cubo y se lo mostró a su papá. Me hice a un lado para disfrutar de la visión que me estaba ofreciendo esa joven familia jugando entre ellos, y recordé las miradas ojerosas de aquellos padres que había visitado seis meses antes y que ahora contrastaban tanto con sus sonrisas, buen reflejo de las sólidas plataformas que se habían estado forjando desde entonces. Pero lo que yo no sabía era que contaba con otra sorpresa añadida: Selwyn se levantó y empezó a caminar tambaleándose por la consulta. Esa misma semana había dado sus primeros pasos. Cuando llegó al final de la habitación, que conducía a otra sala de mayor tamaño, Selwyn se volvió para mirar a sus padres con una ancha sonrisa iluminándole la cara, signo inquebrantable de la confianza y la seguridad que todos ellos habían cultivado, y entonces se puso a caminar delante de ellos para entrar en ese gran cuarto de juegos.

Observarla me hizo pensar en la importancia que tiene el primer año de vida para forjar una conexión cerebro-cuerpo que sea sólida. Cuando satisfacemos las necesidades de los pequeños, estos se sienten seguros y empiezan a confiar en el mundo y a echar mano de esa confianza para contactar, comunicarse y explorar. Estos son los cimientos básicos que los llevan a ser capaces, un día, de compartir sus ideas, de ayudarte a comprender lo que necesitan y a solucionar sus problemas contando con tu colaboración.

> Un consejo para fomentar la resiliencia: reaccionar a las necesidades de tu bebé implica observar su lenguaje corporal con el fin de tratar de comprender lo que este significa y emprender una acción amorosa y que esté en adecuada sintonía para satisfacer esa necesidad sin dejar de respetar las crecientes habilidades que va adquiriendo el bebé para calmarse a sí mismo. Puede que te cueste, pero te aconsejo que bajes el volumen de esas voces que te dicen lo que debes hacer en tanto padre o madre y que van en contra de lo que sientes, y confía, en cambio, en esos otros instintos que te llevan a prestar atención a ese precioso bebé que, en realidad, es único.

8. Las rabietas hacen al niño

> ¿Verdad que la vida sería más fácil si los padres observaran, se relajaran y disfrutaran más de lo que está haciendo su hijo en lugar de insistir en enseñarle lo que la criatura todavía no es capaz de hacer?[244]
>
> Janet Lansbury

Vivir con un niño durante sus primeros años de vida puede ser como viajar a lo loco. Comprender las emociones y los comportamientos de los pequeños en el contexto de su proceso evolutivo puede lograr que la situación resulte un poco más manejable, y servirnos a nosotros para valorar y celebrar la curiosidad natural, la creatividad, el atrevimiento y la euforia que los pequeños muestran al explorar el mundo.

Un día me encontraba en el aeropuerto haciendo cola para pasar el control de seguridad. La cosa iba de lo más lenta y, fijándome en los demás, me di cuenta de que, justo delante de mí, había una pareja con un niño pequeño que se estaba poniendo como una moto. La criatura no paraba de gimotear, y sus padres hacían todo lo posible por calmarlo hablándole con dulzura. De repente, y mientras recorríamos aquella fila en forma de serpiente, el niño pasó de gimotear a soltar unos chillidos estentóreos suplicando que le dieran su osito de peluche, que, según todos los indicios, parecía que habían facturado por error en una bolsa del equipaje. Cuando los padres llegaron al puesto del agente de seguridad de la Sección de Transportes y antes de mostrarle los carnés de identidad, los lamentos infantiles ya eran apremiantes, hasta el punto de que el niño había terminado por tirarse al suelo.

Fui testigo de este numerito familiar, y noté que el corazón se me aceleraba y las neuronas espejo se disparaban. Observé a esos padres tan estresados haciendo todo lo que estaba en sus manos para levantar al niño del suelo mientras el crío no paraba de dar patadas y de soltar gritos. La madre, tras excusarse con el agente de seguridad, se apartó a un lado y me indicó con un gesto de la mano que me adelantara. Al pasar junto a ellos oí a los padres deliberar en voz alta. «¿Lo recojo del suelo?», preguntó el padre. La madre hizo un gesto de negación. «Esperemos un poco», dijo ella. La familia se echó a un lado y siguió vigilando al niño, atascado en su pataleta. Me dirigía ya a la terminal y todavía podía oírse ese llanto quejumbroso, y entonces recordé lo difícil que había sido para mí viajar con mis hijas pequeñas.

Al cabo de un rato, y ya en la terminal, reconocí a la familia de antes. El padre llevaba en brazos al niño, que ahora iba dormido sobre su hombro. Sonreí, pensando en la gran cantidad de padres con los que he trabajado a lo largo de estos años, y pensé que la mayoría debían de haber librado las mismas batallas: ¿cómo gestionamos la rapidez con que crecen los niños, con que cambian de emociones y de comportamientos, y, por supuesto, cómo gestionamos sus rabietas?

Pensé en Roger y en su marido Vince, una pareja que no hacía mucho había venido a verme para hablarme de su hijo Jordan, al que adoptaron cuando tenía dos años prestándose a ser familia de acogida. El niño ni siquiera había cumplido los cuatro y ya lo habían expulsado dos veces del jardín de infancia. Fue entonces cuando el director de la escuela me pidió ayuda. Jordan había empujado a otro niño tras pelearse por unos juguetes en el arenero, y a sus padres les preocupaba que no fuera capaz de gestionar la rabia. El director me contó que los maestros habían intentado lo inimaginable para que Jordan recurriera a las palabras en lugar de pasar a la acción, pero que no les había servido de nada. Roger y Vince estaban desorientados. A veces, cuando Jordan estaba tranquilo, podían razonar perfectamente con él, pero había otras ocasiones en que veían que el niño perdía el control por cosas tan irrisorias como que uno de sus dos padres le sirviera por error la leche en el vasito infantil destinado al agua.

Los niños que están empezando a andar a menudo son impredecibles, y muestran conductas que tienen desorientados a los padres. Voy a exponerte algunos retos que les resultarán familiares a la gran mayoría de los padres que tienen hijos pequeños:

Las rabietas
Las luchas por el poder
Las actitudes desagradables
Las lamentaciones
Los chillidos
La negación constante
Los intentos por rebasar los límites
Comprender que, porque algo sea justo, eso no significa que tengan que conseguir todo lo que quieren
Pedir algo y, cuando lo consiguen, manifestar desinterés por lo que pedían
La negociación constante
El desconocimiento o la incapacidad de decir lo que en realidad quieren o necesitan
Las mordeduras
Los golpes
Los tirones de pelo o los arañazos
El lanzamiento de alimentos o de objetos
La rivalidad con el hermano o la hermana

Voy a contarte algunas de las historias que me relataron mis pacientes:

- «Un día mi hijo pequeño no paraba de rogarme y de suplicarme que le preparara una tostada con mantequilla. Al final cedí, y le di la tostada que me pedía. Pero entonces empezó a lloriquear y me dijo a gritos: "¡Tostada, no!"; y tiró la tostada al suelo».
- «Tras haber pasado una jornada divertidísima y maravillosa en el zoo con mi hijo de tres años, el niño me pidió uno

de esos caramelos en forma de dinosaurio que le había comprado en la tienda de regalos. Le expliqué que no podía comerse otro, porque ya era casi hora de cenar. Mi hijo rogó y suplicó, y al ver que yo no cedía ni un ápice, se puso a gritar. Estuvo gritando durante los veinte minutos que duró el trayecto en coche hasta llegar a casa. Cuando salí del automóvil, me zumbaban los oídos».

- «Un día, en mitad de una de esas pataletas que le dan a mi hija, le pregunté si podía ayudarla a tranquilizarse. La niña no me contestó, y entonces le propuse algunas soluciones. "¡No! —me dijo mi hija—. ¡No quiero hacer nada de todo eso!". Me quedé en silencio, tratando de conservar la calma, y entonces mi hija no tardó ni un segundo en captar toda mi atención: "¡Dime lo que tengo que hacer!"».
- «Mi hijo pasó por una fase en la que resultaba prácticamente imposible complacerlo. No se quejaba ni de hambre ni de cansancio. A mí me daba la sensación de que tenía todas sus necesidades cubiertas, pero él perdía los papeles, y yo no tenía ni la más remota idea de lo que debía hacer para sacarlo de ese bucle. Recuerdo que solía preguntarle si quería que lo abrazara. A veces me decía que sí, y entonces yo lo abrazaba con sentimientos encontrados, preguntándome qué diablos le habría pasado a mi hijo por la cabeza unos minutos antes».

¿Qué tiene que hacer un padre o una madre que se vea envuelto en esta clase de situaciones? ¿Ignorar las conductas que no quiere fomentar? ¿Prestar más atención a las que quiere propiciar?

La respuesta no es sencilla, y, por si fuera poco, contamos con una gran cantidad de libros, de historias colgadas en las redes sociales, de pódcast y de blogs, e incluso con otras fuentes de información que ofrecen todas ellas una gran disparidad de opiniones. Hay quien dice que lo mejor es hacer frente a las rabietas con amor y comprensión, apoyando con empatía a nuestro hijo sin dejar por ello de marcarle unos límites y permitirle que pueda expresar sus emociones negativas. Otros proponen recurrir a los tiempos muertos, no vaya a ser que el niño saque la conclusión de que, con una rabieta, va a conseguir lo que quiere. Algunos expertos son partidarios de adoptar un enfoque cognitivo: intentar razonar pacientemente con tu hijo para que comprenda su comportamiento y lo que este significa. También hay quien no enfoca la cuestión de una manera tan proactiva, sino que conserva la calma y espera que pase la tormenta pensando que las rabietas son algo inevitable. Y todavía hay quien recomienda adoptar un enfoque más conductivo y viene a decir que las rabietas son un grito de ayuda que expresa la necesidad de que se requiere una autoridad tierna, cálida y paciente. Oirás consejos de todo tipo, tanto por parte del pediatra como del maestro del jardín de infancia, de los amigos, de tus propios padres e incluso de algunos desconocidos que, mientras estáis haciendo cola en el súper, quieren meter baza cuando ven a tu hijo disolverse en un mar de lágrimas.

En este capítulo te explicaré la manera de aplicar con los pequeños todo lo que hemos aprendido hasta ahora. Descubriremos que personalizar la manera de exponerte al sistema nervioso de tu hijo es la estrategia fundamental que necesitas para apoyar a tu hijo pequeño en sus altibajos. Usaremos la plataforma, en lugar de etiquetar cada uno de sus comportamientos, como guía de orientación. Y esta guía que nos oriente debería ser el sistema nervioso de la criatura: si vemos que el niño o la niña están situados en la vía roja, emprenderemos una dirección determinada y, si vemos que no funciona, cambiaremos de dirección.

¿Cómo saber lo que le conviene a tu hijo pequeño en concreto? Empecemos abordando el tema de distinta manera y, en lugar de procurar gestionar su conducta, intentemos entender su capacidad de autocontrol.

El manual de crecimiento de tu pequeño

Los niños evolucionan con mucha rapidez desde su más tierna infancia, cuando apenas son capaces de ejercer control sobre su cuerpo, hasta que empiezan a dar sus primeros pasos y ya son capaces de señalar y usar de otra manera sus gestos (y, finalmente, sus palabras) para comunicarse. La notable explosión de su desarrollo es muy rápida, y los acelerones en el crecimiento pueden resultar engañosos. Los niños pequeños pueden dar la sensación de que han crecido mucho, porque hacen preguntas, nos muestran sus cosas y nos hablan de su mundo. Ahora bien, eso no significa que tengan la capacidad de controlar su conducta de una manera fiable, que sepan ver todo el panorama que se despliega ante sus ojos, que sean capaces de planificar por adelantado o de tomar buenas decisiones. Estas capacidades, o habilidades emergentes, todavía están en fase de construcción; por eso no cabe esperar que un niño se comporte siempre de la misma manera. Como aprendimos en el capítulo 1, aprender a pensar con anticipación y controlar de una manera fiable las emociones y las conductas (nuestras capacidades ejecutivas) es un proyecto de evolución que empieza a emerger en la primera infancia, y sigue consolidándose hasta bien entrada la veintena.[245] En resumidas cuentas, a menudo esperamos más de los pequeños de lo que estos son capaces de ofrecer.

La neurociencia es capaz de explicar que a un niño pequeño le dé una pataleta cuando ve que el kétchup que era para las tiritas rebozadas de pollo entra en contacto con los guisantes que hay en el plato. Todo esto tiene que ver con un concepto que denominamos aprendizaje estadístico,[246] que básicamente consiste en la capacidad que tiene el cerebro de aprender patrones. Los niños que empiezan a caminar se encuentran en la primera etapa de un proceso que consiste en reunir una cierta experiencia vital con la que poder forjarse un amplio repertorio; por eso todavía están aprendiendo a predecir con exactitud lo que sucede en su entorno.[247] Por añadidura, si cabe, hay que decir que todavía se encuentran en los inicios de ese proceso que consiste en llegar a comprender que los demás pueden llegar a tener opiniones y pensamientos distintos de los suyos propios *(¿Me estás diciendo que no sabías que no me gusta que los guisantes se toquen con el kétchup?).* Esta es la razón de que un pequeñuelo suela desregularse a la mínima por cuestiones que, en apariencia, son insignificantes y, además, rarísimas: es perfectamente comprensible que se estresen cuando la realidad no se ajusta a sus expectativas. La reacción que un niño muestre ante esta clase de decepciones dependerá de lo sólida que sea su plataforma en ese momento; en otras palabras, del equilibrio de su presupuesto corporal. Espero que esta breve aportación neurocientífica te sirva para entender que las rabietas son un fenómeno muy habitual (y previsible) en la más tierna infancia.

La situación nos retrotrae a esa brecha de las expectativas[248] de la que ya hablamos en el capítulo 4: el malentendido que se da cuando damos por sentado que los niños son capaces de hacer cosas para las cuales sus cerebros y sus cuerpos sencillamente no están preparados. Esa brecha alcanza su momento cumbre durante la primera infancia. Pensamos que estos niños son capaces de controlar sus emociones, de pedir las cosas con educación, de contener las ansias irrefrenables que sienten de pegar o de dar patadas y de seguir las instrucciones que les damos. *Pero estos niños tan pequeños en realidad están empezando el camino que los llevará a adquirir esas capacidades.* Por eso nos hemos de mostrar compasivos, tanto con ellos como con nosotros mismos, mientras estén aprendiendo a predecir con eficacia, a adoptar perspectivas que difieran entre sí y a ser más flexibles mentalmente. Requiere su tiempo, y es como viajar a lo loco; pero cuando todo se sincronice, empezarás a ver los primeros atisbos de esa persona madura en la que un buen día tu hijo se convertirá. Y, antes de que te des cuenta, no estará tirando la tostada al suelo, no, sino que te la tirará a la cara.

Son las expectativas irracionales que albergamos sobre los más pequeños las que han logrado que se acuñen expresiones como «Los dos primeros años son terribles» o «¡Menuda perra le ha dado al niño este!». *Dicho lo cual, no deberíamos considerar que la conducta de los pequeños es mala o indeseable, sino que deberíamos interpretarla como una señal que nos está diciendo que el niño se desarrolla con solidez.* Y entender que, si se dan estas actitudes, es por una razón muy sencilla: el trabajo de todo niño es explorar y tratar de comprender cómo funciona el mundo en unos momentos en que su capacidad de autocontrol se encuentra en las fases más precarias de su desarrollo.

Esta es, sin lugar a dudas, la clase de conducta que deberíamos esperar de los pequeños; es decir, que pidan pastel en lugar de cereales a la hora del desayuno; que quieran pintar la pared con nuestro pintalabios; que intenten descolgar un rastrillo muy pesado de la pared del garaje; que cojan cosas de sus hermanos en lugar de pedirlas por favor; y, finalmente, que se nieguen a abandonar su actividad preferida. ¡Es su manera de explorar el mundo!

Muchos padres y maestros con los que trabajo habitualmente sobrevaloran las capacidades que tienen los pequeños de controlar sus emociones y conductas. Eso explicaría que haya una tasa tan alta de expulsiones, tanto temporales como definitivas, de alumnos en edad preescolar en Estados Unidos.[249] Hemos de empezar preguntándonos si el comportamiento que muestran es descendente, si se corresponde con el intento de comprobar una idea o una hipótesis, o bien si es ascendente, si nos está indicando que el presupuesto corporal del niño está agotado y la criatura ha excedido la capacidad que tiene de hacer frente a un desafío y se ha situado, por lo tanto, en una zona que le plantea unos retos excesivos. Recuerda que los más pequeños no deciden si un desafío les queda grande; son sus cuerpos los que toman esa decisión en su lugar. *Cuando los niños entran en una zona donde los desafíos resultan excesivos para ellos, necesitan que les ingresemos una buena cantidad en su presupuesto corporal, y eso lo lograremos ajustándonos emocionalmente a ellos*. Hemos de entender que sus sistemas nerviosos, que todavía no están maduros, se esfuerzan por conservar la calma, y que las conductas de los niños reflejan el estadio temprano de desarrollo en que se encuentran.

Nada de todo esto resulta fácil. Criar a los más pequeños es física y emocionalmente agotador, y no da tregua: hay demasiadas cosas en juego. Los pequeños todavía no saben mantenerse a salvo. Necesitan que seamos nosotros quienes les enseñemos a mantenerse a salvo, que nunca dejemos de fijarles unos límites adecuados y que los ayudemos a aprender lo que son capaces de hacer y lo que les resulta imposible.

Cuando comprendamos que los pequeños todavía no tienen la capacidad de actuar como esos ciudadanos bien educados que queremos que sean en un futuro, nuestras expectativas cambiarán, y eso nos permitirá sentirnos menos incómodos. Además, eso también nos servirá para recordar que los niños están cultivando su autocontrol y son más conscientes de su seguridad siguiendo un calendario que les es propio. De nada sirve que compares a tu hijo con sus compañeros (o con sus hermanos, si lo prefieres), porque cada criatura es distinta, y la pauta que sigue al crecer varía. Ten por seguro que verás hacer cosas a otros niños que tu hijo todavía no es capaz de hacer (y al revés), pero intenta resistir la tentación y no caigas presa de la brecha de las expectativas.

Cuando las expectativas que tenemos sobre nuestros hijos no son realistas, corremos el riesgo de transmitirles el mensaje de que, si no son capaces de controlarse a sí mismos, es porque han elegido hacer las cosas mal, o porque son malos. El tono de voz, y la mirada que les dirigimos, les envía un mensaje instantáneo de aprobación o desaprobación, que el niño sabe captar muy bien. Fíjate, si no, en estas afirmaciones: «¡Como no te calmes, nos vamos ahora mismito de casa de tu amiga!»; o «¡Si no dejas de llorar, hoy no hay tele!». Aunque estas afirmaciones pueden incentivar a quien sepa controlar sus emociones, un pequeñuelo que está a punto de tener un berrinche no es capaz de procesar tantas cosas. Al contrario, se dará cuenta de la falta de ajuste, pensará que el nivel de amenaza va en aumento y su enfado será mayúsculo.

Los niños pequeños son capaces de sentir bochorno y vergüenza, igual que nosotros. Cuando corregimos a un niño diciéndole cosas en un tono negativo porque vemos que está empezando a perder el control, estamos usando el recurso de la vergüenza de manera improductiva, porque eso implica que pensamos que el niño ha elegido perder los papeles, cuando en realidad no es así. Eso afecta a la imagen que el niño va a tener de sí mismo. ¡Qué duda cabe que también hay excepciones a la regla! Cuando un niño echa a correr por una calle muy concurrida, vale más que le peguemos un grito o lo agarremos como sea para apartarlo del peligro. Pero también podemos enfocar las cosas con más indulgencia y analizarlas de una manera más inocua y segura, sobre todo cuando el niño o la niña han perdido el control de sus emociones. Deberíamos respetar el sentido de curiosidad y de exploración que tienen los pequeños, y que parte con toda naturalidad de sus buenas intenciones, a sabiendas de que tardarán lo suyo en comprender que los comportamientos acarrean consecuencias.

En resumidas cuentas, no culpemos a los niños si hacen cosas de las que todavía no tienen ningún control. *Los niños pequeños en general no hacen rabietas; son las rabietas las que hacen al niño*. Hemos de entender que los sufrimientos emocionales que padece un niño al crecer no se traducen simplemente en la adopción de unos comportamientos negativos o en un vano intento de llamar la atención. De hecho, es deseable que los niños expresen un amplio abanico de emociones negativas y positivas, porque estas experiencias tan variadas forman una parte muy importante del ser humano y reflejan la capacidad que tiene el sistema nervioso de reaccionar a los cambios. Por supuesto que hay que establecer unos límites a los niños y hacerles entender nuestras expectativas de una manera diáfana, cariñosa y firme, porque los niños lo necesitan, pero no deberíamos castigarlos cuando sus comportamientos denotan estrés.

Rabietas contra conductas que ponen a prueba sus límites

Durante esta fase en la que su autocontrol es mínimo, el niño está aprendiendo cómo funciona el mundo, lo que está bien y lo que no se puede hacer; y, como es natural, el proceso incluye tener que forzar los límites. Piensa en todas las cosas que los niños pequeños han hecho para forzarlos, y en todas las decisiones que se toman en su nombre. Y eso sucede en el momento en que sus ideas y su capacidad de exploración empiezan a dar sus frutos. Los niños ansían tener el control de su pequeño mundo. Creo que la palabra «exploración» es un término más adecuado para describir la conducta del pequeño que está empezando a caminar que la expresión «forzar los límites», que tiene una connotación negativa. Los pequeños están descubriendo el poder que resulta de conectar sus ideas con sus capacidades y de descubrir los límites de su autonomía. ¡Y eso no es fácil! Por un lado, sientes que el mundo está a tus pies y, por otro, descubres que no puedes hacer todo lo que imaginabas o pensabas que podrías hacer. Esa es la razón de que sea preferible mostrarnos pacientes, relajados y equilibrados cuando estamos enseñando a nuestros hijos. La exploración forma parte del desarrollo natural de cualquier niño. *Y deberíamos abordarla aceptando emocionalmente las emociones negativas y positivas que tiene el niño sin dejar por ello de marcarle unos límites firmes y claros y lograr que los aprendan cuando sea necesario.*

Valora estos dos ejemplos:

FORZAR LOS LÍMITES: ves que tu hija se escurre hacia la cocina, abre la puerta de la nevera y coge la masa de hacer galletas con la intención de comérsela. Tiene el cuerpo relajado, y sus acciones son deliberadas y obedecen a un plan: ¡Es perfecto! Pero ahí es precisamente donde debería entrar en juego nuestra experiencia. En primer lugar, eso que ha hecho, ya de por sí merece un «no» rotundo, y, en segundo lugar, no le conviene comerse esa masa porque lleva huevo crudo. Ha llegado el momento de enseñarle todo esto con paciencia y marcar un límite.

LA RABIETA: a tu hija se le cruzan los cables cuando llega el momento de marcharse de una fiesta de cumpleaños. ¿Cómo sabemos si no está actuando así intencionadamente para desafiarnos? La niña muestra todas las señales de estar situada en la vía roja, la que te impele a luchar o a huir: tiene la cara sonrojada, mueve los ojos con rapidez, no para de moverse, grita o habla con un tono de voz estresado e incluso puede que te dé una patada para escapar corriendo. (¡Qué divertido! ¿A que sí?). Ha llegado el momento de calmar su plataforma.

Los más pequeños han de recorrer un largo camino hasta llegar a controlar sus emociones y comportamientos. Los niños desarrollan esta especie de autocontrol a través de la corregulación. A lo largo de los años, una relación estable, basada en una tranquila presencia, en el ajuste mutuo y en el establecimiento de unos límites claros y coherentes, conduce a una mejora del autocontrol, porque el niño aprenderá a usar sus pensamientos para gestionar sus sensaciones y emociones.

Los padres en el centro de atención

He conocido a muchos padres maravillosos que se preguntan si la mala conducta de sus hijos no les estará indicando algo negativo de ellos o del modo en que los educan. Es natural pensar que la conducta de nuestro hijo es un reflejo de la habilidad que demostramos como padres. Pero lo cierto es que lo que consideramos una mala conducta, sobre todo cuando los niños están empezando a dar sus primeros pasos, forma parte del crecimiento natural y previsible de los pequeños. Los niños pequeños se desarrollan en función de la capacidad que tienen de poner a prueba la causa y el efecto. Y nuestro trabajo es mantenerlos a salvo mientras van experimentando ese impulso natural que sienten de explorar el mundo. Por muy buenos padres que seáis, no podréis evitar que vuestros pequeños os monten una rabieta de vez en cuando.

Para contrarrestar la brecha de expectativas, podemos reajustar nuestras expectativas y las soluciones que van asociadas a las luchas de poder, y que pueden pasar factura a la relación amistosa que mantenemos con nuestro hijo. Para desarrollar las rutas cerebrales que controlan sus emociones, los pequeños necesitan que les presten atención (véase el capítulo 7) y se corregulen con ellos (véase el capítulo 4) durante miles de horas. Así es como, con el tiempo, logran calmarse a sí mismos, o encontrar la ayuda necesaria para regular o gestionar los grandes desafíos emocionales a los que puedan llegar a enfrentarse.

En consecuencia, tenemos que establecer con coherencia unos límites firmes, amorosos y que no sean ambiguos. Ahora bien, eso no significa que no seamos capaces de intentar entender el punto de vista de la criatura, sus intenciones y sus sentimientos, lo que para ella representan esos límites. Después de todo, la capacidad de proponer la idea de comer tarta en lugar de tomarse unos saludables cereales para desayunar es señal de que el niño o la niña en cuestión están desarrollando tempranamente sus capacidades para la negociación. Y también lo es que les expliques la razón de que prefieras ir al parque en lugar de quedarte en casa: un ejercicio temprano que sirve para poner en práctica la defensa de uno mismo. Por aquí, vamos bien. Hay que saber valorar un buen debate (y todo ese abanico de sentimientos negativos, incluidos el enfado y la rabia, que surgen cuando damos al traste con las ideas de nuestros hijos) sin desmarcarnos de lo que sabemos que es más conveniente para ellos. No son cosas incompatibles, como ya veremos.

Soluciones para gestionar las emociones y los comportamientos de los niños pequeños

Recuerda la diferencia que existe entre las conductas descendentes y las ascendentes

Revisemos una de las preguntas más importantes sobre la conducta de los niños: ¿el comportamiento que ahora muestra mi hijo pequeño es descendente o ascendente? Cada comportamiento requiere una solución distinta, y la respuesta a esta pregunta determinará lo que hay que hacer a continuación y si deberías empezar por razonar o corregular. Habrá momentos en que será mejor que te inclines por una de estas dos opciones, pero el primer paso siempre es comprender la diferencia que existe entre las conductas descendentes y las ascendentes. En primer lugar, hablemos de las conductas ascendentes, como, por ejemplo, las rabietas.

Las conductas ascendentes son instintivas, y son el producto de que nuestro presupuesto corporal se esté agotando o sea deficitario, o de que su sistema de detección de seguridad está registrando ciertos niveles de desafío o de amenaza.

Denominamos a estas conductas «ascendentes» porque parten de las señales que envía el cuerpo, e implican que las conductas que advertimos vienen determinadas por la fisiología del niño, y no por su fuerza de voluntad, o porque estén intentando traspasar los límites.

Recuerda que el sistema de detección de seguridad de un niño pequeño puede indicarle que está en peligro, aun cuando se encuentre objetivamente a salvo. Todo esto es muy subjetivo. Piensa que a veces un pequeño puede sentirse amenazado si ve que le cortan el plátano en cuatro trozos en lugar de por la mitad... ¡En fin! Por supuesto, todo esto va en contra de toda lógica y, por esta misma razón, puede llegar a resultarnos francamente difícil mostrarnos amables y empáticos. Pero recuerda que los más pequeños todavía están desarrollando la capacidad de averiguar si algo es racional o no, y de decirse a sí mismos que no pasa nada. Ahora, eso sí, para conseguirlo, van a necesitar nuestra ayuda.

Por otro lado, hay que tener en cuenta que los pequeños están aprendiendo a modular o controlar la intensidad de sus reacciones ante un problema dado. «Modular» significa modificar los factores que intervienen en un proceso para obtener distintos resultados.[250] Los niños terminarán por desarrollar la capacidad que tienen de usar sus propias palabras y su pensamiento descendente, y reaccionarán sin gritar, llorar o perder los papeles porque se sientan decepcionados. Con el paso del tiempo, el pequeño irá desarrollando su capacidad de pensar. *«Puede que no pase nada si me cortan el plátano en cuatro trozos, porque el sabor seguirá siendo el mismo»;* o incluso puede que le pida a su padre o a su madre un cuchillo romo para cortarse el plátano él solito. Estos ajustes pueden parecer sencillos a simple vista, pero en realidad tratan de unas capacidades de razonamiento descendente muy complejas que la mayoría de los niños pequeños están en proceso de desarrollar.

El pensamiento lógico, hablar consigo mismo, autorregularse... Los más pequeños todavía no tienen estas capacidades reguladas con la suficiente consistencia para gestionar las decepciones o los acontecimientos inesperados con que puedan encontrarse más adelante en la vida. Por esta razón, las conductas de la más tierna infancia pueden resultar tan desquiciantes y parecer tan ilógicas. Además, en función del equilibrio presupuestario del niño o de la niña, sus conductas pueden escapársenos de las manos en un solo instante.

Aquel niño que vi en el aeropuerto, por ejemplo, no era capaz de pedir ayuda a sus padres ni de encontrar una salida por sí mismo. Se encontraba en una situación ascendente. Sus padres esperaban con toda la paciencia del mundo a que el niño se calmara para superar esa situación tan incómoda, pero no parecían tener otra estrategia que no fuera dejar que el niño lo solucionara por sí mismo. Es una manera de hacer las cosas, pero va muy bien contar con otra clase de estrategias más proactivas.

Jordan, ese niño en edad preescolar que, de repente, daba un empujón a uno de sus compañeros de clase o le quitaba un juguete de las manos, también estaba intentando gestionar sus conductas ascendentes. Su plataforma estaba reaccionando ante los cambios repentinos que detectaba su sistema de seguridad cuando sus sensaciones corporales le resultaban profundamente desagradables. Y los traumas que había vivido durante sus dos primeros años de vida lo hacían más proclive a malinterpretar las señales sociales, o a interpretar lo que era una situación segura objetivamente como si fuera una amenaza. (Vale la pena recalcar que Jordan es negro, y que eso lo convierte en el candidato ideal a recibir un castigo por su comportamiento[251] antes que cualquier otro de sus compañeros blancos, debido al sesgo implícito que la situación conlleva y al racismo que infecta el sistema educativo de Estados Unidos y del mundo entero).

Las conductas descendentes son deliberadas e intencionadas. Las llamamos así porque guardan relación con las partes superiores de nuestro cuerpo, que son las funciones ejecutivas del cerebro. Recuerda las virtudes de los ejecutivos de éxito, incluida la capacidad que tienen de ajustarse y ser flexibles a los cambios, la de tener en cuenta el amplio panorama que se despliega ante ellos y los detalles más insignificantes, y la de tomar decisiones basándose en lo que aprendieron en el pasado y en su capacidad de anticiparse a los resultados. Es obvio que los niños pequeños tienen capacidades y conductas descendentes, pero las tienen en un en estadio emergente, por eso no podemos esperar que actúen como lo haría un adulto.

El autocontrol de los niños pequeños es irregular y se encuentra en fase emergente

Es posible que tu hijo pequeño parezca que tiene el control de la situación y, de repente, pierda los papeles. Las conductas descontroladas (como gritar, llorar, golpear, dar patadas, correr o lanzar objetos) a menudo son instintivas o ascendentes, e indican que se ha activado la reacción huye o lucha del sistema nervioso simpático. Los retos conductuales, si van acompañados de una activación de la vía roja (la reacción huye o lucha), ejemplifican muy bien las conductas ascendentes (las que van del cuerpo al cerebro). Estas conductas son las reacciones que observamos cuando se activa el sistema de detección de seguridad del niño. En esos momentos, lo que hace el pequeño es sobrevivir en lugar de pensar. Los más pequeños todavía no tienen capacidad plena para calmarse a sí mismos o para echar mano de la lógica, de la planificación o el razonamiento con el fin de elaborar un plan con el que autorregularse y permanecer en calma. Esta capacidad tarda años en adquirirse, y muchos adultos siguen lidiando con ello.

La actividad: intenta recordar la última vez que tuviste una rabieta de adultos y perdiste el control de tu comportamiento o tus emociones. Si estabas en compañía de otro adulto, ¿esa persona intentó razonar contigo o convencerte para que cambiaras de idea? Y si esa fue su actitud, ¿te resultó útil? ¿Y si esa persona se hubiera vuelto de golpe para ignorarte o se hubiera marchado dejándote con la palabra en la boca? A lo mejor te sucedió todo lo contrario y estuviste con alguien que supo ver que te estabas esforzando, que lo entendió y se dio cuenta de que lo que necesitabas era tener a alguien presente que aceptara la situación, que fuera testigo de tu dolor y te brindara todo su apoyo (mental o físicamente). La mayoría de las personas, por muy mayores que sean, quieren visibilidad y ser apreciadas sin verse juzgadas.

No corramos a enseñarles a los pequeños el funcionamiento del cerebro

Dado que cada vez somos más conscientes de lo que nos cuenta la neurociencia, es natural que queramos enseñarles a nuestros hijos el funcionamiento del cerebro y de las vías por las que tienen que transitar. Sin embargo, la manera de forjar la autorregulación y el autocontrol pasa, ante todo, por relacionarnos, no por la enseñanza. Hemos de esperar antes de enseñar a los niños pequeños a usar el cerebro para controlarse hasta que su desarrollo se lo permita. *Antes de enseñarles estrategias para autorregularse, hemos de asegurarnos de que los niños hayan cumplido con todos los preliminares necesarios y tengan bien asentada la base que les permita corregularse.* En caso contrario, la situación será muy incómoda, tanto para el niño como para el padre o la madre.

Si has intentado enseñar a tu hijo (tenga la edad que tenga) algunas estrategias para ayudarle en su comportamiento y ves que no funcionan, quizá sea porque es demasiado pronto; y es posible que le estés pidiendo algo para lo que todavía no está lo bastante preparado. Muchos niños en edad preescolar disponen de carteles y tarjetones en los que se combinan determinadas expresiones faciales con ciertas emociones para enseñarles a etiquetar lo que sienten con el objetivo de que se tranquilicen. No es algo científicamente probado, y además tampoco respeta las diferencias culturales. Contrariamente a la creencia popular, las expresiones faciales no concuerdan de manera universal con los estados emocionales.[252] Algunas escuelas tienen rincones a modo de refugios adonde los niños pueden ir para calmarse. Es obvio que a todos nos gusta disponer de un rinconcito acogedor en el que refugiarnos de vez en cuando. Pero lo que en realidad le sirve a un niño para forjar sus vías de conexión cerebro-cuerpo con el fin de autorregularse es vivir la experiencia de ajustarse con cariño a unos adultos pacientes que se preocupen por él en lugar de ir combinando dibujitos de caras con determinadas palabras.

Hemos de ocuparnos de la tarea necesaria de relacionarnos entre nosotros antes de pasar a enseñar nada. La resiliencia psicológica se forja principalmente a través de las relaciones,[253] y no enseñando a los niños a comportarse o, incluso (y especialmente para los más pequeños), a calmarse corporalmente por sí solos. Es necesario que los sistemas educativos de la primera infancia en Estados Unidos comprendan esta situación, porque la mayoría, demasiados, diría yo, recurren a unos métodos de aprendizaje que hacen responsables a los niños de su autorregulación a una edad que resulta demasiado temprana. *Cuando renunciamos a la corregulación en favor de las normas, la disciplina y los valores de grupo (como en esos casos en que la resolución de un problema se basa más en una cartulina que en fijarnos en las señales que nos está dando el cuerpo de la criatura), podemos debilitar la plataforma que el niño necesita para aprender a controlarse.* Esta es la diferencia que existe entre enseñar a los más pequeños lo que es la autorregulación y forjar bien sus plataformas para que sepan autorregularse.

Sin embargo, podemos hacer muchas otras cosas más. Podemos potenciar su alfabetización emocional desde una edad muy temprana fijándonos bien y ayudando a los niños a que tomen nota de sus sensaciones corporales.[254] Podemos ayudarlos a encontrar palabras sencillas con que etiquetar esas sensaciones. *Este es el superpoder humano: usar las palabras y los conceptos para comprender nuestras propias experiencias y compartirlas con los demás.*[255] Antes de ponernos a buscar las soluciones más adecuadas para las conductas descendentes, busquemos primero otras que den una explicación plausible de las conductas ascendentes.

Soluciones adecuadas para las conductas ascendentes de los más pequeños

Cuando sabemos que un niño o una niña reaccionan instintivamente en modo ascendente, hay que recurrir a las soluciones ascendentes. En otras palabras, si vemos que el cuerpo de una niña nos está enviando señales que indican que está a punto de tener una rabieta (que sería la clásica conducta ascendente), el primer paso sería intentar que su cuerpo se calmara, si es posible. Los cambios de conducta a menudo nos indican que el presupuesto corporal de la persona es deficitario, y nos indican también que la persona necesita apoyo emocional, un ritmo distinto, o determinados requerimientos que le permitan regresar a la zona de desafío que sea más adecuada para ella. Lo que no hay que hacer en ninguno de los casos es ignorarla de entrada, o imponerle una férrea disciplina.

Si tu hija muestra una reacción de estrés ascendente, evalúa la situación (véase el capítulo 3): En primer lugar, revisa tu plataforma, y luego comprueba el estado de la plataforma de tu hija. Finalmente, recurre a las estrategias ascendentes para que su cuerpo recupere la calma y la niña sea capaz de conectar contigo nuevamente.

Una fórmula muy sencilla para ayudar a los niños a calmarse cuando están cruzados: entrar en resonancia con ellos y reaccionar

En un momento dado, ves que tu hija de repente se echa a llorar porque quería que le pusieran virutas de muchos colores en su magdalena y solo había de un único color. Las conductas de los más pequeños no siempre son lógicas o proporcionadas. Sin embargo, hay una fórmula muy sencilla, que consta tan solo de dos partes y que te irá muy bien para calmar la reactividad de los niños, o de los adultos, para el caso. De hecho, estos dos pasos pueden servirte para capear esas luchas tan frecuentes de poder que se dan entre padres e hijos, o incluso entre adultos.

Cuando le dé una rabieta a tu hija, quédate junto a ella y obsérvala durante unos segundos para comprobar si está intentando encontrar la manera de resolver el problema o de calmarse. Si ves que tu hija empieza a tranquilizarse por sí misma, maravíllate por haber sido testigo de la forma en que está empezando a autorregularse y obséquiala con tu amable presencia, y con tu ayuda también, si es que te la pide. Ahora bien, si ves que la niña no sabe calmarse por sí sola y está inquieta, enfadada, nerviosa, angustiada, vigilante, o tiene toda la pinta de necesitar apoyo emocional, intenta probar esta técnica de dos pasos: en primer lugar, **entra en resonancia con ella**, y, a continuación, **reacciona**.

ENTRA EN RESONANCIA: empieza reaccionando de la manera en que sabes que podrás acceder antes al sistema nervioso de tu hija. Cuando la notes muy inquieta, como ya hemos visto, has de saber que la niña es incapaz de oír bien tus palabras, y que ha adoptado la actitud de salir corriendo en lugar de detenerse a escucharte. *Por eso empezaremos a entrar en resonancia con ella con alguna señal no verbal a partir de nuestro tono emocional, nuestra voz o nuestro lenguaje corporal.* Todo esto le dice a la niña que entiendes del todo que no se encuentra bien, y que estás ahí para acompañarla emocionalmente sin juzgarla. Como la misma palabra implica, es como si metafóricamente reverberásemos o vibrásemos con una energía parecida a la de ella, o nos ajustáramos a su mismo nivel emocional.[256] Y el modo de compartir la regulación es a través de nuestra tranquila presencia.

Cuando entramos en resonancia con otra persona, intentamos estar presentes sin juzgarla, y ajustamos nuestra postura corporal para que sea afín a la suya, quizá sentándonos cerca de ella o arrodillándonos a su lado. A continuación, buscamos su mirada de tal manera que le resulte cómoda a la criatura (directamente, periféricamente o sin mantener contacto visual, en función de lo que sea más cómodo), y luego pasamos a centrarnos en el tono de nuestra voz, intentando que sea suave, hasta adaptarlo a las preferencias de la otra persona, tal y como describimos en el capítulo 6. Nos quedaremos observando hasta que veamos que nuestro hijo suaviza su actitud o se relaja un poco. Puedes añadirle también un componente físico, como ponerle una mano en el hombro o tocarle delicadamente el brazo, pero solo si el niño se calma al notar tu contacto en ese momento en concreto. *A veces, la mejor manera de corregularnos con otro es permanecer en silencio, para darle todo nuestro apoyo, y mostrarnos amorosamente presentes sin pronunciar palabra.*

Puede que te sientas rara y que debas experimentar con distintas maneras de enfocar la cuestión hasta que llegues a descubrir lo que le conviene más a tu hijo: suspirar con dulzura observándolo con una mirada compasiva o comprensiva, o bien devolverle la mirada que ves en su rostro para que se sienta comprendido y no tan solo. Tendemos a gestionar y resolver los problemas con nuestras propias palabras, en lugar de entrar en resonancia con la otra persona sin ponernos automáticamente a hablar con ella. Si das este primer paso, tu hijo experimentará lo que la otra persona siente cuando está pensando en él. Se sentirá más acompañado en su angustia cuando le comuniques que aceptas todo su abanico de emociones. Y eso sentará una base muy potente sobre la cual la criatura podrá cimentar la futura confianza que deposite en sí misma. Deb Dana, que es psicoterapeuta, dice que una corregulación bien armonizada es un buen amarre desde el que forjar la solidez de su sistema nervioso.[257]

De esta manera podemos empezar a ayudar al niño a reponerse tras una rabieta. Compartiendo nuestra vía con él, lo ayudamos a encontrar el camino para que vuelva a sentirse seguro. Ahora bien, hemos de advertirte de una cosa en concreto: cuando somos nosotros los que vamos disparados (cosa que suele suceder cuando presenciamos una rabieta infantil), nos va a costar entrar en resonancia como es debido. Y esta cuestión es tan fundamental que espero que te quede muy clara: no podemos corregular bien si nuestro sistema nervioso no está sólidamente forjado. Como ya vimos en los capítulos anteriores, compartimos el estado de nuestro sistema nervioso con el de los que nos rodean, tanto si nos gusta como si no. Y esa es la razón de que las técnicas que usamos para compadecernos de nosotros mismos y de la otra persona, y que ya vimos en el capítulo 5, sean tan importantes.

A medida que vayamos entrando en resonancia seremos más capaces de recurrir espontáneamente a determinadas palabras que capten la emoción del momento, como, por ejemplo: «¡Qué bonito es mi niño!», o bien: «¡Uy, esto es muy difícil!», o cualquier otra expresión sucinta y amable que le transmita nuestra aceptación en lugar de nuestras críticas. *Sin embargo, lo más importante del hecho de entrar en resonancia es transmitir de una manera no verbal nuestra aceptación y presencia.*

LA PRÁCTICA: piensa en alguna ocasión en que te costase mucho recuperarte emocionalmente y, sin embargo, contaras con alguien que, tan solo, se dedicó a hacerte compañía, sin juzgarte. Es decir, que esa persona no intentó solucionar tu problema, ni hablar contigo para hacerte desistir de tu actitud. Al contrario, lo que hizo fue estar presente, hacerte compañía; y además lo hizo con cariño, a través de su lenguaje corporal. Es muy probable, si fue ese el caso, que te sintieras muy apoyada. Ahora bien, si no recuerdas haber vivido alguna experiencia parecida, intenta hacer un ejercicio de imaginación. Evoca el rostro amable de un amigo de confianza, o incluso de una mascota muy amada, que, con su sola presencia, te haya hecho comprender que no estás solo.

Entrar en resonancia es un acto muy poderoso de la forja de uno mismo que podemos brindar a nuestros pequeños. *Es ese primer paso silencioso que damos para ajustarnos el uno al otro.* A menudo ignoramos el comportamiento del niño o intentamos reñirlo cuando vemos que su estado es ascendente.

Pero cuando nos damos cuenta de que ese es el momento en que precisamente su sistema nervioso necesita más que nunca establecer conexión con nosotros, podemos cambiar de enfoque y adoptar una actitud más cálida antes de empezar a hablar. Como dice el doctor Porges: «No es lo que dices, si no la manera en que lo dices».[258]

La reacción: el primer paso, el componente emocional, prepara al niño para recibir lo que viene a continuación: dirimir la clase de ingresos que debemos hacer en su presupuesto corporal. ¿Qué necesita tu hijo para equilibrar su sistema? Si tiene la edad suficiente para responderte, la mejor manera de descubrirlo es preguntárselo: «¿Qué puedo hacer para ayudarte?»; «¿Qué necesitas, cariño mío?». Si el niño no es capaz de responder, pregúntate a ti mismo: ¿Tiene mi hijo alguna necesidad básica de la que quizá yo no sea consciente, como, por ejemplo, tiene que picar algo o echarse una siesta? ¿Necesita algún gesto de nuestra parte, como, por ejemplo, un abrazo? (Revisa las notas que tomaste en el capítulo 6 sobre cuáles son las estrategias sensoriales que calman a tu hijo). ¿Necesita oír palabras que lo tranquilicen? Si es así, habrá llegado el momento de reaccionar usando un lenguaje que el niño entienda, y además en un tono empático, para describir o simbolizar su experiencia.

Cuando veas que el niño ya no está tan ansioso, puedes añadir algunas palabras sencillas que le sirvan para comprender mejor sus emociones o el problema que está viviendo con la intención de lograr que se sienta mejor. Pregúntate qué es lo que puede haber catapultado a tu hija a la vía roja. ¿Esperaba recibir algo muy concreto y le han dado otra cosa en su lugar? (Estoy pensando en el caso de Jordan, que esperaba que le dieran leche y lo que le dieron fue agua). *Si es este el caso, podemos dialogar con ellos sobre esa experiencia tan perturbadora.* «¡Vaya por Dios! ¡Resulta que esperabas que te diéramos una cosa y te hemos dado otra! ¡Pues menuda sorpresa te debes de haber llevado!». También podemos decirle: «Entiendo que esto te haya sentado fatal. No esperabas, o no querías (y aquí rellena tú el espacio)». También puedes intentar, con todo el cariño del mundo, mencionar lo que, según tú, ha desencadenado su actitud: «¡Vaya, cielo! Se te ha caído la galleta al suelo. ¡Y con eso no contábamos!». Puedes decirle también: «Entiendo que te enfades, cariño. Sé que no quieres marcharte de la fiesta». Se trata sencillamente de reconocer que hay un problema y ponerle palabras, de contextualizar con compasión ese problema en un tono neutro y sin perder la calma.

Las palabras le servirán a la niña o al niño a comenzar a usar conceptos[259] que le sirvan para entender mejor su experiencia. El propósito no es solventar el problema, sino ayudar a nuestro hijo o a nuestra hija a sentir que nos estamos ajustando a ellos con toda la precisión posible.

Un ejemplo: cuando ve lo que le has dado para cenar, tu hijo, que tiene cinco años, se echa a llorar y te anuncia: «Yo no ceno. ¡Que no ceno!». Puede que te sientas tentada a decir, por ejemplo: «¡Tú dirás si vas a cenar!», o «Si no cenas, hoy no hay tele...». También puede que le digas: «Tendrías que estar agradecido por tener un plato en la mesa». No te tomes sus comentarios como algo personal, sino que intenta entrar en resonancia con la energía que se oculta tras la emoción de tu hijo. Trasciende su comportamiento y ve al desencadenante: verás que se siente terriblemente desregulado.

ENTRA EN RESONANCIA: *céntrate y mira a tu hijo, o en dirección a tu hijo, con una cara que le demuestre que comprendes su decepción y los esfuerzos que está haciendo.* Entra en resonancia con él a través de tu expresión facial, de tu lenguaje corporal, con palabras simples. Tanto si la plataforma de tu niño se encuentra en un estado de debilidad porque ese día ha estado más estresado de lo normal, o ha dormido poco la noche anterior, como si le ha pasado cualquier otra cosa, confiemos en entrar en resonancia con él trasladándole el siguiente mensaje emocional: «*Veo lo que te pasa, y soy testigo de los esfuerzos que estás haciendo*». Queremos que nuestros hijos noten que valoramos sus emociones y sus sentimientos, porque queremos que sean capaces de valorarse a sí mismos y de no sentirse mal por tener ideas, opiniones y deseos distintos de los nuestros.

REACCIONA: «Ya veo que estás muy desilusionado. Tú creías que había otra cosa para cenar». (Prueba a adivinar lo que crees que ha conmocionado al niño, ese cambio tan inesperado que ha representado para él ver que hoy tiene pescado para cenar en lugar de los macarrones con queso que esperaba ver en la mesa). «Cuesta mucho, ya lo sé. Pero, ¡veamos si puedes encontrar la manera de comer un poquito de lo que te doy!»,

«Vamos a tomarnos un descanso, y luego ya seguiremos cenando». También puedes decirle: «Mira, aquí en el plato tienes tres cosas. Si tienes hambre, prueba a comerte una de las tres. No hay prisa». Reacciona en función de lo que le convenga a tu hijo en ese momento.

Ejemplo: tu hija de tres años se ha enfadado porque a su hermano mayor le has dado dos bolas de helado y a ella, en cambio, solo le has dado una. Pierde los papeles, se echa a gritar y empieza a darle patadas a su hermano. Tu instinto te dice que razones con ella sobre el tema diciéndole algo como: «A él le he dado dos bolas porque tiene tres años más que tú»; o bien: «¡Pues da las gracias de que te haya dado helado!».

Entra en resonancia: en primer lugar, asegúrate de que su hermano esté bien, y de que todos los implicados en la escena estéis a salvo. Luego, establece unos límites y dile a tu hija que no es correcto que vaya dando patadas por ahí si eso se corresponde con vuestros valores parentales. A continuación, con un tono y una mirada que apelen directamente a sus emociones, hazle saber que ha reaccionado de una manera exagerada, y recuerda que, si la niña se ha puesto a repartir golpes a diestro y siniestro, es porque tiene la plataforma pendiente de un hilo y se ha situado en la vía roja, en modo «lucha o huye». Puedes decírselo verbalmente, o elegir la opción de no hablarle. Sé consciente de la inquietud que registran su cuerpo y su cerebro, y piensa que es el reflejo de una reacción protectora instigada por su subconsciente que no es lógica ni está bien modulada, cosa muy frecuente en los más pequeños.

REACCIONA: transmítele a tu hija que has comprendido lo que piensa o lo que siente con algún comentario. «Entiendo muy bien que querías la misma cantidad de helado que le he dado a tu hermano». O bien dile: «Ya veo que te has enfadado porque no te he dado tanto helado como a él». Luego haz una pausa y fíjate en su reacción. De todos modos, mantente en tus trece en lo que respecta a la cuestión del helado, porque de esta manera es como vas a conservar tu autoridad, paterna o materna, proporcionándole asimismo una mayor riqueza léxica para que sea capaz de usarla en un futuro. *Podemos constatar una situación, contextualizarla, entrar en resonancia con la persona y establecer unos límites, y todo eso puede hacerse a la vez.*

Tener miedo al ladrido de un perro: un ejemplo de cómo entrar en resonancia y saber reaccionar

Una madre a la que traté usaba la herramienta de entrar en resonancia y reaccionar para ayudar a su hija a superar el miedo que tenía a los ladridos de los perros desde que un día se asustó mucho cuando uno de ellos se puso a ladrarle y ella era muy pequeñita. La niña solía echarse a llorar cada vez que oía ladrar a un perro: la clásica reacción ascendente. Mantuvimos varias sesiones con los padres para hablar del modo en que los más pequeños disimulan sus miedos, y, un día que vinieron todos a mi consulta, hicimos una prueba. Abrimos una ventana y, cogiendo en brazos a la niña, la madre dijo: «Ahora vamos prestar mucha atención... ¡A ver si oímos algo!». Por supuesto, al cabo de un rato oímos un ladrido en la distancia (Yo ya sabía previamente que por esa zona paseaban a los perros). La niña cerró los ojos, se tapó la oreja con una mano y se echó a llorar. La madre entró en resonancia con ella dirigiéndole una mirada de tierna preocupación y, luego, reflejando la misma reacción que la niña, se llevó una mano a la oreja (lo que equivalía a entrar en resonancia de una manera emocional y no verbal).

La pequeña miró a su madre, que reaccionó a su mirada hablándole con una voz dulce y cariñosa: «¡Ah... sí! Es un perrito que ladra». La niña miró a su madre, con una mirada más tranquila, y la cogió de la mano. Luego volvió a mirar por la ventana. El perro volvió a ladrar, y la niña volvió a llevarse la mano a la oreja y a mirar rápidamente a su madre. La madre hizo lo mismo: primero entró en resonancia con ella con suavidad, con amabilidad, adoptando un tono de voz emocional y empático y, luego, reaccionó diciéndole: «Sí, cariño, hay un perrito que ladra». E iba añadiendo más palabras, como, por ejemplo: «Este perrito ladra muy fuerte, ¿verdad?», mientras la niña aguardaba el siguiente ladrido, se tapaba las orejas y no dejaba de mirar a su madre, una y otra vez. Unos días después, la madre me dijo que la niña había seguido llevándose la mano a la oreja, y diciendo «Perrito, perrito...» varias veces al día durante varios días seguidos. La pequeña estaba reviviendo un acontecimiento pasado y adquiriendo dominio sobre algo que resultaba muy estresante para ella. Unas semanas después, la madre me dijo que, en lugar de lloriquear y de taparse el oído, ahora la niña se mostraba ilusionada y señalaba a los perros que pasaban por delante de su casa y que veía tras la ventana; y que incluso hacía lo mismo cuando iban de paseo, y entonces decía: «Perrito, perrito...», pero sin echarse ya a llorar.

Aunque este intercambio pueda parecer muy sencillo a simple vista, en realidad fue muy complejo. La madre ayudó a la hija siendo testigo de la lucha que la pequeñita estaba llevando a cabo, y luego contextualizándola con otras palabras («perrito», «ladrido», «fuerte»). Ajustándose emocionalmente a ella, y reaccionando a continuación, contribuyó a transformar el miedo que su hija sentía. Y cada vez que la niña oía el ladrido de un perro, podía autorregularse con palabras y gestos (señalando al animal y diciendo «perrito, perrito...»). A juzgar por sus actuaciones, esa niña había logrado perder el miedo.

Descubre lo que le va bien a tu hija

Si ves que tu hija empieza a mostrar reacciones ascendentes, espera un ratito y luego observa cómo reacciona a los mensajes que le envías. Puedes interaccionar de una manera más personalizada y acorde con las preferencias sensoriales de tu hija. Expondremos ahora algunas maneras básicas de calmar a los niños:

La proximidad: hay que dejar transcurrir un cierto tiempo, y tener una cierta experiencia, para descubrir cuáles son las estrategias ascendentes que le van mejor a tu niña pequeña.

Cuando ves que se revuelve angustiada, ¿prefiere que la cojas en brazos o que permanezcas junto a ella? A lo mejor le consuela más que te sitúes a unos metros de distancia, o incluso que te sitúes en el extremo más alejado de la habitación, o al otro lado de la puerta, y así le comuniques que estás presente de una manera tranquila y amable. Eso es algo que solo descubrirás probando y equivocándote.

El tono vocal y afectivo: con tu tono emocional y con tu voz, dale a tu hija unas señales que le transmitan seguridad y que estén completamente personalizadas y destinadas a ella, transmitiéndole el mensaje siguiente: «No estás sola, cariño. Mamá (o papá) están aquí contigo». «Yo estoy aquí contigo, bonita». «Y no voy a juzgarte por haber reaccionado así». ¿Qué características de tu voz resultan más útiles cuando tu pequeña explota?: ¿una voz cantarina?, ¿una voz queda?, ¿susurrar?, ¿una voz neutra?, ¿una voz recia? Quizá al final te resulte más útil recurrir a un par de palabras, o sencillamente a un sonido que sirva para comunicarle a la niña la siguiente idea: «Te entiendo, te veo y, además, no te juzgo».

El contacto adecuado: ¿cuál es la clase de contacto que calma más a tu hija cuando entra en crisis? Te daré unos ejemplos: un leve toque en el brazo o en la mano, un abrazo firme o fuerte, una mano posada en su hombro o en su frente, una mantita o un juguete especiales para que se agarre a ellos; o quizás lo mejor sea que no la toques en absoluto.

El movimiento: ¿qué tipo de movimientos tranquilizan a tu hijo cuando se siente molesto? ¿Le gusta que lo cojan en brazos o que lo acunen? ¿Necesita espacio para moverse con seguridad por sí solo? ¿Prefiere quedarse en su propio espacio sin moverse demasiado?

Señales y contacto visuales: ¿qué clase de apoyo visual le sirve a tu hijo para calmarse? ¿Le gusta mantener el contacto visual contigo? Cuando te mira, ¿ve una mirada amable en tu rostro? A lo mejor, tu hijo necesita apartar la mirada de ti, o incluso que seas tú quien mire hacia otro lado.

Tus palabras y tus ideas: las palabras son una manera de construir puentes entre nuestras ideas y las de los demás,[260] y de dar herramientas a nuestros hijos para que gestionen bien sus preocupaciones y sus miedos. Puedes experimentar para ver cuáles son las palabras que entran en resonancia con tu hijo, en función de las circunstancias, observando el nivel de tensión y de tranquilidad, o bien de agitación, que manifiestan su cuerpo y su tono sensorial. Date cuenta de que hay veces en que comunicamos a los niños cómo creemos que se sienten y ellos, en cambio, reaccionan a la defensiva. Elige las palabras más adecuadas para tu hijo.

Demos paso ahora a otras ideas para conseguir aligerar sus conductas ascendentes:

Busca si se observan señales tempranas de fatiga y de que su plataforma está trastabillando: acércate más a tu hijo emocionalmente y permítele que tome prestada parte de tu propia regulación. Comprometiéndote más con él podrás aligerarle la carga de estrés que soporta y, a veces, llegar a evitar que le dé una rabieta de las gordas.

FLEXIBILIZA TUS PLANES: si ves que tu hijo pequeño empieza a revolverse y a lloriquear, y además muestra signos de que su cuerpo está estresado, ajusta tus expectativas y deja de pedirle lo que fuera que le estuvieras pidiendo. El mejor momento para pedirle a un niño que fuerce sus límites es cuando tiene el presupuesto corporal bien equilibrado (porque ha dormido muy bien toda la noche, porque tiene la barriga llena, o porque se siente a salvo y seguro).

DALE EL CONTROL A TU HIJO SOBRE LAS PEQUEÑAS COSAS: los pequeñuelos están encantados cuando toman decisiones y controlan su entorno. Es muy deseable que ejerciten esta clase de musculatura. Por esta misma razón deberías permitirle a tu niño que te ayude a tomar las decisiones más adecuadas según cuál sea vuestra situación. Déjale que se muestre creativo, o que juegue con los utensilios de la cocina o incluso con alimentos cuando tú estás presente, o bien que decida el orden en que prefiere comer los platos, o dónde poner a dormir sus juguetes cuando se hace de noche. Dale la oportunidad de que note lo bien que le sienta a uno tomar decisiones, independientemente de las instrucciones que tú le puedas dar.

Soluciones para gestionar las conductas descendentes de los pequeños

Los niños pequeños todavía no tienen una capacidad de razonamiento sofisticada y de alto nivel, pero día a día van ganando un mayor control sobre sus cuerpos e interactúan con el mundo a través de sus gestos y de sus palabras.

Eso es lo que vemos cuando una niña dice: «Mami, ¿puedes sentarte a mi lado?», y te pone la cabecita en el hombro en lugar de echarse a gimotear o a llorar directamente si se siente angustiada. Día a día, y con el paso de los meses, interactuar con ellos reaccionando ante lo que hacen les sirve a los más pequeños para forjarse estas capacidades descendentes.

Es así. A veces, cuando se alinean los astros en su favor, los pequeñuelos son capaces de pedir las cosas con educación en lugar de pasar a agarrarlas directamente, o decirte que preferirían no comer brócoli en lugar de tirarlo al suelo. Pero piensa que estas capacidades son emergentes, y eso quiere decir que todavía no son fiables.

Las capacidades descendentes van surgiendo poco a poco

Jenna, que tiene tres años, no quería irse a la cama y se echaba a llorar. Separarla de su madre por las noches era todo un reto. La pequeña solía viajar mucho con su madre, que era músico. Cuando compartía la habitación con ella se quedaba dormida sin problemas, aunque no estuvieran acostadas en la misma cama. Pero en casa, Jenna llamaba a su madre para que fuera a su dormitorio cada dos por tres a traerle un vaso de agua, para preguntarle alguna cosa, o para pedirle lo que fuera. Cuando Jenna estaba acostada en su cama, se quedaba aterrada ante la ausencia física de su madre, pero no disponía de las herramientas adecuadas para poder calmarse sola, salvo la de ir pidiéndole cosas: lo que llamamos una conducta descendente.

La capacidad de recurrir a los pensamientos para calmar el cuerpo era una habilidad descendente que todavía se encontraba en su fase más emergente en el caso de Jenna. *Planificar acciones, tomar decisiones, comparar elecciones, controlar los impulsos... Todo eso son habilidades que requieren mucho tiempo antes de poder desarrollarlas bien.* Los niños no adquieren estas capacidades por arte de magia al llegar a una edad determinada; evolucionan en función de la fase de desarrollo en que se encuentren las criaturas, y del apoyo que reciban de los adultos de su entorno. Con el paso del tiempo, los niños adquieren la capacidad de usar sus propias estrategias, como mover el cuerpo de una manera determinada, o echar mano de sus pensamientos para solucionar los problemas por sí mismos.

Nuestro objetivo es darles a los niños el tiempo y el espacio suficientes para que creen y experimenten con distintas opciones, y para ejercitar la musculatura emergente de la autorregulación. De esta manera, establecemos unos límites empáticos para ayudar al niño a sentirse a salvo y a no sentir vergüenza ni culpa por explorar de la manera que su cerebro les dicta. Además, reforzaremos la creciente capacidad de diálogo que van adquiriendo cuando recurren a su pensamiento descendente sin que, por ello, nosotros tengamos que perder autoridad y capacidad de liderazgo. Podemos darle a entender al niño que es correcto opinar de una manera distinta y estar en desacuerdo con nosotros, porque eso es lo que refuerza su creciente independencia. Cuando hacemos oídos sordos a un niño, o lo estigmatizamos porque no está de acuerdo con nosotros, le estamos diciendo que tiene que ser de una manera determinada (positivo, obediente...) si quiere ganarse nuestra aceptación.

A continuación, te daremos algunos ejemplos:

EL PEQUEÑO CIENTÍFICO

EJEMPLO: tu hijo, que tiene dos años, tira el contenido de tu bolsa de maquillaje al suelo. Te entran unas ganas locas de echarle la bronca, pero recuerdas que, para un niño pequeño, todo forma parte de un experimento científico. Dile algo así como: «¡Oh, qué bien! ¡Has encontrado el maquillaje de mamá! Pero esto no es un juguete, cariño. Veamos si encontramos otra cosa con la que poder jugar, ¿vale?». No tienes que mostrarte negativa, y tampoco actuar con severidad. Es cierto que puedes imponerle unos límites, pero recuerda que explorar el entorno forma parte de la naturaleza de un niño pequeño.

LOS ACTOS CONTROLADOS DE MALA CONDUCTA

UN EJEMPLO: tu hijo pequeño de cuatro años coge a hurtadillas las galletitas para la dentición que le has puesto en el plato a su hermano menor, y luego se mete debajo de la mesa para comérselas a escondidas. Sientes la tentación de echarle la bronca allí mismo, pero recuerdas que está en una edad en que tiene que experimentar con la resolución de conflictos y comprender las emociones de los demás. Por eso, en lugar de decirle: «¡Suelta ahora mismo esa galletita!», le dices: «Ya me he fijado que has cogido la galleta de tu hermano sin pedir permiso. Vaya... Así no funcionamos en esta familia [o hazle cualquier otro comentario que se te ocurra y que concuerde con los valores que quieres inculcarle a tu hijo]». *El propósito es que el pequeño se dé cuenta y tú puedas transmitirle tus valores familiares, o darle la lección que debas darle en función de la situación que estéis viviendo, pero sin avergonzar al pequeño con tanta crudeza que termine encerrándose en sí mismo.*

Cuando un niño pequeño coge las galletitas de dentición de su hermano, en realidad no se está portando mal, sino que está aprendiendo a entender cómo funciona el mundo. *Los niños pequeños en realidad están aprendiendo a colocarse en la piel del otro.* A menudo necesitan que los ayudemos a detenerse a pensar en las consecuencias de lo que han hecho basándose en las reacciones de las personas de su entorno. Los más pequeños quieren explorar y aprender experimentando con distintos comportamientos para ver si estos funcionan y las consecuencias que pueden acarrearles. Hemos de orientar estos comportamientos con mucha calma, e intentar fomentar la reflexión y los momentos de aprendizaje trabajando con esta parte natural de su desarrollo.

NEGOCIAR, REGATEAR Y FORZAR LOS LÍMITES

Un ejemplo: te olvidas de que dejaste que tu hija, que tiene tres años, quitara la tapa de su yogur preferido la última vez que le diste uno, y ahora se lo das destapado. Molesta, tu hija insiste en que quiere ser ella quien abra el yogur, y te exige que le saques otro de la nevera para que pueda quitarle la tapa (un acto de negociación y resolución de problemas que es digno de admiración). Tú no quieres sacar otro yogur para que la niña lo abra, ni siquiera a riesgo de embarcarte en una lucha de poder. Por eso, en lugar de decirle: «Mala suerte, hija. Te toca apechugar», conversa con ella y ayúdala a que sea capaz de gestionar su decepción.

«Entiendo lo mucho que significa esto para ti —puedes decirle—. La última vez fuiste tú quien le quitó la tapa al yogur, y ahora esperabas volver a hacerlo. Pero, tranquila, que no pasa nada porque te hayas enfadado». Haz una pausa y deja que la niña procese lo que acabas de decirle. Luego prepárate para corregular con el material emocional y con las palabras que tu hija pequeña va a dedicarte. Si sigue negociando, perfecto. ¡Señal de que está perfeccionando sus técnicas de oratoria! El hecho de que tu hija recurra a las palabras significa que está expandiendo su conocimiento y su vocabulario para poder gestionar sus emociones en un futuro, y que eso te va a proporcionar una gran cantidad de material con que trabajar. Ten paciencia y recuerda que todavía puedes empatizar con tu hija sin que por ello tengas que acceder a sus peticiones y decirle que sí. *Ceder cuando sabes que, al hacerlo, no favoreces en nada a tu hija no contribuirá a forjar su resiliencia, sino a deteriorarla, porque lo que eso comporta es que estás negando a tu niña la oportunidad que tiene de experimentar y tolerar la decepción.* Por otro lado, valora lo mucho que a los seres humanos les gusta sentirse al mando, y que por eso mismo somos capaces de comprender la emoción y la intención sin que por ello tengamos que renunciar a nuestra autoridad como padres.

Los niños pequeños están enamorados del poder que tienen la comunicación y la gestión de uno mismo. Pasan de ser unos bebés (de depender que los demás adivinen lo que necesitan o comprendan cómo se sienten) a ser capaces de comunicarse por medio de señales y de gestos y, luego, al llegar a la plena infancia o la adolescencia, por medio de palabras que simbolicen su mundo interior y sus emociones. Resulta vitalizante y liberador sentir que el mundo está bajo tu control, pero luego terminas decepcionado cuando descubres que sigue habiendo muchas cosas que todavía no somos capaces de hacer.

El juego: una poderosa herramienta que le servirá para forjar sus capacidades descendentes

En el capítulo 7 hablamos de la importancia que tienen tres palabras para orientarnos bien cuando jugamos con los niños: *sigue sus órdenes*. Si dejas que el niño mande, adivinarás mejor sus intereses, sus intenciones y sus motivaciones. Jugar, durante los primeros años de su vida, consiste en explorar, en dejar que los niños exploren su entorno, siempre y cuando te asegures de que están a salvo. Esta definición tan vaga de lo que significa el juego incluye sacar las cacerolas y las sartenes de los armarios de la cocina y tirar la comida varias veces al suelo mientras se sientan en la trona. Seguir a un niño y ver el mundo desde su punto de vista es un ejercicio que consiste en estar presente y en observar la vida con frescura. *Entender que un niño se está explorando para gobernarse a sí mismo nos da una gran ventaja, que es la de poder estar presentes y disfrutar de las alegrías que nos dan de las maneras más inesperadas.*

TEN PACIENCIA CON LAS REPETICIONES

Los niños pequeños disfrutan con la repetición y descubriendo cómo funcionan las cosas. Abrir, cerrar, sacar, volver a meter dentro... ¡y vuelta a repetir! ¿Por qué? Todos los seres humanos disfrutamos prediciendo lo que va a suceder, calibrando nuestras expectativas. Hace que nos sintamos seguros. Por eso, un niño encuentra satisfacción abriendo y cerrando un envase una y otra vez. Pero es que hay más: repitiendo ciertas cosas, el niño aprende mucho de su mundo físico. Además, empieza a familiarizarse con los patrones, y reconocer patrones es una habilidad que hallamos en el razonamiento matemático y en otras maneras distintas de razonar. Por eso mismo, intenta tener paciencia y comprende que tanto derramar, tirar y repetir no es algo inútil; comprende que todo eso forma parte del trabajo que tienen que hacer esos gordezuelos con su cuerpo y su cerebro para explorar su entorno. *Y la mejor expresión de predictibilidad proviene de los padres cuyas reacciones emocionales son predecibles y estables.*

Los niños pequeños van creciendo a partir de su más temprana infancia, y pasan de golpear las cosas a llevárselas a la boca, a entregártelas, a interactuar con otros seres humanos y, finalmente, al juego más activo del saque y del resto. Si tu pequeño te muestra una pelota, reacciona mirándolo con interés. Si te la da, dile: «¡Pelota!», y luego devuélvesela y espera a ver qué hace a continuación. Quizá te la vuelva a dar, o la deje caer al suelo, esperando ver tu reacción. En esta primera fase del juego sensorial, que se da durante la segunda mitad del primer año, es fantástico priorizar el toma y daca para ver hasta dónde nos lleva, en lugar de imponerle al niño unos límites cuando juegas con él. Recuerda que tu pequeño es un científico, y que para él todo es un territorio nuevo e inexplorado. Dejar caer las cosas, estrujarlas, mezclar la comida y ver cómo cambian los colores son lecciones que está aprendiendo del mundo real.

A medida que van pasando los años, el pequeño deja de considerar el juego una exploración sensorial y pasa a utilizar juguetes de una manera realista: acunando una muñeca, o haciendo rodar un coche de arriba abajo. A partir de ese momento, el juego del niño evoluciona y se decanta más por las ideas y los temas que despiertan su interés. El juego se convierte en una de las mejores bazas que tenemos de descubrir lo que el niño tiene en mente y lo que le inquieta, lo que despierta su curiosidad o lo que le interesa de verdad.

Eso mismo fue lo que me decidió a elegir un enfoque basado en el juego para ayudar a Jordan, ese niño que lo pasaba tan mal en preescolar. Sus padres comprendieron que las experiencias que se viven en la más tierna infancia tienen mucha importancia. Si nos ha faltado una buena corregulación, la capacidad de autorregularnos disminuye. Por eso, la mejor manera de ayudar al pequeño a desarrollar un mayor control sobre sus emociones no fue imponiéndole más normas, sino dándole otras oportunidades, basadas en el juego, para practicar la modulación o aprender a controlarse mejor cuando se sentía decepcionado. Jordan tuvo que corregular mucho con los demás cotidianamente, y hacerlo basándose en el juego para poder confiar en que el mundo es un lugar seguro, concepto del que había carecido en su más tierna infancia y en años posteriores. Al final, con el inquebrantable apoyo (y defensa) de sus padres, Jordan tuvo éxito y, al ganar en seguridad, se convirtió en un hijo amado y un estudiante de primaria respetado por sus compañeros.

Su experiencia ilustra que el juego puede ayudar a los niños a entender y explorar el mundo y sus emociones, a forjarse su propia regulación. (En el capítulo siguiente examinaremos lo que el juego revela del mundo interior del pequeño). Por otro lado, los más menudos, como ese niño que vi en el aeropuerto, reaccionan de manera ascendente porque carecen de las habilidades que se requieren para ayudarse a sí mismos a tolerar experiencias como la fatiga o el hambre; es decir, que siguen necesitando que otros corregulen con ellos para conseguirlo. Ese niño se encontraba en una fase muy prematura de su desarrollo para saber si estaba hambriento o cansado, para pedirles a sus padres que le dieran algo para picar, o para comprender que volvería a ver a su osito de peluche al cabo de unas horas, cuando aterrizara el vuelo. Estas habilidades se forjan gracias a nuestras relaciones: a nuestra manera de interactuar, de jugar, a todas las interacciones que le dan a tu hijo la oportunidad de usar palabras para tolerar un amplio abanico de incomodidades, para desarrollar una buena autorregulación y hablar de lo que siente o necesita en lugar de entrar en crisis. A medida que el niño va saliendo de la fase de la más tierna infancia y cuenta con unas bases más firmes, sólidamente forjadas gracias a una buena corregulación, veremos que hay muchas maneras de enseñarle a apreciar la maravilla de la retroalimentación que se da entre el cerebro y el cuerpo, tema que trataremos a continuación.

> UN CONSEJO PARA LA FORJA DE LA RESILIENCIA: los niños pequeños empiezan a desarrollar la autorregulación cuando sus padres albergan ciertas expectativas y les presentan unos desafíos adecuados a las capacidades emergentes que tienen los más pequeños de controlar sus emociones y conductas. El juego exploratorio es la manera más natural con que podemos estimular el desarrollo de un niño pequeño.

9. Los niños en edad preescolar: flexibilidad y creación de una gran caja de herramientas

> La alfabetización emocional sirve para lograr que tus emociones trabajen en tu favor en lugar de ir en tu contra.[261]
>
> Claude Steiner

A veces pensamos que podemos lograr que el futuro de nuestros hijos sea más seguro proporcionándoles distintos recursos: juguetes, clases particulares, el costo de una matrícula, etcétera. Todo eso está muy bien, pero el trabajo más importante que, como padres, debemos hacer es asegurar la salud emocional futura de nuestros hijos. Y para eso tenemos que cultivar en ellos un rasgo esencial: la flexibilidad, la capacidad de cambiar sus reacciones en función de las exigencias y los desafíos que les plantea la vida. La flexibilidad es la piedra de toque de la resiliencia.

Cuando de pequeña me enfrentaba a mis propios desafíos, mis padres siempre intentaban que confiara mucho en mí diciéndome que no había que tener miedo de nada, y que no tenía motivos para preocuparme. Como muchos otros padres de su misma generación, los míos pensaban que era mejor descartar o ignorar las emociones negativas en lugar de considerarlas unas señales muy valiosas a las que valía la pena prestar atención. Cuando mis niñas eran pequeñas, yo enfoqué esta cuestión de otra manera: corregulando con ellas. Les daba a entender que me daba cuenta de que un sonido agudo las había asustado; las escuchaba con compasión si alguna de ellas se sentía rechazada por una compañera de clase y, como resultado de todo ello, ahora que ya son adultas, mis niñas son mucho más flexibles y resistentes de lo que lo era yo a su misma edad.

Cuando nuestros hijos son pequeños, los ayudamos haciéndoles ingresos en sus presupuestos corporales por medio de la corregulación; los consolamos cuando son pequeñitos, y los escuchamos y reaccionamos a sus problemas a medida que van creciendo. Cuando se hacen mayores, surge una nueva prioridad: ayudarlos a que adquieran la capacidad de gestionar ellos mismos sus propios presupuestos. En este capítulo nos centraremos en dos maneras de ayudar a nuestros hijos a convertirse en unas personas que sepan capaces de resolver problemas y ser flexibles; y lo haremos a través de dos canales principales: la magia del juego y nuestra manera de hablar con ellos de las emociones.

Los niños en edad escolar van equipados con todo lo que aprendieron en su primera infancia, pero todavía están desarrollando las capacidades que necesitarán para gestionar su vida en un futuro. Tras superar su más tierna infancia, los niños se ven expuestos a distintas exigencias a medida que van transitando por el mundo de la escuela y de sus compañeros de clase y van descubriendo más cosas de sí mismos. Es todo un proceso en el que se aparejan luchas y sentimientos encontrados que pueden desencadenar conductas que los padres a menudo consideran confusas o preocupantes.

En este capítulo hablaremos de la manera en que debemos cultivar las capacidades descendentes: el pensamiento, la resolución de problemas y la flexibilidad de saber gestionar lo impredecible; y todo eso apoyándonos en la sólida base que conforman la confianza y la seguridad. Podemos ayudar a los niños a usar la mente para poder conseguir que sus cuerpos les sirvan de apoyo mientras van descubriendo la manera en que pueden defenderse a sí mismos. El objetivo no es enseñar a los niños a memorizar las reacciones y las respuestas en teoría correctas que deben dar a cada problema con que se enfrentan. *Es enseñarles a ayudarse a sí mismos, y a desarrollar una flexibilidad mental para usar el cerebro con el fin de calmar y orientar sus pensamientos, que es el objetivo de este capítulo.*

Veremos que el juego también puede ser una herramienta muy poderosa en el sostén del desarrollo global del niño o de la niña. Y aprenderemos a hablar con los niños sobre su salud emocional para fortalecer la conciencia y la comprensión que tienen de sus sensaciones corporales. En resumen, exploraremos la fuente primigenia de la resiliencia y lo que representa, que es la piedra de toque del campo de la psicología en el que yo me muevo: la capacidad de usar la mente para cambiar tu manera de pensar y de sentirte.

La rivalidad entre los hermanos

Alan y Camilla tenían dificultades para gestionar la rivalidad fraternal de sus hijos pequeños. Mira, que tenía siete años, y Leo, de cuatro, no paraban de pelearse por sus juguetes y por el resto de sus pertenencias. Los padres me describieron a Mira como una niña sensible que disfrutaba en la escuela y sacaba buenas notas, una pequeña que tenía por costumbre ayudar a su profesora y a sus compañeros de primer cuso de primaria. Mira hacía grandes progresos en los ámbitos de la predictibilidad, las normas y la estructura.

Sin embargo, cada vez que Mira regresaba a casa, «la tormenta se desataba», como solía decir su padre. Leo la saludaba con mucha ilusión y, luego, agarraba los papeles que su hermana llevaba en la mochila y arrancaba a correr, o bien los rompía, y la niña gritaba y lloraba al ver que su hermano acababa de destrozar su hoja de deberes o su proyecto de arte. Mira se lo decía a su padre, y el hombre iba en busca de Leo para ajustarle las cuentas, aunque el pequeñuelo en realidad considerara todo el numerito un juego. Al final, Mira perdía los nervios, apartaba a su hermano de un empujón y recuperaba sus pertenencias. Como es de suponer, Leo se echaba a llorar a lágrima viva. Con el tiempo, Mira encontró una solución:

se volvió mandona, y se dedicó a observar todos y cada uno de los movimientos de su hermano para poder controlar la situación. La tensión se palpaba en el ambiente familiar, y los dos hermanos se atrincheraban en sus diferencias: ese hogar pasó a convertirse en una zona de guerra.

Les aseguré a los padres que la rivalidad entre hermanos forma parte de la vida, aunque pueda ser todo un desafío, y que incluso tenía sus ventajas. Rivalizando entre sí, los hermanos se están brindando numerosas oportunidades para aprender a solventar sus problemas de mutuo acuerdo. De todos modos, el tono emocional de ese hogar estaba cargado de malas vibraciones, y a mí me dio la sensación de que los dos niños se comportaban con bastante inmadurez cuando debían solventar sus problemas. Por consiguiente, les propuse que evaluaría a cada uno de ellos por separado, para ver si podía sugerirles algo que expandiera su zona de desafío y su capacidad de solucionar las cosas por sí solos, que pudiera aportar un mayor equilibrio e introducir algún juego con el que se divirtieran los dos hermanos juntos.

En primer lugar, me centré en descubrir la manera más adecuada de enfocar el tema con esa familia en concreto y con cada uno de sus hijos. Y el resultado que obtuve fue que tanto Leo como Mira necesitaban esa clase de ayuda que el juego fácilmente puede aportar: la forja de la tolerancia a la frustración y la capacidad de dirimir sus diferencias por medio de palabras. Al final, Mira fue la que necesitó un enfoque más directo: hablar de la comprensión descendente de sus sensaciones ascendentes. En otras palabras, la niña estaba aprendiendo a usar sus habilidades para la resolución de los problemas (por medio de la autorregulación activa y del lenguaje hablado) con el fin de gestionar sus frustraciones, encontrar soluciones y ejercitar su musculatura social y emocional.

Les conté mi enfoque a sus padres, y para ellos fue como si se les hubiera abierto el cielo para que pudieran comprender que estaban lidiando con una conducta normativa fácil de entender. Les propuse que empezáramos con la mejor piedra de toque, tan poco recurrente, que podemos utilizar para desarrollar la capacidad de resolver problemas de los niños: el juego.

El juego simbólico o fingido: el ingrediente puntal que constituye la base de todas las vertientes del desarrollo

Durante las décadas que llevo practicando el juego terapéutico con los niños y con sus padres, he aprendido cosas muy importantes: cuando dejamos que sea el niño quien mande en el juego, lo que en realidad está sucediendo es que nos está mostrando lo que tiene en la cabeza, lo que le preocupa, y los ámbitos en que necesita un apoyo suplementario. El juego es, de por sí, una manera orgánica y eficaz de cultivar la capacidad emergente que tiene el niño de pensar de una manera ejecutiva. El juego es la manera en que los niños forjan sus habilidades desde cero. *Si has intentado hablar con tu hijo de un tema espi-*

noso en los momentos en que está rebotado y sabes que no vas a sacar nada en claro, jugar con él quizá sea lo mejor que puedas hacer para empezar.

Se sabe que el juego es la fuerza motriz del desarrollo, y que es tan poderosa que la Academia Americana de Pediatría recientemente ha aconsejado a los pediatras que receten jugar a los niños[262] que vayan a la consulta a hacerse visitas rutinarias. He visto obrar la magia, una y otra vez. El juego promueve la capacidad del niño de hablar de sus sentimientos sin permitir que se salga de sus casillas, y de solucionar sus propios problemas poniendo en práctica de una manera segura los temas o los conflictos a los que se está enfrentando. El juego con mediación paterna o materna, como se conoce la expresión, les permite a los niños manejarse mejor cuando existe una rivalidad manifiesta entre los hermanos, o cuando estos deben gestionar su ansiedad y enfrentarse a otros desafíos de mayor importancia, como el estrés y el trauma, a enfermedades físicas graves y a la pérdida de un ser querido.

El juego también propicia las habilidades ejecutivas que queremos que desarrollen nuestros hijos. Como puede leerse en este informe clínico destinado a los pediatras: «Los estudios demuestran que jugar con los padres y con los compañeros de escuela de una manera que resulte adecuada para el desarrollo del niño es la oportunidad perfecta para fomentar sus habilidades socioemocionales, cognitivas, lingüísticas y autorreguladoras, que son las que forjan la función ejecutiva y el cerebro prosocial».[263] ¡Qué fuerte!

Un cerebro prosocial es el que invita a la persona a colaborar con los demás, a considerar los puntos de vista ajenos y a solventar los problemas: las mismas capacidades exactas que ayudarían a unos niños como Mira y Leo a superar las tensiones que existen entre ambos y a saber gestionarlas. Un cerebro prosocial es asimismo lo que permite que los niños se involucren entre sí en el patio de recreo y en el aula de la escuela, que participen en proyectos de grupo y en las interacciones que comporta la vida académica, que se apunten a un deporte de equipo y gestionen las complejidades que implica tener una vida social en el instituto y en la universidad.

Otro estudio descubrió que las ventajas que comporta el juego activo se extrapolan a la escuela y a otras vertientes fundamentales del desarrollo del niño. Los estudios demostraron que un recreo escolar bien entendido contribuye significativamente a desarrollar la función ejecutiva de la criatura[264] (a centrarse, hacer planes y resolver problemas de una manera adecuada), así como también a desarrollar su autocontrol, a propiciar las conductas en clase que sean positivas y a resistir. Los niños que pasaban más tiempo jugando en el patio de recreo estaban mejor equipados para superar la adversidad, enmendar errores y lidiar con el cambio.

Nuestra cultura lleva el sesgo de primar la instrucción en el aula por encima del juego. *Pero ya hace muchos años que llevo observando que los niños que juegan más son más felices, van menos estresados y se muestran más creativos en la resolución de sus problemas.* Teniendo presentes todas estas ventajas, veamos la manera de aportar este juego beneficioso a la vida familiar.

Los fundamentos del juego

PROCURA QUE TU HIJO TENGA TIEMPO PARA JUGAR

Dado que los estudios demuestran claramente que el juego es beneficioso para los niños, es importante que lo fomentes e introduzcas en la vida de tu hija. Si tu niña va a preescolar, asegúrate de que en el programa de estudios haya una franja bien amplia dedicada a jugar libremente. Lo que les va bien a los niños para que aprendan a resolver problemas y a autorregularse no son unos estudios bien estructurados académicamente, ni aprender en grupo, sino jugar. Si se da el caso, como suele darse en muchas escuelas tradicionales, que el centro al que va tu hijo no da prioridad al juego, intenta buscarle cualquier oportunidad para que juegue con sus amigos o con otros familiares de manera habitual. Y luego ya puedes sentarte, habiéndote asegurado previamente de que los niños no corren peligro, intentando no interrumpir su juego (a menos que alguien corra el riesgo de hacerse daño o veas que tu intervención es necesaria). Los niños practican la resolución de sus problemas jugando libremente y sin interrupciones, y necesitan un cierto tiempo para experimentar y poder analizar lo que les funciona de verdad. Desarrollan su creatividad y van ganando confianza en sus habilidades a una edad más temprana.

Observando a una niñita de dieciocho meses que estaba jugando sola, hace apenas unos días, no pude averiguar lo que tenía metido entre ceja y ceja hasta que vi que había organizado sus juguetes sobre una mesa de tal manera que parecía dispuesta para empezar a cenar, y, sonriendo de oreja a oreja, oí que se decía a sí misma: «¡Eso es!». El juego independiente y la exploración forjan la resiliencia. Déjalos a su aire.

Ahora bien, hay otra clase de juego interactivo en el que sí puedes involucrarte. Antes hablábamos del juego exploratorio que practicaban los niños y del valor que tenía jugar al cucú, uno de los primeros juegos infantiles en que los adultos se involucran. También hemos descrito que los pequeños que están empezando a caminar usan los sentidos para explorar el mundo como si fueran científicos. Lo que viene a continuación es el juego fingido, conocido también como el juego simbólico,[265] que es cuando el niño o la niña usan juguetes o se representan a sí mismos como personajes de ficción o integrantes de una historia que se han inventado. Esta manera de jugar te ofrece una ventana única y maravillosa desde la que poder contemplar el mundo interior de tu hijo.

LOS JUEGOS EN LOS QUE INTERVIENEN LOS PADRES

Los juegos fingidos proporcionan a los niños la posibilidad natural de que explren, practiquen y trabajen lo que estén gestionando emocionalmente. Si seguimos las iniciativas que nos marca el niño, el juego nos revelará cuáles son los temas y las preocupaciones que la criatura tiene en mente,[266] y nos dará varias pistas para identificar los ámbitos en los que necesita más ayuda, o que necesita trabajar más a fondo.

Yo tuve la suerte de aprender lo que significaba el juego con intervención paterna o materna (ese en que los padres juegan con sus hijos) directamente de la doctora Serena Wieder, una de las especialistas de mayor renombre que defiende el valor terapéutico que tiene el juego compartido con los padres. La doctora Wieder me ayudó a ver lo valioso que resulta confiar en el proceso del juego recordando sencillamente que hay que seguir las iniciativas del niño y ver a dónde nos llevan.

Así como jugar con los compañeros de clase aporta muchas ventajas, incluida la estimulación del desarrollo cognitivo en los niños de edad preescolar,[267] y que jugar en solitario les sirve tanto a los bebés como a los niños que están empezando a caminar para descubrir su propio cuerpo explorando su mundo, el juego donde los padres intervienen ofrece un buen número de oportunidades para llegar a conocer más a fondo al niño o a la niña en cuestión partiendo del primer idioma que aprenden, el que resulta más connatural. Esta clase de juego nos brinda una manera segura de ayudar al pequeño a explorar entre la gran diversidad de emociones naturales que cabe esperar que esté experimentando, como, por ejemplo: la rabia, los celos, la empatía, los sentimientos positivos y la competitividad.

Vale la pena mencionar que esta clase de juegos constituye una figura básica y digna de estudio en los países más industrializados. Respecto a lo que puedas llegar a leer en este libro, déjame que te diga que ser fiel a tus instintos parentales, a tu cultura y a tus valores pasa por delante de cualquier otra cosa. Si el juego que describo no encaja con tu familia, tranquila, porque no pasa nada. Hay muchísimas cosas a las que podemos jugar, y todos saldremos beneficiados de la experiencia si tenemos en cuenta nuestras diferencias individuales y las variaciones que existen en nuestros valores culturales y nuestras normas y creencias.

NO TE ESTRESES: SOLO TE LLEVARÁ UNOS MINUTOS AL DÍA

Todos los padres llevan una vida ajetreada, pero estos juegos no exigen invertir demasiado tiempo. Aunque solo dediques unos cinco minutos al día a jugar sin interrupciones con tu hijo, eso ya de por sí tiene un gran valor, y, con el tiempo, verás que las ventajas no hacen más que aumentar. Es más, si dejas que se exprese tu niño interior, tú también sacarás provecho del juego y te contagiarás de los beneficios de la alegría de jugar, del poder que tiene antiestresante y antiinflamatorio. La clave para que tu salud resulte beneficiada durante el proceso es que la experiencia sea divertida, tanto para ti como para tu hijo. No te negaré que el juego irá cambiando de aspecto en función de la edad que tenga tu hijo y de la fase de desarrollo en que se encuentre. Con un preadolescente, puede que os dediquéis más a reír y a charlar paseando por un centro comercial o compartiendo un trozo de tarta en una cafetería. Pero, en realidad, todo empieza con el juego fingido.

Una de las ventajas que aportan estos juegos es que simplemente es más fácil descubrir lo que un niño o una niña tienen en mente jugando con ellos que preguntándoles directamente sobre temas que pueden resultarles espinosos. Cuando conocí a Mira, por ejemplo, sus padres la atosigaban para que me hablara directamente del incidente que había tenido lugar la noche anterior, cuando la niña apartó de un empujón a su hermano. Mira me lanzó una mirada acobardada y, completamente avergonzada, tan solo acertó a decirme: «Me había olvidado». Es obvio que la niña estaba en un aprieto. A pesar de que yo sabía perfectamente que sus padres iban con la mejor de las intenciones, lo que acababan de hacer era apretarle las clavijas a su hija para hacer que se sintiera avergonzada; y esa no es precisamente una buena manera de obtener información.

En lugar de soltarle a la niña preguntas a bocajarro, es mejor que centremos nuestra atención en lo que se oculta bajo la punta del iceberg, que exploremos y comprendamos primero las causas y los desencadenantes de la conducta de la niña involucrándonos en el juego y reforzando su confianza. Más tarde, cuando ya hayamos establecido esa conexión podremos conversar directamente con ella.

Sin ir más lejos, Mira llevaba un poco de retraso en ese proceso que nos lleva al dominio de las palabras para describir nuestros actos y motivaciones. Por eso, en seguida me di cuenta de que lo que debíamos hacer era empezar jugando, porque eso le daría la oportunidad de ejercitar su musculatura emocional y de resolución de problemas para, al final, poder recurrir a las palabras necesarias con que hablar de sus sentimientos e ideas.

LOS RUDIMENTOS DE LOS JUEGOS CON INTERVENCIÓN PARENTAL

Voy a exponerte lo que se necesita para los juegos de intervención parental:

- A TI MISMO: si puedes desconectarte de cualquier tecnología durante al menos cinco minutos (o más, si es posible). Si ves que tu hijo o tu hija se enfrentan a un desafío, dedicar a la cuestión unos veinte minutos en general bastará para que el tema salga a flote. Si eres capaz de relajarte, de olvidar la lista de quehaceres que no para de dar vueltas en tu cabeza y aportas tu curiosidad, tu reflexión y tus ganas de jugar, le abrirás el camino a tu hijo para que comparta su mundo contigo de la manera que él elija.
- LOS JUGUETES: si es posible, y siempre que quede dentro de tu alcance, ten algunos juguetes básicos a mano. No tienen que ser nada del otro mundo. Y, además, tampoco es que sean un requisito imprescindible: ¡las personas son el mejor juguete que puede tener un niño! Los niños tienen imaginación y, si accedemos a cambiar de papel, nosotros podemos convertirnos en su juguete y pasar a ser una gatita, un león, una princesa o un rey. Una familia muy creativa con la que trabajé hace un tiempo confeccionaba unos muñecos muy sencillos con calcetines usados a los que cosían unos botones para dar forma a los ojos y, luego, bordaban con

hilos de colores lo que representaba que era la boca. Esos niños tan generosos cosieron para mí una familia de muñecos de calcetín que atesoro con gran cariño y que les han servido a muchos de los que han acudido a mi consulta para representar distintos papeles a lo largo de todos estos años. No es necesario tener juguetes caros ni mecánicos para jugar a lo que os propongo a continuación; tan solo es preciso contar con objetos que estimulen la imaginación e inspiren cambios de papel y recreaciones de personajes en función de los intereses de la criatura. Y, así como los juegos de mesa y los rompecabezas pueden ser actividades muy divertidas (y muy recomendables para jugar en familia si eso es lo que os gusta), no son tan estimulantes para tratar los temas emocionales de un niño como lo son los juguetes más básicos.

- JUGUETES DE TRAPO (DE PELUCHE O DE CUALQUIER OTRA TELA): va muy bien tener a mano unos juguetes en forma de animales simpáticos que no den miedo, como pueden ser los ositos de peluche o los cachorros de perro, aunque también es conveniente contar con otros que no sean tan positivos, como, por ejemplo, un perro que intimide, un oso, un tigre, o incluso algún que otro dinosaurio. Los animales pueden ser figuritas de felpa, de plástico o de madera (lo que le resulte más atractivo a tu hijo y le inspire, o le sonsaque, un amplio abanico de emociones). No tienes que darle tan solo gatitos de peluche o unos preciosos cachorrillos, porque un león de juguete o un lince pueden inspirar al niño para que, jugando, aborde los temas de la seguridad y la amenaza, que son sensaciones a las que todos los seres humanos nos enfrentamos. Algunos niños podrían sentirse intimidados en el momento mismo de involucrarse en el juego si las figuras humanas fueran demasiado realistas. La cuestión es que los animales son más adecuados para los juegos fingidos, porque, aunque no se encuentren vinculados íntimamente a la experiencia personal de los pequeños, pueden seguir proyectando en ellos sus emociones.

- Los objetos inanimados como los coches, los camiones y los trenes: jugar con esta clase de juguetes también puede sacar temas a la luz y ofrecernos una buena vía para que los niños te muestren lo que tienen metido entre ceja y ceja. Los coches y los camiones pueden tener sentimientos, por así decirlo, competir entre sí, vivir aventuras, ir a la escuela o a casa de la abuela, o incluso chocar unos con otros. En otras palabras, los niños pueden proyectar cualidades humanas en estos juguetes. Y, por supuesto, a muchos niños les encanta jugar con ellos.
- Figuritas de personas o de superhéroes: me refiero en este punto a los muñecos que tienen forma de niño y de niña, y también a otros muñecos más andróginos, muñecos que representan un bebé o a cualquier otra figurita o muñeca que tenga forma de ser humano. Si es posible, ten figuritas a mano que representen a una madre, a un padre, a un bebé y a unos hermanos. Una casa de muñecas podría ir bien para este asunto, pero tampoco es un requerimiento

imprescindible. Además, también puedes usar objetos sencillos que tengas en la cocina (platos de cartón, cucharas de plástico, cuencos individuales, o cualquier otra cosa que se te ocurra) como si fueran objetos domésticos de *atrezzo* que inspiren a los niños a representar el papel de mamá o de papá, de un bebé o de alguno de los hermanos mientras juegan.

SIGUE LAS ÓRDENES DEL NIÑO

Hazle saber a tu hijo o a tu hija que estás disponible con unos simples juguetes que tengas a mano, y entonces siéntate a ver qué pasa. No olvides esas tres palabras mágicas de las que ya hablamos en el capítulo 7: «Sigue sus órdenes».[268] Observa lo que hace tu hijo mientras pasa el tiempo contigo. Es posible que no coja ningún juguete y simplemente se ponga a hablar o a hacerte preguntas. Si ese así, ¡fantástico! Escucha y verás lo que tiene en la cabeza. Cuando te pones a disposición de tu hijo sin tener nada previsto por delante, puedes aprender mucho de lo surja espontáneamente. Tarde o temprano, tu hijo se pondrá a jugar contigo, y eso es algo por lo que vale la pena esperar.

Si tu hijo coge un juguete, no intentes organizar el juego y sigue su iniciativa. Y, sobre todo, resiste la tentación de hacerle preguntas, especialmente si ya conoces la respuesta (Por ejemplo: «¿Sabes el nombre de este animal?». «¿De qué color es este coche?». «¿Cuántos perritos ves?»). *En el juego, el objetivo no es enseñar al niño unos conceptos, sino dejarle explorar su mundo imaginario; es decir, que experimente este mundo de una manera simbólica.* Es lo que hacen los niños de manera natural. Por eso, lo mejor es que esperes a ver lo que hace tu hijo con el objeto que ha elegido y que, luego, interactúes con él si decide que puedes participar en el juego.

Quizá tu pequeña elija un gato, se lo ponga encima del regazo y le diga: «Ya estás con mamá», y luego te dé a ti un gatito. Quizá tu hijo elija un coche y a ti te dé otro para jugar. ¡Bingo! El juego ha comenzado. Te ha dado la entrada para que interpretes tu personaje. Haz que tu gatito suelte un *miau*, o tu coche de juguete un *rum, rum*, para que sepa que te has incorporado a su mundo imaginario. ¡La magia se abre camino!

Espera a ver lo que tu hijo hace a continuación. Si hace o dice algo a través de su personaje, reacciona. A lo mejor su gatito te dice: «Adiós». Tu hija acaba de introducir un tema en el juego. Un gatito o un coche, o cualquier otro personaje que dice adiós, evoca un tema relacionado con la separación. Si este tema aparece de manera recurrente, podría ser que tu hijo estuviera trabajando emocionalmente lo que representa para él separarse de ti o de otras personas. Quizá valdría la pena que fueras tú quien maullara y dijera «adiós». No te apartes de tu personaje si quieres que tu hijo siga representando el suyo y trabajando los flecos que todavía le quedan por resolver a través del juego espontáneo. Espera y observa lo que hace su personaje y, luego, obra en consecuencia para seguir profundizando en el tema.

VE AMPLIANDO LOS TEMAS DEL JUEGO A PEQUEÑAS DOSIS

A medida que vayas siguiendo las instrucciones de tu hijo, puedes ir ampliando el juego y profundizando en él para descubrir más cosas. Añade una pregunta sencilla, o una reflexión. Recuerda que no nos interesa que el niño nos dé una respuesta que ya sabemos, sino que sea él quien elabore la respuesta. En lugar de hacerle una pregunta de la que ya conoces la respuesta, como, por ejemplo: «¿De qué color es el gatito?», haz voz de gatito y dile: «Hola, gatito pequeñito, ¿a dónde vas tú, tan bonito?». Estarás ampliando el juego.[269] Le haces al niño una pregunta para obtener más información sobre lo que tiene en la cabeza. Pongamos por caso que tu hijo responde: «A la escuela de gatitos». ¡Ya has conseguido un pleno! Ahora ya estás enterada de lo que le ronda a tu hijo por la cabeza: la escuela.

A partir de este momento, sigue ampliando tu campo de actuación. Ten paciencia y observa lo que sucede. ¿El gatito va a la escuela? ¿El gatito no quiere ir? ¿El gatito está feliz o está triste en la escuela? ¿Qué pasa en la escuela? Tú sigue las instrucciones que te vaya dando el gatito. Quizá el niño te dé un gato de juguete más grande que el anterior y te pida que seas la maestra. O puede que te dé un gato más pequeño y que sea él quien asuma el papel de la maestra. Todo esto son oportunidades que tienes para ver lo que sucede en el mundo interior de tu pequeño. Sigue adelante. No temas. ¿Qué dicen o hacen la maestra gata y los gatitos? No hace falta que te diga que en este juego no hay respuestas equivocadas. Es el viaje exploratorio del niño lo que cuenta. Es importante que no nos salgamos de nuestro personaje para no romper el encantamiento que ha creado el juego. No le preguntes de sopetón a tu hijo: «Cariño, ¿te da miedo ir a la escuela?». Haz todo lo contrario: sigue jugando, y sigue la pauta que te marca el niño. Ya habrá tiempo de hacer preguntas más concretas; quizá durante un paseo, o cuando os estéis relajando y compartiendo el momento. *Pero mientras estemos jugando, consideremos sagrado nuestro papel, y en ningún caso le pidamos a nuestro hijo que deje de representar el suyo.*

Mientras estéis jugando, sigue al niño y amplía el juego solo lo necesario para que entre vosotros funcione la mecánica del saque y el resto. El niño trabajará los temas que necesita solventar para su propio desarrollo. Eso es lo que le da tanta fuerza al juego. Los niños escenifican los temas sobre los que ya están trabajando, consciente o inconscientemente.

Quiero aclarar, llegados a este punto, que no propongo que los padres jueguen con sus hijos como si fueran terapeutas. Es posible que tus padres, por mucho que te quisieran, no jugaran contigo de esta manera; como hicieron los míos. Si el juego fingido no va contigo, o te resulta muy forzado, o incluso te hace sentir incómoda, no tienes ninguna obligación de seguir por esta vía. Quizá con el tiempo llegues a descubrir que, en realidad, es más divertido de lo que en un principio parece. Pero si no va contigo, sáltatelo.

De todos modos, si juegas como te lo propongo, descubrirás que el juego es una manera muy poderosa de conectar con tu hijo con seguridad y alegría. Y que, además, te da la oportunidad de divertirte con él, a la par que se te abrirá el cielo para que puedas ver cuáles son sus intereses y sus preocupaciones. No pienses que tienes que arreglar los asuntos de tu hijo mientras estéis jugando; tú solo observa al niño y desempeña los papeles que te vaya asignando. *En esto precisamente consiste la magia del juego: los niños pueden experimentar con conceptos, ideas y emociones situándose al margen de la vida real, en un lugar simulado que es producto de su propia imaginación. No podemos infravalorar el poder de esta simulación.*

El juego puede ser una recreación que le ayude al niño a trabajar lo que le esté poniendo a prueba, sea de una manera consciente como inconsciente, las posibles soluciones que pueda entrañar su problema; o sencillamente recree una situación para que le resulte más familiar, como cuando un niño imagina que es un médico que pone inyecciones (un tema muy común). El proceso es sanador: el terrorífico desencadenante va perdiendo parte del miedo que provoca gracias al gran poder de la recreación.

NO TENGAS MIEDO DE LOS TEMAS NEGATIVOS

Es natural que nos topemos con un amplio abanico de asuntos emocionales, tanto negativos como positivos. Y eso, en el fondo, es buena señal. *Indica que el niño o la niña están trabajando activamente con el amplio abanico de emociones negativas que sienten y que, en la vida real, no podrían llegar a solventar con tanta facilidad.* Si eres padre o madre, quizá te sientas tentado a aprovechar la oportunidad que se te brinda para enseñarle algo a tu hijo, sobre todo si exhibe comportamientos negativos, como emprenderla a golpes con los demás; pero yo te animo a que no caigas en la tentación. La agresividad que demuestren un niño o una niña en esta clase de juegos no significa que el niño vaya a ser agresivo en la vida real. Por eso, mientras juguéis, intenta evitarle los sermones, aunque se presente la oportunidad, y no le digas, por ejemplo: «Ya sabes que no está bien que el gatito pegue al oso, ¿verdad?». Actúa al revés: fíjate en todas y cada una de las emociones que los personajes de tu hijo van desplegando, y considéralas el sano reflejo de la variedad de sus expresiones emocionales.

Lo ideal sería que el juego nos brindara una amplia diversidad de temas: desde las emociones positivas, como son el afecto y la empatía, hasta las más negativas, como puedan ser la rivalidad, los celos, la rabia y la tristeza.[270] Todos hemos sentido estas emociones, porque formamos parte de la humanidad. En la vida real (en la escuela o en el barrio), obligamos a los niños a que se avergüencen de expresar sus emociones negativas, y los encomiamos cuando expresan las positivas. De todos modos, cuando juguemos, pasaremos todas las emociones por el mismo rasero. Es el modo que tenemos de comunicarle al niño que cabe esperar que se sienta colérico, celoso, triste o feliz. No cabe duda de que de ti depende dar ejemplo a tu hijo, e inculcarle unos valores que le sirvan de orientación, mientras él va aprendiendo a gestionar estas emociones cuando no está jugando. Es de desear que los niños se traten a sí mismos con ecuanimidad, que comprendan que todas sus emociones son válidas, y que no es cierto que algunas sean buenas y otras malas.

Para demostrarte las ventajas potenciales de esta clase de juegos, déjame compartir contigo unos cuantos casos de interacciones que he ido observando con los años:

- Un niño con una enfermedad crónica se puso un día a jugar con sus peluches fingiendo que los llevaba en ambulancia al hospital. Dio unos cuantos animales a su padre con el fin de que desempeñaran distintos papeles: el del médico, el del conductor de la ambulancia y el del paciente. Representando las distintas escenas que había vivido, y alternando su actuación como paciente y como médico, ese niño encontró una salida impecable para gestionar el estrés que le provocaba su condición de enfermo.
- Una niña que estaba viviendo el proceso de separación de sus padres recreó en mi sala de juegos dos casas separadas en las que dispuso unos personajes que iban organizando sus propias viviendas reproduciendo en ellas hasta el más mínimo detalle, desde las almohadas hasta los muebles de juguetes. Vi con claridad que la niña que estaba organizando esos dormitorios y esas cocinas en realidad ensayaba la imperiosa mudanza de su casa familiar.
- Un niño que se esforzaba por huir del acoso que sufría en la escuela cogió unos dinosaurios e inventó que se pelea-

ban, y que unos superhéroes vencían a los malos. Cuando el niño encarnaba el papel de superhéroe en el juego, podía imaginar y sentir el poder de lo que en realidad significa tener fuerza en las situaciones reales. Imaginar la sensación de ser fuerte le dio la posibilidad de poder contrarrestar la ansiedad que le provocaba ir a la escuela, y de simular y poner en práctica el modo de resolver sus problemas.

- Una niña que había sobrevivido a un accidente de automóvil jugaba con unos coches que chocaban entre ellos sin parar, y además se despertaba con pesadillas. Incluso dispuso en mi sala de juegos una serie de vehículos que se parecían al coche en el que ella viajaba cuando tuvo lugar el accidente. Su madre reaccionó vivamente al ver el juego, se apartó y me pidió que ocupara su lugar, decisión con la que esa mujer demostró que sabía tener compasión de sí misma. Tras pasar unos meses jugando a los accidentes de coches, la niña cambió de tema. Había procesado parte del trauma jugando, y ya no ocupaba un lugar tan remarcable en su mente. Ese progreso también se reflejó en casa, porque la niña empezó a dormir mejor y dejó de tener pesadillas.

Las ventajas del juego

A través del juego, los niños actúan, representan y prueban con muchos papeles distintos; y luego van alternando, hasta llegar a vivenciar todas las vertientes de un mismo asunto con el fin de comprenderse mejor a sí mismos o a los demás. Jugar es el camino que emprendemos para expresarnos creativamente y trabajar los temas que nos preocupan. Jugar nos regala el espacio perfecto para que el niño sea capaz de expresar una amplia variedad de emociones en el que no importa que los personajes de ficción sientan rabia, tristeza, celos, alegría o cariño: todo el variado espectro de las experiencias humanas. *Llamamos «juego» a un ejercicio neuronal o cerebral,*[271] *porque este le da la oportunidad al niño de procesar una amplia variedad de sensaciones, sentimientos e ideas en condiciones de seguridad.*

Mientras el niño o la niña van jugando, van desarrollando su capacidad futura de ser capaces de hablar de sus sentimientos y de las ideas que guardan relación con los acontecimientos estresantes y alegres y con los problemas de su vida real. Tenemos que apoyar y reforzar esta capacidad a través del juego, porque es el lenguaje propio de la infancia.

Descárgate de cualquier responsabilidad: si ves que tu hijo y tú no os divertís jugando, o si notas que el juego está minando tu presupuesto corporal, o el de tu hijo, eso es porque no os está sirviendo de nada. ¡Qué más da! Si ves que la situación te supera, o que los temas que surgen cuando jugáis desencadenan una vívida reacción en tu hijo, o si te preocupan mucho los temas que van saliendo, vale más que contactes con un terapeuta infantil que esté familiarizado con las reglas del juego evolutivo. Ten presente que el juego no debería añadir más carga al estrés que ya tienes en tu vida, y que tampoco debería tensar más la relación que tienes con tu hijo.

El juego debería ser algo divertido, tanto para los padres como para los hijos. No analices, no pretendas arreglar las cosas ni dar lecciones. No te quepa duda de que aprenderás mucho jugando con tu hijo, pero lo que de verdad cuenta es que, en el fondo, os divirtáis pasando un rato los dos juntos, que estés muy atento a las reacciones de tu hijo y que viváis unos momentos de alegría estando plenamente presentes porque previamente te has reservado un tiempo en tu apretada agenda. Ese es el auténtico regalo que puedes hacerle a tu hijo, sobre todo en un mundo tan programado y centrado en los estudios académicos como en el que vivimos.

Jugar con Leo y Mira

Aprendí mucho de las familias observando cómo jugaban. Cuando me fijé en la manera en que jugaba la familia de Mira y Leo, vi que al principio Leo se mostraba reticente y se quedaba al lado de su madre, mientras que Mira y su padre se dedicaban a explorar la estancia. Al poco rato, Leo también se ponía a explorar y probaba un tobogán de tamaño infantil. A continuación, se dispuso a estudiar la enorme casa de muñecas que tengo en la sala de juegos, estructura que he visto convertida en cafetería, consulta médica, consulta veterinaria, escuela, guardería y mercado, entre otras muchas cosas más. *Esta es la grandeza del juego: los niños convierten los juguetes o los objetos en cosas que necesitan.* Por eso mismo, una casa de muñecas, o incluso una gran caja de cartón, pueden ser fuente de inspiración de innumerables escenarios.

Mira decidió que la casa era un McDonald's, y contrató a Leo de cocinero, papel que el pequeño aceptó alegremente, encantado de que su hermana mayor le hubiera dado un trabajo. Mira les pidió a sus padres, Alan y Camilla, que fueran los clientes; y estos fingieron que llegaban al restaurante muy hambrientos y con ganas de pedir cosas muy concretas de la carta. Al ver la facilidad con que cada uno de ellos se metía en su personaje, me di cuenta de inmediato del potencial que tenía el juego para solventar los problemas de esa familia, porque les permitía a los niños que exploraran con distintas partes de sí mismos, con sus emociones, sus preocupaciones y sus conflictos.

La cooperación y el reparto de papeles funcionó a las mil maravillas hasta que sobrevino la inevitable ruptura. La ruptura es algo que normalmente sucede al final de la sesión, cuando todos ya se sienten cómodos y bajan la guardia. Cansada de jugar al juego del McDonald's, Mira se retiró a un rincón de la sala y encontró un cubo lleno de unas ranas de juguete que empezó a disponer en círculo. Apenas llevaba unos minutos ocupada en la tarea cuando su hermano Leo fue corriendo hacia ella y agarró algunas de las ranas que la niña había colocado. «¡Ha roto el círculo de ranas! ¡Leo, no!». Mira gritaba, lloraba y buscaba a sus padres con la mirada pidiéndoles ayuda. Los dos intentaron intervenir, pero Leo ya se había marchado a otra parte, con las ranas a cuestas.

Hicimos varias sesiones en las que salieron a la luz los conflictos existentes entre los dos hermanos. Primero Mira y Leo jugaban cooperando entre sí, y luego Leo hacía algo impredecible y su hermana estallaba de rabia y se echaba a llorar, pedía ayuda a sus padres o recuperaba sus juguetes por la fuerza. Aconsejé a los padres de esos niños que no dejaran de apoyarlos mientras los pequeños solucionaban el asunto por sí mismos, y que regresaran otra vez, pero con uno solo de los hermanos, para que entre los tres adultos tuviéramos la oportunidad de centrarnos en los problemas individuales de cada uno de sus hijos.

LEO: EL JUEGO COMO MEDIO DE DESARROLLAR UN BUEN AUTOCONTROL (Y GESTIONAR LA RIVALIDAD ENTRE HERMANOS)

Mi intención era centrarme en la zona de desafío de cada uno de los niños para ayudarlos a aumentar la capacidad de negociación y solucionar los problemas de alguna otra manera que no fuera mediante peleas o riñas. Mi objetivo no era eliminar el conflicto entre los dos hermanos, sino más bien ayudar a los dos niños a desarrollar su tolerancia a la frustración y la capacidad de usar el lenguaje para comunicarse mejor entre ellos. Como Mira y Leo se hallaban en distintas fases de crecimiento, *empecé adoptando un enfoque ascendente con* Leo, *y un enfoque más descendente y abocado a la resolución de problemas con* Mira.

LEO: RECURRIR AL JUEGO PARA REAFIRMAR LA MANERA DE JUGAR Y COLABORAR ENTRE HERMANOS

Sin estar Mira presente, Leo se mostraba mucho más colaborador. Tenía sentido: sus padres jugaban bien y no representaban para él el factor estresante o competitivo que asociaba a su hermana. Para aproximarnos más a la zona de sano desafío de Leo, entrené a sus padres introduciéndolos en el juego terapéutico. Siguiendo esta manera de jugar más directa, los animé a ampliar más los temas de su hijo, y a que, jugando, le brindaran la oportunidad de sentir un abanico más amplio de emociones y de labrarse una mayor tolerancia.

Dado que Leo disfrutaba jugando con el cubo de las ranas, animé a su madre a que desempeñara el papel de una hermana o de una compañera de la guardería, porque así ampliaba el juego de Leo y, a su vez, le añadía un factor ligeramente estresante. Si el personaje de Leo era el de una ranita recién nacida, la madre se convertía en su hermana; si Leo elegía ser el papá rana, ella era la hija de la rana. Entrené a Camilla para que desafiara alegremente a Leo con el fin de ayudarle a ejercitar la musculatura del autocontrol. Durante el juego, Leo podía invertir los papeles si así lo deseaba.

Si Leo era la ranita, su mamá cogía otra rana, se convertía en su hermana y hacía algo para provocar a esa ranita que encarnaba Leo. Por ejemplo: robarle la comida de mentirijillas y salir corriendo. La escena obligaba a Leo a ejercitar la musculatura de la autorregulación de una manera segura y divertida, con el fin de llegar a ser capaz de gestionar la situación. Si el niño necesitaba asistencia, su madre y yo hacíamos de entrenadoras y lo ayudábamos a que cambiara de papel.

Durante las dos primeras sesiones, cada vez que la rana de la madre le quitaba algo a Leo, el niño volvía a agarrarlo sin mayor preocupación, o incluso atacaba a la rana de su madre. Pero al llegar a la tercera sesión, mamá, encarnada en el personaje de la rana, lo instó con mucho cariño a intentar que reaccionara de otra manera:

—¿Quieres decirme algo, hermanito rana? —le preguntó la madre mirando la rana del niño.

—Sí —respondió Leo, metido en su personaje— ¡No me quites mi comida de rana!

¡Éxito total! Leo había dado con una solución formulada con palabras en lugar de recurrir a un acto físico. Y ese es un gran paso para los niños en edad preescolar. La rana de Leo se estaba defendiendo sola y hablaba con la rana que había violado las reglas. En resumen, Leo había pasado simbólicamente a convertirse en su hermana, y era capaz de representar, con ese juego inventado, los problemas que había en casa y así ejercitar la musculatura del control y del autocontrol mientras seguía jugando. El juego permite a los niños sentir que controlan las cosas, y sienten ese poder en su cuerpo. ¡No me extraña que les encante jugar! ¡Así, cualquiera!

Este enfoque resultó ser mucho más eficaz que todo lo que sus padres habían hecho hasta el momento para impedir que Leo le quitara los juguetes a su hermana: reñirlo o ponerlo de cara a la pared para que reflexionara sobre su conducta. *El juego le daba la oportunidad a Leo de invertir los papeles, de probar con distintos enfoques y de defenderse por sí mismo.* Jugar le brindaba la oportunidad de experimentar y de aumentar su tolerancia frente a la frustración, además de sus habilidades sociales para resolver problemas. El juego fue la manera más natural de potenciar su desarrollo para que ejercitara la musculatura del lenguaje y las palabras, y para que mejorara su control emocional, porque le permitía practicar experimentando con distintos escenarios y con los diferentes niveles de calma o de intranquilidad que iba sintiendo en el cuerpo de una manera que resultara divertida y no representara ninguna amenaza para él.

MIRA: EL DESARROLLO DE LA COMPRENSIÓN DESCENDENTE Y LA EXPRESIÓN DE LOS SENTIMIENTOS ASCENDENTES

En cuanto a la hermana de Leo, Mira, la niña jugaba con sobrada solidez. Jugando conmigo y con sus padres, interactuaba de manera compleja, con multitud de matices y de manera evolucionada. Sabía cambiar de papel, convertirse en una mamá o en una profesora, en un niño o en un bebé. No nos sorprendió nada que sus personajes mostraran una gran flexibilidad ante el juego. A Mira le encantaba controlar la situación, y disfrutaba desempeñando el papel de maestra o madre, enseñando con cariño a los que desempeñaban los papeles de niños y demostrando su capacidad de autocontrol cuando se sentía segura y libre de amenazas.

De todos modos, a pesar de que Mira podía jugar con sus padres, le costaba mucho recurrir a sus habilidades para solventar los problemas que tenía con su hermano pequeño. Algo me dijo que la niña estaba lista para practicar la comprensión descendente de sus sensaciones ascendentes cuando las cosas se ponían feas, como cuando Leo la atacaba o le quitaba sus pertenencias. El trabajo que hicimos logró ayudarla a desarrollar esa poderosa herramienta con que todos contamos para enfrentarnos a los desafíos y solucionar nuestros conflictos internos: usar los pensamientos para cambiar las emociones, las actitudes y las conductas. Queremos que nuestros hijos piensen en lo que van a hacer antes de actuar, y que cuenten con buenos motivos, que guarden coherencia con nuestra manera de criarlos, para orientarse en su toma de decisiones. *Queremos fomentar su pensamiento descendente ayudándolos a saber interpretar las señales que les envía el cuerpo, y a valorar todo lo que pueden aprender de y sobre sus emociones.*

La construcción de una magnífica y enorme caja de herramientas

Cuando un niño o una niña son capaces de pensar en varias maneras de resolver un problema, también serán capaces de hacerlo en un futuro cuando tengan que aportar un gran número de soluciones para resolver los problemas a los que deban enfrentarse en la vida. Todos queremos que nuestros hijos cuenten con una caja de herramientas llena a rebosar, y no tan solo con un par de ellas. Y el modo en que ayudamos a los niños a construirse su propia caja de herramientas es ayudándolos a confraternizar con sus sistemas nerviosos.[272]

¿Cómo te sientes?

En el capítulo 6 describí la conciencia interoceptiva como esa noción que tenemos de nuestras propias sensaciones corporales.[273] Ya hemos explicado que «una emoción es la creación cerebral de lo que significan las sensaciones corporales en relación con lo que sucede en el entorno exterior».[274] Por añadidura, los investigadores dan a entender que vincular la conciencia de estas sensaciones corporales internas conduce a una mejor regulación emocional.[275] Si tu hijo y tú sois más conscientes de vuestras sensaciones corporales, contaréis con una ventaja añadida para conservar la salud emocional y mental. La pregunta «¿Cómo te sientes?»[276] de repente adquirirá un significado nuevo, con muchos y muy variados matices.

Podemos respaldar la autorregulación de los niños ayudándolos a sintonizarse bien con sus sensaciones corporales y a interpretarlas haciendo gala de una profunda compasión hacia sí mismos.[277] Y ahora disponemos de un modo completamente distinto de conservar la salud mental y física de los niños, así como la nuestra propia, aunando cuerpo y cerebro para criar a nuestros hijos. Este concepto redefine la manera misma que tenemos de entender nuestros actos y emociones.[278]

En mi caso en particular, tuve la inmensa suerte de aprender de unos mentores que ya recurrían a este enfoque mucho antes de que llegara a constituirse en teoría, o de que adquiriera un cierto renombre en el campo de la neurociencia. Como ya he mencionado anteriormente, mi formación multidisciplinar se fundamentaba en el uso de relaciones enriquecedoras que sirvieran para comprender mejor la manera en que un niño percibe su mundo a través de sus sistemas motores y sensoriales. Lo que descubrí en la práctica clínica es eso mismo que los investigadores están descubriendo en la actualidad al estudiar la interocepción y el papel que esta desempeña en el pensamiento emocional.

La conciencia de las sensaciones corporales, los estados de ánimo concordantes y las palabras emotivas

Rebajar el ritmo

La primera manera que tenemos de ayudar a los niños a desarrollar la conciencia que tienen de sus sensaciones corporales es, simplemente, rebajando el ritmo y estando presentes, a su lado, en toda la plenitud de la palabra. Estar presentes les resulta mucho más fácil a los niños que a los adultos. Cuando dispongas de unos minutos y sientas que estás bien situado en la vía verde, siéntate con tu hijo y sigue sus instrucciones. Los niños tienen una manera de maravillarse de las cosas que nosotros subestimamos. La naturaleza nos exige que estemos presentes, y que seamos conscientes. Si en el lugar donde vives hay árboles, hojas, flores o césped, da un paseo con tu hijo, o sencillamente siéntate a observar lo que a él le llama la atención. Si no vives junto a la naturaleza, es sorprendente lo que puedes llegar a descubrir en las grietas de las aceras, o tan solo contemplando las formaciones de nubes.

Conozco a una niña pequeña a la que le encanta sentarse conmigo en el bordillo y contemplar el paso de las hormigas. Una mañana se puso a señalarlas, y las dos nos sentamos juntas, absortas y plenamente conscientes del momento que estábamos viviendo. Esta clase de presencia plenamente consciente sienta las bases de la conciencia interoceptiva. Tómate unos cuantos minutos y mira lo que tu hijo está observando sin que tengas que intervenir; solo has de estar presente. Los niños muestran un gran asombro ante la contemplación del mundo natural. Lo único que debemos hacer por nuestra parte es darles oportunidades para que vivan el momento presente. Y, durante el proceso, lograr llegar a ser más conscientes.

La modulación

Otra manera de ayudar a tu hijo a desarrollar la conciencia de sus sensaciones corporales es modulándola. Cuando hablas de tu experiencia presente, mientras pasa la vida, estás siendo todo un ejemplo para tu hijo. Procura que la autobservación forme parte de vuestras conversaciones familiares. *Cuando percibas una sensación determinada, si puedes, vincúlala a un estado de humor o de ánimo, o incluso a una emoción.* Eso le servirá a tu hijo para ver el modo en que conectas una experiencia o una sensación física con una palabra,[279] el modo en que vinculas el cuerpo con la mente. El objetivo no es traspasar a nuestros hijos la carga de los miedos o las preocupaciones que tenemos, sino mostrarles que las sensaciones y los sentimientos que albergamos son nuestros aliados cuando debemos gestionar nuestra manera de reaccionar ante este mundo siempre cambiante. Si no estás acostumbrado a esta clase de experiencias, considera que acabo de darte un empujoncito para que empieces a cuidar mejor de tu salud mental, porque así, tanto tú como tus hijos, saldréis beneficiados de la experiencia.

ALGUNOS EJEMPLOS

- Vas conduciendo con tus hijos y un coche de bomberos con la sirena encendida os adelanta. En primer lugar, vincula la sensación que has tenido a tu reacción física: «¡Esa sirena tan estridente me ha sorprendido!». A continuación, pregúntales a los niños: «¿Os habéis fijado?». «¿Cómo os habéis sentido?». Quizá los niños te imiten y pongan nombre a su sensación, a su emoción, o a ambas cosas. Si no es así, no pasa nada. En segundo lugar, y si la situación se presta, puedes

vincular la sensación física que has experimentado con una emoción que regulaste satisfactoriamente: «He tenido un poco de miedo, pero ahora que ya ha pasado todo, me siento mejor». Acabas de modular el proceso que conlleva pasar de una sensación física a una sensación emocional.[280]
- Se te quema el guiso que habías preparado para la cena justo antes de que lleguen los invitados. Verbaliza el acontecimiento que ha provocado que te des cuenta de cuáles son tus sensaciones: «Ay, ay, ay... ¡Aquí huele a quemado!». A continuación, si te sientes con fuerzas y sabes estar a la altura de ese momento de forja de la resiliencia que modulará la flexibilidad y el pensamiento instantáneo, dile a tu hija: «Seamos creativas y preparemos otra cosa. ¿Quién quiere ayudarme a rebuscar en la nevera para ver lo que podemos comer?».
- Mientras estás intentando aparcar en el supermercado, otro coche se te adelanta y ocupa la plaza que pacientemente estabas esperando ocupar. «Vaya por Dios... ¡Y yo esperando aquí con toda la paciencia del mundo! Noto que se me ha acelerado el corazón...» (y aquí puedes hacer el comentario que más se ajuste al modo en que te sientes), «Esto me da mucha rabia...». De esta manera vinculas la sensación a la emoción. Y luego puedes pasar a modular tu propia regulación diciendo: «En fin, son cosas que pasan. Antes de entrar en el mercado, respiraré hondo unas cuantas veces a ver si me tranquilizo».

Cuando modulas la conciencia de tus sensaciones corporales y aceptas las emociones positivas y negativas que notas, no solo aumenta tu inteligencia emocional,[281] sino que además dotas a tu hija de una guía muy poderosa para que ella también pueda hacerlo por sí misma. Los niños quieren ser como sus padres, y cuando tu propio hijo ve que sabes verbalizar la experiencia que has tenido aceptándola tal cual, eso también les permite ver que eres capaz de aceptar la flexibilidad y modular tu resiliencia a la vez.

Al margen de la modulación, puedes empezar a formular ciertas preguntas a tu hijo que le resulten útiles para vincular las sensaciones que nota con sus emociones. Pongamos por caso que tienes una niña que se describe a sí misma diciéndote que se siente nerviosa, o que nota como mariposas en el estómago, justo antes de exponer un tema en clase. Dile que esas sensaciones son la señal que le está enviando el cuerpo para ayudarla a preparar su exposición. Podemos ayudar a un niño o a una niña a reestructurar las sensaciones que registra su sistema nervioso[282] con el fin de convertirlas en señales que le indiquen que su cuerpo está haciendo su trabajo para que ella consiga su objetivo. ¡Ya le estás dando ventaja para que se regule emocionalmente!

Si ves que tu hija empieza a hacer cosas que indican que su plataforma está cambiando, puedes ayudarla a sintonizarse con su cuerpo preguntándole, por ejemplo: «Cariño, ¿qué notas en el cuerpo?», «¿Tienes alguna sensación? ¿Notas cómo está tu barriguita, tu corazón o tu cabeza? ¿Notas alguna otra cosa?».

Para llegar al núcleo profundo de sus emociones, pregúntale si siente como si su cuerpo le hablara. Si la niña es capaz de notar lo que está sintiendo, vale la pena descubrir cuál es la valencia (es decir, si la sensación es agradable o desagradable). Y, a partir de ahí, podrás saber si las sensaciones de tu hija pueden etiquetarse con palabras que conecten con determinadas emociones, como, por ejemplo: preocupada, angustiada, asustada o triste.

La comprensión descendente y la gestión de los sentimientos ascendentes: cómo ayudar a los niños a explorar a fondo sus sistemas nerviosos

Cuando los niños son capaces de observar el estado en que se encuentra su plataforma, consiguen autocontrolarse y autorregularse mejor. Y, repito una vez más, detenernos a observarnos, tanto a nosotras mismas como a nuestros hijos, es clave para corregular como padres. Lo que queremos que consigan es que aprendan a hacerlo por sí mismos. *El objetivo es ayudar a los niños a que aprendan a reconocer, con curiosidad y sin emitir juicio alguno, el momento en que han abandonado un estado regulado y el modo en que pueden recuperar su autorregulación echando mano de lo que hay en su caja de herramientas o proporcionándoles otras nuevas.* Muchas veces, los niños se sienten culpables porque nuestra cultura en general no acoge bien las emociones negativas y las conductas consideradas perturbadoras, o que impliquen que lo que la criatura pretende es llamar la atención. Los maestros recompensan a los niños positivos y obedientes poniéndoles una pegatina que representa una carita sonriente, pero, en cambio, contactan con los padres, directamente o enviándoles alguna nota, cuando los alumnos muestran una actitud rebelde. *La sociedad muestra un sesgo contrario a las emociones negativas y a los movimientos corporales que a menudo van asociados a un presupuesto corporal agotado y a sus posteriores estados de inquietud, extrema vigilancia, o de cualquier otra naturaleza que pueda llegar a ser malentendida.* Son muchos los maestros y los profesionales de otros ámbitos que no comprenden de una manera integradora la conexión que existe entre el cerebro y el cuerpo, y el papel protector que desempeñan las conductas negativas para mantenernos a salvo cuando nuestro sistema de detección de la seguridad percibe una amenaza y hace que salten las alarmas.

En lugar de decirle a tu hijo lo que siente, pregúntale cómo se siente en realidad. Si no es capaz de responderte, entonces sí: reflexiona sobre lo que el niño podría estar sintiendo. Tú solo date cuenta de lo que está pasando, con empatía y siendo consciente de las emociones que traiga aparejadas la intensidad de la situación, y, luego, sin juzgar y con la mente abierta, acepta todo el espectro de sensaciones o de emociones positivas y negativas que veas desplegarse. Solo así podrás ayudar a tu hijo a compadecerse de sí mismo, en la medida en que se dé cuenta por sí mismo y acepte el abanico de sensaciones y emociones que está experimentando.

Si le preguntas a una niña cómo se siente, y ella es capaz de responder con una palabra que alcance a describir su emoción, ¡fantástico! Una vez que la niña cuente con una determinada palabra para describir lo que en general está sintiendo, será capaz de conocer otras que le permitan aumentar su base de datos y su léxico emocional. Por ejemplo, una niña puede pasar de decir «Me siento mal» a ser más precisa y matizar mejor las cosas con la expresión «Tengo miedo (o estoy triste o enfadada)». (Ya hablamos de eso en el capítulo 5, cuando explicábamos la «granularidad emocional»).[283] Todo eso abre la puerta que nos permite mantener innumerables conversaciones sobre lo que el niño o la niña tienen en mente, sobre las cosas a las que se enfrentan y los problemas que están intentando resolver.

Ahora bien, a esos otros niños que todavía no son capaces de asociar una sensación a una palabra en concreto podemos ayudarlos de otra manera. Una opción es darles ánimos y explicarles alguna historia propia que hayamos vivido y que les sirva de ejemplo. Si crees que tu hijo es celoso, por ejemplo, puedes decirle: «Yo no sé lo que a ti te parecerá, pero yo recuerdo que, cuando mi hermano me quitaba los juguetes, a mí me daba una rabia... ¡Me ponía tan celoso!». *A veces, ponernos del lado del niño y normalizar lo que está sintiendo le puede servir para entrar en resonancia con nosotros y abrirse.* Si tu hijo parece necesitar ayuda, en lugar de decirle «Te veo muy enfadado», reflexiona y dile en tono amable: «No sé si todo esto te ha hecho sentir triste o ha logrado que te enfades».

Los padres de Mira habían leído que es importante etiquetar las emociones, pero descubrieron que, al decirle que la veían muy enfadada o alterada, la niña reaccionaba y se ponía a la defensiva. Por ejemplo, si su madre decía: «Sí, sí... Ya veo que tu hermano te pone de los nervios», Mira todavía se enfadaba más. «¡Yo no estoy enfadada!», exclamaba Mira. Aunque parezca que es una buena idea ayudar a los niños a etiquetar sus propias sensaciones, piensa que puede salirnos el tiro por la culata, y que el niño termine sintiéndose más inquieto si todavía no ha conseguido conectar sus sensaciones corporales básicas con ciertas palabras cargadas de emociones, o si le da vergüenza tener emociones negativas. Las culturas occidentales en concreto dan a determinadas emociones una connotación negativa. Pero lo que va bien es que los niños saquen sus propias conclusiones en lo que respecta a su cuerpo, sus emociones y la manera en que se sienten. Veamos cómo podemos lograrlo.

Sacar sus propias conclusiones

Lo que queremos es que nuestros hijos se comprometan socialmente y no se sitúen en modo «lucha o huye». Con este fin, es muy importante que les ayudemos a desarrollar un lenguaje con el que puedan tipificar su propia plataforma y dar con unas soluciones que les sirvan para comprender sus propios sistemas nerviosos. Pero... ¿cómo conseguimos algo así?

En primer lugar, yo no recomiendo en absoluto usar el concepto de las vías de colores de que hablábamos en el capítulo 3 para enseñar a los niños a distinguir su propio sistema nervioso. A pesar de que estos conceptos puedan resultarles muy útiles a los adultos, la razón de que yo no los utilice con los niños está en que los maestros a menudo usan colores (en las cartillas de comportamiento, por ejemplo) para dar cuenta de la conducta de sus alumnos o para intentar enseñar a los críos a gestionarla. En algunos de estos sistemas, los niños (o los maestros) ponen puntos de colores en sus cartulinas de conducta en función de cómo se hayan portado (por ejemplo, el verde significa que se han portado bien, el amarillo, regular, y el rojo, que se han portado mal). Por desgracia, estas cartulinas de colores tienden a aumentar la presión que ya de por sí sienten los niños, porque actúa como una amenaza visual y se sienten intimidados. Los niños se preocupan mucho porque se avergüenzan si los degradan ante el resto de sus compañeros de clase adjudicándoles un determinado color. El código de colores de las vías autónomas que describí en el capítulo 3 no tiene nada que ver con estas cartulinas de conducta donde se pegan puntos de colores. *Lo que queremos es que los niños tengan en consideración todas sus sensaciones y emociones, y lo hagan con ecuanimidad, y no con vergüenza, porque todos somos capaces de adaptarnos al medio.*

Para personalizar la experiencia y ayudar a los niños a ser más considerados con todas las maneras en que el cuerpo reacciona cuando se enfrentan a los desafíos que comporta la vida, propongo que enfoquemos la cuestión de una manera distinta. Empecemos ayudando a los niños a valorar bien su propio sistema nervioso, y ver que, al hacerlo, se protegen a sí mismos. Luego, ayudémosles a organizar soluciones basadas en su autoevaluación, es decir, en lo que a ellos les funciona; pero no vayamos a usar palabras demasiado sofisticadas. Dejemos que sean los niños quienes se expresen por sí mismos.

Considera el guión que te daré a continuación como una guía general para conversar con tu hijo y explicarle cómo funciona su sistema nervioso. Sin duda, puedes adaptarlo en función de la fase de crecimiento en que se encuentre, de su propio lenguaje y de su capacidad de entendimiento. Dispón algunas hojas de papel y unos lápices o rotuladores sobre la mesa para que tu hijo tenga la opción de dibujar o escribir lo que está viviendo, y para que así se refuerce su aprendizaje. Y sé tú quien se adapte utilizando el lenguaje que le resulte más familiar a tu hijo.

Ayuda a los niños a que sepan valorar las señales que les da el cuerpo[284]

GUIÓN: las sensaciones y los estados de ánimos procedentes de nuestro cuerpo son una manera de protegernos y ayudarnos a conservar la salud y el equilibrio. (Y luego añade un ejemplo reciente de una situación estresante y otro de una situación relajante en la vida de tu hijo, o en la tuya propia. Por ejemplo: «¿Recuerdas que la semana pasada te grité porque llegábamos tarde al entrenamiento de fútbol? No fue por tu culpa. Estaba muy nerviosa, y se me notaba en el tono de voz. Fue una señal que me dio mi cuerpo para que bajara el ritmo». También puedes decirle: «¿Te acuerdas de ese día que hicimos galletas en casa y vimos una película juntas? Me dijiste que te sentías muy feliz por dentro»).

Nuestros cuerpos pueden sentir cosas muy distintas, y todas ellas son útiles e importantes. Pensemos en las tres maneras principales de sentirse que tienen el cuerpo y la mente. A veces el cuerpo se siente tranquilo, y cuando estamos tranquilos, nos sentimos felices, cómodos y a salvo. En esos momentos es cuando nos entran ganas de jugar y de hacer cosas divertidas con los demás. ¿Puedes recordar alguna ocasión en que te sintieras de esta manera? ¿Qué estabas haciendo? ¿Se te ocurre alguna palabra (o frase) para describir tu cuerpo y tu mente cuando te sientes tranquilo, cómodo y a salvo? (Date todo el tiempo que necesites, y luego pregúntale a tu hijo si te puede decir cuál es su palabra especial, si quiere escribirla o hacer un dibujo de ella).

Hablemos ahora de las distintas maneras de sentir que tienen los seres humanos. A veces sentimos como si tuviéramos el baile de san Vito, estamos enrabietados, asustados o enfadados, o sentimos como si quisiéramos echar a correr o movernos muy deprisa. Cuando nos sentimos de esta manera, podríamos hacer cosas inesperadas de las que más tarde nos lamentáramos, como golpear a alguien, darle un empujón, o dedicarle un comentario mezquino. Podríamos decir o hacer algo que nos coja desprevenidos. ¿Se te ocurre alguna palabra que describa tu cuerpo y tu mente cuando te sientes como si tuvieras el baile de san Vito, cuando estás enfadado o tienes ganas de escapar de algo o de alguien? (Te repito una vez más que deberías darle al niño o a la niña en cuestión la oportunidad de escribir la palabra, o de que haga un dibujo que refleje todo eso).

Los seres humanos también somos capaces de sentir otras cosas. A veces nos sentimos tristes o solos, o como si lleváramos el ritmo cambiado. Es cuando nuestro cuerpo no quiere moverse demasiado, y no nos interesa hacer cosas con los amigos y los familiares ni aunque se trate de actividades divertidas. A veces incluso podemos sentir como si estuviéramos paralizados, como si nuestro cuerpo no pudiera moverse del todo. ¿Te ha sucedido esto alguna vez? ¿Se te ocurre alguna palabra para describir tu cuerpo y tu mente en esas ocasiones en que vas con el ritmo cambiado, estás bajo de ánimos, o no quieres jugar ni estar con otras personas? (Dale a tu niño o a tu niña la oportunidad de escribir esa palabra, o de hacer algún dibujo de la situación).

A continuación, deja que el niño se preste al juego de la libre asociación. Quizá te apetezca darle pie para que entre en una combinación de las distintas vías diciéndole cosas como, por ejemplo: «A veces tenemos miedo, nos entra la timidez y la vergüenza y, en cambio, fingimos que no pasa nada, cuando, en realidad, por dentro estamos haciendo un gran esfuerzo. ¿A ti te ha pasado esto? ¿Hay algo que yo no haya entendido? ¿Puedes decirme si tu cuerpo ha sentido algo diferente?». Ten paciencia, y espera a ver adónde os lleva la conversación.

Vías para autorregularse

Cuando la pequeña ya sabe interpretar las reacciones corporales que le provoca el mundo externo, es capaz de trabajar a fondo la cuestión, que es ni más ni menos que practicar la resolución de problemas, contigo o por sí misma. Cuando una niña es capaz de reconocer que su plataforma se está volviendo vulnerable, aparece otro nivel de autosuficiencia.

Siempre encontrarás la manera de ayudar a tu hijo a alcanzar ese nivel. Una de ellas es mostrarle que eres capaz de apiadarte de ti misma cuando te enfrentas a un desafío o cometes un error. Otra, como ya vimos anteriormente, es modular la autoconciencia y el respeto por las sensaciones internas de una misma a medida que vamos solventando problemas y enfrentándonos a los inevitables giros y cambios que comporta el hecho de ser padre o madre. Podemos demostrar a nuestros hijos que sabemos reconocer y valorar los distintos estados que experimenta un ser humano: el estado de la tranquilidad en el que todo se controla; el estado de los sentimientos desbordados y de la necesidad que tiene uno de moverse; el estado de mantenerse vigilante, y todos los otros estados intermedios. De esta manera, los niños aprenden que todos los estados son humanos, que no son ni malos ni buenos de por sí, que son modos previsibles de que el cuerpo se proteja. Como ya vimos en el capítulo 4, podemos arreglar las cosas y disculparnos cuando perdemos los papeles. Podemos ayudar a nuestro hijo a que aprenda a gestionar sus emociones manteniendo con él conversaciones básicas, como, por ejemplo, preguntándole si le ha ido bien el día e interesándonos por lo que ha hecho cuando ha notado un cambio en el cuerpo. Gracias a eso lograremos cultivar las florecientes capacidades de autorregulación y de resolución de problemas de nuestro hijo.

El razonamiento y la resolución de problemas

Después de que los padres de Mira trabajaran con ella en casa el tema de articular sus emociones, la niña me trajo unos dibujos que había hecho para expresar esas emociones tan intensas que sentía. Reconoció que le pasaba a menudo, y que sentía una gran necesidad de moverse. En concreto, le encantaba escapar corriendo de Leo cuando regresaba de la escuela y el niño se ponía a perseguirla por toda la casa. Cuando le pedí que eligiera una palabra para describir esa sensación tan intensa que tenía de luchar o salir huyendo, y que, a veces, llegaba a superarla y le hacía sentir como si fuera a explotar, Mira eligió la palabra «petardo». Y sus dibujos, llenos de remolinos rojos y naranja, ilustraban su sensación. Cuando la niña me mostró el dibujo que había hecho un día que se sintió triste y sola, que iba con el paso cambiado, usó la palabra «caracol».

El último dibujo que Mira me mostró representaba su espacio de calma, recogimiento y seguridad; y lo tituló «Pícnic». En el dibujo se veía a los cuatro miembros de la familia sentados en la hierba, con varios platitos de galletas alrededor. Me contó que cuando más feliz se sentía era con su familia, en su parque favorito. Me fijé en las miradas de alivio de sus padres cuando oyeron los comentarios que iba haciendo la niña y se daban cuenta de que, en realidad, Mira amaba a su hermano, y que este representaba un papel muy significativo y positivo en su vida (además, por supuesto, de actuar como un auténtico incordio de vez en cuando).

Una vez que una niña como Mira ya ha elaborado los diversos modos de describir las variaciones de su plataforma, podemos ayudarla a pulir su capacidad de resolución de problemas y animarla a encontrar soluciones a sus propios desafíos recurriendo a una versión más rigurosa de esa técnica de entrar en resonancia y reaccionar que ya describí en el capítulo 8.

Entrar en resonancia. Comprométete con el niño emocionalmente actuando de tal manera que pueda ver que entendemos que se está esforzando, que aceptamos lo que le está pasando y le damos la oportunidad de reaccionar con tino sin que tenga que ponerse a la defensiva. A veces, puede limitarse a algo tan sencillo como manifestarle nuestro apoyo guardando silencio. A continuación, **reacciona** fijándote en el problema/asunto que has detectado y dándole al niño la oportunidad de que halle alguna solución viable a los problemas que está intentando solucionar para que piense con mayor flexibilidad y se dote de un mayor número de herramientas del que ya almacenaba en su caja.

Voy a usar el ejemplo de la familia de Mira el día en que sus padres la ayudaron a resolver su problema durante una sesión:

—Ya he visto que Leo ha cogido tus deberes y ha salido corriendo. ¡Qué fuerte! —exclamó el padre.

Espera a ver lo que la niña dice, y luego observa su reacción corporal ante el comentario. ¿Se siente observada? Di si adviertes una mirada en su rostro que te esté diciendo: «Sí, sí... Ya veo que estás de mi parte».

Cuando su padre le hizo ese comentario, Mira entró en resonancia con él de inmediato, y entonces la niña le respondió:

—¡Sí! ¡Lo único que quiere Leo es cogerme la mochila!

A continuación, anima a la niña a que describa su experiencia y muéstrale toda tu empatía para darle la oportunidad de elaborar las cosas y dejar que te permita entrar en su proceso de reflexión y que pueda hablar libremente de lo que siente. Puedes hacerle una pregunta sencilla y abierta, como, por ejemplo: «¿Qué te ha parecido?»; o bien: «¿Qué has sentido en el cuerpo?».

Si tu niña usa una palabra, o incluso si se pone a dibujar, para describir lo que siente o para informarte de su estado de ánimo (es decir, si pone un nombre a su emoción), piensa que te ha tocado la lotería. Quizá tu hija use esa palabra especial que las dos hallasteis mientras hacíais el ejercicio de ir poniendo nombres. Cualquiera que sea la palabra que tu hija emplee (enrabiada, inquieta, feliz, excitada, triste, acalorada, avergonzada, asustada...), nos estará diciendo que la niña está recurriendo a la comunicación emocional en lugar de usar su propio cuerpo para, sencillamente, ponerse a repartir tortazos o a quitarle las cosas a otro niño. Si ves que la palabra refleja una emoción pura y dura, tranquila, que no pasa nada; nuestro papel es ayudar a los niños a hacerse cargo de sus sentimientos y a describirlos con sus propias palabras.

Si la criatura no da con una palabra o con una descripción que resulten adecuadas, tampoco pasa nada del otro mundo. Si ves que, en lugar de eso, adopta una determinada expresión facial, intenta entrar en resonancia con ella. O bien, si te parece correcto, sugiérele algunas palabras que se ajusten a sus emociones: «¿Te ha molestado mucho eso?», «¿Te ha dado rabia?». Y luego fíjate en la manera de reaccionar de tu hijo. *Recuerda que, a veces, si somos nosotros mismos los que etiquetamos las emociones de los niños, es posible que ellos se pongan a la defensiva o se enojen más; o sea, que yo te aconsejo que te andes con cuidado y te fijes bien por dónde pisas.* Intenta ayudar al niño o a la niña a ser más específicos cuando te hablen de sus experiencias. Ayúdales a enriquecer su vocabulario para que sean capaces de describirlas. Por ejemplo, si tu hijo te dice: «Esto me da asco», ¿se refiere específicamente a que eso le sienta mal, a que le da rabia, le disgusta y lo avergüenza, o bien le da asco porque le hace sentirse culpable? Cuanto más específicas sean sus palabras, mejor granularidad mostrará la criatura, y mayor será el contenido de su caja de herramientas emocional.

*A **continuación**, invitemos al niño o a la niña a solucionar los problemas que puedan tener en un futuro de una manera proactiva reflexionando sobre una pregunta.* Dile, por ejemplo: «¿Qué harías si te volviera a pasar lo mismo?».

Ten paciencia, e intenta ayudar a tu hijo a ver las cosas desde distintos ángulos si te parece que solo es capaz de considerarlas desde una única perspectiva (o que la solución que ha hallado no es lo bastante óptima), pero no seas tú quien se lo diga. Hazle varias preguntas para que reflexione, como, por ejemplo: «¿Se te ocurre alguna otra manera de encontrar una solución distinta para tratar de arreglar este problema?». Y espera pacientemente a ver lo que dice el niño, si está lo bastante abierto para reflexionar más sobre el problema en cuestión o no.

Es mucho más probable que el niño ponga en práctica una solución si es a él a quien se le ha ocurrido. Por eso es buena idea evitar darle, o generar, la solución que nosotros hemos encontrado al problema, a menos que el niño nos pida ayuda, o necesite algún que otro consejo que le sirva de andamio al que encaramarse para dar con sus propias soluciones. Entonces sí será fantástico que solucionéis el problema los dos juntos.

Mira: emplear la mente para la resolución de problemas

En una sesión en concreto animamos a Mira a que hallara distintas soluciones para saber qué era lo que más le convenía hacer cuando Leo le quitara sus cosas. Ahora que ya había encontrado la manera de regularse las emociones a través del poder de observación y de las herramientas que había creado, necesitaba hacer algo por su cuenta que la ayudara a regular sus emociones y sus sensaciones cuando pasaba por una de esas experiencias que le parecían como «petardos», o cuando sentía eso que ella llamaba «el caracol». En otras palabras, la niña encontró soluciones a sus problemas, y lo hizo por sí misma. Ross Greene, psicólogo y fundador del modelo Soluciones Colaboradoras y Proactivas (CPS, según las siglas en inglés), anima a los padres a que se comprometan con sus hijos para lograr que estos lleguen a descubrir sus puntos de vista y se conviertan en personas capaces de colaborar cuando toca solucionar problemas en compañía de otros. *Solo por pedirle a un niño o a una niña que se conviertan en esa persona que es capaz de solucionar el problema y por ver su punto de vista, ya habremos ganado mucho, como sucedió en el caso de Mira.*

Alentada por la pregunta, Mira recitó de un tirón una lista de sugerencias.

—¿Queréis decir lo que haría yo cuando Leo se porta como un petardo?

Sin duda alguna, Mira estaba analizando el problema no solo desde la perspectiva de su hermano pequeño, sino también desde la suya propia. Y las ideas que aportó fueron las siguientes: podía intentar explicarle con determinación que su mochila no le pertenecía; podía ir a buscar a mamá o a papá nada más llegar a casa y entregarles la mochila; o bien podía dejar la mochila en el coche para que su madre fuera a recogerla. Mira estaba dándonos una gran variedad de soluciones creativas, para deleite de sus padres. Y entonces llegamos al punto que estábamos buscando: ¡la flexibilidad! Mira había añadido más herramientas a su caja, estaba gestionando mejor su presupuesto corporal e iba encaminada a ser más flexible y resistente. En ese momento vino lo mejor de la sesión: Mira les anunció espontáneamente el plan que había elegido para impedir que Leo se llevara los dibujos que había hecho durante la primera parte de la sesión. En realidad, los quería colgar en la pared de su dormitorio.

Lo que en realidad significaba todo eso era que Mira estaba pensando en la manera de resolver los problemas que tenía con su hermano con asertividad y de una manera proactiva. Sus padres alabaron su creatividad y, durante las semanas y los meses que siguieron, gracias a las nuevas herramientas que había adquirido y a la conexión que ahora tenía con sus padres, a los que consideraba sus aliados, los conflictos entre los dos hermanos disminuyeron significativamente. Y no porque cesaran las rencillas. Como ya les había explicado a sus padres, el objetivo no era eliminar el problema. En toda relación sana, sea entre hermanos o entre otras personas distintas, siempre hay un cierto grado de conflicto y de resolución. Así es como desarrollamos y ejercitamos los músculos de la resolución de problemas sociales y de la defensa de uno mismo. Parte de la solución estriba en dejar que el niño o la niña resuelvan sus problemas por sí mismos, sin intervenir demasiado.

Otra parte de la solución era considerar que cada niño era un individuo por sí mismo, y determinar la razón por la que sus interacciones a veces resultaban tan complejas. Lo que habíamos descubierto era que Mira y Leo necesitaban un poco de práctica y de apoyo para saber autorregularse y expresarse. Una vez los ayudamos a reforzar sus capacidades individuales, ambos salieron mejor equipados para poder resolver sus conflictos por sí mismos. Varios meses después me dijeron que la rivalidad entre los dos hermanos había alcanzado un nivel bastante tolerable. De hecho, ahora que los dos habían empezado a jugar juntos colaborando más entre sí, ¡un tercer hermano venía en camino!

Un consejo para forjar la resiliencia: el juego es una manera muy potente de forjar la alfabetización emocional y las habilidades para la resolución de los problemas prosociales de los niños. También podemos convertirnos en un modelo y enseñarles que nuestro sistema nervioso nos protege creando sensaciones que seamos capaces de notar. Vincular las sensaciones a los sentimientos básicos y, posteriormente, a ciertas palabras que reflejen sus emociones les permite gestionar con flexibilidad las situaciones que les alteran con una caja de herramientas cada vez mayor y más llena de recursos para la resolución de problemas, a la par que van siendo más capaces de gestionar su presupuesto corporal.

10. Florecer

> Mi misión en la vida no es meramente sobrevivir, sino desarrollarme; y hacerlo con pasión, con compasión, con humor, y con un toque de estilo.[285]
>
> Maya Angelou

Ya era psicóloga cuando me convertí en madre. Me estrené en la maternidad armada con una plétora de conocimientos teóricos y cinco mil horas de experiencia clínica. Tenía una confianza en mí misma rayana en la arrogancia porque me sabía poseedora de todas las fórmulas necesarias. Sin embargo, tener hijos me ha enseñado que no hay ni una fórmula perfecta para ser padres o madres, que es el trabajo más difícil y significativo que una puede desempeñar en toda su vida.

Para ser sincera, al principio no siempre me sentí como una mamá feliz o positiva. ¡Qué agradecida me sentía por mis hijos, por un marido que me apoyaba en todo y por mi carrera profesional, que tantas satisfacciones me daba! Pero lo cierto era que yo actuaba como una de esas madres que viven en las trincheras, y a menudo empezaba el día intentando convencerme a mí misma de que debía sentirme feliz y contenta. Terminaba agotada, a punto de cruzar la raya y haciendo todo lo posible para disfrutar y deleitarme por el solo hecho de ser madre mientras el tiempo pasaba volando, año tras año. Mirando hacia atrás, sé que elegí llevar una vida ajetreada, y que lo hice lo mejor que pude.

Algunos recuerdos que me trae mi papel como madre todavía me arrancan una sonrisa de los labios. Uno de los más preciados que conservo es el de un caluroso día de primavera en que mis tres hijas se habían quedado en casa en lugar de ir a la escuela porque los profesores se reunían en claustro. Estaba contemplando a las niñas, que aguardaban turno para subirse al columpio. Mi marido había colgado uno de una rama de un sicomoro muy alto que había en el jardín trasero de la casa a la que acabábamos de mudarnos. Había enchufado la manguera para refrescar la tierra que había bajo el árbol cuando una de las niñas vino corriendo hacia mí desafiándome a que la rociara con agua. Hice amago de ducharla, y ella salió corriendo, riéndose de ver que la apuntaba con la boquilla de la manguera. Sus dos hermanas se unieron al juego y empezaron a corretear por la tierra mojada, que en pocos minutos pasó a embarrarse por completo. Cuando me di cuenta, la situación ya se me había escapado de las manos y todas acabamos cubiertas de barro.

Yo pertenecía a esa clase de personas que son muy ordenadas y limpias, así que ya puedes imaginarte el flujo constante de ropa para lavar que había en casa. Pero en ese momento, de lo más profundo de mi interior, salió la niña que llevaba escondida y, dejándome llevar por un arranque de espontaneidad, grité:

—¡Lucha de barro!

Hice una pelota de barro con las manos y la lancé contra mis hijas. Las niñas se apuntaron al juego, y me atacaron lanzándome bolas de barro. En menos de lo que canta un gallo, las cuatro terminamos cubiertas de un barro color marrón oscuro: barro en el pelo, barro en la cara y barro entre los dedos de los pies. Me sentí como si tuviera diez años, eufórica, compartiendo muy dichosa ese momento con mis hijas.

Sondeando recuerdos

Con ese precioso recuerdo en mente, me pregunté cuáles serían los momentos de la infancia que las personas atesoran en sus recuerdos. En mi trabajo, suelen hablarme más de los problemas que de los momentos felices. A fin de cuentas, la gente no va al psicólogo para contarle lo bien que le va la vida. Pero a mí me interesaba mucho saber cuáles eran los recuerdos infantiles que permanecían y que seguían teniendo su importancia muchos años después. Por eso resolví que les plantearía una pregunta a centenares de niños y de adultos, de edades comprendidas desde los cinco hasta los ochenta y ocho años. Y la pregunta fue la siguiente: ¿cuál es el recuerdo infantil al que le tienes más cariño?

ACTIVIDAD: antes de seguir leyendo, detente un momento y responde a esta pregunta. ¿Cuál es el recuerdo infantil al que le tienes más cariño? Anota lo primero que se te ocurra. (Si no tienes ningún recuerdo favorito, o si no tienes recuerdos alegres de tu infancia, sé compasiva y rescata algún recuerdo o pensamiento que te haga sentir bien interiormente). Veamos si tu recuerdo guarda algún parecido con las respuestas que me dieron los que participaron de mi sondeo.

A continuación, te daré unos cuantos ejemplos de algunos de los recuerdos favoritos de la infancia que compartieron conmigo centenares de personas:

- Estar sentada al aire libre con mis abuelos comiendo unas rodajas enormes de sandía. Recuerdo que el jugo me resbalaba por la barbilla y yo me quedaba hecha un cromo.
- Pasar una semana en el lago Michigan con mi familia y atravesar corriendo las tórridas dunas de arena para meternos en ese lago de agua fría.
- Jugar en el bosque con mi hermana, estar sentada en el regazo de mi padre y hablar con mi madre durante horas.
- Volver a ver a mi padre cuando regresaba de uno de sus largos viajes. Mi padre era piloto y olía a gasolina de reactor. Cuando ahora noto ese olor, ¡me vuelvo loca de alegría!
- Ir a la pastelería con mi abuelo a comprar lionesas de nata.
- Imágenes de mí misma acurrucada en los brazos de mis padres cuando salíamos a caminar por la nieve.
- Esa época en que pasábamos el día entero recogiendo moras en la isla Orcas para luego hacer con ellas mermelada y tarta de moras.

- Un viaje que hicimos en familia a un cámping, estuvo lloviendo a cántaros toda la semana y tuvimos que quedarnos metidos dentro de la caravana. Mis padres nos enseñaron muchos juegos de naipes, leímos juntos y tostamos nubes de azúcar al fuego de un hornillo de propano.
- Sentada junto a mi abuela, jugueteando con el colgajo de su brazo para que rebotara de arriba abajo... ¡literalmente! Era algo que solía hacer cuando me acurrucaba junto a ella y escuchaba las historias que me contaba.
- Las visitas estivales que hacíamos a la casa que mis abuelos tenían en la montaña. Ese olor difuso a bolas de naftalina que había quedado prendido en las mantas, la suavidad del suelo bajo mis pies, el crujido de la leña de la chimenea por la noche, las luciérnagas en los campos y el sonido de los grillos cuando me quedaba dormido.
- Cuando yo tenía tres o cuatro años, mi madre salía durante su descanso del trabajo (yo iba a la guardería de la Asociación Cristiana de Mujeres Jóvenes) y venía a recogerme para ir a la cafetería a comernos un rollo de canela.

Análisis de los resultados

Me sorprendió mucho la gran cantidad de respuestas que reflejaban los mismos temas, muy parecidos al recuerdo que yo conservaba de la lucha de barro. Prácticamente todas esas evocaciones incluían retazos de experiencias sensoriales combinados con recuerdos de actividades agradables, divertidas o relajantes. La jugosa sandía, las tórridas dunas de arena, el olor del uniforme de aviador de papá, el tacto de la piel del brazo de la abuela... Y de todo ello surgía una fórmula sorprendente: *casi todos los recuerdos consistían en una experiencia relacional, en cosas que habíamos compartido con nuestros seres queridos, así como en nuestras experiencias sensoriales corporales y otras experiencias que generaban seguridad o alegría.*

Para mi sorpresa, los recuerdos que las personas compartían reflejaban los puntos más significativos que hemos cubierto en este libro: la importancia de las experiencias centradas en el cuerpo que conforman la base de nuestros recuerdos emocionales, y las relaciones de las cuales se nutren nuestras experiencias.

Tiene sentido que fueran tantos los recuerdos que trataran de relaciones significativas y de actividades que resultaban seguras, asertivas, sensoriales, agradables, novedosas o excitantes. Sabemos que, cuando nos sentimos apoyados por una conexión social, captamos la información con mayor eficacia. En este estado, nuestro cuerpo está más dispuesto a vivir nuevas experiencias, y la memoria queda prendida en esos momentos en que experimentamos una cierta novedad. Ninguno de los recuerdos elegidos por los participantes del sondeo trataba de esos instantes que uno pasaba vistiéndose cada día para ir a la escuela.

Además de lo relevante que es la conexión humana, muchos recuerdos tenían otra cosa en común: el elemento acogedor. Se ha escrito mucho sobre la palabra danesa que sirve para denominar este elemento acogedor, *hygge*,[286] que surge de una palabra noruega que sirve para referirse al bienestar. Según Meik Wiking, el director general del Instituto para la Investigación de la Felicidad, *hygge* es una palabra que plasma en su significado los términos «seguridad» y «relaciones». Wiking escribió las siguientes palabras: «El tiempo que pasamos con los demás genera una atmósfera cálida, relajada, amistosa, terrenal, íntima, cómoda, acogedora y hospitalaria. En muchos sentidos, es como darse un buen abrazo, pero sin tener contacto físico. En esta clase de situaciones es cuando puedes sentirte completamente relajado y ser tú mismo».[287]

Estas palabras también pueden aplicarse a mis recuerdos infantiles, a los que para mí son los más queridos: sentada bajo un árbol, jugando a juegos de mesa con mi abuela, tomando un té con galletas por la tarde, sentada en mi cama junto a ella mientras se dedicaba a contarme historias de su infancia. A veces, cuando disfrutábamos compartiendo un momento especial, una mirada de satisfacción asomaba al rostro de mi abuela y la oía pronunciar una palabra en neerlandés: *gezellig*.[288] Yo sabía que se trataba de algo bueno, pero nunca supe exactamente a qué se refería hasta muchos años después, cuando aprendí que significa «acogedor o estar pegadito a otro». No cabe duda de que muchas culturas coinciden en lo mismo: acogedor, *hygge* o *gezellig* son palabras cuyo significado implica que nos sentimos bien, y que vinculan el bienestar con el hecho de compartir unos momentos de conexión con las personas que consideramos más cercanas a nosotros.

Asimismo, es una lección que se ha vuelto muy popular gracias al movimiento de la psicología positiva, que empezó preguntándose cómo podemos generar nuestra propia felicidad y encontrar satisfacción en la vida, y que, además, ha influido mucho en el movimiento de ser padres en positivo.

Unas lecciones de psicología positiva

El campo de la psicología ha ido evolucionando a través de cuatro olas principales:[289] la primera fue la adopción del modelo de enfermedad, que se centraba en identificar y sanar los trastornos mentales (Sigmund Freud se ubicó en esta primera ola); luego vino el conductismo, que alcanzó una gran popularidad a mediados del siglo XX gracias al psicólogo B.F. Skinner, que creía que éramos capaces de modificar todos los comportamientos humanos ciñéndonos a un método que proponía una alternancia entre recompensas y castigos, o apelar a las consecuencias;[290] la tercera ola fue la de la psicología humanista, vinculada a los psicólogos Carl Rogers y Abraham Maslow, que pusieron el énfasis en los aspectos positivos que tiene el potencial humano, la dignidad y la persona considerada un ente completo, y, finalmente, la cuarta ola, influida por el humanismo, que fue la del movimiento de la psicología positiva,[291] que empezó centrándose en la cuestión de la felicidad y llegó a ser fuente de inspiración de toda una nueva generación de enfoques sobre la crianza de los hijos en clave positiva.

El psicólogo Martin Seligman, considerado el fundador de la psicología positiva, empezó estudiando la felicidad, porque creía que era lo que mejor medía el grado de satisfacción en la vida. El término llegó a popularizarse muchísimo[292] a finales de la década de 1990, cuando Seligman lo eligió como título de su discurso inaugural en tanto presidente de la Asociación de Psicología Americana. Pero Seligman se encontró con un problema mientras realizaba sus investigaciones. Junto con otros colegas suyos, descubrió que, cuando pasas una encuesta a las personas sobre cuál es su nivel de satisfacción en la vida, sus respuestas vienen muy determinadas por el modo en que se sienten en el momento preciso en que hacen la encuesta.[293] Cuando el sujeto se siente alegre, puntúa muy alto su nivel de satisfacción en la vida. Si se siente apesadumbrado en el instante de responder a la encuesta, su respuesta tendrá un sesgo negativo. De toda esta situación se desprendió obviamente que los investigadores no estaban midiendo el nivel de satisfacción vital, sino más bien el estado de ánimo que tenían los sujetos en un momento dado. Como ya hemos visto a lo largo de este libro, podemos considerar esos sentimientos básicos un reflejo de la plataforma y del equilibrio de nuestro presupuesto corporal.

Desde la perspectiva cerebro-cuerpo, es un fenómeno muy comprensible: nuestros cuerpos se nutren constantemente de información, e interpretamos si nos sentimos bien o mal en función de ella. Seligman, muy consciente de este problema, cambió de tercio, y pasó de estudiar la felicidad a centrarse en una noción más amplia y universal: la noción de bienestar.

El significado de florecer

En lugar de medir la felicidad o la positividad, Seligman pasó a estudiar lo que significa *florecer*, que es una noción más profunda del bienestar que incluye emociones positivas como la felicidad, pero que también consta de otros elementos por añadidura. Lo resumió todo en su modelo PERMA,[294] que, en inglés, son las iniciales que corresponden a las palabras: positividad, compromiso, relaciones, sentido y logro. El modelo PERMA fue la herramienta a la que recurrió Seligman para establecer el grado de bienestar. Cada uno de estos elementos contribuye al bienestar, dice el psicólogo, pero, por separado, ninguno de ellos es capaz de definirlo. Las emociones positivas (la felicidad, el asombro, la amabilidad, la alegría y la empatía) contribuyen al bienestar. Y también el compromiso,[295] el estar completamente involucrados o absortos en una actividad porque estamos disfrutando de ella. En psicología positiva, este estado se conoce con el nombre de «fluir».[296] Hay quien también lo denomina «entrar en la zona», que significa que estás tan inmerso en una actividad que llegas a perder la noción del tiempo.[297] La categoría siguiente, la de las relaciones, es fundamental para el bienestar, porque las relaciones son capaces de mejorar nuestra salud y, sin son positivas, de mejorar el equilibrio de nuestro presupuesto corporal, como ya aprendimos en el capítulo 5. Seligman descubrió que las relaciones saludables nos ayudan a encontrar un sentido y un propósito a la vida,[298] a experimentar el logro, y a sentir que lo que hacemos en la vida tiene importancia. En esencia, «florecer» es un término que abarca mucho más de lo que abarca la palabra «bienestar», porque incluye la felicidad, pero también incluye muchas otras cosas más.

Florezcamos más

Como padres, todo parece indicar que este objetivo es muy encomiable: no dedicarnos tan solo a capturar unos breves momentos de felicidad, sino descubrir también el modo en que, tanto nosotros como nuestros hijos, podamos florecer y prosperar. Y eso no lo conseguimos con una fórmula de los acontecimientos o montando experiencias para nuestros hijos. Si alguna vez has intentado crear un momento mágico, como una fiesta de cumpleaños, por ejemplo, para tu hijo o tu hija, lo sabes de sobras. A veces, las ganas de crear esta clase de experiencias genera unas expectativas demasiado altas, y eso causa más tensión y estrés que alegría. Eso es algo que aprendí por mí misma el día que monté la primera fiesta de cumpleaños de mi hija e invité a sus amigas a quedarse a dormir en casa. Mi niña se sentía tan agobiada por la intensidad del acontecimiento que salió huyendo de su grupito de diez amigas y vino a refugiarse a mi dormitorio bañada en un mar de lágrimas. A veces, y por mucho que nos hayamos esforzado, el tiro nos sale por la culata.

Para ayudar a que nuestros hijos florezcan, necesitamos planificar menos, relajarnos más y reconocer que no es nece-

sario mostrar tanto empeño para criar a nuestros hijos. A veces, es mejor que nos centremos en cuidar bien del cuerpo y de la mente de nuestros hijos (y del nuestro propio), y deleitarnos luego con esos momentos espontáneos de alegría o de arrobamiento que surgen precisamente por el hecho de haber cuidado bien de nuestros cuerpos.

En el sondeo informal que realicé sobre los recuerdos infantiles, gran parte de esos momentos eran el reflejo de las nociones de satisfacción, seguridad y espontaneidad. Nadie mencionó ni un solo acontecimiento que le hubiera requerido un gran esfuerzo y que hubiera sido fingido, sino que los sujetos se limitaron a describir esos momentos en los que se habían sentido a salvo, serenos y, a menudo, asombrados ante una sencilla pero profunda experiencia cotidiana.

Los recuerdos contenían elementos propios del florecer, y no solo trataban de emociones intensas; incluían ese fluir que tiene una especie de cualidad intemporal. Y el hecho de que las personas se aferraran a esos recuerdos con ternura y reverencia, en algunos casos incluso varias décadas después de que los vivieran, revela que tuvieron un significado muy especial o un cierto elemento novedoso.

Los recuerdos plasmados en mi sondeo tenían otras cualidades en común. Casi todos ellos se basaban en experiencias relacionales: momentos vividos con los padres, los hermanos, los primos, los abuelos y los amigos. Tenían, asimismo, aspectos sensoriales: oler o degustar ciertos alimentos, ver fuegos artificiales, sentir la hierba, la nieve o la lluvia. Y muchos de ellos implicaban la existencia de unos patrones predecibles y seguros: reuniones en la casa rural de la familia, las vacaciones de verano, los días festivos, y rituales como hornear pasteles o encender las velas de la menorá. Y todos ellos forman parte de esas características que he ido describiendo a lo largo de este libro y que sirven para forjar la resiliencia.

El recuerdo que tengo de la lucha de barro que protagonicé con mis hijas también contiene aspectos que pueden incluirse en el florecer: las emociones positivas (alegría, espontaneidad); el fluir (perdí la noción del tiempo), y el sentido. Incluso incluía la noción del logro, porque yo era tan obsesa de la limpieza que permitirme vivir un momento de espontaneidad y jaleo significaba que estaba creciendo. En ese culminante momento maternal, mis niñas y yo florecimos entre risas, con el sol pegando de valiente en los hombros y el barro escurriéndose entre los dedos de los pies.

Lecciones para el viaje

¿Qué cabe aprender reflexionando sobre estas historias infantiles? En primer lugar, la importancia que tiene saber eludir la presión de ser padre o madre. La presión destruye nuestro presupuesto corporal; la aceptación le añade algunos ingresos. Al comienzo de este capítulo, cuando te pedí que buscaras el recuerdo infantil más preciado para ti, piensa que, si no pudiste dar con ninguno, no eres el único. Hay personas que participaron en mi sondeo y me dijeron que no guardaban ningún recuerdo positivo de su infancia, y, entre ellas, hubo un grupo que explicó que el recuerdo positivo que guardaban era el de haberse sentido solos. Si es esta tu experiencia, espero que el mensaje y la información que he compartido en este libro (el poder de crear nuevas experiencias) te den consuelo. En mi vida profesional he visto que muchas personas rehacen su vida después de haber vivido experiencias traumáticas y tragedias inimaginables. He llegado a adquirir un profundo respeto por la capacidad humana de curarse y seguir adelante. A pesar de que soy realista en lo que respecta a la factura que pagamos los padres, sobre todo después de la pandemia global que hemos vivido, sigo albergando esperanzas.

También espero que la lectura de este libro haya logrado que comprendas mejor las cosas y sientas más compasión por ti mismo en tu papel de padre o madre. Espero que hayas ganado en confianza y llegues a ser tú mismo cuando tengas que desempeñar el papel de padre o madre y hagas lo que crees que necesitas hacer, en lugar de lo que crees que deberías estar haciendo, o lo que ves que hacen el resto de los padres. Las interacciones que forjan la resiliencia de nuestros hijos también deberían resultar enriquecedoras para ti. Tu bienestar es importante.

Valora estos consejos para que aumente el factor de cariño y comodidad en tu vida familiar, y que eso te sirva para que tanto tú como tus hijos podáis florecer. No pretendo elaborar llegados a este punto una lista de quehaceres, sino más bien darte una serie de consejos que puedas adaptar a tu propia familia, a tus hijos y a tu situación, que es única.

- DA PRIORIDAD A LAS RELACIONES POR ENCIMA DE TODO: date cuenta de lo importantes que son las personas que están presentes en tu vida y en la vida de tu hijo. Todos somos criaturas sociales, y aunque te pueda parecer que cultivar y enriquecer las relaciones conlleva más energía de la que dispones, lo que ganas por mantener el contacto con los que amas generará en ti una energía mucho más rica a largo plazo. Saldréis beneficiados todos, tanto tú como tus hijos, si vuestras experiencias relacionales son seguras, divertidas y predecibles, y si las cultiváis con regularidad. Intenta implicar a la familia, a los abuelos, a las tías y a los tíos, y a los amigos íntimos que formen parte de tu vida, siempre y cuando consideres que son una influencia positiva y sana, por supuesto. Si ves que hay peleas, o tienes problemas con tus padres, tus hermanos o tus amigos más leales, haz todo lo que puedas (dentro de unos límites saludables) para intentar curar viejas heridas, porque las relaciones y la sensación de estar unidos serán los mejores aliados de que dispongáis tanto tú como tus hijos.
- BUSCA LA FLUIDEZ: recuerda que la fluidez, y no necesariamente la felicidad, en el sentido estricto de la palabra, es un buen conductor del florecer. Por eso te aconsejo que te permitas hacer cosas con tu hijo o tu hija que te hagan perder la noción del tiempo, aunque tan solo sea durante unos

minutos. Baja la guardia, permítete romper las reglas y despréndete de esa interminable lista de quehaceres para ponerte al servicio de la espontaneidad y del liderazgo de tu hijo. Si actúas de esta manera, quizá conseguirás lograr que ambos lleguéis a atesorar algún recuerdo memorable. Pero eso es algo que nunca sabrás si no experimentas la fluidez que conlleva involucrarte en algo.

- BUSCA MOMENTOS DE CONEXIÓN EN TUS VIVENCIAS DIARIAS: no tienes que crear experiencias nuevas ni sofisticadas para tu hijo o tu hija si queréis disfrutar de algunos momentos de conexión mutua. Las experiencias cotidianas, como, por ejemplo, las comidas y la hora del baño, te ofrecen con toda naturalidad la oportunidad de que ambos os sintáis cómodos. No cabe duda de que la hora de las comidas puede percibirse más bien como una tarea, con toda esa planificación y preparación que hay que hacer, por no hablar de que después hay que recogerlo todo. Sin embargo, también te da la oportunidad de que disfrutes de las experiencias sensoriales de los olores, los sabores, la escucha atenta y de ver que todo eso va aparejado a tu amorosa y comprometida presencia, para que tu hijo o tu hija asocien las horas de las comidas a un momento placentero. En lugar de centrarte en el producto final, que es comer, baja el ritmo y disfruta con los niños de la comida. Pon música suave (si eso te hace sentir bien) o monta un pícnic improvisado en el suelo con tu niño en lugar de comer tú después, cuando ya has conseguido que él se tome la cena. Saborea todos y cada uno de los bocados que das de la misma manera que disfrutas de la esencia del niño que está sentado frente a ti.

Si tu hijo ya es bastante mayor, valora la idea de profundizar más en la experiencia pidiéndole que te cuente algo de lo que haya hecho durante el día, algo que le haya hecho sentirse bien, o sentirse mal, y da importancia a ambas cosas. Eso le estará transmitiendo al niño que te interesan no solo sus emociones positivas, sino también las negativas, que para ti tienen la misma importancia. Si tu hijo no quiere hablar, no pasa nada. Quédate junto a él y muestra una actitud abierta. Compartir el mismo espacio con la seguridad de que nadie va a ser juzgado es algo muy poderoso de por sí, y eso no tiene por qué incluir una charla.

- AÑADE ALGUNOS IMPREVISTOS DIVERTIDOS Y SEGUROS DE VEZ EN CUANDO: a pesar de que a los seres humanos nos encanta saber por adelantado lo que cabe esperar de las cosas, en el fondo recordamos más las novedades. Por eso, y solo si te apetece, añade un poco de diversión a la jornada de tu hijo. Quizá podrías poner sentado el osito de peluche de tu hija de tres años en la cocina, con una manzana en las manos, y, a la mañana siguiente, observar cómo la niña lo descubre. ¡Eso sí es una novedad! «¡Fíjate tú! ¿Ves lo que ha estado haciendo tu osito esta noche?». Quizá podrías añadir colorante verde a la masa de las tortitas que le estés preparando a tu niño de seis años y observar la expresión de su rostro cuando, toda sonriente, se las sirvas. (Por supuesto, y teniendo en cuenta las diferencias que existen entre cada niño, si tu hijo frunce el ceño o no le impresionan para nada esta clase de truquitos, habrá llegado el momento ideal de que corregules con él con amor y ternura). Recuerda que debes respetar la percepción que tu hijo tiene del mundo, y añadir novedades que el niño o la niña perciban como seguras o alegres.

- POTENCIA EL FACTOR ACOGEDOR: como ya hemos visto, la comodidad y la conexión que nos permite alcanzar lo que para nosotros es acogedor están valoradas universalmente. Tendrás que descubrir lo que le resulta más cómodo y acogedor a tu hijo en concreto y a tu situación familiar en particular, tanto si se trata de arrebujarse bajo una manta calentita, de disfrutar de un delicioso cuenco de sopa, de sentarse junto a un crepitante fuego, o de echarse en la acera o en el terrado para contemplar los aviones que pasan o las formaciones de nubes. Lo notarás en el mismo momento en que suceda, porque esta sensación surge de la seguridad y la conexión. Las oportunidades están ahí, listas para ser aprovechadas, y no es preciso disponer de muchas horas libres, sino tan solo contar con algunos minutos, o incluso segundos.

¿Es posible que unos padres atareados y excesivamente programados puedan sacar tiempo para hacer algo así? Te diré que sí, siempre y cuando nos fijemos bien en todo y estemos presentes (por muy difícil que eso parezca cuando hacemos de padres de nuestros propios hijos). Si tienes la sensación de que es imposible (como me sucedió a mí cuando mis niñas eran pequeñas), no pasa nada. La compasión por una misma será nuestra mejor aliada, esa manta calentita que nos permite refugiarnos de las dudas personales que, de vez en cuando, a todos los padres nos asaltan. *Todos hacemos lo que podemos con los recursos de que disponemos en cada momento del día y cada día en concreto. Y, con eso, es suficiente.*

Terminamos por donde empezamos, con las relaciones. No hay nada que consuele más a un niño que la presencia tranquila y amorosa de un padre o de una madre. Son los padres y los cuidadores los que potencian que el niño note la sensación de seguridad en el cuerpo. Debemos personalizar nuestra manera de ejercer de padres para adaptarla al cuerpo y al cerebro del niño, en función de cómo cada uno viva su propia seguridad. Usamos este conocimiento para ayudar a nuestros hijos a transitar por sus zonas de desafío, mostrando las agallas y la presencia necesarias que les demuestren que son capaces de adquirir nuevas fortalezas y de cultivar la autorregulación y la autosuficiencia para que, al final, terminen prosperando por sí mismos en el mundo.

Los padres somos los seres que participamos del viaje del héroe. Y es un viaje pleno de retos increíbles y de muchas presiones, porque lo que está en juego es muy importante. Pero si eres capaz de mantenerte anclado en la compasión cuando sientes que te quedas corta, puedes fabricarte esa manta calentita que tanto os consuela, tanto a ti como a tus hijos. Mis deseos son que vivas muchos momentos de calidez y conexión con tu familia, y que el bienestar se convierta en una parte fundamental de tu vida.

Agradecimientos

He contraído una inmensa deuda de gratitud con todas esas personas, que fueron muchísimas, cuyas vidas llegaron a impactar tanto en la mía que me llevaron a escribir este libro. En primer lugar, me siento muy agradecida a todos los niños, los padres y las familias con las que tuve el privilegio de recorrer un trecho de su camino. Aprendí de todos vosotros lo que significa la esperanza, el valor y el amor, y puedo deciros que me enseñasteis mucho más sobre lo que son las relaciones y la resiliencia que todo lo que llegué a aprender en la facultad.

Nadie ha sabido soportarme mejor que mi madre. Las horas que pasamos al teléfono mientras redactaba este libro me dieron mucha fuerza y me confirmaron en la creencia de que valía la pena compartir estas ideas con los padres. Este libro está dedicado a ella.

Tom Fields-Meyer, amigo mío, sabio guía y, huelga decir, mi editor desde hace mucho tiempo, da alas a mis ideas como nadie. Es una alegría tener un editor que comparta conmigo una visión del mundo que demuestre una mayor tolerancia y comprensión con los niños. Mi primera profesora de escritura, Teresa Barker, incubó con cariño mi sueño ilustrándome sobre el funcionamiento del proceso editorial. Leah Caldwell, mi editora técnica, organizó con gran habilidad mis más de trescientas notas finales y una bibliografía inacabable y logró que pareciera más sencillo.

Mi agente literaria, Amy Hughes, que supo captarme (tanto a mí como al libro) desde el primer día, es una fuente constante de inspiración, de orientación, de apoyo y ánimo. No hay palabras para expresar la gratitud que siento ante su sabiduría y dedicación, no solo por este libro, sino también por mí, como persona y como profesional.

El asombroso equipo de PESI y de PESI Publishing, dirigido por Linda Jackson y Karsyn Morse, publicó mis primeros dos libros. *Más allá de la conducta (Beyond Behaviors)* fue la plataforma de lanzamiento que allanó el camino para editar *Neurociencia para padres (Brain-Body Parenting)*, y por eso la organización PESI es como una familia para mí. Zachary Taylor y Livia Kent, de Psychotherapy Networker, apoyaron mi línea de trabajo, y el ámbito de la salud mental ha salido beneficiado de su valiente liderazgo.

Estoy encantada de que *Neurociencia para padres* aterrizara en las capaces manos del equipo de Harper Wave. Fue todo un lujo trabajar con mi editora, Julie Will, y con mi guía de caminos y redactora auxiliar Emma Kupor, cuya capacidad de reacción hizo que este proceso fuera como la seda y sin sobresaltos. Estoy en deuda con Karen Rinaldi, la editora de Harper Wave, con David Koral, el editor jefe de producción, con Brian Perrin y Laura Cole, de márketing, con Leslie Cohen, de publicidad, con Elina Cohen, la diseñadora de maquetación, y con Milan Bozic, el diseñador de la portada. Cada uno de los miembros de este equipo contribuyó a que este producto final viera la luz.

Doy las gracias a la ayuda estratégica y al apoyo moral de mi equipo de Zilker Media: Nichole Williamson, Sydney Panter, Macey Pieterse y Melanie Cloth.

Aprendí a aplicar la práctica basada en las relaciones de Serena Wieder en persona, cuya obra, a lo largo de toda su vida, ha ido dejando una huella indeleble en mi manera de ayudar a los niños y a sus familias. Nunca olvidaré los días que pasamos en el búnker aprendiendo de ella y de otros grandes profesionales, como Ricki Robinson y Gil Foley. Siento un gran agradecimiento por Monica Osgood, y por toda la facultad y el equipo de la Fundación Profectum, por su continuo apoyo y por la tarea que realizan difundiendo la práctica basada en las relaciones por todo el mundo.

Siempre estaré agradecida al doctor Stephen Porges, cuyas reflexiones sobre el sistema nervioso autónomo contribuyen a mejorar vidas y cambiar paradigmas. No es de extrañar que a veces se refieran a su obra llamándola «la neurobiología del amor». Valoro mucho el tiempo que a lo largo de los años ha dedicado a leer mi obra, a hacerme sugerencias, y a apoyar mi traslación de sus teorías a la clínica práctica y a la crianza de los hijos. ¡Ah, y no veas lo que me encanta hacer presentaciones con él a través de Zoom!

Gracias a un golpe de suerte increíble, los profesionales que constituyen el *dream team* de mi práctica clínica (y por los que habría sido capaz de cruzar el país entero para consultar con ellos) viven en el mismo barrio que yo de Los Ángeles. Estoy muy agradecida a la pionera Connie Lillas por el trabajo que durante toda su vida ha dedicado al marco neurorrelacional, por su estilo atrevido y por el valor que ha tenido de aplicar la neurociencia a la práctica clínica. La doctora Marilyn Mehr me ayudó a encontrar mi propia voz en una época en la que trabajaba en un entorno muy medicalizado, a inicios de mi carrera profesional. Cuando inicié mi viaje al mundo del desarrollo y de la salud mental infantil, Marie Kanne Poulsen me abrió las puertas del Hospital Infantil de Los Ángeles con toda la generosidad de que fue capaz. Diane Danis, pediatra especializada en desarrollo infantil, dirigió muchos equipos con su asistencia para ayudarnos a entender el cerebro y el cuerpo de cada uno de los niños que estaban en tratamiento. Amy Johnson (SLP), Susan Spitzer (terapeuta ocupacional titulada y colegiada), Kate Crowley (terapeuta ocupacional titulada y colegiada), Margaret Mortimore (pediatra) y Uyen Nguyen (terapeuta ocupacional titulada y colegiada) figuraban entre mis números de marcación rápida mientras trabajamos juntas para muchas familias a lo largo de estas últimas décadas. Siempre estaré en deuda con los excelentes departamentos de teoría relacional de nuestra zona, dirigidos por mis valiosos colegas Diane Cullinane, Andrea Davis y Ben Russell. Mi más sentido agradecimiento a mi colega Tina Payne Bryson, otra estrella rutilante de Pasadena, en California, y del mundo entero. Disfruté mucho de nuestros almuerzos y nuestras cenas mientras ella estaba montando un equipo multidisciplinar en Pasadena. Fue un honor presentar al increíble personal del Centro para la Conexión mi libro *Más allá de la conducta*. Durante estos últimos tiempos, mis amigas integrantes del grupo de interocepción, Ira, Kelly, Annemarie, Amanda, Nanci, Renee y Nina, han sido una fuente de inspiración y de enriquecimiento intelectual para mí. ¡Qué divertido es hablar de todo lo que está cambiando nuestra manera de considerar el procesamiento emocional y la autorregulación!

Soy muy afortunada de tener hermanos, entre los que incluyo también a sus cónyuges, Glenn, Warren, Hank, Ana, KK y Kevin, y de sentir el amor que me prodigan todos ellos independientemente de la distancia que nos separa. Glenn, eres mi mano derecha y mi corazón; Hank, eres el heredero de la generosidad que ha imperado en nuestro legado familiar; y KK, nadie llegará a compartir tanto como nosotras esa historia especial y esos primeros y mágicos años que vivimos juntas. Quiero dar las gracias a «papá» Doug y a mi suegra Jane, que siempre se interesaron por mi trabajo, y a toda la familia extensa de los Delahooke. Me siento muy agradecida, y estoy loca por ellos, por todas mis sobrinas y sobrinos, que ya están empezando a emprender su viaje particular como seres adultos.

No habría tenido la fuerza de hacer este trabajo sin el tierno cariño y la más preciada dedicación de mi círculo interno de seres queridos. Con este término me refiero a esas personas cuyos almuerzos y cenas, conversaciones telefónicas, mensajes de texto, ranitas de regalo, fruta deshidratada y amistad me han sostenido durante muchos años: Mira, Vincent, Joe, Lisa, Cindy, Garth, Jaime, Jordan, Brigitta, Olga, Mike, Stephen, Sally, Terry, Susan, Beau, Karen, Ron, Leeann, Diane, Fred, Bill, Carmen, Kathy, Ernesto, Jeanne-Anne, Yatidi, Mary, Ray, Lourdes, Lycke y Hanneke.

A mis hijas, Nikki, Kendra y Alexa, y a mi yerno Tyler. Habéis sido mis mejores maestros, y todavía sigo aprendiendo de vosotros. Gracias por ser tan valientes, y por seguir ayudándome a ser la mejor madre posible, por muy incómodo que resulte.

Al amor de mi vida, Scott, compañero de tantos y tantos años, padre de mis hijas y *sherpa* de confianza, el hombre que siempre me ha ayudado a orientarme cuando me perdía por los vestíbulos de los hoteles. *Que sepas que este libro es de los dos.*

Y, finalmente, tengo que dar mis más sentidas gracias a la lucecita de mi vida, Skyler. Oma te quiere mucho. Juguemos, juguemos sin parar.

Glosario

SISTEMA NERVIOSO AUTÓNOMO (SNA): es la parte del sistema nervioso que regula los órganos internos del cuerpo y se sitúa al margen de nuestra conciencia. El sistema se divide en dos ramas: el sistema simpático y el sistema parasimpático.

LA VÍA AZUL: es el término que uso para describir el vago dorsal de la rama parasimpática del sistema nervioso autónomo.

EL PRESUPUESTO CORPORAL: es el término (acuñado por la doctora Lisa Feldman Barrett) que describe la forma en que el cerebro distribuye los recursos energéticos en el interior del cuerpo. El término científico es «alostasis».

LA GRANULARIDAD EMOCIONAL: es el término que describe nuestra capacidad de construir experiencias emocionales y percepciones más o menos específicas (Barrett, 2017).

LA VÍA VERDE: es el término que uso para describir la rama vagal ventral de la variante parasimpática del sistema nervioso autónomo. También se la conoce por el nombre de «sistema del compromiso social» en la teoría polivagal.

La interocepción: son las sensaciones internas que nos dan información sobre los órganos, los tejidos, las hormonas y el sistema inmune del cuerpo.

La conciencia interoceptiva: cuando percibes o eres consciente de sensaciones que se originan en los órganos, los tejidos y el sistema inmune de tu cuerpo.

La neurocepción: es el término que usa el doctor Stephen Porges para referirse a la detección subconsciente de la seguridad y la amenaza (*véase también* «el sistema de seguridad» o «el sistema de detección de la seguridad»).

La plataforma: es el término abreviado para denominar la conexión que existe entre el cuerpo y el cerebro, o el estado fisiológico de nuestro cuerpo. En ningún caso somos tan solo un cuerpo, o tan solo un cerebro: siempre somos las dos cosas a la vez. La plataforma recibe la influencia del estado del sistema nervioso autónomo.

La teoría polivagal: fue introducida por el doctor Stephen Porges en 1994, y vincula la evolución del sistema nervioso autónomo de los mamíferos a los comportamientos sociales. La premisa principal de esta teoría dice que los seres humanos necesitan seguridad, y que nuestra biología nos posiciona para que nos protejamos y nos mantengamos a salvo.

La vía roja: es el término que uso para describir la rama simpática, o de lucha o huye, del sistema nervioso autónomo.

El sistema de seguridad o el sistema de detección de la seguridad: estos términos sirven para hablar de la neurocepción de una manera más simplificada.

Notas

1. Comprender la fisiología de tu hijo o de tu hija es importante

1. Barrett, *Bloom: Where You Are Rooted: What Neuroscience Can Teach Us about Harnessing Passion and Productivity.*
2. Porges: «Neuroception: A Subconscious System for Detecting Threats and Safety», p. 17
3. Barrett: *How Emotions Are Made.*
4. Porges: *La teoría polivagal: fundamentos neurofisiológicos de las emociones, el apego, la comunicación y la autorregulación.* Ediciones Pléyades, S.A., Madrid, 2017. Craig: *How Do You Feel? An Interoceptive Moment with Your Neurobiological Self.*
5. Porges y Dana: *Clinical Applications of the Polyvagal Theory: The Emergence of Polyvagal-Informed Therapies.* Porges: *La teoría polivagal: Fundamentos neurofisiológicos de las emociones, el apego, la comunicación y la autorregulación.* Ediciones Pléyades, S.A., Madrid, 2017.
6. Porges y Furman: «The Early Development of the Autonomic Nervous System Provides a Neural Platform for Social Behavior: A Polyvagal Perspective», 106
7. Porges: *La teoría polivagal: fundamentos neurofisiológicos de las emociones, el apego, la comunicación y la autorregulación.* Ediciones Pléyades, S.A., Madrid, 2017.
8. Porges: *La teoría polivagal: fundamentos neurofisiológicos de las emociones, el apego, la comunicación y la autorregulación.* Ediciones Pléyades, S.A., Madrid, 2017.

9. Porges y Furman: «The Early Development of the Autonomic Nervous System Provides a Neural Platform for Social Behavior: A Polyvagal Perspective», 106.
10. McEwen: «Protective and Damaging Effects of Stress Mediators».
11. Barrett: *How Emotions Are Made*.
12. Barrett: *Seven and a Half Lessons about the Brain*, 6
13. Barrett: *Seven and a Half Lessons about the Brain*. Barrett: *How Emotions Are Made*. Todas las referencias posteriores al presupuesto corporal deben atribuirse a la doctora Barrett.
14. Clínica de Cleveland: «Stress».
15. Porges: «The Polyvagal Theory: New Insights into Adaptive Reactins of the Autonomic nervous System».
16. Schaaff y Miller: «Occupational Therapy Using a Sensory Integrative Approach for Children with Developmental Disabilities». Ayres: *La integración sensorial en los niños: desafíos sensoriales ocultos*. TEA Ediciones, S.A.U., Madrid, 2008.
17. La idea general procede del concepto de «zona del desarrollo próximo». Vygotsky: *El desarrollo de los procesos psicológicos superiores*. Editorial Crítica, Grupo Planeta. Barcelona, 2003.
18. *APA Dictionary of Psychology*, «Frustration Tolerance».
19. *APA Dictionary of Psychology*, «Frustration Tolerance».
20. McEwen y Norton Lasley: *The End of Stress as We Know It*.
21. Immordino-Yang *et al*.: «Nurturing Nature: How Brain Development Is Inherently Social and Emotional, and What This Means for Education».

2. La neurocepción y el afán de sentirse a salvo y querido

22. Perry y Szalavitz: *The Boy Who Was Raised as a Dog*, 273.
23. Porges: «Neuroception: A Subconscious System for Detecting Threats and Safety».
24. Diamond: «Executive Functions».
25. Barrett: *Seven and a Half Lessons about the Brain*, 10.
26. McEwen y Norton Lasley: *The End of Stress as We Know It*.
27. Stanfield, Cindy L.: *Principios de fisiología humana*. Addison Wesley, Madrid, 2011. McEwen y Norton Lasley: *The End of Stress as We Know It*.

28. Porges: «Neuroception: A Subconscious System for Detecting Threats and Safety».
29. Porges: *La teoría polivagal: fundamentos neurofisiológicos de las emociones, el apego, la comunicación y la autorregulación*. Ediciones Pléyades, S.A., Madrid, 2017.
30. Porges: «Neuroception: A Subconscious System for Detecting Threats and Safety».
31. Porges: «Neuroception: A Subconscious System for Detecting Threats and Safety».
32. Porges: «The Infant"s Sixth Sense: Awareness and Regulation of Bodily Processes». Craig: *How Do You Feel? An Interoceptive Moment with Your Neurobiological Self*.
33. Barrett: *How Emotions Are Made*.
34. Barrett: *How Emotions Are Made*, 66.
35. Porges: *La teoría polivagal: fundamentos neurofisiológicos de las emociones, el apego, la comunicación y la autorregulación*. Ediciones Pléyades, S.A., Madrid, 2017.
36. Porges: «Neuroception: A Subconscious System for Detecting Threats and Safety».
37. Dana: La *teoría polivagal en terapia: cómo unirse al ritmo de la corregulación*. Eleftheria S.L., Barcelona, 2020.
38. Barrett: *How Emotions Are Made*.
39. Porges: *La teoría polivagal: fundamentos neurofisiológicos de las emociones, el apego, la comunicación y la autorregulación*. Ediciones Pléyades, S.A., Madrid, 2017.
40. Porges: Neuroception: «A Subconscious System for Detecting Threats and Safety». Barrett: *How Emotions Are Made*.
41. Perry y Szalavitz: *The Boy Who Was Raised as a Dog*.
42. Perry y Szalavitz: *The Boy Who Was Raised as a Dog*, 314.
43. Perry y Szalavitz: *The Boy Who Was Raised as a Dog*, 314.
44. Barrett: *Seven and a Half Lessons about the Brain*. Barrett: *How Emotions Are Made*.
45. McEwen y Norton Lasley: «Protective and Damaging Effects of Stress Mediators».
46. McEwen y Norton Lasley: *The End of Stress as We Know It*.
47. Goldstein y Walker: «The Role of Sleep in Emotional Brain Function».

48. Walker: *Why We Sleep: Unlocking the Powers of Sleep and Dreams.*
49. Barrett: *How Emotions Are Made.*
50. Dana, Deb: *La teoría polivagal: cómo unirse al ritmo de la regulación.* Editorial Eleftheria, Barcelona, 2020.
51. Barrett: *How Emotions Are Made.*
52. Porges: «Neuroception: A Subconscious System for Detecting Threats and Safety».

3. Las tres vías y su evaluación

53. Porges: «Polyvagal Theory and Regulating Our Bodily State».
54. Price y Hooven: «Interoceptive Awareness Skills for Emotion Regulation: Theory and Approach of Mindful Awareness in Body-Oriented Therapy (MABT)». Porges y Dana: «Clinical Applications of the Polyvagal Theory: The Emergence of Polyvagal-Informed Therapies».
55. Porges: *La teoría polivagal: fundamentos neurofisiológicos de las emociones, el apego, la comunicación y la autorregulación.* Ediciones Pléyades, S.A., Madrid, 2017.
56. Posner, Russell y Peterson: «The Circumplex Model of Affect: An Integrative Approach to Affective Neuroscience, Cognitive Development, and Psychopathology». Russell y Barrett: «Core Affect, Prototypical Emotional Episodes, and Other Things Called Emotion: Dissecting the Elephant».
57. Barrett: *How Emotions Are Made*, 74.
58. Barrett: *How Emotions Are Made.*
59. Stanfield, Cindy, L.: *Principios de fisiología humana.* Addison Wesley, Madrid, 2011.
60. Stanfield, Cindy, L.: *Principios de fisiología humana.* Addison Wesley, Madrid, 2011.
61. Stanfield, Cindy, L.: *Principios de fisiología humana.* Addison Wesley, Madrid, 2011.
62. Stanfield, Cindy, L.: *Principios de fisiología humana.* Addison Wesley, Madrid, 2011.
63. Porges: *La teoría polivagal: fundamentos neurofisiológicos de las emociones, el apego, la comunicación y la autorregulación.* Ediciones Pléyades, S.A., Madrid, 2017.

64. Porges: *La teoría polivagal: fundamentos neurofisiológicos de las emociones, el apego, la comunicación y la autorregulación*. Ediciones Pléyades, S.A., Madrid, 2017. Lillas y Turnbull: *Infant/Child Mental Health, Early Intervention, and Relationship-Based Therapies: A Neurorelational Framework for Interdisciplinary Practice*.
65. Lillas y Turnbull: *Infant/Child Mental Health, Early Intervention, and Relationship-Based Therapies: A Neurorelational Framework for Interdisciplinary Practice*. Esta tendencia a agrupar comportamientos empezó describiéndolos como estados de la conciencia por parte de los primeros pioneros que se especializaron en investigación infantil, incluidos Kathryn Barnard, T. Berry Brazelton, Georgia DeGangi y Porges; unos estados que reciben una influencia directa del sistema nervioso autónomo y reflejan determinadas reacciones ante estímulos sensoriales internos y externos.
66. Taj-Eldin *et al.*: «A Review of Wearable Solutions for Physiological and Emotional Monitoring for Use by People with Autism Spectrum Disorder and Their Caregivers».
67. «Embrace2».
68. La vía verde: los colores y las descripciones de las vías autónomas se han adaptado del libro de Lillas y Turnbull: *Infant/Child Mental Health, Early Intervention, and Relationship-Based Therapies: A Neurorelational Framework for Interdisciplinary Practice*.
69. Dana: La *teoría polivagal en terapia: cómo unirse al ritmo de la corregulación*. Eleftheria S.L., Barcelona, 2020.
70. Dana: La *teoría polivagal en terapia: cómo unirse al ritmo de la corregulación*. Eleftheria S.L., Barcelona, 2020.
71. Lillas y Turnbull: *Infant/Child Mental Health, Early Intervention, and Relationship-Based Therapies: A Neurorelational Framework for Interdisciplinary Practice*.
72. Greenspan: «The Greenspan Floortime Approach: Interaction».
73. Dana: La *teoría polivagal en terapia: cómo unirse al ritmo de la corregulación*. Eleftheria S.L., Barcelona, 2020.
74. Barrett: *How Emotions Are Made*.
75. Dana: La *teoría polivagal en terapia: cómo unirse al ritmo de la corregulación*. Eleftheria S.L., Barcelona, 2020.
76. Dana: La *teoría polivagal en terapia: cómo unirse al ritmo de la corregulación*. Eleftheria S.L., Barcelona, 2020.

77. Porges: *Guía de bolsillo de la teoría polivagal: el poder transformador de sentirse seguro*. Editorial Eleftheria, S.L., Barcelona, 2020.
78. Lillas y Turnbull: *Infant/Child Mental Health, Early Intervention, and Relationship-Based Therapies: A Neurorelational Framework for Interdisciplinary Practice*.
79. Van der Kolk: *El cuerpo lleva la cuenta: cerebro, mente y cuerpo en la superación del trauma*. Editorial Eleftheria, S.L., Barcelona, 2020.
80. Porges: *La teoría polivagal: fundamentos neurofisiológicos de las emociones, el apego, la comunicación y la autorregulación*. Ediciones Pléyades, S.A., Madrid, 2017.
81. Porges: *La teoría polivagal: fundamentos neurofisiológicos de las emociones, el apego, la comunicación y la autorregulación*. Ediciones Pléyades, S.A., Madrid, 2017.
82. Porges: «Neuroception: A Subconscious System for Detecting Threats and Safety».
83. Porges: «Stephen Porges (Polyvagal Perspective and Sound Sensitivity Research)».
84. Porges: «Stephen Porges (Polyvagal Perspective and Sound Sensitivity Research)».
85. Porges: «Neuroception: A Subconscious System for Detecting Threats and Safety». Porges y Furman: «The Early Development of the Autonomic Nervous System Provides a Neural Platform for Social Behavior: A Polyvagal Perspective».
86. Dana: La *teoría polivagal en terapia: cómo unirse al ritmo de la corregulación*. Eleftheria S.L., Barcelona, 2020.
87. Lillas y Turnbull: Infant/Child Mental Health, Early Intervention, and Relationship-Based Therapies: A Neurorelational Framework for Interdisciplinary Practice.
88. Dana: La *teoría polivagal en terapia: cómo unirse al ritmo de la corregulación*. Eleftheria S.L., Barcelona, 2020.
89. Porges: «The Polyvagal Theory: New Insights into Adaptive Reactions of the Autonomic Nervous System».
90. Bernston y Cacioppo: «Heart Rate Variability: Stress and Psychiatric Conditions». Christensen *et al.*: «Diverse Autonomic Nervous System Stress Response Patterns in Childhood Sensory Modulation».
91. Dana: La *teoría polivagal en terapia: cómo unirse al ritmo de la corregulación*. Eleftheria S.L., Barcelona, 2020.

92. Porges: Reciprocal Influences Between Body and Brain in the Perception and Expression of Affect: A Polyvagal Perspective». Dana: La *teoría polivagal en terapia: cómo unirse al ritmo de la corregulación*. Eleftheria S.L., Barcelona, 2020.
93. Barrett: How Emotions Are Made.
94. McEwen y Norton Lasley: *The End of Stress as We Know It*. Perry y Szalavitz: *The Boy Who Was Raised as a Dog*.
95. Idea adaptada de Lillas y Turnbull*: Infant / Child Mental health, Early Intervention, and Relationship-Based Therapies: A Neurorelational Framework for Interdisciplinary Practice.*
96. Idea adaptada de Joseph Wolpe, que desarrolló las Unidades Subjetivas de Inquietud (USI). Véase Wolpe: *The Practice of Behavior Therapy*.
97. Esta orientación está basada en el consenso clínico al que llegamos tras varias conversaciones privadas que mantuve con la doctora Connie Lillas, y que se basa en la combinación de nuestros muchos años de experiencia clínica. Desde aquí queremos animar a que se investigue más en este campo para verificar o contrarrestar esta propuesta.
98. Porges: «Neuroception: A Subconscious System for Detecting Threats and Safety».

4. Cultivar la capacidad de los niños de autorregularse

99. Porges: *Guía de bolsillo de la teoría polivagal: el poder transformador de sentirse seguro*. Editorial Eleftheria, S.L., Barcelona, 2020.
100. Porges y Furman: «The Early Development of the Autonomic Nervous System Provides a Neural Platform for Social Behavior: A Polyvagal Perspective».
101. Universidad de Harvard, Centro de Desarrollo Infantil: «Resilience».
102. McClelland *et al.*: «Self-Regulation: The Integration of Cognition and Emotion».
103. Mahler: *Interoception: The Eighth Sensory System*.
104. Duckworth y Carlson: «Self-Regulation and School Success» Montroy *et al.*: The Development of Self-Regulation across Early Childhood». Artuch-Garde *et al.*: «Relationship between Resilience and Self-Regulation: A Study of Spanish Youth at Risk of Social Exclusion».

105. De Cero a Tres: «Parent Survey Reveals Expectation Gap for Parents of Young Children».
106. Universidad de Harvard, Centro de Desarrollo Infantil: «The Science of Adult Capabilities».
107. Tronick: *The Neurobehavioral and Social-Emotional Development of Infants and Children.* Tronick y Beeghly: «Infants" Meaning-Making and the Development of Mental Health Problems». Feldman: «The Adaptive Human Parental Brain: Implications for Children"s Social Development». Feldman: Infant-Mother and Infant-Father Synchrony: The Coregulation of Positive Arousal». Fogel: *Developing through Relationships: Origins of Communication, Self and Culture.*
108. Barrett: *How Emotions Are Made.*
109. De Cero a Tres: «It takes Two: The Role of Co-Regulation in Building Self-Regulation Skills».
110. Shanker: *Reframed: Self-Reg for a Just Society*, 274.
111. Bush *et al.*: «Effects of Pre and Postnatal Maternal Stress on Infant Temperament and Autonomic nervous System Reactivity and Regulation in a Diverse, Low-Income Population». Gray *et al.*: «Thinking across Generations: Unique Contributions of Maternal Early Life and Prenatal Stress to Infant Physiology».
112. *La teoría polivagal: fundamentos neurofisiológicos de las emociones, el apego, la comunicación y la autorregulación.* Ediciones Pléyades, S.A., Madrid, 2017.
113. Fogel: *Developing through Relationships: Origins of Communication, Self and Culture.* Tronick: *The Neurobehavioral and Social-Emotional Development of Infants and Children.* De Cero a Tres: «It takes Two: The Role of Co-Regulation in Building Self-Regulation Skills».
114. Tronick: *The Neurobehavioral and Social-Emotional Development of Infants and Children.*
115. Tronick: «Emotions and Emotional Communication in Infants».
116. Tronick y Beeghly: «Infants' Meaning-Making and the Development of Mental Health Problems».
117. Tronick: *The Neurobehavioral and Social-Emotional Development of Infants and Children.*
118. Duckworth, Angela: *Grit: el poder de la pasión y la perseverancia.* Books4pocket, Urano, Madrid, 2021.

119. Perry y Szavalitz: *The Boy Who Was Raised as a Dog*.
120. Perry y Szavalitz: *The Boy Who Was Raised as a Dog*.
121. Perry y Szavalitz: *The Boy Who Was Raised as a Dog*.
122. Perry y Szavalitz: *The Boy Who Was Raised as a Dog*, 40.
123. Perry y Szavalitz: *The Boy Who Was Raised as a Dog*.
124. Di Pellegrino *et al.*: «Understanding Motor Events: A Neurophysiological Study». Iacoboni: *Las neuronas espejo: empatía, neuropolítica, autismo, imitación o de cómo entendemos a los otros*. Katz Editores / Katz Barpal, S.L. Madrid, 2009.
125. Winnicot, Donald: *Los bebés y sus madres*. Ediciones Paidós Ibérica, Planeta. Barcelona, 1998.
126. Ebisch *et al.*: *Mother and Child in Synchrony: Thermal Facial Imprints of Autonomic Contagion*.
127. Universidad de Harvard, Centro de Desarrollo Infantil: «Serve and Return».
128. Fogel: *Developing through Relationship: Origins of Communication, Self and Culture*.
129. Dana: La *teoría polivagal en terapia: cómo unirse al ritmo de la corregulación*. Eleftheria S.L., Barcelona, 2020.
130. Greenspan y Lewis: *Building Healthy Minds: The Six Experiences That Create Intelligence and Emotional Growth in Babies and Young Children*.
131. Blog de Kendo Notes: «"Soft Eyes", a Way of Seeing and Being – Quotes and Resources».
132. Greene: *The Explosive Child*.

5. Cuidar de uno mismo

133. Hanson: *El cerebro de Buda: la neurociencia de la felicidad, el amor y la sabiduría*. Editorial Milrazones, Santander, 2011.
134. Rozin y Royzman: «Negativity Bias, Negativity Dominance, and Contagion».
135. Hanson: *Resiliente: cómo desarrollar un inquebrantable núcleo de calma, fuerza y felicidad*. Gaia Ediciones. Móstoles, 2020.
136. Hanson: *Resiliente: cómo desarrollar un inquebrantable núcleo de calma, fuerza y felicidad*. Gaia Ediciones, Móstoles, 2020.

137. Epel *et al.*: «Can Meditation Slow Rate of Cellular Aging? Cognitive Stress, Mindfulness, and Telomeres».
138. Shonkoff y Phillips, ed.: *From Neurons to Neighborhoods: The Science of Early Childhood Development.*
139. Academia Nacional de Ciencias, Ingeniería y Medicina: *Vibrant and Healthy Kids: Aligning Science, Practice and Policy to Advance Health Equity*, 27.
140. Associated Press: «Fauci Says Pandemic Exposed "Undeniable Effects of Racism"».
141. Clínica Mayo: «Nutrition and Healthy Eating».
142. Walker: «Sleep Is Your Superpower».
143. Perry y Szalavitz: *The Boy Who Was Raised as a Dog.*
144. Walker: *Why We Sleep: Unlocking the Powers of Sleep and Dreams.*
145. Luthar y Ciciolla: «Who Mothers Mommy? Factors That Contribute to Mothers" Well-Being». Perry y Szalavitz: *The Boy Who Was Raised as a Dog.*
146. Academias Nacionales de la Ciencia, la Ingeniería y la Medicina: *Vibrant and Healthy Kids: Aligning Science, Practice and Policy to Advance Health Equity*. Luthar y Ciciolla: «Who Mothers Mommy? Factors That Contribute to Mothers" Well-Being».
147. Cacioppo y Cacioppo: «The Growing Problem of Loneliness».
148. Cigna: «Cigna U.S. Loneliness Index».
149. Cacioppo y Cacioppo: «The Growing Problem of Loneliness».
150. Baer, Lykins y Peters: «Mindfulness and Self-Compassion as Predictors of Psychological Wellbeing in Long-Term Meditators and Matched Non-meditators». Siegel: *The Mindful Brain: Reflection and Attunement in the Cultivation of Well-Being.* Pascoe *et al.*: «Mindfulness Mediates the Physiological Markers of Stress: Systematic Review and Meta-Analysis».
151. Kabat-Zinn: *Vivir con plenitud las crisis: cómo utilizar la sabiduría del cuerpo y la mente para afrontar el estrés, el dolor y la ansiedad.* Editorial Kairós, S.A., Barcelona, 2015.
152. De Cero a Tres: «Judgment».
153. Biber y Ellis: «The Effect of Self-Compassion on the Self-Regulation of Health Behaviors: A Systematic Review». Zessin, Dickhäuser y Garbade: «The Relationship between Self-Compassion and Well-Being: A Meta-Analysis».
154. Neff y Germer: *Cuaderno de trabajo de mindfulness y autocompasión: un método seguro para aumentar la fortaleza y el desarrollo interior y para*

aceptarse a uno mismo. Desclée de Brower, Bilbao, 2021. Neff: *Sé amable contigo mismo: el arte de la compasión hacia uno mismo*. Paidós Ibérica, Barcelona, 2016.
155. Neff y Germer: «A Pilot Study and Randomized Controlled Trial of the Mindful Self-Compassion Program».
156. Neff y Garner: *Cuaderno de trabajo de mindfulness y autocompasión: un método seguro para aumentar la fortaleza y el desarrollo interior y para aceptarse a uno mismo*. Desclée de Brower, Bilbao, 2021.
157. Neff y Garner: *Cuaderno de trabajo de mindfulness y autocompasión: un método seguro para aumentar la fortaleza y el desarrollo interior y para aceptarse a uno mismo*. Desclée de Brower, Bilbao, 2021.
158. Neff y Garner: *Cuaderno de trabajo de mindfulness y autocompasión: un método seguro para aumentar la fortaleza y el desarrollo interior y para aceptarse a uno mismo*. Desclée de Brower, Bilbao, 2021.
159. Neff y Garner: *Cuaderno de trabajo de mindfulness y autocompasión: un método seguro para aumentar la fortaleza y el desarrollo interior y para aceptarse a uno mismo*. Desclée de Brower, Bilbao, 2021.
160. Dana, Deb: La *teoría polivagal en terapia: cómo unirse al ritmo de la corregulación*. Eleftheria S.L., Barcelona, 2020.
161. Streeter *et al.*: «Treatment of Major Depressive Disorder with Iyengar Yoga and Coherent Breathing: A Randomized Controlled Dosing Study». Twal, Wahlquist y Sundaravadivel: «Yogic Breathing When Compared to Attention Control Reduces the Levels of Pro-Inflammatory Biomarkers in Saliva: A Pilot Randomized Controlled Trial». Ma Xiao *et al.*: «The Effect of Diaphragmatic Breathing on Attention, Negative Affect, and Stress in Healthy Adults».
162. Jerath *et al.*: «Self-Regulation of Breathing as a Primary Treatment for Anxiety». Brown y Gerbarg: *The Healing Power of the Breath: Simple Techniques to Reduce Stress and Anxiety, Enhance Concentration, and Balance Your Emotions*.
163. Gerbarg y Brown: «Neurobiology and Neurophysiology of Breath Practices in Psychiatric Care».
164. Gerbarg y Brown: «Neurobiology and Neurophysiology of Breath Practices in Psychiatric Care». Dana: La *teoría polivagal en terapia: cómo unirse al ritmo de la corregulación*. Eleftheria S.L., Barcelona, 2020.
165. Barrett: *How Emotions Are Made*.

166. Perry y Szalavitz: *The Boy Who Was Raised as a Dog*.
167. Siegel y Hartzell: *Parenting from the Inside Out: How a Deeper Self-Understanding Can Help You Raise Children Who Thrive*.
168. Rozin y Royzman: «Negativity Bias, Negativity Dominance, and Contagion». Hanson: *Resiliente: cómo desarrollar un inquebrantable núcleo de calma, fuerza y felicidad*. Gaia Ediciones. Móstoles, 2020.

6. Hacer que los sentidos cobren sentido

169. Eger: «There Will Never Be Another YOU!».
170. Stanfield, Cindy L.: *Principios de fisiología humana*. Addison Wesley, Madrid, 2011.
171. Stanfield, Cindy L.: *Principios de fisiología humana*. Addison Wesley, Madrid, 2011.
172. Craig: *How Do You Feel? An Interoceptive Moment with Your Neurobiological Self*.
173. Stanfield, Cindy L.: *Principios de fisiología humana*. Addison Wesley, Madrid, 2011. Las vías que van del cuerpo al cerebro, conocidas como vías neuronales aferentes, transmiten la información sensorial, como los sonidos o el tacto, al cerebro. El cerebro integra y procesa la información, le da sentido, y envía una respuesta a través de las vías neuronales eferentes del nervio vago al resto del cuerpo.
174. Stanfield, Cindy L.: *Principios de fisiología humana*. Addison Wesley, Madrid, 2011.
175. Breit *et al.*: «Vagus Nerve as Modulator of the Brain-Gut Axis in Psychiatric and Inflammatory Disorders». Howland: «Vagus Nerve Stimulation». Porges: «The Infant's Sixth Sense: Awareness and Regulation of Bodily Processes».
176. Ayres: *La integración sensorial en los niños: desafíos sensoriales ocultos*. TEA Ediciones, S.A.U., Madrid, 2008.
177. Ayres: *La integración sensorial en los niños: desafíos sensoriales ocultos*. TEA Ediciones, S.A.U., Madrid, 2008.
178. Porges: «The Infant's Sixth Sense: Awareness and Regulation of Bodily Processes», 12.
179. Barrett: *How Emotions Are Made*.

180. Barrett: *How Emotions Are Made*, 27.
181. Miller: *Sensational Kids: Hope and Help for Children with Sensory Processing Disorder.*
182. Miller: *Sensational Kids: Hope and Help for Children with Sensory Processing Disorder.*
183. Miller: *Sensational Kids: Hope and Help for Children with Sensory Processing Disorder.*
184. Ayres: *La integración sensorial en los niños: desafíos sensoriales ocultos.* TEA Ediciones, S.A.U., Madrid, 2008.
185. Greenspan y Wieder: *Infant and Early Childhood Mental Health: A Comprehensive Developmental Approach to Assessment and Intervention.*
186. Craig: *How Do You Feel? An Interoceptive Moment with Your Neurobiological Self,* 12. Harshaw: «Interoceptive Dysfunction: Toward an Integrated Framework for Understanding Somatic and Affective Disturbance in Depression». Prince y Hooven: «Interoceptive Awareness Skills for Emotion Regulation: Theory and Approach of Mindful Awareness in Body-Oriented Therapy (MABT)». Mehling *et al.*: «The Multidimensional Assessment of Interoceptive Awareness».
187. Craig: *How Do You Feel? An Interoceptive Moment with Your Neurobiological Self.*
188. Craig: *How Do You Feel? An Interoceptive Moment with Your Neurobiological Self.*
189. Craig: *How Do You Feel? An Interoceptive Moment with Your Neurobiological Self.*
190. Craig: *How Do You Feel? An Interoceptive Moment with Your Neurobiological Self.* Craig: *How Do You Feel? Interoception: The Sense of the Physiological Condition of the Body».* Barret: *How Emotions Are Made.*
191. Craig: *How Do You Feel? Interoception: An Interoceptive Moment with Your Neurobiological Self».* Barret: *How Emotions Are Made.* Price y Hooven: «*Interoceptive Awareness Skills for Emotion Regulation: Theory and Approach of Mindful Awareness in Body-Oriented Therapy (MABT)».* Mahler: *Interoception: The Eighth Sensory System.*
192. Craig: *How Do You Feel? Interoception: The Sense of the Physiological Condition of the Body».* Barret: *How Emotions Are Made.* Price y Hooven: «*Interoceptive Awareness Skills for Emotion Regulation: Theory and Approach of Mindful Awareness in Body-Oriented Therapy (MABT)».*

193. Barret: *How Emotions Are Made*. Price y Hooven: «*Interoceptive Awareness Skills for Emotion Regulation: Theory and Approach of Mindful Awareness in Body-Oriented Therapy (MABT)*». Mahler: *Interoception: The Eighth Sensory System*.
194. Barret: *How Emotions Are Made*.
195. *La integración sensorial en los niños: desafíos sensoriales ocultos*. TEA Ediciones, S.A.U., Madrid, 2008.
196. Porges: *Guía de bolsillo de la teoría polivagal: el poder transformador de sentirse seguro*. Editorial Eleftheria, S.L., Barcelona, 2020.
197. Porges: «The Infant's Sixth Sense: Awareness and Regulation of Bodily Processes».
198. Stanfield, Cindy L.: *Principios de fisiología humana*. Addison Wesley, Madrid, 2011. Ayres: *La integración sensorial en los niños: desafíos sensoriales ocultos*. TEA Ediciones, S.A.U., Madrid, 2008.
199. Ayres: *La integración sensorial en los niños: desafíos sensoriales ocultos*. TEA Ediciones, S.A.U., Madrid, 2008.
200. Ayres: *La integración sensorial en los niños: desafíos sensoriales ocultos*. TEA Ediciones, S.A.U., Madrid, 2008.
201. Greenspan y Wieder: *Infant and Early Childhood Mental Health: A Comprehensive Developmental Approach to Assessment and Intervention*. Barrett: *How Emotions Are Made*.
202. Ayres: *La integración sensorial en los niños: desafíos sensoriales ocultos*. TEA Ediciones, S.A.U., Madrid, 2008.
203. Ayres: *La integración sensorial en los niños: desafíos sensoriales ocultos*. TEA Ediciones, S.A.U., Madrid, 2008.
204. Ayres: *La integración sensorial en los niños: desafíos sensoriales ocultos*. TEA Ediciones, S.A.U., Madrid, 2008.
205. Ayres: *La integración sensorial en los niños: desafíos sensoriales ocultos*. TEA Ediciones, S.A.U., Madrid, 2008.
206. Ayres: *La integración sensorial en los niños: desafíos sensoriales ocultos*. TEA Ediciones, S.A.U., Madrid, 2008.
207. Lopez: «Making Sense of the Body: The Role of Vestibular Signals».
208. Ayres: *La integración sensorial en los niños: desafíos sensoriales ocultos*. TEA Ediciones, S.A.U., Madrid, 2008.
209. Ayres: *La integración sensorial en los niños: desafíos sensoriales ocultos*. TEA Ediciones, S.A.U., Madrid, 2008.

210. Price y Hooven: «Interoceptive Awareness Skills for Emotion Regulation: Theory and Approach of Mindful Awareness in Body-Oriented Therapy (MABT)». Barrett: *How Emotions Are Made.*
211. Price y Hooven: «Interoceptive Awareness Skills for Emotion Regulation: Theory and Approach of Mindful Awareness in Body-Oriented Therapy (MABT)». Barrett: *How Emotions Are Made.*
212. Hanson: *Resiliente: Cómo desarrollar un inquebrantable núcleo de calma, fuerza y felicidad.* Gaia Ediciones. Móstoles, 2020.

7. El primer año

213. Brazelton: «T. Berry Brazelton Quotes».
214. Carter: «Oxytocin Pathways and the Evolution of Human Behavior».
215. Brazelton y Sparrow: *Touchpoints: Birth to Three: Your Child's Emotional and Behavioral Development.*
216. Feldman: «The Adaptive Human Parental Brain: Implications for Children's Social Development». Abraham *et al.*: «Father's Brain Is Sensitive to Childcare Experiences».
217. Tronick: *The Neurobehavioral and Social-Emotional Development of Infants and Children.*
218. Shonkoff y Phillips, ed.: *From Neurons to Neighborhoods: The Science of Early Childhood Development.* Eshel *et al.*: «Responsive Parenting: Interventions and Outcomes».
219. Barrett: *Seven and a Half Lessons about the Brain.*
220. Shonkoff y Phillips, ed.: *From Neurons to Neighborhoods: The Science of Early Childhood Development.* Eshel *et al.*: «Responsive Parenting: Interventions and Outcomes». Landry *et al.*: «A Responsive Parenting Intervention: The Optimal Timing across Early Childhood for Impacting Maternal Behaviors and Child Outcomes».
221. Eshel *et al.*: «Responsive Parenting: Interventions and Outcomes». Paul *et al.*: «INSIGHT Responsive Parenting Intervention and Infant Sleep». Savage *et al.*: «INSIGHT Responsive Parenting Intervention and Infant Feeding Practices: Randomized Clinical Trial». Hohman *et al.*: «INSIGHT Responsive Parenting Intervention Is Associated with Healthier Patterns of Dietary Exposures in Infants». Loman y Gunnar: «Early Experience

and the Development of Stress Reactivity and Regulation in Children».
Doom y Gunnar: «Stress in Infancy and Early Childhood: Effects on
Development». Garstein, Hancock e Iverson: «Positive Affectivity and
Fear Trajectories in Infancy: Contributions of Mother-Child Interaction
Factors».
222. Eshel *et al.*: «Responsive Parenting: Interventions and Outcomes».
223. Tronick: *The Neurobehavioral and Social-Emotional Development of Infants and Children.*
224. Tronick y Beeghly: «Infants' Meaning-Making and the Development of Mental Health Problems».
225. Barrett: *Seven and a Half Lessons about the Brain.*
226. Tronick: *The Neurobehavioral and Social-Emotional Development of Infants and Children.*
227. Barret: *How Emotions Are Made.*
228. Barret: *How Emotions Are Made.*
229. Feldman: «Parent-Infant Synchrony: Biological Foundations and Developmental Outcomes». Feldman *et al.*: «Mother and Infant Coordinate Heart Rhythms through Episodes of Interaction Synchrony».
230. Pearson: «Pathways to Positive Parenting: Helping Parents Nurture Healthy Development in the Earliest Months».
231. Walker: *Why We Sleep: Unlocking the Powers of Sleep and Dreams.*
232. Porges: «Stephen Porges (Polyvagal Perspective and Sound Sensitivity Research)».
233. Porges: «Stephen Porges (Polyvagal Perspective and Sound Sensitivity Research)».
234. Johnson, Cocker y Chang: «Infantile Colic: Recognition and Treatment».
235. Mindell y Williamson: «Benefits of a Bedtime Routine in Young Children: Sleep, Development, and Beyond».
236. Centro Nacional de Información Biotecnológica: «What is "Normal" Sleep?».
237. Mindell and Williamson: «Benefits of a Bedtime Routine in Young Children: Sleep, Development, and Beyond», 2
238. Mindell *et al.*: «Bedtime Routines for Young Children: A Dose-Dependent Association with Sleep Outcomes».
239. Mindell and Williamson: «Benefits of a Bedtime Routine in Young Children: Sleep, Development, and Beyond».

240. Universidad de Harvard, Centro de Desarrollo Infantil: «Brain Architecture».
241. Greenspan y Wieder: *Infant and Early Childhood Mental Health: A Comprehensive Developmental Approach to Assessment and Intervention.*
242. Greenspan y Lewis: *Building Healthy Minds: The Six Experiences That Create Intelligence and Emotional Growth in Babies and Young Children.*
243. *Guía de bolsillo de la teoría polivagal: el poder transformador de sentirse seguro.* Editorial Eleftheria, S.L., Barcelona, 2020.

8. Las rabietas hacen al niño

244. Lansbury: *Elevating Child Care: A Guide to Respectful Parenting.*
245. Universidad de Harvard, Centro de Desarrollo Infantil: «The Science of Adult Capabilities».
246. Barrett: *How Emotions Are Made*, 94.
247. Barrett: *How Emotions Are Made.*
248. De Cero a Tres: «Parent Survey Reveals Expectation Gap for Parents of Young Children».
249. Malik: «New Data Reveal 250 Preschoolers Are Suspended or Expelled Every Day».
250. REAL ACADEMIA ESPAÑOLA: *Diccionario de la lengua española*, 23.ª ed. [versión 23.5 en línea]. <https://dle.rae.es> [diciembre 2022].
251. Ministerio de Educación por los Derechos Civiles de Estados Unidos: «Data Snapshot: Early Childhood Education». Malik: «New Data Reveal 250 Preschoolers Are Suspended or Expelled Every Day».
252. Barrett: How Emotions Are Made. Fox et al.: *The Nature of Emotion: Fundamental Questions.*
253. Shonkoff y Phillips, editores: *From Neurons to Neighborhoods: The Science of Early Childhood Development.*
254. Barrett: How Emotions Are Made. Mahler: *Interoception: The Eighth Sensory System.*
255. Greenspan y Wieder: *Infant and Early Childhood Mental Health: A Comprehensive Developmental Approach to Assessment and Intervention.* Barrett: *How Emotions Are Made.*
256. Facultad de Medicina de Stanford, Centro de Investigación y Educación de la Compasión y el Altruismo: «Emotion Resonance».

257. Dana: «Reaching Out in Nervous Times: Polyvagal Theory Encounters Teletherapy».
258. Porges: «The Neurophysiology of Safety and How to Feel Safe».
259. Barrett: *How Emotions Are Made*.
260. Greenspan y Wieder: *Infant and Early Childhood Mental Health: A Comprehensive Developmental Approach to Assessment and Intervention*.

9. Los niños en edad preescolar

261. Steiner: «What is Emotional Literacy?».
262. Yogman *et al.*: «The Power of Play: A Pediatric Role in Enhancing Development in Young Children».
263. Yogman *et al.*: «The Power of Play: A Pediatric Role in Enhancing Development in Young Children», 1.
264. Massey y Geldhof: «High Quality Recess Contributes to the Executive Function, Emotional Self-Control, Resilience, and Positive Classroom Behavior in Elementary School Children».
265. Greenspan y Wieder: *Infant and Early Childhood Mental Health: A Comprehensive Developmental Approach to Assessment and Intervention*.
266. Greenspan y Wieder: *Infant and Early Childhood Mental Health: A Comprehensive Developmental Approach to Assessment and Intervention*
267. Ngan Kuen Lai *et al.*: «The Impact of Play on Child Development: A Literature Review».
268. Greenspan y Wieder: *Infant and Early Childhood Mental Health: A Comprehensive Developmental Approach to Assessment and Intervention*.
269. Greenspan y Wieder: *Infant and Early Childhood Mental Health: A Comprehensive Developmental Approach to Assessment and Intervention*. Greenspan: *Infancy and Early Childhood: The Practice of Clinical Assessment and Intervention with Emotional and Developmental Challenges*.
270. Greenspan y Wieder: *Infant and Early Childhood Mental Health: A Comprehensive Developmental Approach to Assessment and Intervention*
271. Porges: *Guía de bolsillo de la teoría polivagal: el poder transformador de sentirse seguro*. Editorial Eleftheria, S.L., Barcelona, 2020.
272. Dana: La *teoría polivagal en terapia: cómo unirse al ritmo de la corregulación*. Eleftheria S.L., Barcelona, 2020.

273. Craig: *How Do You Feel? An Interoceptive Moment with Your Neurobiological Self*. Porges: The Infant's Sixth Sense: Awareness and Regulation of Bodily Processes».
274. Barrett: *How Emotions Are Made*, 30.
275. Price y Hooven: «Interoceptive Awareness Skills for Emotion Regulation: Theory and Approach of Mindful Awareness in Body-Oriented Therapy (MABT)». Craig: *How Do You Feel? An Interoceptive Moment with Your Neurobiological Self*.
276. Craig: *How Do You Feel? An Interoceptive Moment with Your Neurobiological Self*.
277. Price y Hooven: «Interoceptive Awareness Skills for Emotion Regulation: Theory and Approach of Mindful Awareness in Body-Oriented Therapy (MABT)». Mahler: *Interoception: The Eighth Sensory System*.
278. Barrett: *How Emotions Are Made*.
279. Barrett: *How Emotions Are Made*.
280. Price y Hooven: «Interoceptive Awareness Skills for Emotion Regulation: Theory and Approach of Mindful Awareness in Body-Oriented Therapy (MABT)».
281. Salovey y Mayer: «Emotional Intelligence».
282. Mahler: *Interoception: The Eighth Sensory System*.
283. Barrett: *How Emotions Are Made*.
284. Adaptado de Delahooke: *Más allá de la conducta*. Anaya Multimedia, Madrid, 2021.

10. Florecer

285. Angelou: «Maya Angelou: In Her Own Words».
286. Wiking: *The Little Book of Hygge: Danish Secrets to Happy Living*.
287. Wiking: *The Little Book of Hygge: Danish Secrets to Happy Living*.
288. Phillips: «Move Over, Hygge, Gezellig Is the Trendy Danish Lifestyle Philosophy to Try».
289. Al-Taher: «The 5 Founding Fathers and a History of Positive Psychology».
290. Al-Taher: «The 5 Founding Fathers and a History of Positive Psychology».
291. Al-Taher: «The 5 Founding Fathers and a History of Positive Psychology».

292. Fishman: «Positive Psychology: The Benefits of Living Positively».
293. Seligman: *La vida que florece*. B, Penguin Random House Mondadori. Barcelona, 2011.
294. Seligman: *La vida que florece*. B, Penguin Random House Mondadori. Barcelona, 2011.
295. Seligman: *La vida que florece*. B, Penguin Random House Mondadori. Barcelona, 2011.
296. Ackerman: «Flourishing in Positive Psychology: Definition + 8 Practical Tips».
297. Seligman: *La vida que florece*. B, Penguin Random House Mondadori. Barcelona, 2011.
298. Seligman: *La vida que florece*. B, Penguin Random House Mondadori. Barcelona, 2011.

Bibliografía

Abraham, Eyal, Talma Hendler, Irit Shapira-Lichter, Yaniv Kanat-Maymon, Orna Zagoory-Sharon y Ruth Feldman: «Father's Brain Is Sensitive to Childcare Experiences». *Proceedings of the National Academy of Sciences* 111, núm. 27 (mayo de 2014): 9792-97. https://doi.org/10.1073/pnas.1402569111.

Academias Nacionales de Ciencias, Ingeniería y Medicina: *Vibrant and Healthy Kids: Aligning Science, Practice, and Policy to Advance Health Equity*. Washington, DC: The National Academies Press, 2019. https://doi.org/10.17226/25466.

Ackerman, Courtney E.: «Flourishing in Positive Psychology: Definition + 8 Practical Tips». PositivePsychology.com, 25 de enero de 2021. https://positivepsychology.com/flourishing/.

Al-Taher, Reham: «The 5 Founding Fathers and a History of Positive Psychology». PositivePsychology.com, 7 de mayo de 2021. https://positivepsychology.com/founding-fathers/.

Angelou, Maya: «Maya Angelou: In Her Own Words». BBC News, 28 de mayo de 2014. https://www.bbc.com/news/world-us-canada-27610770.

APA Dictionary of Psychology. «Frustration Tolerance». Asociación Psicológica Americana. Entrada del 13 de mayo de 2021. https://dictionary.apa.org/frustration-tolerance.

Artuch Garde, Raquel, María del Carmen González Torres, Jesús de la Fuente, M. Mariano Vera, María Fernández Cabezas y Mireia López García: «Relationship between Resilience and Self-Regulation: A Study of Spanish Youth at Risk of Social Exclusion». *Frontiers of Psychology* (abril de 2017). https://dx.doi.org/10.3389%2Ffpsyg.2017.00612.

Associated Press. «Fauci Says Pandemic Exposed "Undeniable Effects of Racism"». Los Angeles Times, 16 de mayo de 2021. https://www.latimes.com/world-nation/story/2021-05-16/fauci-covid19-pandemic-racism.

Ayres, A. Jean: *La integración sensorial en los niños: desafíos sensoriales ocultos*. Madrid: TEA Ediciones, S.A.U., 2008.

Baer, Ruth A., Emily L.B. Lykins y Jessica R. Peters: «Mindfulness and Self-Compassion as Predictors of Psychological Wellbeing in Long-Term Meditators and Matched Nonmeditators». *Journal of Positive Psychology* 7, núm. 3 (2012): 230-38. https://doi.org/10.1080/17439760.2012.674548.

Barrett, Lisa Feldman: «Bloom Where You Are Rooted: What Neuroscience Can Teach Us about Harnessing Passion and Productivity». Entrevista por Lisa Cypers Kamen. Harvesting Happiness podcast, 25 de noviembre de 2020. https://soundcloud.com/lisa-cypers-kamen/bloom-where-you-are-rooted-what-neuroscience-can-teach-us-about-harnessing-passion-and-productivity.

—: *How Emotions Are Made: The Secret Life of the Brain*. Nueva York: Houghton Mifflin Harcourt, 2017.

—: «Neuroscientists Reveals Your Brain Is Just "Guessing" & Doesn't Know Anything». Entrevista de Tom Bilyeu. Poscast Impact Theory, 12 de noviembre de 2020. https://podcasts.google.com/feed/aHR0cHM6Ly9pbXBhY3R0aGVvcnkubGlic3luLmNvbS9yc3M/episode/ZGQzODcwNzAtZDdhNS00ZjlkLWFkYTEtNDJhMjY0ZGRhY2Fh.

—: *Seven and a Half Lessons about the Brain*. Nueva York: Houghton Mifflin Harcourt, 2020.

—: «The Theory of Constructed Emotion: An Active Inference Account of Interoception and Categorization». *Social Cognitive and Affective Neuroscience* 12, núm. 11 (enero de 2017): 1-23. https://doi.org/10.1093/scan/nsw154.

Benjamin Courtney, L., Kelly A. O'Neil, Sarah A. Crawley, Rinad S. Beidas, Meredith Coles y Philip C. Kendall: «Patterns and Predictors of Subjective Units of Distress in Anxious Youth». *Behavioural and Cognitive Psychotherapy* 38, núm. 4 (julio de 2010): 497-504. https://doi.org/10.1017/s1352465810000287.

Bernston, Gary G., y John T. Cacioppo: «Heart Rate Variability: Stress and Psychiatric Conditions». En Dynamic Electrocardiography, editado por Marek Malik y A. John Camm, 57-64. Oxford, Reino Unido: Blackwell Publishing, 2004.

Bernston, Gary G., John T. Cacioppo y Karen S. Quigley: «Autonomic Determinism: The Modes of Autonomic control, the Doctrine of Autonomic Space, and the Laws of Autonomic Constraint». *Psychological Review* 98, núm. 4 (1991): 459-87, https://doi.org/10.1037/0033-295X.98.4.459.

Biber, David D. y Rebecca Ellis: «The Effect of Self-Compassion on the Self-Regulation of Health Behaviors: A Systematic Review». *Journal of Health Psychology* 24, núm. 14 (junio de 2017): 2060-71. https://doi.org/10.1177/1359105317713361.

Blog de notas de Kendo: «"Soft Eyes", a Way of Seeing and Being – Quotes and Resources». Colgado el 21 de diciembre de 2018. https://kendonotes.wordpress.com/2018/12/21/quotes-on-soft-eyes-a-way-to-see/.

Brazelton, T. Berry: «T. Berry Brazelton Quotes». Quote Fancy. Entrada del 18 de mayo de 2021. https://quotefancy.com/t-berry-brazelton-quotes.

Brazelton, T. Berry y Joshua D. Sparrow: *Touchpoints: Birth to Three: Your Child's Emotional and Behavioral Development.* 2.ª ed. Cambridge, Massachusetts: Perseus Group, 2006.

Breit, S., A. Kupferberg, G. Rogler y G. Hasler. «Vagus Nerve as Modulator of the Brain-Gut Axis in Psychiatric and Inflammatory Disorders». *Frontiers in Psychiatry* 9, núm. 44 (2018). doi:10.3389/fpsyt.2018.00044.

Brooks, A.W.: «Get Excited: Reappraising Pre-Performance Anxiety as Excitement». *Journal of Experimental Psychology: General* 143, núm. 3 (2014): 1144-58. https://doi.org/10.1037/a0035325.

Brown, Richard y Patricia Gerberg: *The Healing Power of Breath: Simple Techniques to Reduce Stress and Anxiety, Enhance Concentration, and Balance Your Emotions.* Boston: Shambhala, 2012.

Bush, Nicole R., Karen Jones-Mason, Michael Coccia, Zoe Caron, Abbey Alkon, Melanie Thomas, Elissa Epel, *et al.*; «Effects of Pre and Postnatal Maternal Stress on Infant Temperament and Autonomic Nervous System Reactivity and Regulation in a Diverse, Low-Income Population». *Development and Psychopathology* 29, núm. 5 (diciembre de 2017): 1553-71. https://doi.org/10.1017/s0954579417001237.

Cacioppo, John T., y Stephanie Cacioppo: «The Growing Problem of Loneliness». *The Lancet* 391, núm. 10119 (febrero de 2018): 426. https://doi.org/10.1016/S0140-6736(18)30142-9.

Carter, C. Sue: «Oxytocin Pathways and the Evolution of Human Behavior». *Annual Review of Psychology* 65, núm. 1 (septiembre de 2013): 17-39. https://doi.org/10.1146/annurev-psych-010213-115110.

Centro Nacional de Información de la Biotecnología: «What is "Normal" Sleep?». A través de InformedHealth.org y del Instituto de Calidad y Eficacia de la Salud Pública. Entrada del 18 de mayo de 2021. https://www.ncbi.nlm.nih.gov/books/NBK279322/.

Christensen, Jacquelyn S., Heather Wild, Erin S. Kenzie, Wayne Wakeland, Deborah Budding y Connie Lillas: «Diverse Autonomic Nervous System Stress Response Patterns in Childhood Sensory Modulation». *Frontiers in Integrative Neuroscience* (febrero de 2020). https://doi.org/10.3389/fnint.2020.00006.

Cigna: «Cigna U.S. Loneliness Index». Mayo de 2018. Entrada del 18 de mayo de 2021. https://www.cigna.com/assets/docs/newsroom/loneliness-surveu-2018-full-report.pdf.

Clark, Andy: «Whatever Next? Predictive Brains, Situated Agents, and the Future of Cognitive Science». *Behavioral and Brain Sciences* 36, núm. 3 (junio de 2013): 181-204. https://doi.org/10.1017/S0140525X12000477.

Clínica de Cleveland: «Stress». Texto revisado el 28 de enero de 2021. Entrada del 13 de mayo de 2021. https://my.clevelandclinic.org/health/articles/11874-stress.

Clínica Mayo: «Nutrition and Healthy Eating». Entrada del 17 de mayo de 2021. https://www.mayoclinic.org/healthy-lifestyle/nutrition-and-healthy-eating/in-depth/water/art-20044256.

Craig, A.D.: *How Do You Feel? An Interoceptive Moment with Your Neurobiological Self.* Princeton, New Jersey: Princeton University Press, 2014.

—: «How Do You Feel? Interoception: The Sense of the Physiological Condition of the Body». *Nature Reviews Neuroscience* 3 (agosto de 2002): 655-66- https://doi.org/10.1038/nrn894.
Crosswell, Alexandra D., Michael Coccia y Elissa Epel: «Mind Wandering and Stress: When You Don"t Like the Present Moment». *Emotion* 20, núm. 3 (abril de 2020): 403-12. https://doi.org/10.1937/emo0000548.
Dana, Deb: *La teoría polivagal: cómo unirse al ritmo de la regulación.* Barcelona: Editorial Eleftheria, 2020.
—: «Reaching Out in Nervous Times: Polyvagal Theory Encounters Teletherapy». Psychotherapy Newworker, noviembre / diciembre de 2020. https://www.psychotherapynetworker.org/magazine/article/2507/reaching-out-in-nervous-times.
De Cero a Tres: «Judgment». https://www.zerotothree.org/resources/series/judgment.
De Cero a Tres: «National Parent Survey Overview and Key Insights». 6 de junio de 2016. https://www.zerotothree.org/resources/1424-national-parent-survey-overview-and-key-insights.
De Cero a Tres: «Parent Survey Reveals Expectation Gap for Parents of Young Children». Actualizado el 13 de octubre de 2016. https://www.zerotothree.org/resources/1612-parent-survey-reveals-expectation-gap-for-parents-of-young-children.
De Cero a Tres: «Responsive Care: Nurturing a Strong Attachment through Everyday Moments». 22 de febrero de 2016. https://www.zerotothree.org/resources/230-responsive-care-nurturing-a-strong-attachment-through-everyday-moments.
DeGangi, Georgia A., Janet A. Dipietro, Stanley I. Greenspan y Stephen Porges: «Psychophysiological Characteristics of the Regulatory Disordered Infant». *Infant Behavior and Development* 14, núm. 1 (1991): 37-50. https://doi.org/10.1016/0163-6383(91)90053-U.
Delahooke, Mona: *Más allá de la conducta.* Madrid: Anaya Multimedia, 2021.
Departamento Estadounidense de la Consejería de Educación por los Derechos Civiles: «Data Snapshot: Early Childhood Education». Comunicado breve núm. 2 de marzo de 2014. https://www.2.ed.gov/about/offices/list/ocr/docs/crdc-early-learning-snapshot.pdf.

Diamond, Adele: «Executive Functions». Annual Review of Psychology 64 (2013): 135-68. https://doi.org/10.1146/annurev-psych-113011-143750.

Di Pellegrino, G., Fadiga, L. Fogassi, V. Gallese y G. Rizzolantti. «Understanding Motor Events: A Neurophysiological Study». *Experimental Brain Research* 91 (octubre de 1992): 176-80. https://doi.org/10.1007/BF00230027.

Doom, J.R. y M.R. Gunnar: «Stress in Infancy and Early Childhood: Effects on Development». En *International Encyclopedia of the Social & Behavioral Sciences*. 2.ª ed. Editado por James D. Wright, 577-82. Oxford: Elsevier, 2015.

Duckworth, Angela: *Grit: El poder de la pasión y la perseverancia*. Books4pocket, Madrid: Urano, 2021.

Duckworth, Angela y Stephanie M. Carlson: «Self-Regulation and School Success». En *Self-Regulation and Autonomy: Social and Developmental Dimensions of Human Conduct*. Editado por Bryan W. Sokol, Frederick M.E. Grouzet y Ulrich Müller, 208-30. Nueva York: Cambridge University Press, 2013.

Ebisch, Sjoerd J., Tiziana Aureli, Daniela Bafunno, Daniela Cardone, Gian Luca Romani y Arcangelo Merla: «Mother and Child in Synchrony: Thermal Facial Imprints of Autonomic Contagion». *Biological Psychology* 89, núm. 1 (enero de 2012): 123-29. https://doi.org/10.1016/j.biopsycho.2011.09.018.

Eger, Edith: «There Will Never Be Another YOU!» Video. Colgado el 29 de septiembre de 2019. https://www.facebook.com/GenWNow/videos/807562599641758.

«Embrace2»: Empatica. Entrada del 25 de mayo de 2021. https://www.empatica.com/embrace2/.

Epel, Elissa, Jennifer Daubenmier, Judith T. Moskowitz, Susan Folkman y Elizabeth Blackburn. «Can Meditation Slow Rate of Cellular Aging? Cognitive Stress, Mindfulness, and Telomeres». *Annals of the New York Academy of Sciences* 1172, núm. 1 (agosto de 2009): 34-53. https://dx.doi.org/10.1111%2Fj.1749-6632.2009.04414.x.

Epel, Elissa, Eli Puterman, Jue Lin, Elizabeth Blackburn, Alanie Lazaro y Wendy Berry Mendes. «Wandering Minds and Aging Cells». *Clinical Psychological Science* 1, núm. 1 (noviembre de 2012): 75-83. https://doi.org/10.1177/2167702612460234.

Equipo de trabajo sobre el síndrome de muerte súbita infantil: «SIDS and Other Slepp-Related Infant Deaths: Updated 2016 Recommendations for a Safe Infant Sleeping Environment». *Pediatrics* 138, núm. 5 (noviembre de 2016). https://doi.org/10.1542/peds.2016-2938.

Eshel, Neir, Bernadette Daelmans, Meena Cabral de Mello y José Martines: «Responsive Parenting: Interventions and Outcomes». *Bulletin of the World Health Organization* 84 (2006): 992-99. https://doi.org/10.2471/blt.06.030163.

Facultad de Medicina de Stanford, Centro de Investigación y Educación de la Compasión y el Altruismo. «Emotion Resonance». Entrada del 18 de mayo de 2021. http://ccare.stanford.edu/research/wiki/compassion-definitions/emotion-resonance/.

Feldman, Ruth: «The Adaptive Human Parental Brain: Implications for Children's Social Development». *Trends in Neurosciences* 38, núm. 6 (junio de 2015): 387-99. https://doi.org/10.1016/j.tins.2015.04.004.

—: «Infant-Mother and Infant-Father Synchrony: The Coregulation of Positive Arousal». *Infant Mental health Journal* 24, núm. 1 (enero / febrero de 2003): 1-23. https://doi.org/10.1002/imhj.10041.

Feldman, Ruth, Romi Magori-Cohen, Giora Galili, Magi Singer y Yoram Louzoun. «Mother and Infant Coordinate Heart Rhythms through Episodes of Interaction Synchrony». *Infant Behavior and Development* 34, núm. 4 (diciembre 2011): 569-77. https://doi.org/10.1016/j.infbeh.2011.06.008.

Fishman, Joanna: «Positive Psychology: The Benefits of Living Positively». PsychCentral, 11 de marzo de 2013. https://psychcentral.com/blog/positive-psychology-the-benefits-of-living-positively#1.

Fogel, Alan: *Developing through Relationships: Origins of Communication, Self and Culture*. Chicago: University of Chicago Press, 1993.

Fox, Andrew S., Regina C. Lapate, Alexander J. Shackman y Richard J. Davidson, editores: *The Nature of Emotion: Fundamental Questions*. Nueva York: Oxford University Press, 2018.

Fraley, Chris R., Glenn I. Roisman y John D. Haltigan: «The Legacy of Early Experiences in Development: Formalizing Alternative Models of How Early Experiences Are Carried Forward over Time». *Developmental Psychology* 49, núm. 1 (enero de 2013): 109-26. https://doi.org/10.1037/a0027852.

Garber, Benjamin D.: «For the Love of Fluffy: Respecting, Protecting, and Empowering Transitional Objects in the Context of High-Conflict Divorce». *Journal of Divorce & Remarriage* 60, núm. 7 (2019): 552-65. https://doi.org/10.1080/10502556.2019.1586370.

Garstein, Maria A., Gregory R. Hancock y Sydney L. Iverson: «Positive Affectivity and Fear Trajectories in Infancy: Contributions of Mother-Child Interaction Factors». *Child Development* 89, núm. 5 (septiembre de 2018): 1519-34. https://doi.org/10.1111/cdev.12843.

Gerbarg, Patricia y Richard Brown: «Neurobiology and Neurophysiology of Breath Practices in Psychiatric Care». *Psychiatric Times* 33, núm. 11 (noviembre de 2016). https://www.psychiatrictimes.com/view/neurobiology-and-neurophysiology-breath-practices-psychiatric-care.

Gianino, A. y E.Z. Tronick: «The Mutual Regulation Model: The Infant's Self and Interactive Regulation and Coping and Defensive Capacities». En *Stress and Coping across Development*. Editado por Tiffany M. Field, Philip McCabe y Neil Schneiderman, 47-68. Hillsdale, New Jersey: Erlbaum, 1988.

Gillespie, Linda: «It Takes Two: The Role of Co-Regulation in Building Self-Regulation Skills». De Cero a Tres. https://www.zerotothree.org/resources/1777-it-takes-two-the-role-of-co-regulation-in-building-self-regulation-skills.

Goldstein, Andrea N. y Matthew P. Walker: «The Role of Sleep in Emotional Brain Function». *Annual Review of Clinical Psychology* 10 (marzo de 2014): 679-708. https://dx.doi.org/10.1146%2Fannurev-clinpsy-032813-153716.

Gray, Sarah A.O., Christopher W. Jones, Katherine P. Theall, Erin Glackin y Stacy S. Drury: «Thinking across Generations: Unique Contributions of Maternal Early Life and Prenatal Stress to Infant Physiology». *Journal of the American Academy of Child and Adolescent Psychiatry* 56, núm. 11 (noviembre de 2017): 922-29. https://doi.org/10.1016/j.jaac.2017.09.001.

Greene, Ross: *The Explosive Child: A New Approach for Understanding and Parenting Easily Frustrated, Chronically Inflexible Children*. Nueva York: Harper Collins, 1998.

Greenspan, Stanley: «The Greenspan Floortime Approach: Interaction». The Greenspan Floortime Approach. Entrada del 13 de mayo de 2021. https://www.stanleygreenspan.com/tags/interaction.
—: *Infancy and Early Childhood: The Practice of Clinical Assessment and Intervention with Emotional and Developmental Challenges*. Madison, Connecticut: International Universities Press, 1992.
Greenspan, Stanley y Nancy Breslau Lewis: *Building Healthy Minds: The Six Experiences That Create Intelligence and Emotional Growth in Babies and Young Children*. Nueva York: Da Capo Press, 1999.
Greenspan, Stanley y Serena Wieder: *Infant and Early Childhood Mental Health: A Comprehensive Developmental Approach to Assessment and Intervention*. Washington, DC: American Psychiatric Publishing, 2006.
Hanson, Rick: *El cerebro de Buda: la neurociencia de la felicidad, el amor y la sabiduría*. Santander: Editorial Milrazones, 2011.
—: *Resiliente: cómo desarrollar un inquebrantable núcleo de calma, fuerza y felicidad*. Móstoles: Gaia Ediciones, 2020.
Harshaw, Christopher: «Interoceptive Dysfunction: Toward an Integrated Framework for Understandig Somatic and Affective Disturbance in Depression». *Psychological Bulletin* 141, núm. 2 (marzo de 2015): 311-63. https://doi.org/10.1037/a0038101.
Hatfield, Elaine, Lisamerie Bensman, Paul Thornton y Richard Rapson: «New Perspectives on Emotional Contagion: A Review of Classic and Recent Research on Facial Mimicry and Contagion». *Interpersona: An International Journal on Personal Relationships* 8, núm. 2 (diciembre de 2014): 159-79. https://doi.org/10.5964/ijpr.v8i2.162.
Hohman, Emily E., Ian M. Paul, Leann L. Birch y Jennifer S. Savage: «INSIGHT Responsive Parenting Intervention Is Associated with Healthier Patterns of Dietary Exposures in Infants». *Obesity* 25, núm. 1 (2017): 185-91. https://dx.doi.org/10.1002%2Foby.21705.
Hong-feng Gu, Chao-ke Tang y Yong-zong Yang: «Psychological Stress, Immune Response, and Atheroseclrosis». *Atherosclerosis* 223, núm. 1 (julio de 2012): 69-77. https://doi.org/10.1016/j.atherosclerosis.2012.01.021.

Howland, Robert: «Vagus Nerve Stimulation». *Current Behavioral Neuroscience Reports* 1, núm. 2 (junio de 2014): 64-73. https://doi.org/10.1007/s40473-014-0010-5.

Iacoboni, Marco: *Las neuronas espejo: empatía, neuropolítica, autismo, imitación o de cómo entendemos a los otros*. Katz Editores / Katz Barpal, S.L. Madrid, 2009.

Immordino-Yang, Mary Helen, Linda Darling-Hammond y Christina R. Krone: «Nurturing Nature: How Brain Development Is Inherently Social and Emotional, and What This Means for Education». *Educational Psychologist* 54, núm. 3 (2019): 185-204. https://doi.org/10.1080/00461520.2019.1633924.

Jerath, Ravinder, Molly W. Crawford, Vernon A. Barnes y Kyler Harden: «Self-Regulation of Breathing as a Primary Treatment for Anxiety». *Applied Psychophysiology and Biofeedback* 40, núm. 2 (2015): 107-15. https://doi.org/10.1007/s10484-015-9279-8.

Johnson, Jeremy D., Katherine Cocker y Elisabeth Chang: «Infantile Colic: Recognition and Treatment». *American Family Physician* 92, núm. 7 (octubre de 2015): 577-82. https://www.aafp.org/afp/2015/1001/p577.html.

Kabat-Zinn, Jon: *Vivir con plenitud las crisis: cómo utilizar la sabiduría del cuerpo y la mente para afrontar el estrés, el dolor y la ansiedad*. Barcelona: Editorial Kairós, 2015.

Keysers, Christian y Valeria Gazzola: «Hebbian Learning and Predictive Mirror Neurons for Actions, Sensations, and Emotions». *Philosophical Transactions of the Royal Society of London, Series B, Biological Sciences* 369, núm. 1644 (2014). https://doi.org/10.1098/rstb.2013.0175.

Koulivand, Peir Hossein, Maryam Khaleghi Ghadiri y Ali Gorji: «Lavender and the Nervous System». *Evidence-Based Complementary and Alternative Medicine* (2013). https://dx.doi.org/10.1155%2F2013%2F681304.

Landry, Susan H., Karen E. Smith, Paul R. Swank y Cathy Guttentag: «A Responsive Parenting Intervention: The Optimal Timing across Early Childhood for Impacting Maternal Behaviors and Child Outcomes». *Developmental Psychology*, 44, núm. 5 (diciembre de 2008): 1335-53. https://dx.doi.org/10.1037%2Fa0013030.

Lansbury, Janet: *Elevating Child Care: A Guide to Respectful Parenting*. Los Angeles: JLML Press, 2014.
Levine, Peter: *Healing Trauma: A Pioneering Program for Restoring the Wisdom of Your Body*. Aurora, California: Sounds True, 2008.
Lillas, Connie: «Handouts». Instituto de Infraestructuras Neurorrelacionales. 18 de octubre de 2021. https://nrfr2r.com/for-families/.
—: «NRF Foundations Manual» (de próxima aparición a la venta). Instituto de Infraestructuras Neurorrelacionales. 18 de octubre de 2021. https://nrfr2r.com/nrf-manuals/.
Lillas, Connie y Janiece Turnbull: *Infant/Child Mental Health, Early Intervention, and Relationship-Based Therapies: A Neurorelational Framework for Interdisciplinary Practice*. Nueva York: W.W. Norton, 2009.
Loman, Michelle M. y Megan R. Gunnar: «Early Experience and the Development of Stress Reactivity and Regulation in Children». *Neuroscience and Biobehavioral Reviews* 34, núm. 6 (2010): 867-76. https://doi.org/10.1016/j.neubiorev.2009.05.007.
López, Christophe: «Making Sense of the Body: The Role of Vestibular Signals». *Multisensory Research* 28, núm. 5-6 (julio de 2015): 525-57. https://doi.org/10.1163/22134808-00002490.
Luthar, Suniya S. y Lucia Ciciolla: «Who Mothers Mommy? Factors That Contribute to Mothers' Well-Being». *Developmental Psychology* 51, núm. 12 (2015): 1812-23. https://doi.org/10.1037/dev0000051.
Ma Xiao, Yue Zi-Qi, Gong Zhu-Qing, Zhang Hong, Duan Nai-Yue, Shi Yu-Tong, We Gao-Xia y Li You-Fa: «The Effect of Diaphragmatic Breathing on Attention, Negative Affect, and Stress in Healthy Adults». *Frontiers in Psychology* 8, núm. 874 (junio de 2017). https://dx.doi.org/10.3389%2Ffpsyg.2017.00874.
Mahler, Kelly: *Interoception: The Eighth Sensory System*. Shawnee Mission, Kansas: AAPC Publishing, 2015.
Malik, Rasheed: «New Data Reveal 250 Preschoolers Are Suspended or Expelled Every Day». Centro para el Progreso de América, 6 de noviembre de 2017. https://www.americanprogress.org/issues/early-childhood/news/2017/11/06/442280/new-data-reveal-250-preschoolers-suspended-expelled-every-day/.
Massey, William y John Geldhof: «High Quality Recess Contributes to the Executive Function, Emotional Self-Control, Resilience, and

Positive Classroom Behavior in Elementary School Children». Estudio realizado por la Universidad del Estado de Oregon, Facultad de Salud Pública y Ciencias Humanas, en octubre de 2019. https://www.playworks.org/wp-content/uploads/2019/12/Recess-Outcomes-Study-2019-One-Pager-Only-v3.pdf.

McClelland, Megan M., Claire Cameron Ponitz, Emily E. Messersmith y Shauna Tominey: «Self-Regulation: The Integration of Cognition and Emotion». En *The Handbook of Life-Span Development, Volume 1: Cognition, Biology, and Methods*. Editado por Richard Lerner y Willis Overton, 509-53. Hoboken, New Jersey: Wiley, 2010.

McEwen, Bruce: «Protective and Damaging Effects of Stress Mediators». *New England Journal of Medicine* 338, núm. 3 (enero de 1998): 171-79. https://doi.org/10.1056/nejm199801153380307.

McEwen, Bruce: «Protective and Damaging Effects of Stress Mediators: Central Role of the Brain». *Dialogues in Clinical Neuroscience*, 8, núm. 4 (diciembre de 2006): 367-81. https://doi.org/10.31887/DCNS.2006.8.4/bmcewen.

McEwen, Bruce y Elizabeth Norton Lasley: *The End of Stress as We Know It*. Washington, DC: Joseph Henry Press, 2002.

Mehling, Wolf E., Cynthia Price, Jennifer J. Daubenmier, Mike Acree, Elizabeth Bartmess y Anita Stewart: «The Multidimensional Assessment of Interoceptive Awareness». *PLoS ONE* 7, núm. 11 (2012). https://doi.org/10.1371/journal.pone.0048230.

Miller, Lucy Jane: *Sensational Kids: Hope and Help for Children with Sensory Processing Disorder*. Nueva York: Penguin Books, 2007.

Mindell, Jodi A., Albert M. Li, Avi Sadeh, Robert Kwon y Daniel Y.T. Goh: «Bedtime Routines for Young Children: A Dose-Dependent Association with Sleep Outcomes». *Sleep* 38, núm. 5 (mayo de 2015): 717-22- https://doi.org/10.5665/sleep.4662.

Mindell, Jodi A. y Ariel A. Williamson: «Benefits of a Bedtime Routine in Young Children: Sleep, Development, and Beyond». *Sleep Medicine Reviews* 40, núm. 93 (agosto de 2018): 93-108.https://doi.org/10.1016/j.smrv.2017.10.007.

Montroy, J.J., R.P. Bowles, L.E. Skibbe, M.M. McClelland y F.J. Morrison: «The Development of Self-Regulation across Early Childhood». *Developmental Psychology* 52, núm. 11 (2016): 1744-62. https://doi.org/10.1037/dev0000159.

Neff, Kristin: *Sé amable contigo mismo: el arte de la compasión hacia uno mismo.* Barcelona: Paidós Ibérica, 2016.

Neff, Kristin y Christopher Germer: *Cuaderno de trabajo de mindfulness y autocompasión: un método seguro para aumentar la fortaleza y el desarrollo interior y para aceptarse a uno mismo.* Bilbao: Desclée de Brower, 2021.

Neff, Kristin y Christopher Germer: «A Pilot Study and Randomized Controlled Trial of the Mindful Self-Compassion Program». *Journal of Clinical Psychology* 69, núm. 1 (enero de 2013). https://doi.org/10.1002/jclp.21923.

Ngan Kuen Lai, Tan Fong Ang, Lip Yee Por y Chee Sun Liew: «The Impact of Play on Child Development – A Literature Review». *European Early Childhood Education Research Journal* 26, núm. 5 (septiembre de 2018): 625-43. http://dx.doi.org/10.1080/1350293X.2018.1522479.

Pascoe, Michaela C., David R. Thompson, Zoe M. Jenkins y Chantal F. Ski.: «Mindful Mediates the Physiological Markers of Stress: Systematic Review and Meta-Analysis». *Journal of Psychiatric Research* 95 (diciembre de 2017): 156-78. https://doi.org/10.1016/jpsychires.2017.08.004.

Paul, Ian M., Jennifer S. Savage, Stephanie Anzman-Frasca, Michele E. Marini, Jodi A. Mindell y Leann L. Birch: «INSIGHT Responsive Parenting Intervention and Infant Sleep». *Pediatrics* 138, núm. 1 (julio de 2016). https://doi.org/10.1542/peds.2016-0762.

Pearson, Jolene: «Pathways to Positive Parenting: Helping Parents Nurture Healthy Development in the Earliest Months». Washington, DC: De Cero a Tres, 2016.

Perry Bruce y Maia Szalavitz: *The Boy Who Was Raised as a Dog: And Other Stories from a Child Psychiatrist"s Notebook.* Nueva York: Basic Books, 2006.

Phillips, Lauren: «Move Over, Hygge, Gezellig Is the Trendy Danish Lyfestyle Philosophy to Try». *Real Simple*, 1 de octubre de 2019. https:// www.realsimple.com/work-life/life-strategies/gezellig-meaning.

Porges, Stephen: «The Infant's Sixth Sense: Awareness and Regulation of Bodily Processes». *Zero to Three* 14 (1993): 12-16. https://www.rti.org/publication/infants-sixth-sense-awareness-and-regulation-bodily-processes.

Porges, Stephen: «Neuroception: A Subconscious System for Detecting Threats and Safety». *Zero to Three* 24, núm. 5 (mayo de 2004): 19-24. https://eric-ed.gov/?id=EJ938225.

Porges, Stephen: «The Neurophysiology of Safety and How to Feel Safe». *NourishBalanceThrive* podcast, 25 de septiembre de 2020. https://nourishbalancethrive.com/podcasts/nourish-balance-thrive/neurophysiology-safety-and-how-feel-safe/.

Porges, Stephen: *Guía de bolsillo de la teoría polivagal: el poder transformador de sentirse seguro*. Barcelona: Editorial Eleftheria, S.L., 2020.

Porges, Stephen: *La teoría polivagal: fundamentos neurofisiológicos de las emociones, el apego, la comunicación y la autorregulación*. Madrid: Ediciones Pléyades, S.A., 2017.

Porges, Stephen: «The Polyvagal Theory: New Insights into Adaptive Reactions of the Autonomic Nervous System». *Cleveland Clinic Journal of Medicine* 76, núm. 4 suplemento 2 (febrero de 2009): S86-S90. http://doi.org/10.3949/ccjm.76.s2.17.

Porges, Stephen: «Polyvagal Theory and Regulating Our Bodily State». Entrevista de D. Brown. Podcast titulado *Affect Autism*, 24 de agosto de 2020. http://affectautism.com/2020/08/24/polyvagal/.

Porges, Stephen: «Reciprocal Influences between Body and Brain in the Perception and Expression of Affect: A Polyvagal Perspective». En *The Healing Power of Emotion: Affective Neuroscience, Development, and Clinical Practice*. Editado por Diana Fosha, Daniel J. Siegel y Marion F. Solomon, 27-54. Nueva York: W.W. Norton, 2009.

Porges, Stephen: «Stephen Porges (Polyvagal Perspective and Sound Sensitivity Research)». The International Misophonia Research Network. Entrada del 13 de mayo de 2021. https:/misophonia-research.com/stephen-porges/.

Porges, Stephen y Deb, Dana, editores: *Clinical Applications of the Polyvagal Theory: The Emergence of Polyvagal-Informed Therapies*. Nueva York: W.W. Norton, 2018.

Porges, Stephen y Senta A. Furman: «The Early Development of the Autonomic Nervous System Provides a Neural Platform for Social Behavior: A Polyvagal Perspective». *Infant and Child Development* 20, núm. 1 (febrero de 2011): 106-18. https://doi.org/10.1002/icd.688.

Posner, Jonathan, James A. Russell y Bradley S. Peterson: «The Circumplex Model of Affect: An Integrative Approach to Affective Neuroscience, Cognitive Development, and Psychopathology». *Development and Psychopathology* 17, núm. 3 (verano de 2005): 715-34- https://doi.org/10.1017/S0954579405050340.

Pryce, Cynthia J. y Carole Hooven: «Interoceptive Awareness Skills for Emotion Regulation: Theory and Approach of Mindful Awareness in Body-Oriented Therapy (MABT)». *Frontiers in Psychology* 9, núm. 798 (mayo de 2018). https://doi.org/10.3389/fpsyg.2018.00798.

Raby, K. Lee, Glenn I. Roisman, R. Chris Fraley y Jeffry A. Simpson: «The Enduring Predictive Significance of Early Maternal Sensitivity: Social and Academic Competence Through Age 32 Years». *Child Development* 86, núm. 3, (mayo-junio 2015): 695-708. https://doi.org/10.1111/cdev.12325.

REAL ACADEMIA ESPAÑOLA: *Diccionario de la lengua española*, 23.ª ed. [versión 23.5 en línea]. <https://dle.rae.es> [diciembre 2022].

Rozin, Paul y Edward B. Royzman: «Negativity Bias, Negativity Dominance, and Contagion». *Personality and Social Psychology Review* 5, núm. 4 (noviembre de 2001): 296-320. https://doir.org/10.1207/S15327957PSPR0504_2.

Russell, James A. y Lisa Feldman Barrett: «Core Affect, Prototypical Emotional Episodes, and Other Things Called Emotion: Dissecting the Elephant». *Journal of Personality and Social Psychology* 76, núm. 5 (mayo de 1999): 805-19. https://doi.org/10.1037//0022-3514.76.5.805.

Salovey, Peter y John D. Mayer: «Emotional Intelligence». *Imagination, Cognition and Personality* 9, núm. 3 (marzo de 1990): 185-211. https://doi.org/10.2190%2FDUGG-P24E-52WK-6CDG.

Savage, Jennifer S., Emily E. Hohman, Michele E. Marini, Amy Shelly, Ian M. Paul y Leann L. Birch: «INSIGHT Responsive Parenting Intervention and Infant Feeding Practices: Randomized Clinical

Trial». *International Journal of Behavioral Nutrition and Physical Activity* 15, núm. 64 (julio de 2018). https://doi.org/10.1186/s12966-018-0700-6.

Schaaf, Roseann C. y Lucy Jane Miller: «Occupational Therapy Using a Sensory Integrative Approach for Children with Developmental Disabilities». Mental Retardation and Developmental Disabilites Research Reviews 11, núm. 2 (abril de 2005): 143-48. https://doi.org/10.1002/mrdd.20067.

Schnabel, Alexandra, David J. Hallford, Michelle Stewart, Jane A. Mcgillivray, David Forbes y David W. Austin: «An Initial Examination of Post-Traumatic Stress Disorder in Mothers of Children with Autism Spectrum Disorder: Challenging Child Behaviors as Criterion A Traumatic Stressors». *Autism Research* 13, núm. 9 (septiembre de 2020): 1527-36. https://doi.org/10.1002/aur.2301.

Seligman, Martin: *La vida que florece*. Barcelona: B, Penguin Random House Mondadori, 2011.

Seligman, Martin, Tracy A. Steen, Nansook Park y Christopher Peterson: «Positive Psychology Progress: Empirical Validation of Interventions». *American Psychologist* 60, núm. 5 (julio-agosto de 2005): 410-21. https://doi.org/10.1037/0003-066X.60.5.410.

Skanker, Stuart: *Reframed: Self-Reg for a Just Society*. Toronto: University of Toronto Press, 2020.

Shonkoff, Jack P. y Deborah A. Phillips, editores: *From Neurons to Neighborhoods: The Science of Early Childhood Development*. Washington, DC: The National Academies Press, 2000.

Siegel, Daniel: *The Mindful Brain: Reflection and Attunement in the Cultivation of Well-Being*. Nueva York: W.W. Norton, 2007.

Siegel, Daniel y Tina Payne Bryson: *The Whole-Brain Child: 12 Revolutionary Strategies to Nurture Your Child's Developing Mind*. Nueva York, Random House, 2011.

Siegel, Daniel y Mary Hartzell: *Parenting from the Inside Out: How a Deeper Self-Understanding Can Help You Raise Children Who Thrive*. Nueva York: Penguin, 2004.

Southwick, Steven y Dennis Charney: *Resilience: The Science of Mastering Life's Greatest Challenges*. Cambridge: Cambridge University Press, 2018.

Stanfield, Cindy: *Principios de fisiología humana*. Madrid: Addison Wesley, 2011.
Steiner, Claude: «What Is Emotional Literacy?», extraído de Hábitos sobre el Bienestar. Entrada del 18 de mayo de 2021. https://www.habitsforwellbeing.com/what-is-emotional-literacy/.
Streeter, Chris C., Patricia L. Gerbarg, Theodore H. Whitfield, Liz Owen, Jennifer Johnston, Marisa M. Silveri, Marysia Gensler, *et al.*: «Treatment of Major Depressive Disorder with Iyengar Yoga and Coherent Breathing: A Randomized Controlled Dosing Study». *Journal of Alternative and Complementary Medicine* 23, núm. 3 (marzo de 2017). https://doi.org/20.1089/acm.2016.0140.
Taj-Eldin, Mohammed, Christian Ryan, Brendan O''Flynn y Paul Galvin: «A Review of Wearable Solutions for Physiological and Emotional Monitoring for Use by People with Autism Spectrum Disorder and Their Caregivers». *Sensors* 18, núm. 12 (diciembre de 2018): 4271. https://doi.org/10.3390/s18124271.
Tronick, Edward: *The Neurobehavioral and Social-Emotional Development of Infants and Children*. Nueva York: W.W. Norton, 2007.
Tronick, Edward y Marjorie Beeghly: «Infants' Meaning-Making and the Development of Mental Health Problems». *American Psychologist* 66, núm. 2 (febrero-marzo de 2011): 107-19. https://doi.org/10.1037/a0021631.
Twal, Waleed O., Amy E. Wahlquist y Sundaravadivel Balasubramanian: «Yogic Breathing When Compared to Attention Control Reduces the Levels of Pro-Inflammatory Biomarkers in Saliva: A Pilot Randomized Controlled Trial». *BMC Complementary and Alternative Medicine* 16, núm. 294 (agosto de 2016). https://doi.org/10.1186/s12906-016-1286-7.
Universidad de Harvard, Centro de Desarrollo Infantil: «Brain Architecture». Entrada del 18 de mayo de 2021. https://developingchild.harvard.edu/key-concepts/brain-architecture/#neuron-footnote.
Universidad de Harvard, Centro de Desarrollo Infantil: «Resilience». Entrada del 17 de mayo de 2021. https://developingchild.harvard.edu/science/key-concepts/resilience/.
Universidad de Harvard, Centro de Desarrollo Infantil: «The Science of Adult Capabilities». Entrada del 17 de mayo de 2021. https://developingchild.harvard.edu/science/deep-dives/adult-capabilites/.

Universidad de Harvard, Centro de Desarrollo Infantil: «Serve and Return». Entrada del 17 de mayo de 2021. Hettps://developingchild.harvard.edu/science/key-concepts/serve-and-return/.

Van der Kolk, Bessel: *El cuerpo lleva la cuenta: cerebro, mente y cuerpo en la superación del trauma.* Barcelona: Editorial Eleftheria, S.L., 2020.

Vygotsky, Lev S.: *El desarrollo de los procesos psicológicos superiores.* Barcelona: Editorial Crítica, Grupo Planeta, 2003.

Walker, Matthew: «Sleep Is Your Superpower». Filmado en abril de 2019 en una Conferencia TED. https://www.ted.com/talks/matt_walker_sleep_is_your_superpower.

—: *Why We Sleep: Unlocking the Powers of Sleep and Dreams.* Nueva York: Scribner, 2017.

Waters, Sara F., Tessa V. West y Wendy Berry Mendes: «Stress Contagion: Physiological Covariation between Mothers and Infants». *Psychological Science* 25, núm. 4 (abril de 2014): 934-42- https://doi.org/10.1177/0956797613518352.

Wiking, Meik: *The Little Book of Hygge: Danish Secrets to Happy Living.* Nueva York: Harper Collins 2017.

Winnicott, Donald W: «Mirror-Role of Mother and Family in Child Development». En *Playing and Reality* 2.ª ed., 149-59. Londres: Routledge Classics, 2005.

Wolpe, Joseph: *The Practice of Behavior Therapy.* Londres: Pergamon Press, 1973.

Yogman, Michael, Andrew Garner, Jeffrey Hutchinson, Kathy Hirsh-Pasek, Roberta Michnick Golinkoff, Comité sobre los Aspectos Psicosociales de la Salud Infantil y Familiar, y Consejo sobre Comunicación y Medios de Comunicación: «The Power of Play: A Pediatric Role in Enhancing Development in Young Children». *Pediatrics* 142, núm. 3 (septiembre de 2018): 1-17. https://psycnet.apa.org/record/2018-54541-014.

Zessin, Ulli, Oliver Dickhäuser y Sven Garbade: «The Relationship between Self-Compassion and Well-Being: A Meta-Analysis». *Applied Psychology: Health and Well-Being* 7, núm. 3 (noviembre de 2015): 340-64. https://doi.org/10.1111/aphw.12051.

Índice

«A ver, a ver...», 217-221
abuela, corregulación, 172
Academia Americana de Pediatría
   juego, 387
   sueño, 317
Academia Nacional de las Ciencias, de Ingeniería y de Medicina, 204
actividad electrodérmica, 104
adaptativo/a
   conductas, 41, 96
   instinto basado en la supervivencia, 202
   integración sensorial, 249
   Jean Ayres, 249
   padres, 190, 230
   vías, 108-109, 120
adecuado, el desafío
   corregulación, 164-170
   escondite, 327
   plataforma, 42-46
   preescolar, 341
afectar, 99
agitación (excitación), 99
   MOCE, 184
   tranquilizador, 368
alostasis, 37, 60, 72
Amelia y Silas, 205-206, 237-240
amenaza: dirigida a, 81-84, 91
   detección de la, 67, 75-76, 80
   experiencias tempranas y, 70
   imponerse a la, 244
   instinto basado en la supervivencia y, 201
   malas conductas y, 420
   neurocepción, 61-67; Parker, 78
   reactividad sensorial exagerada, 69
   relaciones y, 90
   resolver o disminuir, 82
   Rick Hanson, 201
   ser un ejemplo para, 288
   sesgo negativo, 201
   sintonización con la, 342-343
   sistema de detección de las amenazas, comportamiento de los niños, 93
   vía azul, 120
   vía combinada, 124
   vía roja, 109-114
   véase también sistema nervioso autónomo, sistema de detección de la seguridad y sistemas sensoriales
anhelos sensoriales, 251-252, 286
aprendizaje estadístico, 338
Asociación Psicológica Americana
   psicología positiva, 445
autocontrol
   conocimiento descendente y, 419
   desarrollo infantil y, 139-140, 337-344, 352-353
   juego y, 387, 408-412

rabietas y, 344-346
relacionarse y, 353-354
autoevaluación, 217-221
autorregulación
    conciencia y, 218, 288
    conexión, 151-154
    conocimiento descendente y, 419
    corregulación, 154-158, 173, 188
    juego de, 327, 379
    relacionarse y la, 353-354
    relaciones y, 455
    señales corporales y, 288
    ser modelo de, 418
    vías hacia la, 427-428
Ayres, A. Jean
    integración sensorial, 249-250, 252
    sistema propioceptivo, 276

Barrett, Lisa Feldman
    emoción construida, 18
    máquina de predicciones, 63
    presupuesto corporal, 38
    señales del cuerpo interno, 18
bebés
    capacidad de tranquilizarse a uno mismo, 304
    corregulación, 154, 303
    desequilibrios y reparaciones, 163
    Donald Winnicott, 171
    interacciones madre-bebé, 159
    llorar, calmar a los, 309-315
    mundo, interpretación del, 16
    necesidades, 159
    neuronas espejo, 170
    pistas, 305
    primer año, segunda mitad, 322
    saque y resto, 182
    sentidos, 68-69
    señales, 299
    sueño, 212, 306, 316-322
    voz, 264
Ben y Kerri, crianza de los hijos reactiva, 306-307, 309, 315, 320

bienestar, 199-202, 445, 446
Blackburn, Elizabeth, 203
brecha de las expectativas, 152-154
    contrarrestar, 347
    rabietas, 339
Brown, Richard, 226

carga alostática, 74
    enfermedades médicas, 52
cerebro prosocial, 388
compartir los cuidados, 180
compasión, 54
    conciencia, 217
    crianza de los hijos, 178, 289
    evaluación, 137-138
    estrés, 131
    historia personal, 229-234
    yo, 199, 221-225, 229-234, 420
compasión consciente de uno mismo (MSC)
    programa de ejercicios, 222-224
compasión por uno mismo, 221-225
conciencia, 134, 234
    compasión, 223, 229
    conciencia de uno mismo, 427
    cuerpo, 276-282
    cuidado de uno mismo, 217-221
    detección de la, 66-67
    interoceptiva, 61, 254, 257, 415
    modelar, 416-417
    muy reactiva, 257
    neurocepción, 62
    poco reactiva, 257
    presupuesto corporal, 147
    regulación emocional, 413
    resiliencia, 288
    sensaciones corporales, 413
    sistema propioceptivo, 276
conducta
    ascendente, 348
    ascendente, soluciones para la, 355-370
    buena o mala, 86
    causas de la, 33-34
    como orientación, 98-100

conductas que buscan el control, 89
conductivismo, 444
contexto, 32-35
 control de la, 341-342
 de la vía roja, 113-114
 de probar los límites, 345
 defensiva, 93-94
 descendentes, 348
 descendentes, soluciones para las, 370-380
 equilibrio del presupuesto corporal, 100
 experiencias sensoriales, 248-250
 gestión de la, 33-34
 influencias corporales en la, 246-329
 reacciones protectoras, 93
 receptiva, 93
 soluciones para la gestión de la, 348
conductas del cuerpo a la mente (ascendentes), 16, 348-351
 entrar en resonancia y reaccionar, 356-357
 evaluación, 356, 367-369
 gestión descendente de las, 419-422
 plataforma, 48
 procesamiento sensorial, 252
 ser padres, 248
 soluciones para las, 355-370
 Stanley Greenspan, 252
 tranquilizadoras y, 367-370
 vías rojas, 115, 352
conductas descendentes
 aparición de las, 371-373
 juego, 376-380
 malas conductas, actos controlados de, 373-374
 negociar, regatear, forzar los límites, 375
 pequeño científico, 373
 soluciones para las, 370-380
Consejo de Investigación Nacional, 203
corregulación, 138, 144, 154-158
 acrónimo MOCE, 183-188
 Deb Dana, 359
 el desafío adecuado, 165-170
 forja del amor y la confianza, 176
 interacciones de saque y resto, 179-183
 juego, 378
 mimar, 176
 plataforma de los padres y de, 196
 presupuestos corporales, 382
 recuerdos, 289
 seguridad, 173-174
 sistema nervioso, 357
 teoría del espejo, 171
COVID-19, 161, 206, 237, 242
crianza de los hijos
 cambio de punto de vista, 55-56
 cuidado de uno mismo, pruebas materiales, 202-205
 juego de las adivinanzas, 159
 otros adultos, 212-216
 preocupaciones parentales, 200-202
 tres factores cruciales, 45
cuidado de uno mismo
 conciencia del, 217-221
 de los padres, 199-200, 204, 208-210
 Tyrone y Dana, 237-242
 vía verde, 208-210

Dana, Deb
 corregulación como buen amarre, 358
 respiración, 226
 saque y resto, 180
desarrollo infantil
 manual del, 337
 procesamiento sensorial y, 252
 punto de vista holístico sobre el, 248
 sueño, 321-322
detección, 67, 75, 93
detección de la seguridad, sistema de la, 23
 ansias sensoriales, 251-252
 compasión y, 267
 forja de la plataforma, 72-76
 método de los dos pasos, 91-92

neurocepción, 65
poca reactividad, 251
reactividad exagerada, 69, 251
vía roja, 109-110
diferencias individuales, 45, 65
dormir, 75, 209, 211-212
  corregulación prenatal y, 154
  cultivar el sueño, 315-322
  Dana, 241
  jugar, 404
  necesidades de los bebés y, 299-300
  primeros meses y, 306-309
  Selwyn, 312-313
  SIDS, 294
«Dormir es tu superpoder» (Walker), 211

ejercicio neurológico, 327, 405
El cuerpo lleva la cuenta: cerebro, mente y cuerpo en la superación del trauma (Van der Kolk), 112
emociones, control, publicaciones en las redes sociales, 32
emociones, expresiones de las, 85-86
enfoques reactivos, defectos de los, 30-31
entrar en resonancia, 356-367
Epel, Elissa, 203
epilepsia, 104
estado meditativo, vías combinadas, 122
estrés
  acumulación de, 75
  Bessel van der Kolk, 112
  Bruce Perry, 165
  cambio, ajustes al, 40-41
  carga alostática, 52
  conciencia, 219
  contacto humano y, 307-308
  corregulación y, 176
  cuidado de uno mismo y, 204
  destructores del estrés, 88, 236
  El cuerpo lleva la cuenta: cerebro, mente y cuerpo en la superación del trauma, 112
  «el desafío adecuado», 165-170
  embarazo, 155
  enfermedades físicas, 74
  equlibrio del presupuesto corporal y, 126
  estrés parental, disminución del, 208-210
  evaluación y, 134-135
  experiencias adversas del pasado y, 232-233
  inquietud, 168-170
  intensidad, frecuencia y duración, 128, 168-169
  juego, 391, 404-406
  malas conductas y, 130
  naturaleza subjetiva del, 85-93
  neuronas espejo y, 170
  plataforma y, 74-75, 85
  preocupaciones parentales y, 200-202
  respiración, 226-228
  Suniya Luthar, 214
  transiciones y, 139-143
  vía azul y, 118-122
  vías combinadas y, 122-124
evaluación, 95, 132-133, 218-221, 356
excitación, 99
experiencias, dónde se plantan, 85-88
experiencias relacionales, 318, 442, 448
expresiones faciales
  estados emocionales, 354
  evaluación, 113
  plataformas y, 266
  ritmo, 298

florecer, significado de, 447
fluir, 446
forja de la resiliencia, consejo para la
  autorregulación y corregulación, 193-194
  autorregulación y juego, 380
  cuidado de los padres, 242
  necesidades del bebé, 329
  plataforma, 56
  plataforma y vías, 144

resolución de problemas, 435
seguridad, 94
sistemas sensoriales, 292
From Neurons to Neighborhoods: The Science of Early Childhood Development, 203
funciones ejecutivas, 59, 387

Gerbarg, Patricia, 226
Germer, Chris, 222-224
Greene, Ross, 190, 433
Greenspan, Stanley, 16, 17, 107, 252

habilidades descendentes, 383-435
    autorregulación, 427-435
    compromiso social, 422
    conciencia, 414
    hacer de modelo, 415-419
    juego fingido, 386-412
    plataforma, 39, 48
    rebajar el ritmo, 414-415
    rivalidad entre hermanos, 384-386
    sensaciones ascendentes, 419-422
    señales corporales, 424-427
    tiempo para las, 143
habilidades emergentes, 338
hacer de modelo, 286, 416-417
Hanson, Rick, 201
hipervigilancia, 37, 123
homeostasis, 100, 247
huye o lucha, conductas de, 110-111, 345, 352

imagen de uno mismo, 345
Instituto de Investigación de la Felicidad, 443
Instituto de Medicina, 203
Instituto Nacional de Alergias y de Enfermedades Infecciosas, 204
integración sensorial, 249, 252, 285
interacciones de saque y resto
    jugar, 326
    MOCE, 184-188
    resiliencia y, 179-183
interocepción, 254-260
    infantil, 300
    pensamiento emocional, 414
    sistema de detección de la seguridad e, 61-72

Jackie, 149-150
    amenaza, 178
    autorregulación a través de la corregulación, 176
    corregulación, 188-194
    interacciones del saque y el resto, 183
    MOCE, 186
Jade y María, 29-30, 46
Jaheem, 207, 241
Jordan, 333, 350-351, 362, 379
juego
    beneficios del, 404-412
    capacidades descendentes, 376
    comunicación, 325
    fingido, 386-404
    habilidades ejecutivas, 387
    juego simbólico, definición del, 390
    minutos al día, 392
    sensaciones, capacidad para hablar del, 388
    simbólico, 386-404
    tiempo para juegos sin estructurar, 389
    vías combinadas, 123
    véase también juego con intermediación de los padres
juego con intermediación paterna, 387, 390-391
    elementos centrales del, 394-397
    liderazgo del niño y, 397
    pequeñas dosis, 398-401
    temas negativos, 401-404
juego simbólico, definición del, 389-390

Kira, 258-260
Kolk, Bessel van der, 112

Leanda y Ross, 29-30, 45-46
Leo
    autorregulación, 435
    cerebro prosocial, 387
    jugar, 404-412
    razonamiento y resolución de problemas, 428-430
Lillas, Connie, 17
Lucas, 97
    conductas de huye o lucha, 110, 112
    las tres vías, 139-144
    vía azul, 118-121
    vía roja, 114-117
Luthar, Suniya, 214

malas conductas
    actos controlados de, 373-374
    crianza de los hijos, 346
    sistema nervioso autónomo, 101
    vía roja, 116
    vulnerabilidad, 130-131
marco neurorrelacional (MNR), modelo neurosecuencial de la terapéutica, 17
Más allá de la conducta (Delahooke), 19
Maslow, Abraham, 444
metabólico, presupuesto, 38
Mindell, Jodi, sueño, 316, 319
Mira
    autorregulación, 435
    cerebro prosocial, 388
    juego, 393, 404-412
    razonamiento y resolución de problemas, 429-430
MOCE, 184-188
modular, 349, 379
movilización, 112
movimiento, 109-110, 283-284, 311

nacimiento prematuro, 68
Neff, Kristin, 222-224
neurocepción, 23, 56, 57-94
    véase también sistema de detección de la seguridad

neurodiversidad, movimiento de la, 19
neuronas espejo, 170-172

observación, 103, 217-220, 287
    de uno mismo, 218-219, 398
oído, 260-264
olor, 270-276

padres que prestan atención a sus hijos, 299, 305, 317
parasimpática, sistema nervioso autónomo, 100-101
    vía dorsal vagal, 102
    vía ventral vagal, 102
    vía verde, 104-108
PERMA, modelo, 446
Perry, Bruce, 17, 57, 165
personalizar la crianza de los hijos, conceptos clave de, 22-24
plataforma, 23, 35-42
    autosuficiencia y, 427
    compasión por uno mismo, 221, 225
    comprensión descendente de la, 419
    conciencia de la, 217
    consejo para la forja de la resiliencia, 144
    corregular y, 176-177
    entrar en resonancia, 363
    estrés y, 73-76, 93
    evaluación, 136-141
    juego, 326
    mala conducta como opuesta a la vulnerabilidad, 130-131
    mapa de ruta, 42-46
    neuronas espejo, 170
    normas y, 355
    observación, 184, 266-267
    padres, 50-56, 170
    reafirmar, 60
    seguridad y, 81-85
    sueño, 306
    vulnerable, 59
Porges, Stephen, 18, 23

corregulación, 359
experiencias sensoriales, 249
neurocepción, 61
presupuesto corporal, 37, 99
　colores y, 126-130
　padres, 52
　vía azul, 125
　vía roja, 125
　vía verde, 104
　zona de desafío, 43
procesamiento multisensorial, 252, 290
psicología
　humanista, 444
　positiva, 444-445

rabietas, 32, 331-380
　capacidades descendentes, 371
　conductas ascendentes de los niños pequeños, 352-353
　conductas de los niños pequeños, soluciones para las, 348-351
　conductas descendentes de los niños pequeños, soluciones para las, 370-371
　conductas para poner a prueba los límites y, 344-346
　el pequeño científico, 373
　enseñar a los niños más pequeños, 353
　entrar en resonancia y reaccionar, 356-365
　juego, 376-380
　negociar, regatear y forzar los límites, 375-376
　neurociencia y, 338
　padres y, 346-348
　perro que ladra, 365-366
　portarse mal, actos controlados para, 373-374
　soluciones, 348, 351
　tranquilizar, 366-370
racismo, 205, 351
Rana, 79, 88-94, 113

reacción al estrés, 117, 135
reaccionar, 356-367
reacciones basadas en el cuerpo, 116, 243, 274, 442
reactividad sensorial exagerada, 69
rebajar el ritmo, 218, 414
recreo escolar, beneficios del, 388
recuerdos, sondeo de los, 439-444, 448
redes sociales, sitios más famosos, 336
regulación mutua, 158
resolución de problemas, razonamiento y, 428-435
respiración, 226-228
rivalidad entre hermanos, 384-389
Rogers, Carl, 444
roja, vía, 108-126
　movilización, 112-113
　presupuesto corporal, 124-125
　protectora, 114-118

seguridad
　detección de la, 61-72
　necesidades, 81-85
　relaciones y, 90
　seguridad relacional, 93-94
　sistema nervioso, 94
Seligman, Martin, 445-447
Selwyn, 294, 298, 307, 309-322, 328-329
sensaciones, sentimientos y palabras, 414-419
sensaciones corporales, emociones, 288
sensores portátiles, 103-104
señales, neurológicas, 248
señales corporales
　respeto por las, 286
　valoración de las, 424
sesgo de la negatividad, 201, 236
Shanker, Stuart, 155
Siegel, Dan, 17
síndrome de muerte súbita infantil, 294
sintonización, 361
　entrar en resonancia, 360

evaluación, 133, 142
perro que ladra, 366
presupuesto corporal, 341
rabietas, 342
sueño, 318-319
sistema educativo, racismo, 351
sistema nervioso, 14, 46-56
   amenaza, 69-70
   conocimiento descendente y, 419
   Deb Dana, 359
   entrar en resonancia, 356-360
   estrés, 80
   hacer de ejemplo, 419
   monitorización de la información, 60
   neurocepción, 62
   periférico, 246
   rabietas, 336-337, 342-343
   regulado, 109
   señales corporales, valoración de las, 424
   sensaciones ascendentes y, 419
   véase también sistema nervioso autónomo *y* vías
sistema nervioso autónomo, 100
   conductas, 42, 101-102
   Deb Dana, 226
   parasimpático, 101
   plataforma, 35
   respiración, 226
   sensores portátiles y, 103
   simpático, 101
   Stephen Porges, 18
   teoría polivagal, 18
   vías autónomas, 104
   véase también vías
sistema nervioso central, 100
sistema nervioso simpático, 100, 110, 352
sistema nervioso somático, 100
sistema nervioso supersimple, 100
sistema propioceptivo, 276-282
sistema sensorial, 64
   reaccionar exageradamente, reaccionar poco o anhelar, 251-254
   resiliencia y, 288-292
   sensaciones internas (neurocepción), 254-260
   ser modelo de, 286-287
   sistema auditivo, 260-264
   sistema gustativo, 270-274
   sistema olfativo, 274-276
   sistema propioceptivo, 276-282
   sistema táctil, 268-270
   sistema vestibular, 282-286
   sistema visual, 264-268
sistema sensorial muy reactivo, 251, 257, 260, 290
sistema sensorial poco reactivo, 251, 261, 278
sistema vestibular, 282-286
Skinner, B.F., 444
Soluciones proactivas y colaboradoras (SPC), 433

telómeros, 203
teoría polivagal, 18, 102
   sistema del compromiso social, 104-108
   sistema nervioso parasimpático, 104-108
Terrence, 149-150, 153, 183
tiempo muerto, 132-133
tolerancia a la frustración, 44, 133, 411
tono emocional
   corregulación, 156-157
   rabietas, 357, 369
   voz, 262
tranquilidad, 99, 155, 173, 411
tranquilizarse, 367-370
transiciones, 96, 139
Tronick, Ed, 159
Tyrone y Dana, 206-208, 237, 240-242

valencia, 99
variabilidad del ritmo cardíaco, 104
verde, vía
   clave, 127

estado meditativo, 122
estrés parental y, 208-210
lo mejor de nuestra vida, 125
respiración, 226
sano y salvo, abierto y receptivo, 104-108
vía azul, 109, 119-126, 131
vía dorsal vagal, 102, 118-122
vía ventral vagal, 102, 104-108
vías
    azul, 109, 118-122
    como adaptativas 108-109
    corregulación, 178
    COVID-19, 161
    dorsal vagal, 118-122
    estrés parental y, 208-210
    evaluación y, 132-144
    influyen en las conductas, 101-104
    inmovilizadas, 109
    inquietud y, 168
    la enseñanza de los niños y las, 422
    malas conductas, 130-131
    mezcladas o combinadas, 122-124
    MOCE, 184-188
    muy activadas, 109
    periférico, sistema nervioso, 100, 247
    preparación para, 124-126
    presupuesto corporal, equilibrio del, 126-130
    respiración, 226-227
    roja, 109-118
    verde, 104-108
Vibrant and Healthy Kids, 204
vista, 264-268
vulnerabilidad
    evaluación y, 133
    hipervigilancia, 37
    malas conductas, 130
    vía roja, 115

Walker, Matt, 211
Wieder, Serena, 16, 252, 391
Wiking, Meik, 443
Winnicott, Donald, 171

zona de desafío, 43
    adecuado, 43-45
    ejemplos de crianza de los hijos, 167-168
    estrés, 73
    sintonización, 133
    vías, 124